データ検証序説

法令遵守数量化

R. Avenhaus・M. J. Canty［著］　今野 廣一［訳］

Compliance Quantified

An introduction to data verification

丸善プラネット

Compliance Quantified
An introduction to data verification

Rudolf Avenhaus
and Morton John Canty

First published 1996

Japanese language edition published by Maruzen Planet Co., Ltd., ©2014
under translation agreement with Cambridge University Press

PRINTED IN JAPAN

日本語版まえがき

我々の専門書 *Compliance Quantified* が日本語に翻訳されたことを光栄に思い，かつ原書の初版まえがきを記載してから 18 年後に日本の読者への新たなまえがきを要請されたことを大変嬉しく思います．初版以降，世界の原子力の平和利用における基本的変更および軍備管理 (arms control)，とりわけ核保障措置 (Nuclear Safeguards) で何が起きたのかに関して手短に述べておきたいと思う．

1980 年代の当初，中欧で進展していた原子力の平和利用に対する反対運動は，とりわけ 1986 年のチェルノブイリ原子力発電所事故により油が注がれた．それ以降，新たな動力炉は建設されていないものの，原子力エネルギーは継続的かつ手広く使用されている．例えば，フランスは平和利用核計画を強化し，必要とされる電力量の 80 % に達する量を動力炉で賄っている．しかしながら 2011 年 3 月 11 日の東日本沖大地震に伴う大津波による福島第 1 原子力発電所の大惨事は，ドイツ政府がドイツ国内の核エネルギーの利用を 2025 年までに漸次廃止すると決定する起因となった．しかし，今までのところドイツは，原子力エネルギーに替わりうる，かつ同時に気象保護目標を維持する納得出来る計画を持っていない．

日本では，福島事故にもかかわらず核エネルギーの利用が問題となって無い，このことでドイツの原子力専門家たちは日本の人々を称賛することが出来るのみである：近い将来において核エネルギーに替わり得るものは存在しないこと，原子力プラントの安全と安全保障の強化，それに応じての科学者，技術者および労働者の教育と訓練に一層労力を傾注すべきということを日本の人々は知っている．

本書の主題である軍備管理に戻れば，例えば核兵器爆発実験で幾つか進捗が見られた：包括的核実験禁止条約 (The Comprehensive Test Ban Treaty: CTBT) がほとんどの国で署名された（まだ批准に至って無いが）．しかし最近の 20 年間で，核拡散の閉じ込めは容易な仕事で無いことが明らかとなった．多分，核拡散の閉じ込めに反したものとして，直ちに北朝鮮とイランの 2 例が思いつくであろう．実際，ウイーンに在る国際原子力機関 (IAEA) によって遂行されている国際保障措置が年々さらに重要度を増すこととなった，そしてIAEA保障措置の継続的発展のために本書が寄与しようとしているのは基本的にこの点である．

本書は軍備管理の様々な数量的様相，とりわけ1972年に初めて合意された伝統的IAEA保障措置[*1]，をカバーしている．本書を再度眺めると，その内容は最新の情報を持ったままであると認識される，かつ理論家と実際家の両者にとっても有益である．抜取，物質会計（計量管理）およびデータ検証の各章には，今日でも大きく異なる記述をすべきものが無い．しかし中間査察の章は例外である：追加議定書(Additional Protocol)と呼ばれる規定としての1996年の保障措置変更に依り[*2]，我々の研究や他の人たちの研究において査察の適時性方面の度合いが相当増した．興味有る読者には，最近のこの種の成果出版物での学習を勧めたい．

我々は訳者の大変有能かつ慎重な翻訳を喜んで祝福し，同時に彼の労力に対し心から謝意を表する．本書の日本語訳が人類の未来にとり真に重要な軍備管理システム解析に関し，とりわけ核保障措置の性質に関する知識の維持，向上および展開の寄与への助けとなることを望む．

2014年5月，Munich and Jülich

Rudolf Avenhaus
Morton J. Canty

[*1] 訳註：　INFCIRC/153(Corrected).　核兵器の不拡散に関する条約に関連して必要とされる機関と各国との間の協定の構成及び内容，1972年．

[*2] 訳註：　INFCIRC/540(Corrected).　保障措置適用のための各国及び国際原子力機関との間の協定に追加されるモデル議定書，1997年．

緒　言

Trust but verify!（信頼する，しかし検証もする）はレーニンが彼の部下・党員たちへ伝えた助言である（第 1 章題辞参照）；*Trust and verify*（信頼と検証）は，軍備管理 (arms control) について現行進捗情報，軍備縮小 (disarmanent) およびそれに付随している検証要求事項を我々に提供してくれる検証技術情報センター (Verification Technology Information Centre) 発行の大変有益な紀要 (Bulletin) の標題である；*Verify and enjoy doing it well!*（検証せよ，その成就を楽しめ）は本書の副題とも言えるだろう，これは驚くべき表現の一致 (engaging style) と言える．完全な技術的素材（証明された理論と詳細な計算を伴う）を含む思慮深いデータ量をカバーし，爽やかな散文詩と気のきいた沢山の事例を添えて，2 名の著者たちはそれを書き上げてくれた，そのため本書は愉快な読み物となり，たまたま拾い読みした者でも直ちにこのことを理解するであろう．

しかし本書はたまたま拾い読みした者 (casual browser) にのみアピールするだけではない：検認・検証に関心を持つ者全員に――数学的精密さを理解出来ない人たちにとってさえも――読むべき価値がある．国際関係の基本的様相にプロフェッショナルな関与をしている著者たちによって本書は研究つくされている．彼らはそのために，沢山の愉快で興味深い，夢中にさせる新機軸を彼ら自身が演じるゲームで解き明かしてくれる：実際，退屈な話は知らない Molière[*3]作中の紳士のように，検認・検証には多くのギャンブル的様相を有すること――ゲームの数学理論の明確な関係を通じてだけでなく，ギャンブル的雰囲気での明らかなアプローチでもある――を発見して，それら幾つかに多分驚くであろう．

軍備管理と軍備縮小の最新プログラムの大きな核心部分に検証が横たわっていることから，いまに至るまで検証は最も真剣な業務である，加えて我々の不完全世界

[*3] 訳註：　モリエール (1622-1673)：フランスの劇作家（喜劇）．本名は Jean-Baptiste Poquelin で，古典主義の 3 大作家の 1 人とされる．モリエールの死後，コメディ・フランセーズが創設された (1680 年)．

において，基本的信頼性と安全保障構築測度としての要求水準には，いまだに達してはいない．勿論，敵対関係から協力的検証管理体制への移行は望ましい進歩ではある；しかし本書の解析の殆んどにおいて，前者に比べ後者も劣らず密接な関係を有している．本書全体を読めば，実際に多くの検証問題が——多分，それは潜在意識 (subliminally) として——人間自身のふるまい，日々の行動の確認に使用されていることが頭に浮かぶであろう．例えば，事実の“創造的”数学研究では，どの程度の注意を向けるべきかというアセスにおいて常にある種の検証技術——それは妥当性 (plausibility) に導かれたスポット確認のことである——が使用されている，幾つかの新奇な問題を解く間に，適切な計算の各段階を明確にすることは実に正しい；過剰で無頓着なテンポ (excessively cavalier pace) が適用された間違った路での結末，またはそれどころか幾つかの新たなアイデアの開発初期段階の一言一句を疎かにしない試行により新アイデア創発 (emergence) の抑圧との間での適切な均衡を人は常に発見せねばならない．勿論，人は結局検証の第 2 サイクルを通じ，推量 (conjectures) から一般原理 (theorems) へ，生半可な (half-baked) アイデアから理路整然とした理論 (coherent theories) などへの変換を遂行しなければならない．

そのため検認・検証は実際に我々の人生の引き続く今日的現在の要素である．しかし疑いなくその最も重要な応用は軍備管理の文脈に属するだろう，それは実に本書の主要な応用的焦点 (main applicative focus) をなしている．この文脈で，適切な検証を保証することの困難さは，——確かに，時々欺いて——核兵器の無い世界 (Nuclear-Weapon-Free World) への移行のような，主要障害を発展させるような依然として多くのことがらが熟慮されている，この核兵器の無い世界は基本的に**遅かれ早かれ**地球上の人類経験の持続として遍く認識されている．勿論，希望的には近々発効されると見られている化学兵器禁止条約 (Chemical Weapons Convention)[*4]により始められた，化学兵器の無い世界への移行の実行可能性を，次の数年で監視することが最重要となるであろう．これは，第 2 次世界大戦後の国際連合組織創立と比類しうる重要さとして認識すべきであろう，精確に言うとその理由は，その検証条項——本書で最も解析されている——が世界中の化学工業界を監督する組織の設立を導くであろう，それは今日有するものに比べてさらに有効な世界的統治力で急速に形成されている巨大な試みである，ちょうど欧州石炭鉄鋼共同体 (European Coal and Steel Community) が欧州連合 (European Union) の起源であったように．

[*4] 訳註：　化学兵器禁止条約：1997 年に発効した多国間条約．正式名称は「化学兵器の開発，生産，貯蔵及び使用の禁止並びに廃棄に関する条約」である．条約の発効にともないオランダのハーグに化学兵器禁止機関 (OPCW) が設置された．

結論として，本書が広範なリーダーシップを有する人々へ，極めてユニークな検証入門として，その最も魅力的な記述 (engaging presentation) と同様その確実な学識の素晴らしさを楽しませてくれるであろう，それを我々は望む．

1995 年 3 月，Rome　　　　Francesco Calogero[*5]

[*5] 訳註：　Francesco Calogero：1935 年 1 月 6 日生まれのイタリアの物理学者，Rome 大学 La Sapienza 校理論物理学教授．多体問題および宇宙起源の重力場放射による量子のふるまいが専門分野．核兵器削減に関する科学者のコミュニティーで活躍．1989-1997 年に Pugwash Conferences on Sicience and World Affairs の事務総長を務めた．1995 年 12 月にノーベル平和賞を受賞．

まえがき

実在の世界における認識関係は質的規定が量的規定に帰せられる範囲でのみ見出されるという見解 (*opinion*) は，アリストテレス学派に対抗して近代において自己主張したが，自然科学に対して根本的に重大なものとなった．

— Hermann Weyl[*6]

目が色を，耳が音を知るように，そのように人間の心は勝手なものを知るのではなく量を知るために作られている．

— Johannes Kepler[*7]

本書起草の最初の動機は，欧州保障措置研究開発機構 (European Safeguards Research and Development Association: ESARDA) の紀要に**徒歩通行人に対する査察ランダム化**(*Inspection Randomaization for Pedestrians*)[*8]の標題で著者達が投稿した論文によって生じた関心事であった．その論文の中で，単純なゲーム理論的措置がどの様にして正当化されるのか，さらに数量化されるのかを皮肉たっぷりな例を用いて，

[*6] 訳註：　ヘルマン・ワイル (1885-1955) Hermann Klaus Hugo Weyle：ドイツの数学者．数論を含む純粋数学と理論物理の双方の分野で顕著な業績を残した．20 世紀において最も影響力のある数学者であるとともに，初期のプリンストン高等研究所の重要なメンバーであった．題辞はケプラーのを含め彼の著書：*Philosophy of Mathematics and Natural Science,* revised and augmented English edition based on a translation by Olaf Helmer, 1950；数学と自然科学の哲学，菅原正夫，下村寅太郎，森繁雄訳，岩波書店 (1959) の第 2 章 方法論 の文頭記述からの引用である [p. 152].

[*7] 訳註：　ヨハネス・ケプラー (1571-1630)：ドイツの天文学者．天体の運行法則に関する「ケプラーの法則」を唱えたことでよく知られている．理論的に天体の運動を解明したという点において，天体物理学者の先駆的存在だといえる．

[*8] 訳註：　pedestrian：adj. 1. 徒歩の，歩行の，2.（文体など）散文的な，詩趣のない． n. 1. 歩行者，徒歩通行人，2. 徒歩主義者．

アリストテレス（紀元前 384-紀元前 322）の学派は逍遥学派（ペリパトス学派）と呼ばれた．アリストテレスは弟子たちと学園の歩廊（ペリパトス）を逍遥しながら議論を交わしたためである．

我々は 1 つの提案——それは度々純粋に実用本位の理由で作られている——を明らかに示した．これは核燃料サイクルの最も機微な領域内での IAEA 査察資源 (inspection resources) の集中と，一方で動力炉に対する査察業務量 (safeguards effort) 削減への提案であった．我々の著書の内容は，このアイデアを支持するだけでなく，その集中化で探知能力の如何なる実際の損失をも被らないことを証明している．

その短編論文は本書の導入事例の基礎となっている，その内容は標題が**徒歩通行人に対する検証理論**(*Verification Theory for Pedestrians*) とした方が適切であった．偉そうなことを言うのを避けたいと望み，さらに H.J. Lipkin の古典，**徒歩通行人に対するリー・グループ**(*Lie Group for Pedestrians*)*9 のような博識な前例にもかかわらず，我々は若干であるが散文的 (pedestrian) な題を選んだ．我々はしかしながら，それをやり過ぎること無しに——それを熱烈に望む——その最初の論文のリラックスしたインフォーマルなスタイルは維持するように努めた．

検証理論の本を執筆した動機には，勿論他の原因やさらに抑えがたい理由が在った．20 年を超える保障措置システムの開発と解析が知識の富を生み出した，そのことは実施者にとり適切に会得出来うるものでもない，履行できるものでもないと我々は感じている．実際，数年前——この分野で活発な研究が実行されていた時期——に比べて現在のほうが，明確に確立された結果と手法としての共通知識が劣っているというのが我々の印象である．そのために，その主題の簡潔で入手しやすい概説 (overview) が求められていると思われた．知識の本体は蓄積されたものだから，多すぎない程度——実際，たったの数件だけ——に標準的問題を削減出来る，そしてこのような縮小は一般の読者層にとって重要なものになると我々は確信している．我々が思う，その説明は観察，測定およびランダム・サンプリングを基礎とする検証過程の仕組みの洞察と会得を強調されるべきである，このことは極端には数学的厳密さを犠牲にし，他方では“料理本”タイプの調理法（レシピ）を示すことである．

この主題 (subject) の新刊書作成において，現在入手可能なマニュアルと教科書の変更を伴う，統計学とゲーム理論の追加的専門書の創設を従って試みなかった．むし

---

*9 訳註： *Lie Group for Pedestrians*：量子物理と素粒子物理学者のための群論の入門書．North-Holland Publishing から初版が 1965 年に，改訂版が 1966 年に出版された．この改訂版のリプリントがペーパーバックになって 2002 年に Dover book から出版されている．Lie algebra（リー代数）が本書の群論 (Group Theory) で使用されており，lie の意味；横たわる，と虚言との 2 つの意味を有することから，それらを掛け合わせている．

リー群 (Lie group)：自然数，整数，有理数および無理数という数の集合は実数集合と呼ばれ，微積分を行うことができる（言い換えれば，連続という概念を含んでいる)．このような実数集合は，位相群 (topological group) とか，リー群とか呼ばれる概念の最も基本的なものになる．M.S. Lie (1842-1899) によって考えられた．

ろ我々の目標 (objective) は，検証手法が例えば工程管理または品質管理で適用されている一層便利な方法論となぜ異なるのか，またなぜゲーム理論を用いると——用いたほうがよい，それどころか用いるべきである——実用的関連性の答えを出してくれるのか，を説明することにある．この材料は，問題領域と検証目標に関して導入されている，より伝統的な教科書のアプローチのケースのような方法論に従わない．査察問題のユニークで挑戦的特徴の理解を伝える試みとして，検証理論の偉大さの認識を注ぎこみ，その実用的な履行を勇気づけることを我々は望む．

本書を手にする多数の専門家たちには，ここで発表された解析的方法でもって正式に査察問題について考えることに不慣れであろう．なるほど，彼らはその主題全てのいかなる数学的措置にも嫌悪感さえ持つかもしれない．検証制度 (verification regimes) の設計と査定の進歩は現実世界の質的な見方（理解）が公式の枠組みの中で表現出来るその程度に直接比例していると，我々は確信している．これは，Weyle と Kepler の劈頭引用句で立証されたように，その確信は自然科学にとり新しいものでは無い．全ての読者がこのことを共有することを我々は望んでいる．

保障措置の研究開発を多年に渡り請け負い続けた産業界，政府，査察機関の同僚たちから我々に提供される巨万の実践的検証問題を有せずに，ここで示す多くの題材がその進展の全てではけっして無い．彼らの頑張り，支援およびその抽象解よりむしろ度々我々に明らかに興味を引き起こさせてくれたことに対し，最大の謝意を表する．

本書の末章かつ最も基礎的な章は Bernhard von Stengel との密接な協力によって書かれた，その彼に対して我々は特別な感謝を表する．彼は，均衡選択理論 (equilibrium selection theory) の微妙さだけでなく，その理論の異常なパワーと査察問題との関連性および抑止概念について，我々の目を開かせてくれた．

検証はそれ自身，表面上，際限無い討議と交渉を導く主体である．それが，しばしば非常に重大な技術的，商業的および政治的分枝を伴う複雑場であることに驚かされることは無い．残念ながら，論理によってよりも自身の興味によって動機付けられた論証の中でその基礎原理は，混乱へと導かれてしまった．本書が人間関係の困難な様相の事実による，数量化され，理知的な部分を遊離し，明瞭にすることの助けになることは，それ故に我々の真の望みである．

1995 年 6 月，Munich and Jülich

Rudolf Avenhaus
Morton J. Canty

著者紹介

アーベンハウス (Rudolf Avenhaus) 博士は，ミユンヘン (Munich) に在るドイツ軍事大学 (the German Armed Forces University) の統計学およびオペレーションズ・リサーチの教授である．1989 年と 1990 年に学部長を，1993 年と 1994 年には当大学副学長となり，その任期中の 1 年間は学長事務取扱を務めた．

1996 年以降，IIASA の国際交渉プロセス (Processes of International Negotiations: PIN) プログラムの運営委員会委員である．この間，ウイーンに在る国際原子力機関 (IAEA) 本部で数多くの会合等にコンサルタントとして招聘され，技術的および理論の支援を行っている．

ミユンヘン大学で物理学と数学を学び 1964 年に卒業し，その後，Karlsruhe とジュネーブ (Geneva) の大学で研究助手となり 1967 年に学位を取得した．1968 年から 1980 年に Karlsruhe の原子力研究センターの給費研究者であった．1973 年から 1975 年までと 1980 年に彼はウイーン近郊の Laxenburg に在る国際応用システム解析研究所 (International Institute for Applied System Analysis: IIASA) で初代専任研究員として研究活動を行った．1974 年に Mannheim 大学にて統計学のドイツ語圏教授資格 (venia legendi) を取得した．

彼は物理学，統計学およびゲーム理論に関する多数の学術論文の著者であり，特に査察問題への応用に関する著書が多い．以下に著者の専門書を示す：

- *Material Accountability: Theory, Verification, and Applications*, Wiley, London, 1977. p. 187；物質会計：収支原理，検定理論，データ検認とその応用，今野廣一訳，丸善プラネット，2008．原書は Oce-van-der-Grinten Award を受賞．著者の最初の物質会計に関する応用統計学の本である．
- *Mathematical and Statistical Methods in Nuclear Safeguards*, Harwood Academic Publishers, New York, 1983 (F.Argentesi, M.Franklin, J.-P.Shipley との共同編集および著者)：1981 年 11 月 30 日～12 月 4 日に開催された講義録．核物質会計（計量管理）のデータ解析，測定誤差の推定法，物質会計データの

検認の方法に関するレビューとなっている．p. 446.

- *Safeguards System Analysis, With Applications to Nuclear Material Safeguards and Other Inspection Problems*, Plenum, New York, 1986：ゲーム理論と統計手法を基礎とした保障措置全般の総合専門書．p. 364.
- *Compliance Quantified*, Cambridge University Press, New York, 1996 (M.J. Canty と共著)：サンプリング理論を基礎としたデータ検認・検証に関する専門書．p. 256. 本翻訳書の原本である．2005 年にペーパーバックで再版された．1977 年の *Material Accountability: Theory, Verification, and Applications.* 以降に大きく発展した分野がデータ検認・検証の理論と手法であり，本書はその専門書である．本書が出版された 1996 年以降，検証に関する総合専門書は刊行されていない．

この他に著者が編集者および共著者である軍備管理，核不拡散等に関する専門書が多数ある．例えば，

- *Quantitative Assessment in Arms Control*, Plenum, New York, 1984： 1983 年 4 月-6 月に開催された軍備管理の定量アプローチセミナーの論文集である．軍縮管理問題の数学モデルとシミュレーション計算事例をあつかっている．p. 480.
- *Containing the Atom*, Lexington Books, New York, 2002: IIASA の出版シリーズで PIN による核は軍事（核兵器）と非軍事（平和利用）にまたがる特異な分野として「核の閉じ込め」に関する国際政治上の交渉を解析し，その問題点および課題について記述している．p. 440.
- *Diplomacy Games*, Springer, New York, 2007： IIASA の出版シリーズ．国際交渉における公式モデルと様々な国際政治上の交渉モデルを記述している．p. 348.

である．

キャンティ (Morton John Canty) 博士は，チューリッヒ研究センター (Jülich Reserch Center) の科学主任研究員である．カナダ，Manitoba 大学で 1969 年に核物理学の Ph.D. 取得．カナダ国立研究評議会 (National Research Council of Canada) とラザフォード・ポスト・ドクトラル・フェローシップ (Rutherford Postdoctoral Fellowship) により 3 年間の Bonn 大学訪問，客員研究員として Groningen 大学で研究を行い，Marburg 大学と Darmstadt に在る重イオン加速器研究所 (GSI) で 2 年間働いた．彼の現在の地位は Jülich で 1979 年より開始された，そこでの彼の主要関心事は，国際条

約の検認・検証に対する統計学的およびゲーム理論モデルの開発並びに世界的条約遵守監視 (monitoring global treaty compliance) のための遠隔検知データの利用である．彼はドイツ連邦政府およびウイーンに在る国際原子力機関 (IAEA) 本部の幾つかの諮問機関で支援を行っている．

彼はゲーム理論および遠隔検知 (remote sensing) を応用した低エネルギー核物理，核燃料保障措置に関する多数の研究論文を投稿している．以下に著者の専門書を示す：

- *Resolving Conflicts with Mathematica: Algorithms for Two-Persons Games*, Academic Press, 1996：ゲームの基礎理論から始まり，ゲーム理論モデル解を得られる Mathematica を用いてそのアルゴリズム手法を解説したドイツ国内で人気の高いゲーム理論の教科書．2003 年に改訂版が出版されている．
- *Image Analysis, Classification and Change Detection in Remoto Sensing: With Algorithms for ENVI/IDL*, Taylor and Francis, 2007：画像解析要求される数学および統計学の基礎から始め，ENVI/IDL の最新のソフト・ウエア解説，多数の事例紹介とプログラミングの練習問題が各章末に記載されている．2009 年に第 2 版が出版された．

数学記号表

$A := B$	B により A が定義される．
$A = B$	A は B と等しい．
$a \in A$	集合 (set) A の 1 つの元 (element) a である．
$A := \{a_1, \ldots \mid f(a_1, \ldots)\}$	集合 A は条件 $f(a_1, \ldots)$ を満足する元 $a_1, \ldots$ を有す．
$\bar{A}$	集合 A の余集合 (complement).
$A \cup B$	集合 A と集合 B の和（合併）集合 (union).
$A \cap B$	集合 A と集合 B の積（共通）集合 (intersection).
$\bigcup_{i=1}^{n} A_i$	集合 A_i の和集合，$i = 1 \ldots n$.
$A \otimes B$	集合 A と集合 B のデカルト積（直積）.
$\mathfrak{R}$	実数 (real numbers) の集合.
$f : A \to B$	集合 A の集合 B への写像が関数 f で定義される.
$\boldsymbol{X} = \begin{pmatrix} X_1 \\ \vdots \\ X_n \end{pmatrix}$	成分 (components)$X_1 \ldots X_n$ の列 (column) ベクトル.
$\boldsymbol{X}^T = (X_1, \ldots, X_n)$	成分 $X_1 \ldots X_n$ の行 (row) ベクトル.
$\boldsymbol{Z} = (Z_{ij})$	元 Z_{ij} の行列 (matrix).
$\square$	定理または証明の終わり.
$\max_{x \in X} f(x)$	領域 (domain) X 上の関数 $f(x)$ の最大値.
$x^* := \arg\max_{x \in X} f(x)$	最大に達した関数 $f(x)$ の $x \in X$ での値.
$\dfrac{df(x)}{dx} = f'(x)$	関数 $f(x)$ の x での微分.
$\int_a^b f(x)dx$	関数 $f(x)$ の定積分 (definite integral).
$\sum_{i=1}^{n} A_i$	A_i の和，$i = 1 \ldots n$.

$\prod_{i=1}^{n} A_i$	A_i の積，$i = 1 \ldots n$.
$i! := 1 \cdot 2 \cdots i,\ 0! = 1! = 1$	階乗 (fractorial).
$\binom{i}{j} := \frac{i!}{j!(i-j)!}$	2 項係数 (binominal coefficient).
sup	上限：上限集合の最小元 (least upper bound, supremum).
inf	下限：下限集合の最大元 (greatest lower bound, infimum).
$\Pr(A)$	事象 A の確率 (probability).
$\Pr(A \mid B) = \frac{\Pr(AB)}{\Pr(B)}$	B の条件のもとでの事象 A の条件付確率.
$X, Y, \ldots$	確率変数 (random variables).
$F(x) = \Pr(X \leq x)$	確率変数 X の分布関数.
$f(x) = F'(x)$	連続確率変数 X の確率密度関数 (pdf).
$E(X)$	確率変数 X の期待値（しばしば μ と表示）.
$\mathrm{var}(X)$	確率変数 X の分散（しばしば σ_X^2 と表示）.
$\mathrm{cov}(X, Y)$	確率変数 X, Y の共分散 (covariance).
$\rho = \frac{\mathrm{cov}(X, Y)}{\sqrt{\mathrm{var}(X) \cdot \mathrm{var}(Y)}}$	確率変数 X, Y の相関係数.
$\exp(x) = e^x$	指数関数 (exponential function).
$\ln(x)$ $\ln 1 = 0, \quad e = 2.718\ldots$	指数関数の逆関数又は自然対数 (natural logarithm).
$X \sim N(\mu, \sigma^2)$	期待値 μ と分散 σ^2 を有する正規分布確率変数.
$\phi(x)$	確率変数 X（$\mu = 0, \sigma^2 = 1$）の標準正規分布関数.
$\varphi(x)$	$\phi(x)$ の 1 次導関数.
$U(x)$	$\phi(x)$ の逆関数.
α	信頼水準 (confidence level)；第 1 種過誤の確率.
β	第 2 種過誤の確率.
H_0	有意性検定の帰無仮説 (null hypothesis).
H_1	有意性検定の対立仮説 (alternative hypothesis).

目　次

日本語版まえがき iii

緒　言 v

まえがき ix

著者紹介 xiii

数学記号表 xvii

第 1 章　検証理論 1
1.1　協力か対立か 3
1.2　ルリタニア王国の例 4
1.3　本書について 10

第 2 章　計数抜取 15
2.1　大西洋からウラルへ 16
2.2　1 つのクラス 19
2.2.1　システムの様相 24
2.3　複数のクラス 27
2.4　戦車の計数 35
2.5　IAEA の公式 37

第 3 章　計量抜取 45
3.1　環境監視 46
3.2　データ差異と意思決定 48
3.2.1　最大サンプル数 51

3.2.2 最小サンプル数 54
3.2.3 現実的サンプル数 56
3.2.4 丁度，全量欠損が最適である時は? 60
3.3 ギャップへの橋渡し 62
3.4 私の知らないことで，私を傷つけやしない 67

第 4 章 層別計量抜取 73
4.1 *D*– 統計量の正当化 74
4.1.1 ヒューリスティック検定統計量…… 77
4.1.2 ……およびその誘導 79
4.2 *D*– 統計量，真または偽 87

第 5 章 中間査察 99
5.1 無のために何かを得る査察員 100
5.1.1 賭けて下さい…… 101
5.1.2 ……賭けは終わりだ 102
5.1.3 行列ゲーム 103
5.2 無通告査察 105
5.3 待ちゲーム 111
5.4 繰返しゲーム 121

第 6 章 グローバル抜取 127
6.1 ルリタニアへの再訪 128
6.1.1 染料とマスタードから成る 129
6.1.2 グローバル抜取モデル 130
6.1.3 数値例 137
6.2 政治問題への技術解 141
6.2.1 主観主義の扱い 142
6.2.2 抑止政策 150
6.2.3 CFE への再訪 152
6.3 地球へのサンプリング 156
6.3.1 K+1 人ゲーム 157
6.3.2 変換と 1 つの例 161
6.4 日曜日の御言葉 162

第 7 章　物質会計 165
7.1 偉業の連続性 166
7.2 機微性および適時性の価格 168
7.2.1 1 在庫期間 169
7.2.2 2 在庫期間 174
7.2.3 多数在庫期間 179
7.3 適時探知 183
7.3.1 独立変換 MUFs 185
7.3.2 限度内 187
7.3.3 単純逐次検定 189
7.3.4 CUSUM 検定 191

第 8 章　会計の検証 195
8.1 単純モデル 196
8.2 1 在庫期間 204
8.3 逐次在庫期間 210

第 9 章　査察員リーダーシップ 221
9.1 正直は最良の手段 222
9.1.1 済んだぜ，農場主ハットフィールド 222
9.1.2 抑止の数量化 227
9.2 物質会計 233
9.2.1 同時進行ゲーム…… 234
9.2.2 ……そしてそのリーダーシップの相手役 237
9.3 計数抜取 240
9.3.1 その同時進行ゲーム…… 241
9.3.2 ……そしてそのリーダーシップ・ゲーム 245
9.3.3 合法行為と不法行為の共存 248
9.4 計量抜取 255
9.5 それを全て包み込もう 259

参考文献 261

付録 A　NPT 保障措置の正式モデル 269
A.1 正式モデルとは何か? 269

A.2　交渉時代：1968-1972 270
A.3　履行時代：1972-1993(+2) 272
A.3.1　物質会計 (Material Accountancy) 272
A.3.2　データ検証 (Data Verification) 274
A.3.3　物質収支の検証 (Verification of the Material Balance) 276
A.3.4　未申告の活動 (Undeclared Activities) 277
A.4　統合保障措置：1995-現在 277
A.4.1　無通告中間査察 (Unannounced Interim Inspections) 279
A.4.2　国家間での査察資源配分 281
A.5　将　来 282
参考文献 283

付録 B　物質収支の時間 and/or 空間分割 287
B.1　はじめに 287
B.2　定　理 289
B.3　例　証 290
B.4　付　録 297
参考文献 303

訳者あとがき 305

参考文献 313

索　引 317

表目次

1.1 兵器制限および環境の多国間協定の幾つか 12

2.1 CFE 査察の幾つかの特徴 18
2.2 CFE 検証のオン・サイト査察計画に対するパラメータの組 36
2.3 $\epsilon = 40$ 人・日と表 2.2 で与えられた変量に基づく最適サンプル数 . . 37

3.1 検定の帰結確率 50

4.1 数値例 97

5.1 2×2 零和ゲームの利得行列 103
5.2 行列ゲームの最適戦略 105

6.1 $K = 4, k = 2$ 行列ゲーム 136
6.2 入力データの組 139

7.1 参照工程に対する会計データ 169
7.2 6 つの統計検定の探知確率 (%) 183
7.3 変換 MUF への CUSUM 検定の平均連長さ 193

8.1 報告データと検証データの期待値 198
8.2 3 在庫期間に対する転用/偽造戦略 212

B.1 $M = 4$ と $M = 0$ に対する探知確率；$\sigma_T = 0.1$ 295
B.2 $M = 6$ と $M = 0$ に対する探知確率；$\sigma_T = 0.5$ 296
B.3 $M = 10$ と $M = 0$ に対する探知確率；$\sigma_T = 1$ 297

図目次

1.1 ルリタニア国での査察員 5

2.1 条約の決定時期，1990 年時点での CFE 検証適用領域国 17
2.2 異なる値 f と β_1 に対する N を関数とするサンプル・サイズ n_1 . . . 23

3.1 $1-\alpha$ を関数とする定理 3.1 の臨界偽造数 $\mu^*(N)$ 57
3.2 (3.34) 式の限界値と (3.43) 式の限界値をプロット 62
3.3 N データから n 個を検証する D– 検定に対する最適偽造戦略 64
3.4 総偽造量 μ を関数とした D– 検定に対する未探知確率 65

4.1 $K=2$ に対する最適化問題 (4.70) 式の許容域 95
4.2 $K=3$ クラスに対し，$\sigma^2_{D_1}\times 10^{-3}$ の 3 次元プロット 98

5.1 家族と一緒の時間をさらに多く持ちたいと望む 1 人の査察員 101
5.2 表 5.1 で与えられた 2×2 行列零和ゲームの図形解 104
5.3 $3/2<k\leq 3$ の状況の例解 115
5.4 $1\leq k<3/2$ の状況の例解 116
5.5 展開形での Dresher のゲーム 122

6.1 附属書の表 (2) 化学物質のライフ変遷史 130
6.2 k に対する解の依存性 140
6.3 $k=6$ に対する最適戦略 141
6.4 b を関数とした均衡査察確率 p_1^* のプロット 151

7.1 化学再処理プラントの工程物質収支区域 167
7.2 査察員の意思決定における誤差確率 171
7.3 i の関数として a_i と σ_{V_i} のプロット 188

7.4 無損失/無転用での独立変換 MUF 値に対する累積 CUSUM 検定 . . . 192

8.1 ‘施設在庫’ 197

9.1 ゲームでの灌漑者のプレイ 223
9.2 灌漑ゲームの正規または双行列形体 225
9.3 査察員リーダーシップ灌漑ゲームの展開形 228
9.4 同時進行灌漑ゲームの展開形 229
9.5 同時進行灌漑ゲームの展開形 230
9.6 (9.9) 式に従う β の関数としてのマッコイの利得 232
9.7 同時進行査察ゲームの展開形 235
9.8 (9.15) 式の図式的解 237
9.9 査察員リーダーシップ・ゲームの展開形 238
9.10 図 9.9 のリーダーシップ・ゲームの縮約展開形 239
9.11 (9.22) 式に従う査察員の期待利得 239
9.12 チャンスを含む同時進行計数抜取査察ゲームの展開形 242
9.13 査察員リーダーシップ計数抜取ゲームの展開形 246
9.14 計数抜取に対する 2×3 双行列査察ゲーム 253
9.15 誤警報確率を伴う査察員リーダーシップ・ゲームの展開形 256

A.1 査察のシーケンス 280
A.2 各国が単一施設を有する 2 国 281

第1章

検証理論

Trust but verify!
：信頼する，しかし検証もする*1

— Vladimir Ilyich Lenin

上記精神の観察から始めよう：履行義務の完遂 (fulfillment of commitments) を検証することは必定の災い (necessary evil) である，なぜなら人類はその長い経験から他人を信頼することは出来ないということを知っているからである．

これは，その必定の災いの本である，さらに具体的に言えば理論的基礎とその実際に則した実践に対する合理的基礎についての本である．我々は，軍備管理協定*2または環境保護条約から生じるような，検証の制度化された，多国間システムを主に取り扱う，またこれらの分野から発生する問題を定量的，整合的な方法で論じよう．

Oxford 英語辞典は検証 (verification) を以下のように定義している，

> ……データの特別な調査や比較の手法を用いて事実，理論，申告の真または真理などの検定または確証する行為．

このような明確な定義のさらなる洗練化は無くてもよい，しかしながら幾つかを示そう．1978 年の国際連合事務総長の例：

---

*1 ロシアの諺，レーニンの発言でもある．

*2 訳註：　軍備管理 (arms control)：ある政治的な意図をもって軍備の増強を双方向的に限定することである．軍備をより「縮小すること」に注目した軍縮とは異なる概念である．この言葉は 1961 年に創設された合衆国軍備管理・軍縮局で初めて用いられ，冷戦後は大量破壊兵器の拡散防止，拡散後の対処などに焦点が移っている．本書では軍縮も軍備管理の概念に含む取扱いをしている．

> ……軍備縮小または兵器制限の分野の特別協定に横たわる履行義務の確証プロセスが適えさせる.

または，合衆国軍備管理・軍縮局 (the United States Arms Control and Disarmanent Agency) ではそれを 1979 SALT II Treaty[*3]への用語集で以下のように解説している：

> ……国家安全保障のセーフガード（保障）への必要範囲を決定するプロセスであり，一方でその協定に従って行動するプロセスである.

Kokoski (1990) は欧州通常戦力条約 (Treaty on Conventional Forces in Europe)[*4]の解析入門の中で，検証の目的について多少簡潔な記述を与えている：

> 最も明確な [目的] は協定違反の**探知** (to detect) である，それによって違反者へのいかなる利益も拒絶する早期警告を与える．第 2 の目的は検証が探知リスクを増加させるという事実によって違反を**思いとどまらせる** (to deter) ことである．第 3 の主要目的は，条約締結国間のみでなく，国内の政治共同体内においても，**信頼を構築** (to build confidence) することである．最後に，検証意図は**不確かさの明確化** (to clarify uncertainty) である.

Krass (1985), Potter (1985) および UN Secretary-General (1990)（国連事務総長）らは，この主題の最近の定性的取扱について規定している．軍備管理協定 (arms control agreements) の特定文脈中での検証議論については Calogero ら (1990)，Graybeard ら (1990)，Fischer (1991)，Goldblad ら (1982) および検認技術情報センター (VERTIC), London 紀要の多くの論文を参照せよ．環境条約の検証（または検証不足）について Hajost と Shea (1990) が考察している．本章末に落とした表 1.1 は，幾つかの現存す

[*3] 訳註：　第 2 次戦略兵器削減交渉条約 (Strategic Arms Limitation Talks II Treaty)：1979 年 6 月 18 日調印に至る第 2 ラウンドは SALT-II と呼ばれる．アメリカ合衆国とソビエト連邦国の間で行われた互いの核兵器数を制限する交渉およびその結果締結された軍備制限条約のこと．ソ連のアフガニスタン侵攻を理由としてアメリカ議会の批准拒否により，そのまま 1985 年に期限切れとなった.

[*4] 訳註：　欧州通常戦力条約 (Treaty on Conventional Armed Forces in Europe)，1992 年：第 2 次世界大戦後初の通常戦力削減に関する軍縮条約である．署名は 1990 年 11 月，暫定発効を経て 1992 年 11 月に正式発効した．条約が提起され，締結について議論されたのが冷戦中であり，条約は冷戦の継続を前提として通常戦力の削減について定めている．その後，冷戦終結による国際情勢の変化などを受け，1997 年 1 月から，いわゆる条約の適合化交渉が始まり，1999 年 11 月に条約適合のための合意文書，通称「CFE 適合条約」が作成された．ただ，同適合条約はロシア連邦など一部の国のみが批准しており発効していない．2007 年 12 月 12 日，ロシアは CFE 履行の一時的な履行停止を宣言した.

批准国：NATO 16 ヶ国，旧ワルシャワ条約機構：14 ヶ国からなり，戦車，装甲戦闘車両，戦闘機，攻撃ヘリの 5 つのカテゴリーの兵器について東西両陣営において保有数の上限を定め，上限を超える兵器の速やかな廃棄および条約遵守のための査察について取り決めている.

る軍備管理協定と環境協定およびそれらに関連する検証条項のリストである．

1.1 協力か対立か

人間信頼 (human trustworthiness) への不信 (negative reflections) が正当化されがちだけれど，その不信は幾分和らげられるべきであろう，それは我々の多くが他の人たちをほとんどの時において信頼出来るという経験の教えによるからである．しからば，どのようにして 検証システムを監視すべきなのか? 根っからの原理 (professional principle) は実際のところ，互いに履行義務遵守の非当事者である篤志家証明 (party freely volunteers proof) をもたらす協力的労力 (cooperative effort) としてなのか，あるいは被査察者を信頼しない査察員を伴う被査察者 (inspectee) と査察員 (inspector) 間の対立 (confrontation) としてなのか? その答えは，紛らわしくも「ハイ!」だ．実行可能な検証制度 (verification regime) は，全ての機能への高い尺度での協力を求める，一方で査察手順の設計と査定で**被査察側によって違法行為を行うために熟慮し，計画される**と仮定することをその信用保証 (credibility) が要求する．純粋な仮説想定 (hypothetical assumption) に基づく後者の要求は，前者を必ずしも否認するものでは無い，勿論そうしてさしつかえはないが．事実，問題の対立面を整合性を有しながら，いかにして取り扱うかが本書の主題である．

しかし検証の公式理論が本当に必要なのだろうか? 再び「ハイ!」だ．信用保証を実証するために，最適査察手順を設計するために，有限な資源を効果的に配分するために，および有効性の評価の公明正大性，客観性を達するために，その理論が必要である．定量的基礎無しに，そのようなことは不可能である．

厳格で原則的検証理論は確かに有り得ないものの，実際に遭遇する問題はそれから大きく異なるものでもないため，そのような理論が存在して欲しい．しかし異なる多くの文脈中に度々現れ，そこで開発された解析方法に対する原型問題 (prototype problems) が存在している．これらの方法は，統計学と非協力ゲーム (non-cooperative games) の数学との便宜的融合 (convenient marriage)（勝手な結婚 (marriage of convenience) と対立するものとして）から成り立っている．それらは，品質管理問題で使用されている統計学的技法とは極めて根本的に異なっているものの，この統計学的技法と関連している．この差異は敵対関係にある，または挑戦的様相より顕われる，我々が述べてように，その差異は問題に固有であり，その理論が意味有るものか，否かを考慮しなければならない．

以後の章にて検証理論を例証し，検証理論の実際的応用として我々が望むものは何であるのかを議論すべきであろう，しかし生じる事の特質を得るために，空想国に向けての空想査察チームの旅に我々を誘うことにしよう（Canty and Avenhaus (1988)[*5]）.

1.2 ルリタニア王国の例

平和愛好国のルリタニア王国[*6]は化学兵器禁止条約 (Convention on Chemical Weapons)[*7]に署名した，この条約は大量破壊化学兵器の製造および集積禁止の誓約であり，それは民生用全化学工業界（化学肥料工場と殺虫剤工場から成る）をこの条約下の通常査察に委ねるものである．

工場設計，製造能力，計画——これらは査察員団に知らされ，初回訪問で検証された——は，両方の工場とも協定による化学爆弾生産能力を持つことを示している．化学肥料工場 (fertilizer plant) の場合，査察員団は，その不正使用を毎年の査察によって探知され得るべきであると結論付けた，一方殺虫剤工場 (insecticide plant) での探知のチャンスは，たったの 50-50 である．万一，純粋に説教的理由 (didactic reasons) で，これらの評価を文字通りに解釈することを選択しても読者は今や我々を許してくれるだろう，このことは化学肥料工場と殺虫剤工場の不正使用 (misuse) の探知確率が各々 100 % と 50 % であるということである．査察員団の人的労力 (manpower) が不足しており，他国は少々大きな化学工業界を有する，そして査察員団はルリタニアの工場へランダム・ベース (random basis) の査察を望んでいる（図 1.1）．探知能力の犠牲無しにそれを行うことは可能であろうか? これこそ本当の理論的問いと言えよう．

まず最初に，もしランダム化されないなら，言い換えれば両方の工場が定期的 (routinely) に査察を受けるとしたならば．その査察員団の探知確率とは何なのか? ここで幾つかの現実的悲観主義が求められてしまう．潜在的犯罪者 (potential culprit)（ルリタニア防衛・農業大臣）は査察員団の**先験的** (*a priori*) 探知確率に気がついているかもしれない，従って化学肥料工場は規則的定期査察下でけっして**不正使用**されないと査察員団は推定すべきであろう．その探知確率は従って 50 % である．

さあ，以下に示すランダム化戦略を考えよう：**年に 1 回，ランダムに日付を選択し，50 % の確率で化学肥料工場を査察；殺虫剤工場は常時査察．**

[*5] 訳註： まえがきの冒頭に記載された ESARDA の紀要：*Inspection Randomization for Pedestrians* の論文である．

[*6] 訳註： ルリタニア (Ruritania)：Anthony Hope の冒険小説の舞台となったヨーロッパ中部の架空の小王国．*rūs* country + (LUSI)TANIA：Anthony Hope の造語．Lusitania：イベリア半島の地方で古代ローマ領の名称．Rus. は Russia の略．

[*7] 本書執筆中（1994 年），まだ効力を発していない．ルリタニアおよび他の国 65 ヶ国がこの協定を批准した後 180 日経過するまで効力は発効しない；表 1.1 参照．（訳註： 1997 年に発効）．

図 1.1 ルリタニア国での査察員

査察員団平均は 1 回の査察で必要な標準的労力の半分を節約することになるだろう，さらに化学肥料工場の運転員はその査察期間の半期中に不正使用を分散させるだろう．けれどもその探知確率は幾つなのか? 明白に，それは**依然として** 50 % である．もしも殺虫剤工場で不正使用が行われたなら，ここで採用された査察測定の性質に依りそれは 50 % の確率で探知されてしまうだろう，一方化学肥料工場の査察が行われたなら不正使用は捕まえられるであろう，そして 50 % の確率でこの事象が起きる．

これら全ては，疑い無く残念ながらも明白である，まったく自明であるとは言えないものの．しかし幾つかのさらなる理論的質問を提起してみよう．化学肥料工場の探知確率が 90 % だけと仮定しよう．査察員団は同一労力でのランダム化の下で総合探知確率 50 % を維持することが可能であろうか? また査察確率の和は 1.5 よりむしろ 1.3 であると想定しよう．最悪の探知確率とは何なのか? この種の質問に対する答えは第 6 章で見ることが出来る，そこでは任意の**先験的**探知確率と誤警報確率を考慮に入れて，我々は任意の多数施設を一般化している．しかしルリタニア内に今のところ留まり，そして幾つかの単純数学を伴う我々の直観真理 (intuition) を確証しよう．

殺虫剤工場と化学肥料工場の記号をそれぞれ I と F とし，不正使用 (misuse) の探知確率を $1-\beta_I$ と $1-\beta_F$ で表示する．ここで，我々はギリシア文字 β の未探知確率を用いる厄介なしきたり (awkward convention) よりもむしろ決定理論者のものに適合させた．殺虫剤工場における違反 (violations) の探知が困難であるとの特定例題においては，以下の通り，

$$0 \leq 1-\beta_I \leq 1-\beta_F \leq 1. \tag{1.1}$$

同様にその査察確率を p_I と p_F とするなら，

$$0 \leq p_I, p_F \leq 1, \quad p_I + p_F = k \leq 2. \tag{1.2}$$

パラメータ k はランダム化の程度を与える．もし $k=2$ ならばランダム化が皆無であることを意味する，なぜなら両方の工場が確率 1 で査察されるからである，一方もし $k=0$ ならば全く査察が成されない（それが実行されるとはいささか極端過ぎる）．我々は k をルリタニアに対する総合年間査察労力の粗い尺度として考えることが出来る．この条件 (1.2) を把握するには少し難しいかもしれない．以下のことを観察するのが多分理解がより容易であろう：訪問査察の**期待**回数は

$$0\cdot(1-p_I)\cdot(1-p_F)+1\cdot[\,(1-p_I)\cdot p_F+p_I\cdot(1-p_F)\,]+2\cdot p_I\cdot p_F = p_I+p_F. \tag{1.3}$$

最後に，施設の不正使用の仮説確率 (hypothetical probabilities) を q_I と q_F として定義出来る：

$$0 \leq q_I, q_F \leq 1, \quad q_I + q_F = 1. \tag{1.4}$$

査察員の観点からの保守的な面において，不正使用がプラント I またはプラント F のいずれか一方で行われ，両方のプラントで行われないだろうと仮定されている．それゆえに単位元の和となる．*8

ランダム化査察戦略での総合探知の可能性 (overall detection capability) は明らかに

$$1-\beta(p_I,p_F;q_I,q_F) = p_I\cdot q_I\cdot(1-\beta_I)+p_F\cdot q_F\cdot(1-\beta_F) \tag{1.5}$$

または，(1.2) 式と (1.4) 式を用いて q_F と p_F を消去すると，

$$1-\beta(p_I;q_I) = p_I\cdot q_I\cdot(1-\beta_I)+(k-p_I)\cdot(1-q_I)\cdot(1-\beta_F). \tag{1.6}$$

---

*8 ランダム違反戦略は合理的仮説なのだろうか? 答えはイエスである，実際ランダム化査察戦略が合理的であるのと同じである．4 歳を超えた相手とランダム化の効力が認識され得る手の中に 1 ドルを握りしめているのはどっちの手，の当てっこの反復プレイを試みてみよう．

こんなところで良いだろう，がまだ p_I と q_I を決める方法が無い．ちょっぴりゲーム理論術語を導入し，我々は違反者（違法）の企みを知らない状況での**査察員の最適戦略** (inspector's optimal strategy) を p_I^* と称し，同様に査察員の意図に気付かない**違反者の最適戦略** (violator's optimal strategy) を q_I^* と呼ぼう．これら 2 つの最適選択は，決定されると，(1.6) 式に代入して**均衡探知確率** (equilibrium detection probability) を得ることが出来る

$$1-\beta^* := 1-\beta(p_I^*; q_I^*). \tag{1.7}$$

最適戦略および**均衡**によって我々は何を意味するのか? これらアイデアは極めて単純かつ直観でわかる：査察員団が各々の最適確率 p_I^* と $q_F^* = k - p_I^*$ でプラント I とプラント F を査察するとしたならば，**違反者が何をしようが無意味だ**，彼は $1-\beta^*$ 以下の探知確率で強行出来ない．逆に言えば，違反者が各々の最適確率 q_I^* と $q_F^* = 1 - q_I^*$ でプラント I とプラント F での不正使用するとしたならば，**査察員が何をしようが無意味だ**，彼は $1-\beta^*$ より高い探知確率に達することが出来ない．従っていずれかの競技者 (protagonisit) は無分別となりその最適戦略から逸脱してしまうだろう．この状況は不等式を用いて非常に簡潔的な数学で表現することが出来る

$$1-\beta(p_I; q_I^*) \le 1-\beta(p_I^*; q_I^*) \le 1-\beta(p_I^*; q_I) \quad \text{for all } p_I,\, q_I,$$

これは，査察員への利得 $1-\beta(p_I; q_I)$ を伴う零和 2 人ゲーム (two-person, zero-sum game) に対する**均衡** (equilibrium) または**鞍点** (saddle point) 基準と呼ばれる．事実，本書全体を通して我々はこの等価公式の使用を好むだろう

$$\beta(p_I^*; q_I) \le \beta(p_I^*; q_I^*) \le \beta(p_I; q_I^*) \quad \text{for all } p_I,\, q_I, \tag{1.8}$$

若干書くことを節約出来るとの理由から上式のように単純化した．典型的な鞍点の図形表示は第 4 章の図 4.2 に示されている．最適戦略の決定は (1.8) 式を "解いた" ものと等価である．

職業倫理上の理由で，その最適不正使用戦略をルリタニアの大臣へ勧告することに我々は躊躇するものの，同時に査察員の最適戦略を我々は強く勧告することが出来る，それは彼へ均衡探知確率 $1-\beta(p_I^*; q_I^*)$ を**保証**してやれる．事実，その形容詞，**均衡**，**鞍点**および**保証された**は探知確率適用時において，交換可能なものとして使われるであろう．これは望ましい性質である理由から，確立された均衡 (establishing equilibria) を伴う本書を通じて，我々はこれらとかかわることになる．

そのゲームの解を今や我々は書くことが出来る，それは (1.2), (1.4), (1.8) 式を満足している p_I^* と q_I^* の値である．その解の形式は労力パラメータ k に依存することが

判った．以下の k に対し

$$0 \leq k \leq 1 + \frac{1-\beta_I}{1-\beta_F} \tag{1.9}$$

その解は，

$$p_I^* = k \cdot \frac{1-\beta_F}{1-\beta_I+1-\beta_F}, \quad q_I^* = \frac{1-\beta_F}{1-\beta_I+1-\beta_F} \tag{1.10}$$

であり，以下の式の均衡探知確率 (1.6) によって与えられる，

$$1-\beta^* = k \cdot \frac{(1-\beta_I)\cdot(1-\beta_F)}{1-\beta_I+1-\beta_F} \tag{1.11}$$

この式は明瞭さが劣るものの，対称性を高めると以下のよい記述にできるだろう，

$$\frac{k}{1-\beta^*} = \frac{1}{1-\beta_I} + \frac{1}{1-\beta_F} \tag{1.12}$$

k がさらに大きな値の場合の解は，例えば

$$1 + \frac{1-\beta_I}{1-\beta_F} \leq k \leq 2, \tag{1.13}$$

では，実に単純になる．それは，

$$p_I^* = 1, \quad q_I^* = 1 \tag{1.14}$$

で，均衡探知確率

$$1-\beta^* = 1-\beta_I \tag{1.15}$$

を伴う．

上述した方程式は，RRIP (Ruritanian Randomized Inspection Problem) への完全解を与える．それら方程式は鞍点基準 (1.8) を満足し，読者が確かめたいと思うかもしれない容易な練習問題であることを示すことにより証明出来る．しかし我々の解をさらに詳細に観察してみよう，それらが意味を成すのか否かを眺めてみよう．

(1.9) 式を満足するように，もし k があまり大きくないなら鞍点基準 (1.8) の両方ともに等号を保つことになる．互いのプレイヤーは，彼の戦略選択に関し彼の対抗者（相手）が無関心になるように行動する．それでも相手の最適戦略は独自に定義されてしまう！その最適査察確率 p_I^* と p_F^* は，事実その総合査察労力 k に比例している ((1.10) 式参照)，とはいえ，それらの比は k とは独立である：

$$\frac{p_I^*}{p_F^*} = \frac{1-\beta_F}{1-\beta_I}$$

この最適違反確率 (optimal violation probabilities) は，k と完全独立であるものの，それらの比は同一であり，

$$\frac{q_I^*}{q_F^*} = \frac{1-\beta_F}{1-\beta_I}$$

となる．それはもっともなことである：探知確率 $1-\beta_F$ が大きければ大きい程，プラント F の不正使用確率はより一層小さくなる，従って同様に査察 F に対する確率もより小さくなる．

もしも総合査察確率または労力が充分大きいなら，解 (1.14-15) を得る．違反者はプラント I にもっぱら集中するだろう，なぜなら少なくとも探知確率がさらに小さいからである．この結果，査察員団は間違いなく I を査察するだろう．

(1.15) 式から注意する査察員団に対する最大達成可能探知確率は $1-\beta^* = 1-\beta_I$ であり，それは以下の時に達成され得る，

$$k = k_0 = 1 + \frac{1-\beta_I}{1-\beta_F}$$

k_0 を超えるいかなる査察労力も無駄である! この理論もまた結局，全体年間査察労力に対する上限値を勧告している．

我々のオリジナル例題に戻ろう，それは

$$1-\beta_I = 0.5, \quad 1-\beta_F = 1.0,$$

である．それは (1.14) 式と (1.15) 式に従い，$k = 1.5$ を伴い，

$$1-\beta^* = 0.5, \quad p_I^* = 1.0, \quad p_F^* = 0.5, \quad q_I^* = 1.0, \quad q_F^* = 0.0$$

となる．これは直観的に明白な結果であった．我々は従って以下の状況に関して問いを発した．

$$1-\beta_I = 0.5, \quad 1-\beta_F = 0.9.$$

$1-\beta^* = 1-\beta_I$ を与えている k の値は

$$1 + \frac{1-\beta_I}{1-\beta_F} = 1.556.$$

もしもその労力が一定であるなら，このことは $k = 1.5$ ということ，(1.10) 式と (1.11) 式が適用可能で，以下の値が与えられる

$$1-\beta^* = 0.48, \quad p_I^* = 0.96, \quad p_F^* = 0.54, \quad q_I^* = 0.64, \quad q_F^* = 0.36.$$

その最適査察確率の変更は困難である，それとは反対に最適違反戦略は全く異なる．初めで中止していた最後の質問の答えとして，我々は査察労力を若干減少させてみよう：

$$k = 1.3,\quad 1-\beta_I = 0.5,\quad 1-\beta_F = 0.9,$$

そして以下の値が得られる

$$1-\beta^* = 0.42,\quad p_I^* = 0.84,\quad p_F^* = 0.46,\quad q_I^* = 0.64,\quad q_F^* = 0.36.$$

この違反戦略は影響を受けていない．

最後に，我々のモデルは抑止の動機を阻害すると記しておこう．**遵法行動**のオプションがルリタニアの大臣の邪悪な心に入り込むことは認められていない．[*9]このフローについては第 6 章の最初に取り扱われるであろう，さらに系統的には第 9 章で取り扱われる．

1.3 本書について

第 2 章より第 8 章までを通し，各章で様々な特定例を伴う，1 つないし 2 つの大きな問題領域が検証理論の応用の説明のために選択される．これらの章は相対的には自己充足的であり，独立的に読むことも出来るだろう，だが第 3 章，第 4 章と第 8 章は統計的決定理論 (statistical decision theory) を広範に取り扱うことから，順番に読むことが最良と言える．取り扱われる材料の追加的数学基礎は，Avenhaus (1986) と核物質管理の査察と検認・検証を主題とした数多くの出版物——その多くは，国際原子力機関 (IAEA)，欧州保障措置研究開発協会 (ESARDA) および核物質管理学会 (INMM) が後援する会議紀要，および INMM と ESARDA Bulletin の学会誌でも同じように——の中で見つけられるだろう．

核保障措置 (nuclear safeguards) に対する定量的検証文献の明白な偏見の 1 つは，核エネルギーの平和利用に対する厳格でかつ確立された検証制度 (verification regime) が有る結果であると認識されていることである．しかしながら，核不拡散 (nuclear non-proliferation) は決して適用分野を枯渇させはしない．核保障措置外の分野から選択した幾つかの例題と伴にこのことを検証して見よう．明確に定義された境界条件と検証到達点が不足している与件のため，これらの幾つかは少々人為的または思弁的に

[*9] 訳註： 不正使用行為を選択する確率は正であり，不正使用行為を完全に阻止することは出来ない．

見えるかもしれない，しかしそれらはそれら自身での発展，我々の勧告した線に沿ったより現実的定量モデルへの発展の応用に関係する各分野を励ますことを意味する．

本書全体の要約と同時に，紀要材料の深堀を行うことと，それら両方を意図したため，第 9 章は幾分か特殊である．一方，最初の 8 章までは検証を通じて達成された保証の数量化と最適化の効果について取り扱い，多かれ少なかれ具体的な査察問題を考察する，第 9 番目の章の主題は抑止の量化命題 (quantification of deterrence) である．極めて一般的なモデルとして公式化され，検証理論は，全ての基礎的様相で特に強調されている，さらに抽象的 (abstract) で洗練された水準 (sophisticated level) で取り扱われる：被査察側の違法行動を含んでいる．

本書を読む最良の方法は多分，以下の通り：

(i) 第 1 章を読む．あなたは多分これを丁度読み終わったところだ．

(ii) 第 2 章から第 8 章の何れかの部分集合 (subset)[*10]を読む．システマチックな読者は，集合の部分集合群の集合内に含まれている，集合そのものであることを思い起こすだろう．第 9 章の理論的な内容 (meat)[*11]を欲するせっかちな読者は，その空部分集合 (empty subset) を選択するかもしれない．

(iii) 第 9 章を読む．

(iv) ステップ (ii) を繰り返す，勿論その非空部分集合 (non-empty subset) を選択して．

最後に，簡単な計算と少しは精通している誤差伝播を超えた，抽象化された数学や統計学の知識が読者の前提条件では無いことを強調しておくべきであろう．例えば 5.2 節と 6.2.1 節のような少しばかり進んでいるところでは，説明はより詳細に行う．もしも彼女 (she)[*12]が旅行鞄全部を持ちルリタニアへの小旅行 (trip)[*13]で生き残り (to survive) をかけるなら，読者は本書の残り (rest)[*14]で何の困難さも無いはずだ．

[*10] 訳註： subset：(1) 小党，小派，(2) 部分集合．

[*11] 訳註： meat：(1) 肉，(2) 食物；食事，(3)（貝，果実などの）身，実，(4)（書物などの）内容，精髄，(5) 好きなもの．

[*12] 訳註： she：彼女は（三人称・女性・単数・主格）⇒船，自動車，国，都市，大学などをさすにも用いることがある．

[*13] 訳註： trip：(1)（短い）旅行，航海，(2) つまずき，(3) 失態，失言，(4) トリップ，(5) 幻覚体験．

[*14] 訳註： rest：(1) 休息，安心，宿泊所，(2) 残り，残金，積立金，(3) 鎧に付いた槍の石突き受け．

表 1.1　兵器制限および環境の多国間協定の幾つか

協定 (AGREEMENT)	対象範囲 (SCOPE)	検証 (VERIFICATION)
南極条約 (1961)：Antarctic Treaty	核爆発および放射性廃棄物処分禁止，あらゆる種類の兵器試験および軍事性能計測禁止	通常オンサイト査察，航空機監視による遠隔検知 (Art.7)
大気中，大気圏外，水中での核爆発実験禁止条約 (1963)	大気圏外，または水中での核兵器実験の禁止	無し．条約批准組織が自国の技術手段によって検証されることを想定
宇宙条約 (1967)：Outer Space Treaty	物体破壊兵器を運搬する軌道物体の配置，天体上での人的操作実施，いかなる種類の兵器の軍備搭載完遂と実験の禁止	天体に関して通常オンサイト査察，地球軌道へでは無い (Art.12)　宇宙空間飛行監視は任意 (Art.10)
ラテンアメリカ及びカリブ諸国核兵器禁止条約 (1968)：Tlatelco Treaty	核兵器の実験，使用，製造，取得，貯蔵，設置，配備の禁止	オンサイト査察促進，IAEA への報告
核兵器の不拡散条約 (1970)：NPT (Treaty on the Non-Proliferation of Nuclear Weapons)	核兵器国による核兵器の移譲または非核兵器国による製造または取得の禁止	選択的/オンサイト査察促進，IAEA への報告 (Art.13)
海底と下層土での大量破壊兵器及び核兵器配備禁止条約 (1975)	海洋床での大量破壊兵器配備の禁止	通常オンサイト査察，告訴審議手順 (Art.3)
生物及び化学毒物兵器の開発，生産及び備蓄の禁止並びにそれらの廃止に関する国際協定 (1975)	バクテリアと毒物兵器の開発，生産，備蓄及び取得の禁止と既存備蓄分の破棄	告訴/審議手順 (Art.5, Art.6)
環境変更技術の軍事または他の敵対使用禁止の国際協定 (1977)	広範，長期，または重篤な影響を及ぼす環境変更技術を軍事または他で使用することの禁止	協力/審査手順 (Art.5)

（表 1.1　続き）

協定 (AGREEMENT)	対象範囲 (SCOPE)	検証 (VERIFICATION)
月及び他の天体に関する国家活動の統治協定 (1984)	軌道上を含む天体及び月面での戦力使用または威嚇，敵対的活動の禁止	通常オンサイト査察，協力/審査手順 (Art.15)
欧州通常戦力条約 (1990)：Treaty on Conventional Armed Forces in Europe (CFE)	通常兵装の 5 分類に対し，欧州全体及び区域の両者がその保有上限を決定	国または多国間技術手段を使用しての遠隔検知，オンサイト査察
化学兵器禁止条約 (1993 年採択)：Convention on the Prohibition of the Development, Production, Stockpiling and Use of Chemical Weapons and their Destruction	現有貯蔵の消滅を含む大量破壊化学兵器の製造及び使用の一般禁止令	オンサイト通常査察 (Arts.4,5,6)，加盟国要請による査察の推進 (Art.9)
捕鯨規則に関する国際間協定 (1948)：International Convention for the Regulation of Whaling	捕鯨規則の確立，維持のため国際捕鯨委員会の創設	加盟国による委員会への報告，統計量の収集と公表 (Art.4)
船舶，航空機の投棄による海洋汚染禁止協定 (1974)	有害物質投棄防止締結国への執行	国家監視，委員会への報告，定期的レビュー (Art.17)
野生ファウナ (Fauna)，フロラ (Flora) 絶滅危惧種の国際貿易協定 (1975)	絶滅危惧種の貿易規則	国家管理と専門当局の確立 (Art.9)，事務局へ報告
陸地源からの海洋汚染防止協定 (1978)	海洋に放出される毒物の低減化と規則の執行	国家管理と監視，評価委員会へ報告
オゾン層保護協定 (1985 年採択)：Convention for the Protection of the Ozone layer	オゾン層での人類活動への悪影響の研究と低減化の協力協定	情報交換，加盟国会議による継続評価 (Art.6)

第 2 章

計数抜取

Twenty lassies in a raw
And nae a laddie amang them a'
：自然なままの 20 人の少女たち
そして，彼女らの間に 1 人の若者も居ない

— Children's rhyme[*1]

検証手順は通常ランダム・サンプリング (random sampling) を意味する．**被査察者** (*inspectee*) は協定，法律，条約などの枠組みの範囲内で，在庫量，貯蔵量，放出量または移送量の記録を報告する義務を負うものと仮定しよう．**査察員** (*inspector*) は，彼自身による独立観察の助けを借りて報告データの検証業務を受け持つであろう．その査察員観察は，通常，報告データの代表的ランダム・サンプルの幾つかから構成されており，彼の時間と資源は物理的にまたは検証協定の条項下のいずれかによって制限される．

サンプリング（抜取）手順の明白な目的は，被査察者の違法行為 (illegal behavior) を許容出来る確率の範囲で探知することにある．特に国際的時局において（第 1 章参照）遵法行為 (legal behavior) の証明は，等しく重要である．

ランダム・サンプリング（無作為抽出）の主要 2 分類は，便宜的に識別される：**計数** (*attributes*) 抜取と**計量** (*variables*) 抜取．計量抜取は測定誤差を明確に考慮している．被査察者報告データと査察員の調査結果間の差異は，統計検定 (statistical tests) を用いて定量的に評価する．従って違法行為を誤って結論付ける可能性が存在する，

[*1] 訳註： 韻を含む童謡．*a* は 10 個．韻の数は?

あるいは他の方法において，誤警報確率 (false alarm probability) は有限となる．一方，計数抜取は報告データと査察員観察間の定性的差異の探知を求める．存在する如何なる差異も，少女 (lasses) から若者たち (lads) を見分けるのと同じくらい明らかであると思われる：その誤警報確率はゼロである．

計数技法は本章にて通常兵器管理および核不拡散の検証から採用した事例を用いて解説しよう．計量抜取は次の 2 つの章の主題である．

2.1　大西洋からウラルへ

1990 年 11 月 19 日，NATO[*2]と前 WTO [*3]諸国を代表する 22 ヵ国の政府首脳らが欧州通常戦力条約 (Treaty on Conventional Armed Forces in Europe) に署名した．冷戦 (Cold War) 終結を意味するこの条約は，これまでに考えられた最も重要な軍備管理および軍縮協定の 1 つである，と多数のオブザーバーらから見なされていた；Daalder (1991) と Kokoski and Konlik (1990) を参照せよ．驚くべきものでは無いように，この条約の土台 (cornerstone) は検証である，この詳細は複雑であり，かつ（いつものように!）未だ完全な取り決めに至っていない．ヨーロッパと世界の安全保障 (security) にとっての条約の重要性の観点から，どの様にしてその検証の法的規定 (provisions) を有効にさせるのかを問い，およびその履行に対する系統的基礎を求めることは極めて自然である．

CFE 検証を考察するため，その条約自身を若干詳論しなければならない．適用される領域は，基本的にヨーロッパ全域からウラル山脈 (Ural Mountains) までである，図 2.1．この条約の題目は‘装備制限条約：Treaty-Limited Equipment’(TLE) と呼ばれ，5 分類から構成される：戦車 (tanks)，火砲 (artillery)，装甲戦闘車両 (armored combat vehicles)，航空機 (aircraft) およびヘリコプター (helicopters) である．軍隊 (troops) はこの条約の対象で無い，しかしながらそれに関する単独声明 (unilateral statements) が存在している．TLE に対し，西側と東側の欧州諸国の両者で詳細な上限が定められている，さらに国家毎の上限が存在している（‘十分な規則：sufficiency rule’と呼ば

[*2] 訳註：　北大西洋条約機構 (North Atlantic Treaty Organization：NATO)：1949 年 4 月 4 日締結の北大西洋条約に基づき，アメリカ合衆国を中心とした北アメリカ（USA とカナダ）およびヨーロッパ諸国によって結成された軍事同盟．

[*3] 訳註：　ワルシャワ条約機構 (Warsaw Treaty Organization：WTO)：冷戦期の 1955 年，ワルシャワ条約に基づきソビエト社会主義共和国連邦を盟主とした東ヨーロッパ諸国が結成した軍事同盟．1989 年の冷戦終結に伴って東欧革命が始まり，1991 年 3 月に軍事機構を廃止，7 月 1 日に正式解散，12 月にはソ連が崩壊した．

図 2.1　条約の決定時期，1990 年時点での CFE 検証適用領域国

れる).[*4]

検証規定は 5 つの基礎的構成物から成る：通告 (notation) と情報交換，地上オン・サイト査察 (ground on-site inspections)，国家または多国籍国家の技術手段 (technical means)[*5]，空中査察 (aerial inspections) および‘合同諮問グループ’(Joint Consultative

[*4] 訳註：　欧州通常戦力条約 (Treaty on Conventional Armed Forces in Europe)，1992 年：第二次世界大戦後初の通常戦力削減に関する軍縮条約である．署名は 1990 年 11 月，暫定発効を経て 1992 年 11 月に正式発効した．条約が提起され，締結について議論されたのが冷戦中であり，条約は冷戦の継続を前提として通常戦力の削減について定めている．その後，冷戦終結による国際情勢の変化などを受け，1997 年 1 月から，いわゆる条約の適合化交渉が始まり，1999 年 11 月に条約適合のための合意文書，通称「CFE 適合条約」が作成された．ただ，同適合条約はロシア連邦など一部の国のみが批准しており発効していない．2007 年 12 月 12 日，ロシアは CFE 履行の一時的な履行停止を宣言した．

批准国：NATO 16 ヶ国，旧ワルシャワ条約機構：14 ヶ国からなり，戦車，火砲，装甲戦闘車両，戦闘機，攻撃ヘリの 5 つの分類（カテゴリー）の兵器について東西両陣営において保有数の上限を定め，上限を超える兵器の速やかな廃棄および条約遵守のための査察について取り決めている．

[*5] 領土主権は侵害されないという‘間接的スパイ活動’(remoto espionage) のある種の歪曲的表現.

Group) の 5 つである．空中査察はさらなる交渉の主題である一方で，地上オン・サイト査察は大変詳細に取り決められた；Dep. Ext. Affairs (1990) から編集された表 2.1 を参照せよ．

多くのほかの検証システムには，多種類のオン・サイト査察に対する蓄え・準備が含まれていることを述べておくべきであろう．Dunn と Gordon (1990) にこの拡張的考察が与えられている，しかしながら CFE 条約の構想以前に記載されたものである．

次から CFE 下で地上オン・サイト査察の合理的計画を可能とするために必要な数学的道具を紹介しよう．CFE 検証目的のため 1 台の戦車，ヘリコプターまたは他の軍事的装置を ‘計測する’ (measures) よりもむしろ ‘同定する’ (identifies) 理由により，我々の理論はランダム計数抜取 (random attributes sampling) が基礎になる．

この問題を理論的に公式化することから始めよう．US Gov. (1963) と Encycl.

表 2.1　CFE 査察の幾つかの特徴

	申告査察 DECLARED	特別地域査察チャレンジ CHALLENGE	査察削減 REDUCTION	査察認証 CERTIFICATION
拒否権は?	無し	有り	無し	無し
割当 (QUOTA) は?	有り	有り	無し	無し
割当：A) 基礎確認 (最初の 120 日)	検証対象物の 20 %	申告サイト査察数の 15 % まで	適用不可	適用不可
割当：B) 削減 (確認後最初の 3 年)	検証対象物の毎年 10 %	申告サイト査察数の毎年 15 % まで	適用不可	適用不可
割当：C) 残余確認水準 (削減後最初の 120 日)	検証対象物の 20 %	申告サイト査察数の 15 % まで	適用不可	適用不可
割当：D) 残余確認水準 (残余確認水準後の期間)	検証対象物の 15 %	申告サイト査察数の毎年 23 % まで	適用不可	適用不可
通告 (NOTIFICATION)	入門サイトで最小 36 時間前	入門サイトで最小 36 時間前	入門サイトで最小 96 時間前	入門サイトで最小 96 時間前
継続期間 (DURATION)	申告サイトで最大 24 時間前	特定地域内で最大 24 時間前	1 ないしそれ以上の暦報告期間を通じ	2 日間
地理的範囲 (GEOGRAPHIC SCOPE)	検証を有するサイ全ての地域，装備制限条約対象機器	直線 16 km を超えない領域で最大 65 km^2	削減観察，削減前の兵器，削減後の残存兵器を含む	検証を目的とした航空機査察

(1982) に従い，計数による検証は査察である，

> ……生産ユニットを欠陥または非欠陥として単純に分類されるところの，または生産ユニット内の欠陥数は要求によって与えられたセットに関して勘定される．

我々の目的のため，被査察者（CFE 批准国）はデータ・セットで報告し，査察員が独立観察によって，さらに報告と検証された各々のデータ・ペアに対しそれらのデータのサブ・セットをランダムに選択し検証すると推定され，疑いの余地の無い声明としてその値に整合性が有るか，否かを発することが出来る．すでに示したように‘疑いの余地の無い’(unambiguous) とは，誤警報発生確率または真の不整合をミスする確率が正確にゼロであることを意味する．

全ての中からまず最初に，データの単一**クラス** (class)（**ストラータ** (stratum)[*6]としても一般に引用される）を見てみよう，それは同様な特徴を有する報告されたアイテムまたは事象の均質母集団 (homogeneous population) を意味することにより，僅かな単純であるが重要な統計学概念が導入されることになる．それから，データの複数クラスに移動しよう，手近かな問題への直接的応用の一般解を導くものとして，それで如何にゲーム理論考察が自然に湧き起こるかを見ることになるだろう．我々は最適抜取計画 (optimal sampling plans) 決定の純粋に実用主義的目標 (purely utilitarian goal) に我々自身を制約しようとは望まない，しかし外部から与えられた検証対象物のような興味有るシステム様相の幾つか，その習得されたパラメータ (internalized parameters) とその解の幾つかの一般的特徴 (general features) を考察しよう．

かように必須な理論的兵装 (necessary theoretical armament) を装備したからには，我々は CFE の軍備縮小 (*dis*armament) と単純な実例へと戻ろうではないか．

2.2　1つのクラス

報告されたデータの単一クラスは似たような N 個アイテムから成り，そのうちの r 個が偽造されているとしよう（等価の：その r は欠陥 (defective) である）[*7]，ここで

[*6] 訳註：　ストラータ：統計的サンプリングを容易にする目的で作られる類似の物理的または化学的特性（例えば，同位体組成）を持つアイテムおよび/またはバッチの分類．ストラータ化の望ましい最終結果は，検証測定および保障措置データ解析に関連する特性の観点から，その他のストラータに入っているアイテムとの類似性と比べて，ある特別なストラータに入っているアイテム相互の類似性の方が高いことである；IAEA 保障措置用語集 2001 年版　対訳，核物質管理センター，より．

[*7] 訳註：　欠陥 (defect)：意図された用途または規定された用途に関連する要求事項を満たしていないこと（品質マネジメント—基本及び用語 Q 9000:2006 より）．場合により「欠損」を訳語として用いる．

$0 \le r \le N$ である．r 個の偽造の内，少なくとも 1 個がある望ましい確率で探知されるとした場合，査察員のランダム・サンプル n がどの程度の大きさかを我々は問う．品質管理とは異なることをここで明記しておく，そこではある数の欠陥が通常許容されており，その到達点はそのクラス内の総数についてのアイデアを得ることである．査察員は彼の仕事を実行する，しかしながら彼はたった 1 個の偽造の探知をやり遂げることである．追跡活動が彼に要求されるかもしれない，しかし**探知** (detection) の最初の行為は，基本的に検証の有効性を決定することである．

まず最初に**戻し無しの抜取：非復元抜取** (drawing without replacement) 過程を考えよう，言い換えれば単一アイテムが 1 回を超えて選択されないようなランダム・サンプリングである．この過程の基本法則は**超幾何分布** (hypergeometric distribution) である，これはサンプル内の欠陥 (defects) の確率分布を表現している．我々は，それを以下のようにして得ることが出来る：そのクラスから非欠陥アイテムを選択する‘事象’を文字 A で表そう，欠陥アイテムの選択については文字 $\bar{A}$ で示す．$n = 1$ アイテムのランダム選択に対し，これらの事象の生起する確率は明らかに

$$\Pr(A) = \frac{N-r}{N}, \quad \Pr(\bar{A}) = \frac{r}{N}.$$

$n = 2$ のサンプルに対して，4 個の可能事象が存在する：

$$A_1A_2,\ A_1\bar{A}_2,\ \bar{A}_1A_2,\ \bar{A}_1\bar{A}_2$$

それらの確率は等しく簡単に書き下せる．例えばサンプル内が無欠陥の確率は

$$\Pr(A_1A_2) = \Pr(A_1) \cdot \Pr(A_2|A_1)$$

ここで $\Pr(A_2|A_1)$ は事象 A_1 が生起した条件付き環境下での事象 A_2 の確率である．これはちょうど $\dfrac{N-r-1}{N-1}$ となる．それ故

$$\Pr(A_1A_2) = \frac{N-r}{N} \cdot \frac{N-r-1}{N-1} = \frac{\binom{N-r}{2}}{\binom{N}{2}}$$

2 項係数を導入して

$$\binom{a}{b} = \frac{a!}{b!(a-b)!}$$

得られる．[*8]自然数の階乗 (fractorial) は以下により定義されている，

$$a! = 1 \cdot 2 \cdots a, \quad 0! = 1! = 1.$$

2個から n 個のサンプルへ一般化し，無欠陥 (no defects) を発見する確率——この確率を β_1 と呼ぶ（下付き数字1は非復元抜取を意味する）——は，

$$\beta_1 = \frac{\binom{N-r}{n}}{\binom{N}{n}}$$

である．これは実際，超幾何分布の特別なケースになる，同一サンプル内で k 個の欠陥を発見する確率は，下式によって与えられる．

$$\Pr(k) = \frac{\binom{r}{k}\binom{N-r}{n-k}}{\binom{N}{n}}$$

明らかに，$\beta_1 = \Pr(k=0)$ である．

2項係数 (binominal coefficients) を拡張し，この未探知確率 (non-detection probability) β_1 を以下の式で書き表わすことが出来る，

$$\beta_1 = \frac{\binom{N-r}{n}}{\binom{N}{n}} = \frac{\dfrac{(N-n)!}{(N-n-r)!}}{\dfrac{N!}{(N-r)!}} = \frac{N-n}{N} \cdot \frac{N-n-1}{N-1} \cdot \cdots \cdot \frac{N-n-r+1}{N-r+1}$$

または，等価なものとして，

$$\beta_1 = \left(1 - \frac{n}{N}\right)\left(1 - \frac{n}{N-1}\right)\cdots\left(1 - \frac{n}{N-r+1}\right) = \prod_{i=0}^{r-1}\left(1 - \frac{n}{N-i}\right) \tag{2.1}$$

---

*8 訳註：

$$\frac{\binom{N-r}{2}}{\binom{N}{2}} = \frac{(N-r)!}{2!(N-r-2)!} \cdot \frac{2!(N-2)!}{N!} = \frac{(N-r)\cdot(N-r-1)}{N\cdot(N-1)}$$

が得られる．欠陥の数 r が総数 N に比べてかなり少数であるならば，β_1 を以下の式で近似できる，

$$\beta_1 \approx \prod_{i=0}^{r-1}\left(1 - \frac{n}{N}\right) = \left(1 - \frac{n}{N}\right)^r$$

従って，この探知確率 (detection probability) は，

$$1 - \beta_1 \approx 1 - \left(1 - \frac{n}{N}\right)^r \tag{2.2}$$

となる．

ここで復元（戻し有り）抜取 (drawing with replacement) について検討しよう．再び，たった 1 個のアイテムが選択された場合に，欠陥アイテムが選択されない確率は，

$$\beta_2 = \frac{N - r}{N} = 1 - \frac{r}{N}$$

である．しかしここでは引き抜かれたアイテムはポットの中に戻されるので，2 重 (twofold) のサンプルに対しては以下の式が与えられる．

$$\beta_2 = \left(1 - \frac{r}{N}\right)^2$$

n 重 (n-fold) のサンプルに対して，少なくとも 1 個の欠陥アイテムを探知する確率は，1 から探知出来ない確率を引いたものであるから，これは，

$$1 - \beta_2 = 1 - \left(1 - \frac{r}{N}\right)^n \tag{2.3}$$

である．復元抜取と非復元抜取間のこの差異は少数抜取に対しては無視すべきであろう，我々は $n \ll N$ の時，(2.1) 式から (2.3) 式が得られると思う，これは事実である，というのは (2.1) 式の表現が n と r に関して対称であるから，

$$1 - \beta_1 = 1 - \prod_{i=0}^{n-1}\left(1 - \frac{r}{N - i}\right)$$

であり，この式は $n \ll N$ に対し (2.3) 式へ変形される．

本章のはじめで提起された質問に答えることが今や可能となった：与件としての探知確率を達成させるためにどのくらいの大きさのサンプルにすべきであるのか? $r \ll N$ と非復元抜取と望まれる未探知確率 β_1 に対し，そのサンプル・サイズは，(2.2) 式から以下の式となるべきである，

$$n_1 = N(1 - \beta_1^{1/r}). \tag{2.4}$$

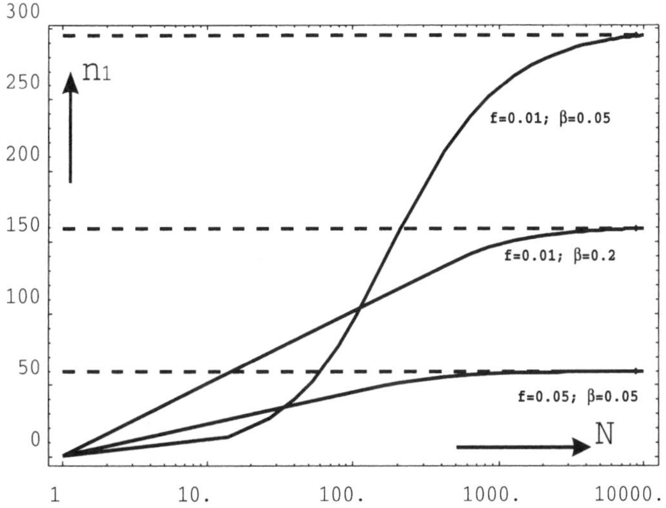

図 2.2 (2.6) 式に従う異なる値 f と β_1 に対する N を関数とするサンプル・サイズ n_1

さらに，$n \ll N$ および復元抜取では，(2.3) 式から，

$$n_2 = \frac{\ln \beta_2}{\ln(1 - r/N)} \tag{2.5}$$

のサンプル・サイズであるべきだ．探知確率の値が与えられた場合，n_2 はそのサンプル中に在ると推定された欠陥の比率にのみ依存している，それは $f = \dfrac{r}{N}$ である，それゆえ n_1 は r と N のそれぞれに依存している．この 2 つの表現は等価となる，しかしそれは大きな母数 N と小さい欠陥比率 f に対する時である．それは，

$$n_1 = N(1 - \beta_1^{1/Nf}) \tag{2.6}$$

である．さらにロピタルの定理 (L'Hospital's rule)[*9] を 2 度適用することによってその

[*9] 訳註： ロピタルの定理：微分積分学において不定形の極限を微分を用いて求めるための定理である．$\lim_{x\to c} f(x) = \lim_{x\to c} g(x)$ の値が 0 または $\pm\infty$ であり，かつ極限 $\lim_{x\to c} \dfrac{f'(x)}{g'(x)}$ が存在するならば，そのときの $\lim_{x\to c} \dfrac{f(x)}{g(x)} = \lim_{x\to c} \dfrac{f'(x)}{g'(x)}$ であることを主張する．

$$\lim_{N\to\infty} N(1 - \beta_1^{1/Nf}) = \lim_{N\to\infty} \left(1 - \beta_1^{1/Nf} - \frac{N}{Nf} \cdot \ln\beta_1 \cdot \ln\beta_1 \cdot \beta_1^{1/Nf}\right) = -\frac{\ln\beta_1}{f}$$

極限 (limit) $N \to \infty$ に取って,

$$n_1^{\infty} = \lim_{N \to \infty} n_1 = -\frac{\ln \beta_1}{f} \tag{2.7}$$

となる．1 階テーラー展開 (the first-order Taylor expansion) を用いて,

$$\ln(1 - f) \approx -f, \quad f \ll 1$$

(2.5) 式を大数 N の極限で同一の表現へと変える：[*10]

$$n_2^{\infty} \approx -\frac{\ln \beta_2}{f} = n_1^{\infty}, \quad f \ll 1 \tag{2.8}$$

である．図 2.2 は (2.6) 式に従う n_1 のグラフ表示である．$f \geq 0.05$ において，漸近的値 n_1^{∞} はかえって素早く極値に達する．

2.2.1　システムの様相

探知確率 $1 - \beta$ は外から与えられると仮定するのが，今までのところ我々にはむしろ好都合である．さあ，ここで被査察者 (inspectee) 側に**遵法行為を執らせる**ためにはどの程度大きなランダム・サンプリングであるべきかと質問をしよう．彼の報告データを偽る動機（我々はこの動機を d と呼ぼう）および探知と言う望まない帰結（これらを $-b$ と呼ぶ）を反映し，**効用** (utilities) が被査察者に帰することが可能である仮定しよう．明らかに我々は $(b, d) > (0, 0)$ であると言うことが出来る．[*11]被査察者の期待利得は，未探知確率 β と違法行為が与えられるとし，以下の重み付きの和となる,

$$-b(1 - \beta) + d \cdot \beta$$

遵法行為に対するその期待利得は零 (nil) である．そのためもしも β が被査察者の期待利得が零以下となるように選択されたなら，遵法行為が導入される．[*12]

[*10] 訳註：　$r \ll N$ および $n \ll N$ の条件下では，非復元抜取と復元抜取におけるサンプル・サイズに差異が生じないことを意味する．

[*11] 言い換えるなら，査察員は彼らの時間と納税者の金を浪費しているのである．

[*12] 訳註：

$$-b(1 - \beta) + d \cdot \beta < 0$$

$$\beta(b + d) < b$$

$$\beta < \frac{b}{b + d}$$

$$\beta < \frac{1}{1 + d/b} \tag{2.9}$$

簡略化のため，(2.8) 式は妥当であると想定しよう．従ってもしも前もって被査察者に通告するならば，彼に偽造データを再び考えさせるサンプル・サイズ n は，以下の式によって与えられる．

$$n > \frac{1}{f} \ln(1 + d/b) \tag{2.10}$$

被査察者の比 d/b の合意に比べて β または n に対する**その場限りの** (ad hoc) 値を設定するのが大変容易であることに驚くことは無い．これらの関係を頭に入れておくべきである．例えば，(2.9) 式は探知確率 90 % の要求は未探知虚偽の果実 d は探知の結末 b の悲惨さに比べて 9 倍も甘いと言うことにほぼ等しい．

もう 1 つの仮説としては，査察員が報告されたデータのセット中の r 個の欠陥数について幾つかの覚書を持っているものと見なしてみよう．その査察員は鋭い洞察者 (clairvoyant) では無い，それでこれは実際的 (realistic) であろうか? 事実，この理論は我々に何かを語りかける．査察員は被査察者の**目標量** (goal quantity)——これは最小の偽造量であり，μ と呼ぶ——を知っているものと仮定しよう，その目標量は被査察者の極悪な利益 (nefarious interests) が満足する量に満たない低い量である．そこで，もし r 個のデータが等量 μ_0 で偽造されるとして，r は以下の式によって与えられることになる．

$$\mu = r \cdot \mu_0 \tag{2.11}$$

(2.2) 式の r をこれに置き換えて，

$$\beta_1 = \left(1 - \frac{n}{N}\right)^{\frac{\mu}{\mu_0}}$$

となる．(2.3) 式から，

$$\beta_2 = \left(1 - \frac{\mu}{N\mu_0}\right)^n$$

を得る．これら両式とも，μ_0 の単調増加関数となる．未探知確率の最大化を望む被査察者は，従って彼のデータを可能な限り最大の量で偽造するであろう，その r は (2.11) 式から決定される：

$$r = \frac{\mu}{\mu_0^{max}}.$$

明らかな次の質問は，ここでは答えられないが査察員が μ それ自身の採るべき値は何かである，しかしながら次節のいささか広範囲な関係 (broader context) に取り掛からざるをえないことになるだろう．

この点の考察は，**計画問題** (planning problem) と呼ばれるべきものに関している：まさに，サンプル・サイズ n の大きさをどの程度とすべきか? 現在，我々はこの検証が完了してしまったと仮定し，遵法行為または違法行為の声明を行う予定であるとしよう．これは**推計問題** (inference problem) である．

計数抜取において，これは一見したところ自明 (trivial) であるように思われる：偽造データと想定される不整合性のワン・ペアの存在は，違法行為が探知されてしまったことを意味する．他方，事務員 (clerical) または組織体 (organizational) の誤謬の可能性に依るのかもしれない，査察員はそれにもかかわらずにそのクラス内の間違ったアイテム数を推論することを望むにちがいない．もしもサンプル n 中に l 個の欠陥が含まれていることが発見されたとしたなら，その母数内の欠陥推定数は単純に以下の式となる．

$$\hat{r} = l \cdot \frac{N}{n},$$

この量を統計家は**不偏推定値** (unbiased estimate) と呼ぶ，なぜならその期待値は欠陥の真値となるからだ（$E(\hat{r}) = r$）．自明的に，もし無欠陥であると観察されたなら，その推定値は零である．[*13]

さらに洗練された手順は，偽造総数に対する信頼区間を与えることである，これは偽造の真数が前もって選んでおいた信頼度 $1 - \alpha$，例えば 95 % の範囲内の区間である．通常，これは複雑であるものの，無欠陥観察と復元抜取の場合，偽造データ比 r/N の $1 - \alpha$ 信頼限度は，$[0, 1 - \alpha^{1/n}]$ となる．[*14]査察員は信頼度 $1 - \alpha$ でもって，ほぼ $N(1 - \alpha^{1/n})$ 個のデータが偽造されたと声明する．

[*13] 訳註：　不偏推定量 (unbiased estimators)：母数 θ の推定量 $\hat{\theta}$ が $E(\hat{\theta}) = \theta$ の場合，不偏と呼ぶ．不偏推定量であることは望ましいが本質 (essential) ではない．

一致推定量 (consistent estimators)：$(\hat{\theta} - \theta)$ の差が，標本の大きさが無限大になったときに確率的に零に近づく場合，母数 θ の推定量 $\hat{\theta}$ は一致していると呼ぶ．一致推定量は極限で不偏である．

有効推定量 (efficient estimators)：多くの推定問題で，例えば $\sqrt{n} \cdot (\hat{\theta} - \theta)$ は標本数が大きいときに平均零の正規確率密度関数を有する推定量 $\hat{\theta}$ を構築することは可能である．推定量の中で分散が最も小さいものを θ の有効推定量と呼ぶ．前述した一致性の定義より有効推定量は必然的に一致推定量となっている．

[*14] 訳註：　$p = r/n$ の標本比率で少なくとも α の確率で $p^* = r/n$ が 0 に等しくなるような p の最大値 p_2 は，$(1 - p_2)^n = \alpha$ から求められる．p の最小値 p_1 は，$p_1 = 0$ である．

$$1 - p_2 = \alpha^{1/n}$$
$$p_2 = 1 - \alpha^{1/n}$$
$$\therefore\ 0 \le p \le 1 - \alpha^{1/n}$$

が信頼度 $1 - \alpha$ における信頼区間である．

これが査察員が行うことの出来る限度である．偽造データの**観察数**の声明から導かれる帰結とは何か? この質問は悲しいかな我々の考察範囲を超えている，少なくとも我々の知っている限りにおいて明瞭 (explicitly) に取り扱われたことは無かった．

2.3 複数のクラス

複数のクラスの場合，1 つのクラスとは定性的に異なり，かつ一層興味深い．査察員は今や報告データ N_i, $i = 1 \ldots K$ の所謂 K 母集団と直面している，それら各々は典型的アイテムのサイズ μ_i^{max} によって，与えられたクラスに対するデータ生成手法および労力 (effort) ϵ_i —— i 番目クラスの 1 アイテム検証を意味する——によって特徴付けられている．

もしもこの検証過程がオープンでかつ交渉されるとしたなら，ϵ_i は周知の事柄 (common knowledge) である．さらに消費可能な査察労力の総量上限 ϵ が与えられたなら（相互合意による，または資源制約によって強いられるかのいずれか），我々は，

$$\sum_{i=1}^{K} \epsilon_i n_i = \epsilon \tag{2.12}$$

と書ける．ここで n_i は i 番目クラスのサンプル数である．

次に，その被査察者がもしも違法行為を選択した場合に，どの様にして彼の報告データを偽造するのかに関する仮説を立てなければならない．偽造が特定のクラスでその量 μ_i が与えられると仮定しよう（これは偽造のために選ばれたクラス内のそれらアイテムが，同じ量だけ偽造されることを意味する）．μ_i^{max} もまた周知の事柄として与えられ，明らかにそれを超えての偽造は出来ない：

$$\mu_i \le \mu_i^{max}, \quad i = 1 \ldots K. \tag{2.13}$$

i 番目クラス内での r_i 個の偽造または欠陥に対し，その偽造総量は，

$$\sum_{i=1}^{K} \epsilon_i r_i = \mu \tag{2.14}$$

である．査察員と被査察者の双方にとり既知のパラメータとして，検証総労力 ϵ および偽造総量 μ の両方を取り扱うことが便利である：それらが正確に決められる．ϵ に対し，このことは合理的である，記述の通り総労力が通常，幾つかの手法で固定されているからである．一方，μ に対する "自然な" 値を導くことは，核不拡散保障 (nuclear non-proliferation undertakings) の検証における臨界質量のような顕著

な例を除き困難である．*[15]通常その値は外部から決められ，*[16]検証と技術的実行可能性 (technical feasibility) によって提供される保障の間で受容出来うる妥協 (acceptable compromise) を表す，合理的な“査察目標” (inspection goals) として合意された．

この問題は従って，査察員の観点から，K クラスの間にその総労力を“最適” (best) に配分する仕方を決めることである．それを行うため，被査察者の行動を良く斟酌せよと忠告されるだろう，というのも“最良” (best) という被査察者の概念は査察員の概念から非常に隔たっているであろうからだ．短的に言えば，その問題は戦略問題であり，その解はゲーム理論を意味する．しかし，さらに詳細に述べよう．

敵手 (adversaries) または“プレイヤー”(players) の両者は**戦略の組** (sets of strategies) として明確に定義されている：査察員の組（集合），$\boldsymbol{X}_\epsilon$ は (2.12) 式の制約を十分満足するクラス毎のサンプル・サイズ $(n_1, \ldots, n_K)$ の分布の組（集合）である．これは正式には以下の組（集合）表記法 (set notation) として記述される，

$$\boldsymbol{X}_\epsilon = \{\,(n_1, \ldots, n_K)\,|\,\sum_{i=1}^{K} \epsilon_i\, n_i = \epsilon\,\}.$$

同様に，被査察者の戦略の組（集合），$\boldsymbol{Y}_\mu$ は境界条件の (2.14) 式に従う偽造データの

*15 訳註：　IAEA では ϵ の値を有意量 (Significant Quantity: SQ) と称し 1 個の核爆発装置が製造される可能性を排除できない核物質のおおよその量と定義している．現在用いられている有意量の値を下表に示す：

物質	SQ
直接利用核物質	
Pu	8 kg Pu
^{233}U	8 kg ^{233}U
高濃縮ウラン (^{235}U≥ 20 %)	25 kg ^{235}U
間接利用核物質	
U (^{235}U < 20 %)	75 kg ^{235}U （または 10 t 天然 U または 20 t 劣化 U）
Th	20 t Th

『IAEA 保障措置用語集 2001 年版 (IAEA/NVS/3)：対訳版，核物質管理センター』より．

*16 この点で**ベイジアンアプローチ** (Bayesian approach) が助けになると言われるかもしれない．実際，その偽造総量 μ に対する先験分布が存在し，探知確率が μ の関数ではなくてその先験分布のパラメータで決まると仮定する試みである．このタイプの解析は実際に行われた（例えば Gladitz and Willuhan (1982) を参照せよ）．実際そのようなアプローチを，査察されるパーティの**先験的** (a priori) 信用性を査察員の職務の一部として前もって予想する明確化された表記法を意味するものとして，少なくとも国際協定関係において，そのことを我々は支持しない．

$(r_1,\ldots,r_K)$ の分布の組（集合）である：

$$\boldsymbol{Y}_\mu = \{(r_1,\ldots,r_K) \mid \sum_{i=1}^{K} \mu_i r_i = \mu\}.$$

さらに簡潔に，ベクトル表現により，査察員の戦略組（集合）は，

$$\boldsymbol{X}_\epsilon = \{\boldsymbol{n} \mid \boldsymbol{n} \cdot \boldsymbol{\epsilon} = \epsilon\} \tag{2.15}$$

であり，被査察者の戦略組（集合）は，

$$\boldsymbol{Y}_\mu = \{\boldsymbol{r} \mid \boldsymbol{r} \cdot \boldsymbol{\mu} = \mu\} \tag{2.16}$$

である．もしも被査察者が違法行為を行ったら，プレイヤーは利得 (payoffs)（利益：gains または損失：loses）を得るだろう，それらは査察行動の成功または失敗に依存する．これらの利得および $\boldsymbol{n}$ と $\boldsymbol{r}$ の選択によって決まる未探知確率 $\beta(\boldsymbol{n},\boldsymbol{r})$ が与えられれば，2 人のプレイヤーへの**期待**利得を決めることが出来る．両方の競技者 (protagonists) ともに，彼らの利得を最大化するために各々が独立に，しかし同時に彼らの対抗者の目標を勘定に入れて，**非協力的** (non-cooperatively) 行為をすると我々は仮定しよう．

第 9 章で，査察員が**予め被査察者に査察員の戦略を告知する**ことが合理的であると示される，また未探知確率を最大化するための被査察者の偽造戦略 $\boldsymbol{r}$ が選択されるとの仮説の下で未探知確率を最小化するサンプル・サイズの配分 $\boldsymbol{n}$ を決めるのに十分であることが示される．プレイヤーたちへの個人的な利得 (subjective payoffs)，例えば 2.2 節で述べた量 b および d である，を詳細に知る必要はない（何故にそうなるのか，なぜ“査察員のリーダーシップ”原理が勧告されるべきかについて，直ちに明確化出来る訳が無い；このことについては第 9 章で考察しよう）．事 (things) はここに至り 2 重の最適問題を解くことへと煮詰まる (boil down)，すなわち

$$\min_{\{\boldsymbol{n} \mid \boldsymbol{\epsilon}\cdot\boldsymbol{n}=\epsilon\}} \max_{\{\boldsymbol{r} \mid \boldsymbol{\mu}\cdot\boldsymbol{r}=\mu\}} \beta(\boldsymbol{n},\boldsymbol{r}) \tag{2.17}$$

である．幾つかの場合，この 2 つの最適化過程の順序，min と max との，が替えられたならば同一の結果が**得られない**こと——この重要な点は後に見つかるだろう (turn up) ——になることが解かるだろう (turns out)．しかし実のところこの順序はどうでもいい，これは，

$$\min_{\{\boldsymbol{n} \mid \boldsymbol{\epsilon}\cdot\boldsymbol{n}=\epsilon\}} \max_{\{\boldsymbol{r} \mid \boldsymbol{\mu}\cdot\boldsymbol{r}=\mu\}} \beta(\boldsymbol{n},\boldsymbol{r}) = \max_{\{\boldsymbol{r} \mid \boldsymbol{\mu}\cdot\boldsymbol{r}=\mu\}} \min_{\{\boldsymbol{n} \mid \boldsymbol{\epsilon}\cdot\boldsymbol{n}=\epsilon\}} \beta(\boldsymbol{n},\boldsymbol{r})$$

となる，戦略結合空間 $\boldsymbol{X}_\epsilon \otimes \boldsymbol{Y}_\mu$ 内で，もしも未探知確率の**鞍点** (saddle point) が存在し，また $(\boldsymbol{n}^*, \boldsymbol{r}^*)$ として記述される**均衡** (equilibrium) が存在しているならば，この均衡は鞍点基準 (saddle point criteria) として引用される 2 つの不等式により定義される ((1.8) 式と比較せよ)：

$$\beta(\boldsymbol{n}^*, \boldsymbol{r}) \leq \beta(\boldsymbol{n}^*, \boldsymbol{r}^*) \leq \beta(\boldsymbol{n}, \boldsymbol{r}^*) \tag{2.18}$$

ここで $\boldsymbol{n}$ と $\boldsymbol{r}$ は，それらが許される値のいずれでも採り得ることが出来る．査察員が予告しようが，予告しなくとも，鞍点探知確率は勿論保証されている．

望ましい査察員の“最良”戦略は，被査察者への予告の下での (2.17) 式の最適問題の解を示すか，存在すべきであるとし，*17 (2.18) 式の均衡の一部を示すことである．

手持ちの問題に戻り，単一クラス状況で得られた結果を用いて，非復元抜取で K クラス内に少なくとも 1 つの偽造が探知される確率は，丁度 1 よりサンプルとして K 組内でいかなる偽造アイテムも抜き取られない確率を引いたものである，これは，

$$1 - \prod_{i=1}^{K} \frac{\binom{N_i - r_i}{n_i}}{\binom{N_i}{n_i}} = 1 - \prod_{i=1}^{K} \prod_{j=0}^{n_i - 1} \left(1 - \frac{r_i}{N_i - j}\right) \tag{2.19}$$

となる．査察員のサンプル数は母数サイズ N_i に比べて小さいものと再び仮定して，

$$1 - \beta(\boldsymbol{n}, \boldsymbol{r}) \approx 1 - \prod_{i=1}^{K} \left(1 - \frac{r_i}{N_i}\right)^{n_i} \tag{2.20}$$

となる（もしもサンプルが復元抜取で行われるならば，この探知確率は正確な表現であることを思い起こせ．しかしながら現場での査察員が観察した 1 個のアイテムと同一のアイテムを 2 度も要求する可能性の有るサンプル・プランを毛嫌いすることは理解可能であろう）．

本書で我々は不必要な公式化の試みを避けようとしているものの，それにもかかわらず我々は定理 (theorem) として計数抜取問題の解を与える．これは簡潔に言って幾らか冗漫な結果 (long-winded result) を提供する最も簡潔で読みやすい方法である．さらにこのような定理群は随伴する，しかし我々はそれをやり過ぎない（働き過ぎない：to overdo it）ことを約束する！その証明というものは通常，鞍点基準を満足して

*17 残念ながら，ゲームに多くの均衡理論が存在しているものの，それらを発見する一般的な処方箋 (recipe) が無い．しばしば用いられる 1 つの単純な方法は解を推定し，その次にそれが (2.18) 式の条件に合致していることを証明することである．

いることを意味している，現行証明に例外無し．それら証明はその資料を理解するために不可欠ではない，また小さい活字で示しているように，読者はそこを飛ばしても宜しい．この定理の直接的応用が完全に明白でない場合はいつでも，定理声明はその**用法** (usage) により，実際上（in practice：繰返しの練習）で，それを適用するための短い処方箋 (a short recipe) に従っている．

定理 2.1 査察員と被査察者の純粋戦略の組が各々 (2.15) 式と (2.16) 式によって与えられているとしよう，そこでは ϵ と μ の値が，パラメータ $\epsilon_i, \mu_i,\ i = 1 \dots K$ と同様に与えられており，両プレイヤーにとってそれらの値は既知である．探知確率は (2.20) 式で与えられるとしよう．サンプル数と偽造数 $n_i, r_i,\ i = 1 \dots K$ は連続変数 (continuous variables) として取り扱うことが出来るとの仮定の下で，唯一の鞍点 $(\boldsymbol{n}^*, \boldsymbol{r}^*)$ と総探知確率の対応値 $1 - \beta^*$ が以下の式で与えられる，

$$n_i^* = \frac{\epsilon}{\sum_j \mu_j \epsilon_j N_j \exp(-\kappa\epsilon_j)} \mu_i N_i \exp(-\kappa\epsilon_i) \tag{2.21}$$

$$r_i^* = N_i(1 - \exp(-\kappa\epsilon_i)), \quad i = 1 \dots n \tag{2.22}$$

$$\beta^* = \exp(-\kappa\epsilon) \tag{2.23}$$

ここでパラメータ κ は以下の関係によってユニークに決定される，

$$\sum_{i=1}^{K} \mu_i N_i \exp(-\kappa\epsilon_i) = \sum_{i=1}^{K} \mu_i N_i - \mu. \tag{2.24}$$

用法 (Usage)：パラメータ $N_i, \epsilon_i, \mu_i,\ i = 1 \dots K$ を決定するために（以下の証明の所見 (ii) も参照せよ），および境界条件 μ と ϵ は κ に対する数値的に (2.24) 式を解く．次に査察員の最適サンプリング計画 $n_i^*,\ i = 1 \dots K$ を (2.21) 式から，査察員の保証された未探知確率を (2.23) 式から計算する．(2.20) 式に従い，この定理は小さなサンプル・サイズに対してのみ妥当であるため，全ての $i = 1 \dots K$ に対して $n_i^* \ll N_i$ であることを確認する．

証明：鞍点基準 (2.18) はさらに便利な形式に書くことが出来る，

$$\ln(\beta(\boldsymbol{n}^*, \boldsymbol{r})) \le \ln(\beta(\boldsymbol{n}^*, \boldsymbol{r}^*)) \le \ln(\beta(\boldsymbol{n}, \boldsymbol{r}^*)) \quad \text{for all } \boldsymbol{n}, \boldsymbol{r}$$

である．まず初めに右辺の不等式が満足していることを示そう．(2.22) 式から，

$$\ln\left(1 - \frac{r_i^*}{N_i}\right) = -\kappa\epsilon_i, \quad i = 1 \dots K,$$

が得られ，(2.20) 式を用い，右辺は以下の式と等価となる，

$$\sum_i n_i(-\kappa\epsilon_i) \le \sum_i n_i(-\kappa\epsilon_i)$$

この式は (2.12) 式から満足される（等価なものとして）：

$$-\kappa\epsilon = -\kappa\epsilon$$

左辺はチョットだけさらに複雑である．(2.22) 式と (2.20) 式を再度使って，等価な以下の式とする，

$$\sum_i n_i^* \ln\left(1 - \frac{r_i}{N_i}\right) \le -\kappa\epsilon. \tag{2.25}$$

以下の量を定義する，

$$\alpha_i := \mu_i N_i \exp(-\kappa\epsilon_i) \,/\, \sum_j \mu_j \epsilon N_j \exp(-\kappa\epsilon_j), \quad i = 1 \ldots K,$$

従って，(2.21) 式を用いて，(2.25) 不等式と等価な，

$$\sum_i \alpha_i \ln\left(1 - \frac{r_i}{N_i}\right) \le -\kappa$$

が得られる．我々は今や $\boldsymbol{r}^* = (r_1^*, \ldots, r_K^*)$ が以下の関数を最大化することを示すのみである．

$$f(\boldsymbol{r}) := \sum_i \alpha_i \ln\left(1 - \frac{r_i}{N_i}\right)$$

および $f(\boldsymbol{r}) = -\kappa$ である．これは，ラグランジュの未定乗数 (Lagrange multiplier) λ の助けで行われる（Joseph Louis Lagrange, 1736-1813 に従って）．[*18]以下の式を定義する，

$$F(\boldsymbol{r}) := \sum_i \alpha_i \ln\left(1 - \frac{r_i}{N_i}\right) + \lambda \sum_i \mu_i r_i.$$

[*18] 訳註：　ラグランジュの未定乗数法：N 個の変数を要素として持つ変数列 $\boldsymbol{X}^T = (x_1, x_2, \ldots, x_N)$ に関して M 個の制約条件 $\forall_i,\ g_i(\boldsymbol{X}) = 0,\ i = 1, 2, \ldots, M$ が与えられたとする．

この制約条件下で関数 $f(\boldsymbol{X})$ が極値をとるような $\boldsymbol{X}$ を求めたいとき，もうひとつの変数列 $\boldsymbol{\lambda}^T = (\lambda_1, \lambda_2, \ldots, \lambda_N)$ を使って次のような関数 $F(\boldsymbol{X}, \boldsymbol{\lambda})$ を考える．

$$F(\boldsymbol{X}, \boldsymbol{\lambda}) = f(\boldsymbol{X}) - \sum_{i=1}^{M} \lambda_i g_i(\boldsymbol{X})$$

この関数 $F(\boldsymbol{X}, \boldsymbol{\lambda})$ の極値条件

$$\frac{\partial F}{\partial x_k} = \frac{\partial f}{\partial x_k} - \frac{\partial}{\partial x_k} \sum_{i=1}^{M} \lambda_i g_i(\boldsymbol{X}) = 0, \quad k = 1, 2, \ldots, N$$

$$\frac{\partial F}{\partial \lambda_i} = -\, g_i(\boldsymbol{X}) = 0, \quad i = 1, 2, \ldots, M$$

を満たす解の中にある．ここで $\boldsymbol{\lambda}$ をラグランジュの未定乗数という．

この関数 F は，それにおまけに (2.14) 式から f も，$\boldsymbol{r}$ で次式を満足する最大値を有する．*19

$$\frac{\partial F}{\partial r_i} = \frac{\alpha_i}{1 - r_i/N_i}\left(-\frac{1}{N_i}\right) + \lambda\mu_i = 0,$$

または，a_i に対して解くと，

$$a_i = \lambda(N_i - r_i)\mu_i \tag{2.26}$$

となる．i について加算すると λ の表現式が得られる，

$$\lambda = \frac{\sum_i a_i}{\sum_i N_i\mu_i - \mu}.$$

これを (2.26) 式に代入して置換すると，$\boldsymbol{r}^*$ の位置で f の最大が (2.24) 式と a_i の定義を用いて以下の式によって与えられる，

$$1 - \frac{r_i^*}{N_i} = \frac{a_i}{\mu_i N_i}\frac{1}{\lambda} = \exp(-\kappa\epsilon_i). \tag{2.27}$$

しかし，これは (2.22) 式と等価である．これで証明された．最後に，$f(\boldsymbol{r}^*) = -\kappa$ であることは実に容易に解かる． □

この解の興味深い性質の幾つかを眺めてみよう．

(i) 偽造総量 μ に κ は依存し，利用可能な査察労力 ϵ には依存しないことより，被査察者の最適偽造戦略 $r_i^*, i = 1 \ldots K$ は μ のみに依存している．

(ii) β^* は μ の単調増加関数であるということが，μ_i に関する κ の陰関数の微分法によって観察され得る．従って被査察者は特定クラスの偽造 μ_i を可能なだけ大きくすることを望む，これは (2.13) 式，$\mu_i = \mu_i^{max}$ による．単一クラスにおいて，査察員が推定すべき μ_i 値が未知であるという査察員のジレンマをこれが解く．

(iii) 偽造総量 μ が大変大きな量と仮定しよう．パラメータ κ とそれゆえに $1 - \beta^*$ は μ_i の単調増加関数である．偽造総量は以下の式により制限されているから，

$$\mu \leq \sum_{i=1}^{K} \mu_i^{max} \cdot N_i = \mu_{max},$$

κ 量（(2.24) 式を見よ）は無限となり得る．以下の通り，

$$\lim_{\kappa\to\infty} \sum_j \mu_j\epsilon_j \exp(-\kappa(\epsilon_j - \epsilon_i))$$
$$= \begin{cases} \mu_i\epsilon_i N_i & \epsilon_i = \min_j \epsilon_j \text{の } i \text{ に対して} \\ \infty & \text{その他} \end{cases}$$

*19 実際，ラグランジュ形式主義だけが f の不動点を与えてくれる．しかしこの場合，それがまさしく最大点であることを示すことが出来る（Avenhaus (1986)）．

(2.21 - 2.23) 式より最大偽造量 $\mu = \mu_{max}$ に対して，

$$n_i^* = \begin{cases} \epsilon/\epsilon_i & \epsilon_i = \min_j \epsilon_j \text{の } i \text{ に対して} \\ 0 & \text{その他} \end{cases} \tag{2.28}$$

$$r_i^* = N_i, \quad i = 1 \dots K \tag{2.29}$$

$$1 - \beta^* = 1 \tag{2.30}$$

に従う．勿論この場合，たった 1 個のサンプルで違法行為を探知するには充分である．利用可能労力がアイテム当たり最低検証労力を有するクラスに集中されるという事実は著しい特徴である．しかしながら，これに関する他の例を後に見るであろう．

(iv) 他の極端を取り，偽造総量が小さいなら $\mu \ll \mu_{max}$，我々は $i = 1 \dots K$ に対して，

$$n_i^* = \frac{\epsilon}{\sum_j \mu_j \epsilon_j N_j} \mu_i N_i, \tag{2.31}$$

$$r_i^* = \frac{\mu}{\sum_j \mu_j \epsilon_j N_j} \epsilon_i N_i, \tag{2.32}$$

$$1 - \beta^* = \frac{\mu \epsilon}{\sum_j \mu_j \epsilon_j N_j} \tag{2.33}$$

を得る．この解は，Anscombe and Davis (1963) によっても得られている，単純，直観的解釈を有する：$\epsilon_i N_i$ は i 番目のクラス内の**全ての**報告データを検証するのに要する労力である，$\mu_i N_i$ は i 番目のクラス内の最大偽造量である．こうして査察員のサンプル・サイズは，各々のクラス内での最大可能偽造量に比例させられるだろう，さらに偽造アイテム数は各々のクラス内の全てのデータを検証するための労力に比例している．

(v) ここでクラス特有の検証労力の全ては等しいと仮定しよう，$\epsilon_i = \epsilon_1$, $i = 1 \dots K$. 以下の式を定義して，

$$n = \frac{\epsilon}{\epsilon_1}, \quad N = \sum_i N_i, \quad r^* = \sum_i r_i^* = \frac{\mu N}{\sum \mu_i N_i},$$

こうして (2.21) 式，(2.22) 式および (2.23) 式に簡略されて，

$$\begin{aligned} n_i^* &= \frac{n r^*}{N \mu} \mu_i N_i, \\ r_i^* &= \frac{r^*}{N} N_i, \end{aligned} \tag{2.34}$$

$$\beta^* = (1 - r^*/N)^n \tag{2.35}$$

となる．この場合，両プレイヤーの行動はあたかも N 個のアイテムを含む，そのうち r^* 個の偽造および n 個の検証が行われる単一クラスのみしかないかのように見える（(2.3) 式を参照せよ）．

最後に，査察員が無関心 (indifferent) というくらいの被査察者は均衡偽造 $(r_1^*, \ldots, r_K^*)$ を選択するのだ，それにもかかわらず査察員の均衡戦略は明確に定義されていることが強調されるべきであろう．上述の (v) に伴い，この特徴は何度も顕れる；我々が‘原型問題’(prototypical problems) とその解について話した時，**まえがき**の中で我々が何を意図したのかをそれらは例証している．

2.4　戦車の計数

約束の通り，我々の理論を仮想的 CFE 状況 (hypothetical CFE situation) に適用しよう．図 2.1 の CFE 兵器削減活動舞台 (CFE arms reduction theater) の範囲内に在る良く定義された領域を考えよう（例えば条約国の版図である），そこには各々の申告サイト $N_1 = 100$ で 80 箇所，申告した (declared) 8000 台の戦車が有るとしよう．[*20]加えて，既知の軍事サイト，典型的兵站部 (typical depots)，に $N_2 = 300$ が有り，その場所には戦車が皆無であるが未申告軍事装備 (military equipment) が置かれている場所らしい．被査察者の現実的 (sensible) データ偽造戦略は，幾つかの申告サイトで戦車の台数を実際の数より少なめに言うことだろう，それは実際にもっと有る時に 80 台と報告することである，それと/または未申告サイトに戦車を置くこと，および戦車はもう無いと言うことである，これは実際に在る戦車の台数の虚偽申告 (falsify declaration) または暗黙の過少申告 (tacitly understate declarations) である．

読者はこの段階で，この未申告装甲車両 (armor) 全てを全く他の場所へ，例えば深く暗い森の中に，隠すというさらに現実的戦略には合理的な反対をするだろう，しかしながら，これはルーチン・オン・サイト査察ではなくて我々が述べた空中サーベランス（監視）またはインテリジェンスのような，他の検証構成物の 1 つの職務であると言えよう．オン・サイト査察は最も単純でほぼ便宜な違反戦略 (violation strategies) を単に探知するか，または思いとどまらせる．それでもオン・サイト査察は合理的で有効的に設計されるべきである．

[*20] これはまさしく 1 例であるから，我々がその数を単純にするのは当然である．勿論我々が導く公式は当然複雑な状況をカバーしている．

表 2.2　CFE 検証のオン・サイト査察計画に対するパラメータの組

	パラメータ				
ストラータ	N_i（サイト）	μ_i（戦車）	ϵ_i（日）	$\mu_i N_i$	$\mu_i \epsilon_i N_i$
申告	100	4　8	1	400　800	400　800
			2		800　1600
未申告	300	80	1	24000	24000

ロジスティックな理由 (logistic reasons) から，未申告サイトでは，戦闘準備としてほぼ $\mu_2 = 80$ 台の戦車が保持されていると想定しよう，さらに申告サイトにおいてほぼ 10 %（または 5 %）[*21]——これは約 $\mu_1 = 8$（または 4）台の戦車である——の追加的戦力が供給されるとする．申告サイトの無通告通常年査察 (unannounced routine annual inspection) が平均 $\epsilon_1 = 2$（または 1）人・日取るものとし，しかるに査察労力の $\epsilon_2 = 1$ 人・日の要求が全く想定されていない補給廠 (depot)，さらに査察官団 (inspectorate) は戦車のために $\epsilon = 40$ 人・日を充当していると想定しよう．最後に，軍事的有意性を有する，または条約 (Treaty) への脅威 (threat) を表現する未申告戦車数と言う 1 つの付帯目標量 (external goal quantity) は，全兵器保有量 (arsenal) の 10 %（または 5 %）——それは $\mu = 800$（または 400）台の戦車となる——になるようにと我々は賦課する．

計数抜取の今や見慣れた記号の入力データの要約を表 2.2 に示す．表 2.3 に定理 2.1 に基づく最適結果を示す．

‘報告された’ データ（申告サイトおよび未申告サイト）の 2 つのクラスに対する等量労力を示すこの例の変量 (variants) は，(2.34) 式と (2.35) 式によって与えられるその定理の簡略形態として取り扱われている．全ての式 (2.21-2.23) を要求するその他の変量は，(2.24) 式の κ に対する決定を行わなければならないものの，この場合，$\exp(-\kappa)$ の 2 次関数で容易に解くことが出来る．

もしも 1 回かぎりの出来事として (as one-shot events) オン・サイト査察を考えたとしたなら，例えば最初の申告の検認として，勿論，表 2.3 の n_1^* と n_2^* の値は最近接の整数へ切り上げられるべきである．しかしながら，もしもその査察手順が繰り返され

[*21] カッコ内の代替値は，その仮定を行ったことがその結果に如何に敏感であるかを示すために設定された変量である．

表 2.3　$\epsilon = 40$ 人・日と表 2.2 で与えられた変量に基づくオン・サイト査察計画の最適サンプル数

		結果				
変量		r_1^*	r_2^*	n_1^*	n_2^*	$1-\beta^*$
$\epsilon_2 = 1$	$\mu_1 = 4$ $\mu = 400$	1.64	4.92	0.66	39.34	0.48
$\epsilon_2 = 1$	$\mu_1 = 8$ $\mu = 800$	3.23	9.67	1.29	38.71	0.73
$\epsilon_2 = 2$	$\mu_1 = 4$ $\mu = 400$	3.17	4.8	0.64	38.72	0.48
$\epsilon_2 = 2$	$\mu_1 = 8$ $\mu = 800$	6.1	9.3	1.27	37.59	0.73

るとしたなら，それらは平均として達成される期待値 (expectation values) として解釈することも出来る．

第 6 章で引用されるが，例えば戦車 $\mu_1 = \mu_2 = 80$ 台と $\epsilon_1 = \epsilon_2 = 1$ 人・日のように，もし全クラス特定労力と偽造がそれぞれ等しいというさらに単純な状況が生じる．査察される申告サイトと未申告サイトの最適数は (2.34) 式と $r^* = r_1^* + r_2^* = \mu/\mu_1$ を用いて，

$$n_1^* = \frac{n}{N}N_1, \quad n_2^* = \frac{n}{N}N_2 \tag{2.36}$$

で与えられる．それでそれらサンプル数は，対応サイトの総数 N_1 と N_2 に単純に比例し，未申告戦車総数 μ とは独立である．

2.5 IAEA の公式

本章での計数抜取の措置は，核分裂性核物質の検証に用いられている大変既知である抜取公式の第 1 原理からの誘導で完結されるであろう．我々の開始点は，$r \ll N$ の時に単一クラスに対する非復元抜取の探知確率の公式 (2.2) である．K クラスに対して，その探知確率は，

$$1 - \beta(\boldsymbol{n}, \boldsymbol{r}) \approx 1 - \prod_{i=1}^{K}\left(1 - \frac{n_I}{N_i}\right)^{r_i}, \; r_i \ll N_i, \; i = 1 \ldots K \tag{2.37}$$

となる．（これを定理 2.1 に対する利得関数と比較せよ．）

この利得関数が与えられて，我々は ‘最良’ 抜取と偽造戦略を得る，そして読みやすくするためにそれらを再び定理として提供しよう．

定理 2.2　査察員と被査察者の純粋戦略の組を再び (2.15) 式と (2.16) 式によって定義されるとする，ϵ_i および μ_i, $i = 1 \ldots K$ と同様に ϵ と μ の値が与えられており，両者共に既知である．全未探知確率は (2.37) 式で与えられる．それら n_i と r_i 量は連続変数 (continuous variables) として取り扱うことが出来るとの仮定の下で，

$$n_i \le \min_i N_i, \quad \mu \le \min_i \mu_i N_i \tag{2.38}$$

から，(2.17) 式の 2 重の最適問題 (twofold optimization problem),

$$\min_{\{\boldsymbol{n}\,|\boldsymbol{\epsilon}\cdot\boldsymbol{n}=\epsilon\}} \max_{\{\boldsymbol{r}\,|\boldsymbol{\mu}\cdot\boldsymbol{r}=\mu\}} \beta(\boldsymbol{n}, \boldsymbol{r})$$

の唯一解が以下の式で与えられる．

$$n_i^* = N_i(1 - \beta^{*\mu_i/\mu}), \quad i = 1 \ldots K \tag{2.39}$$

$$\boldsymbol{r}^* = (\mu/\mu_1, 0, \ldots, 0) \text{ or } (0, \mu/\mu_2, 0, \ldots, 0) \ldots \text{ or } (0, \ldots, 0, \mu/\mu_K) \tag{2.40}$$

ここで保証探知確率は以下の式によって暗示的 (implicitly) に与えられる．

$$\epsilon = \sum_i \epsilon_i N_i (1 - \beta^{*\mu_i/\mu}) \tag{2.41}$$

用法 (Usage)：定理 2.1 と境界条件 ϵ と μ を与件とした同一のパラメータ表現を解いて保証探知確率 β^* に対する (2.41) 式を数値的に解く．査察員の最適サンプリング計画 n_i^*, $i = 1 \ldots K$ は (2.39) 式から計算される．この結果は小さな r_i に対してのみ適用されるので，$\mu/\mu_i \ll N_i$, $i = 1 \ldots K$ であることを確認する．さらに μ と $n = \sum_i n_i^*$ が (2.38) 式を満足することを確認する．

証明：どのような $K \ge 2$ の証明も定理 2.1 に対する証明の優雅さに比べれば劣っている，読者は Avenhaus and Canty (1989) を参照せよ．$K = 2$ の証明は，その解がどのようにして得られるかを旨く示す．
この場合，r_2 を $r_2 = \dfrac{1}{\mu_2}(\mu - r_1\mu_2)$ によって消去し (2.37) 式を以下の式として記述する．

$$\ln\beta(\boldsymbol{n}, r_1) = r_1 \left[\ln\left(1 - \frac{n_1}{N_1}\right) - \frac{\mu_1}{\mu_2} \ln\left(1 - \frac{n_2}{N_2}\right) \right] + \frac{\mu}{\mu_2} \ln\left(1 - \frac{n_1}{N_1}\right)$$

こうして，$\min r_1 = 0$ と $\max r_1 = \dfrac{\mu}{\mu_1}$ を用いて，我々は，

$$\max_{r_1} \ln\beta(\boldsymbol{n}, r_1) = \begin{cases} \dfrac{\mu}{\mu_1} \ln\left(1 - \dfrac{n_1}{N_i}\right) \\ \dfrac{\mu}{\mu_2} \ln\left(1 - \dfrac{n_2}{N_2}\right) \end{cases}$$

$$r_1^* = \arg\max_{r_1} \ln\beta(\boldsymbol{n}, r_1) = \begin{cases} \dfrac{\mu}{\mu_1} \\ 0 \end{cases}$$

を得る，[*22]第 1 番目の式の右辺の 2 項のいずれかが，より大きい．n_2 を $n_2 = \dfrac{1}{\epsilon_2}(\epsilon - n_1\epsilon_1)$ によって消去し，上部項は n_1 の減少関数であり，一方下部項は n_1 の増加関数である．この 2 重の最適解は，

$$\min_{n_1} \max_{r_1} \ln\beta(n_1, r_1) = \ln\beta^*$$

であるから，下式により与えられる $n_1 = n_1^*$ で生じる．

$$\frac{\mu}{\mu_1} \ln\left(1 - \frac{n_1^*}{N_1}\right) = \frac{\mu}{\mu_2} \ln\left(1 - \frac{\mu_2^*}{N_2}\right)$$

ここで我々は $n_2^* = \dfrac{1}{\epsilon_2}(\epsilon - \epsilon_1 n_1^*)$ と記述している．これで，我々は，

$$\ln\beta^* = \frac{\mu}{\mu_i} \ln\left(1 - \frac{n_i^*}{N_i}\right) \quad \text{for } i = 1, 2$$

を得る，また等価なものとして，

$$n_i^* = N_i(1 - \beta^{*\mu_i/\mu}) \quad \text{for } i = 1, 2$$

である．これは $K = 2$ の (2.39) 式となる．n_i, $i = 1, 2$ の境界条件が，(2.41) 式，(2.40) 式と続いて直ちに導く． □

定理 2.1 に対して作ったのと類似の所見 (analogous remarks) の幾つかをここで成立させることが出来る．

(i) 単偽造量 μ_i に関しての (2.41) 式の陰関数微分は，全体探知確率が μ_i に伴い単調減少することを再度示す．従って偽造のために選択したこれらデータは最大量 μ_i^{max} で偽造されるであろう．

[*22] 訳註： arg (argument)：**偏角**といい，複素数 $z = x + iy$ に対して，直交座標 (x, y) の極座標表示を (r, θ) とすると $z = r(\cos\theta + i\sin\theta)$ が成り立つ．このとき θ を z の偏角といい，記号 arg z で表す．

(ii) 全てのクラスに亘る均一偽造に対し，$\mu_i = \mu_1,\ i = 1 \ldots K$,

$$\frac{\mu_i}{\mu} = \frac{1}{\sum_i r_i} = \frac{1}{r}, \quad i = 1 \ldots K$$

および (2.41) 式より，

$$\beta^* = \left(1 - \epsilon/\left(\sum_i \epsilon N_i\right)\right)^r \tag{2.42}$$

である．さらに (2.39) 式を用いて，

$$n^* = \sum_i n_i^* = \sum_i N_i \left(1 - \beta^{*\frac{1}{r}}\right)$$

および，$N = \sum_i N_i$ と (2.42) 式を用いて，

$$\beta^* = (1 - n^*/N)^r \tag{2.43}$$

となる．この解は総数 N データで，その r 個が偽造され，n^* 個が検証される単一クラス問題解として再度考えることが出来る．

(iii) 少ないサンプル数，例えば $n_i^* \ll N_i,\ i = 1 \ldots K$ である，に対して (2.35) 式が以下の式として記述出来る，

$$n_i^* = -\frac{\ln \beta^*}{\mu} \mu_i N_i, \quad i = 1 \ldots K.$$

それでもう 1 度，最適サンプル数は与えられたクラス内の最大可能偽造数に比例している．μ_i と r_i の平均値を定義して，

$$\bar{\mu} = \frac{\sum_i \mu_i N_i}{N}, \quad \bar{r} = \frac{\mu}{\bar{\mu}},$$

我々は，

$$\beta^* = (1 - n^*/N)^{\bar{r}} \tag{2.44}$$

を得る．この式は上述 (ii) または定理 2.1 の所見 (v) と同一の解釈を有している．

もしも査察労力が全てのクラスに亘り均一，例えばこれは $\epsilon_i = \epsilon_1,\ i = 1 \ldots K$，であるならば，定理 2.2 は計数抜取問題——これは IAEA (1980) の文書で ‘IAEA の公式’ として知られるようになった——の解に簡約される．種々の不拡散条約 (non-proliferation) 下での通常査察 (routine inspections) で国際原子力機関 (International Atomic Energy Agency) により，それは広く用いられている．

当初，この公式は発見的方法 (heuristically) で得られた，そして定理 2.2 に光を投げかけるものとしてのその論証 (argumentation) の概要をここで示そう．

報告されたデータの i 番目のクラス内の各々のアイテムが（μ_i^{max} よりむしろ）量 μ_i を有しているとしよう．したがって i 番目クラスの $r_i = \mu/\mu_i$ 個を偽造する被査察者は，**彼の偽造を 1 つのクラスに絞ろうと彼は望む**べきである．(2.2) 式を思い起こし，特定クラスの未探知確率は，

$$\beta_i = (1 - n_i/N_i)^{r_i}, \quad i = 1 \ldots K \tag{2.45}$$

である．一方，被査察者は K クラスに亘り彼の活動を以下の式の量を分散しようと望むべきである，

$$\mu = \sum_{i=1}^{K} \tilde{\mu}_i \tag{2.46}$$

ここで $\tilde{\mu}_i$ は i 番目クラスの総偽造量である．したがって彼が各々のクラスで偽造しなければならないアイテム数は，

$$\tilde{r}_i = \tilde{\mu}_i/\mu_i, \quad i = 1 \ldots K \tag{2.47}$$

である．i 番目クラスの未探知確率 $\tilde{\beta}_i$ は，

$$\tilde{\beta}_i = (1 - n_i/N_i)^{\tilde{r}_i}, \quad i = 1 \ldots K \tag{2.48}$$

である．または (2.47) 式と $\mu_i = \mu/r_i$ とで，

$$\tilde{\beta}_i = (1 - n_i/N_i)^{(\tilde{\mu}_i r_i)/\mu} = \beta_i^{\tilde{\mu}_i/\mu} \tag{2.49}$$

となる．もし査察員が総量を **1 つの**ストラータ内で偽装する，これは $\beta_i = \beta$ ということである，との仮定の下で未探知確率 β を得る各々のクラスに対する彼のサンプル数 n_i を今決定するとしたなら，もし偽造がある種の任意な方法で K クラスに亘って実際には分散されたとしても，(2.49) 式に従いこの未探知確率は依然として保証されている：[*23]

$$\prod_{i=1}^{K} \tilde{\beta}_i = \prod_{i=1}^{K} \beta^{\tilde{\mu}_i/\mu} = \beta^{\sum_i \tilde{\mu}_i/\mu} = \beta. \tag{2.50}$$

[*23] 訳註： (2.46) 式より $\sum_i \tilde{\mu}_i/\mu = 1$ となる．従って各ストラータ（クラス）毎に未探知確率 β を用い，(2.39) 式でサンプル数を計算してその抜取サンプルを検証するならば，全ストラータに対する偽造総量 μ に対する未探知確率 β を担保することが出来る．

(2.49) 式の右辺等式を n_i について解き，β_i を β^* で，$\tilde{\mu}_i$ を μ_i で置き換えることにより観察出来るため，このヒューリスティックな (heuristic) 結果——IAEA によって広く応用されていると述べた——は定理 2.2 の (2.39) 式に過ぎない．ここでのポイントは (2.39) 式が，ヒューリスティックな IAEA 手順は査察サンプリング計画の**事前通告** (prior announcement) の下で，実際に最適であることを実証している**査察員リーダーシップ・ゲームの均衡戦略**（第 9 章を参照せよ）であることを示すことが出来た．

定理 2.2 により提供された解の欠点は，したがって IAEA 公式の欠点でもある，むしろ (2.38) 式の制限条件に対してのみその解が維持されることである，一方，定理 2.1 はより一般的である．その正確な利得関数 (2.19) 式を伴う非復元抜取の完全一般解が可能とは思われない，さらに数値計算 (numerical calculation) は，込み入った (involved) 多大な数のパラメータの故に，多くの見識 (insight) を与えてくれない．常習的実行者 (practitioner) へのアドバイスであるプラグマティック・ピース (pragmatic piece) は，実際の状況に遭遇し，もしも境界条件が完全には合致しない場合でさえ，定理 2.1 または定理 2.2 は最良近似であるとの，その解答 (solution) を選択することになろう．両方の近似はお互いに類似しているが故に，その真の最適解は当たらずとも遠からずである (can't be far off).

今，チョットの間‘このシステムの外に出よう’そして本章の 2 つの定理によって何が達成されたかを我々自身へ問いかけよう．それら定理は ϵ,μ と β と名付けられた，3 個の**検証システム・バラメータ**間の連関を証明してしまうことを我々は権利として要求するかもしれない（その 3 つのパラメータは，引き続き今後もさらに出くわすことになろう）．もしもそれらの内どれか 2 つが与えられるならば，その第 3 番目は少なくともその解を得るのに深く関係しているその仮定が妥当であるという範囲を決定することが出来る．例えば，もしも偽造総量 μ を探知するためのある探知確率 $1-\beta$ が要求されたならば，人はその必要労力を決定することが出来る．

その他の見地は価値の言及である．1 クラスの場合，査察員のサンプル数 n と被査察者の偽造の組 r は，事実，**決定変数** (decision variables) であった（例えば (2.1) 式を見よ）．それらは外部から決定されなければならない．K クラスを有するさらに大きなシステム下で，それらは**決定子** (determinants) に成る（例えば (2.21) 式と (2.22) 式を参照せよ）：探知の総合確率と同様，それらは 2 つの包括的決定変数 ϵ と μ によって決定される．（パラメータ ϵ_i と μ_i, $i=1\ldots K$ はシステムの物理的パラメータであり，決定変数では無い.）全く普通に，システムの拡張と適切な最適化により決定変数の数をかなり減少することが出来る．

以前のように，グルリと回り，そして被査察者が遵法行為へと導くために投ずべき査察労力への質問を発する．以前に導入した効用 b と d が与えられるとして，(2.9)

式が適用される，そしてその解 (2.23) 式または (2.41) 式の適切な式が必要労力を得るために使用出来る．

本章を終わらせるため，単一クラスに対して既に考察した推測問題 (inference problem) への言及を再び行おう．種々のストラータ内の真の偽造の不偏推定は，丁度，

$$\hat{r}_i = l_i \frac{N_i}{n_i}, \quad i = 1 \dots K$$

であり，ここで l_i は i 番目クラス内で観察された偽造データの数である．

さらに，クラス偽造の信頼区間を構築することが出来る．査察員によって偽造データ無しが観察されたと仮定しよう，偽造データの比 r_i/N_i（復元抜取）の信頼区間 $1-\alpha$ は，

$$\left[0, 1 - \sqrt[n_i]{1 - \sqrt[K]{1-\alpha}}\right], \quad i = 1 \dots K \tag{2.51}$$

となる．もしも全ての特定クラス労力 ϵ_i が等しいならば，全ての偽造データの和 $r = \sum_i r_i$ に対する信頼区間 $1-\alpha$ は，

$$\left[0, 1 - \sqrt[n]{1 - \sqrt[K]{\alpha}}\right], \quad n = \sum_i n_i$$

となる．この上限は下式に示すように (2.51) 式によって与えられた上限の和とは，同一で無いことを明記しておく，

$$1 - \sum_i \sqrt[n_i]{1 - \sqrt[K]{1-\alpha}}.$$

従って観察に基づく声明作成では，注意しなければならない．

第 3 章

計量抜取

To errr is human . . .
Es irrt der Mensch solang er strebt
：人間は努力するかぎり，道を誤るものだ

— Johann Wolfgang von Goethe[*1]

環境汚染の制御 (pollution control) はデータ検証理論に対する良好な論題である，その連関のモノは，悲しいことに増大が運命付けられている．本章で，点源から汚染物質 (pollutants) 放出の規則限度に従う監視について考察する．我々の目的は統計学的検定の概念を導入し，計量抜取手順 (variables sampling procedures) の最適化に対する理論を導くことである．

無作為抽出（ランダム・サンプリング）による検証と関連する用語，**計量** (variables) は第 2 章の導入部で大雑把な考察を行った．[*2]ここでは規則の定義を示す（US Gov. (1957)）：

> ……（計量検査） (variables inspection)[*3]は生産物の 1 単位上の特定品質特性が，ポンド，インチ，フィート毎秒，などのような，連続的尺度で測定され，さらに測定値が記録されるところの検査である．生産物の単位は，測定可能品質特性を決定するために検査された生産物の実体 (entity) である．計量検査に対する品質特性生産物単位——実

[*1] Goethe's equivalent to John Donne's.　　訳註：ゲーテ；ドイツの詩人，劇作家，小説家，哲学者．「若きウエルテルの悩み」，「ファウスト」などの作品がある (1749-1832).

[*2] 訳註：　計量 (variables)：attributes との対比で「計量」とした．通常，「変量，変数」と訳す．

[*3] 訳註：　inspection：視察，検査，検分，点検，査察，検閲．保障措置では査察，QC では検査，と使い分けた．

際に測定され，与えられる要求……に一致して決定する——の特性である．

本章全てを飛ばしてしまおうとの読者の望みは許されるかもしれない，そのため我々の最初の定義に（急いで）戻ろう：この計量抜取手順 (variables sampling procedure) は測定誤差を明確に考慮するものの1つである．被査察者の報告データと査察員の所見 (findings) 間の差異は，定量的に評価される：例えば Encycl. (1982) を見よ．従って違法行為と結論する間違いのチャンスが存在する，それは誤警報 (false alarms) が起こりうるということだ．

わけのわからないこの言葉 (jargon) を幾分拡張し，計数抜取の場合に，人は**全量欠損** (gross defects) と称している——これは申告データと検証データ間の差異が明らかに定性的であることを意味する．一方，測定結果の量的差異を観察する計量抜取では，**部分欠損** (partial defects)，**バイアス欠損** (bias defects) と，回りくどく言えば (circularly)，**計量欠損** (variables defects) と呼ばれる．

生来の (inherent) システム・パラメータとしての誤警報確率が持ち上がる (crops up) 事実は，結果として抜取問題のゲーム理論モデルでの付加構成因子 (ingredient) として**統計検定** (statistical testing) を導入させる．この方法論混合 (mix) の理解には，読者側に少しばかりの忍耐力 (perseverance) を要求することになる，しかしその努力が検証の性質をさらに深く覗き込めるという報酬を与えてくれるだろう．

3.1 環境監視

環境へ——例えば近隣の河川へ，または大気中へ——の単位時間当たりの汚染物質の認可放出を規制当局から許可された工業施設 (industrial installation) または技術装置 (technical installation) の考察より，具体的に始めよう．その施設は，合法的に廃棄することの出来る量を超えた汚染物質を生産するかもしれない，さらに処理費用が高価なためにその許容量を超えさせる経済的誘因 (economic incentive) が散在するのかも……．違反の可能性を警戒する (aware of the possibility of violation) 認可当局 (licensing authority) は，その放出基準遵守 (observance of the emission standards) の検証を委ねられている．

通常，その施設は自ら放出を測定し，それらを当局に報告すると想定されている．Russel (1990) によれば，この想定は例えば水中または大気中へ放出する全ての汚染物質源に対して USA 内の殆んどの州で要求されているものだ；Umwelt (1989) も参照せよ．

取締り当局 (control authority) の仕事はその放出限度を超えていないことを少なく

とも断続的ベースで検証することである．これを 2 つの方法の 1 つで行うことが出来る：当局は額面通り (at face value) にデータを受理する，そしてそれらの不確定性を考慮し，それらが規則に従っていることを単に確証するか，またはデータの計画的な手さばき (deliberate manipulation)*4は信用出来ると斟酌し，それ故に独立測定で妥当性を確認することが行われる．後者の場合，規則遵守の検定を報告データで行うか，独立の保証されたデータで行うのか，または両者の幾つかの重ね合わせで行うのかを決定することが残る．

当局または指名された技術研究室が関連した放出源の全てを監視出来ることはありそうもない．その監視装置を時折サンプル採取と分析を行うために戦略的配置——例えば河川の下流——を好むのかもしれない．これには観測データからの発生源強度の推定を認める汚染物質伝播モデル (pollutant propagation models) の利用可能性が含まれている．水中および空気中の汚染物質の伝播の確率論的 (stochastic) モデルと決定論的 (deterministic) モデルが，事実，最近開発された，Chapman and El-Shaarawi (1989) を参照せよ．これに替わるものとして，マニュアル・サンプリング手順が，その放出源での周期的なオン・サイト測定を許されるものとして実行されるかもしれない；Geueke (1992) を参照せよ．その裁判権 (jurisdiction) 下で発生源からの汚染物質放出に関する当局自身の定量的結論を導くことを認める適切なモデルまたは手順が存在し，取締り当局がそれに従うと想定する．

検証された放出が規定された限度範囲以内か否かを決定する究極問題は 3.4 節にて扱う，皮肉にもそこにおいてこの特別な場合に報告されたデータは，査察官職務 (inspectorate)*5で全く利用されないということを我々は観察するであろう．

それでも，報告され検証されたデータの単一クラスでの定量的比較から起こり得る偽造を探知する次節より始めよう．これが検証理論の最も興味ある，重要な問題の 1 つであることが判る．我々が得た結論は第 4 章で一般法則化されるだろう，さらに第 8 章の物質会計 (material accountancy) の文脈中でそれらが詳細に取り扱われることになろう．

---

*4 訳註： manipulation：1. 手さばき，取扱い．2. 巧妙な操作．3. 改竄．4. 相場の操作．

*5 訳註： inspectorate：査察官（検閲官）の職，（集合的）査察官一行，査察団．
inspector：査察者，検査者，検閲官，監督官，税査察官．

3.2　データ差異と意思決定

N 個の放出値 X_i, $i = 1 \ldots N$ が設備（**被査察者**）から取締り当局（**査察員**）へ報告されていると仮定しよう．後者は追加的に n 個の確証的測定 Y_i, $i = 1 \ldots n$ をランダム・サンプリング・ベースで行った，$n \leq N$ である．[*6]記号 X_i と Y_i は**ランダム変数** (random variables) として書かれている．これらは**確率密度関数** (probability density functions) または短く *pdfs* によって特徴付けられた量である，それらは誤差伝播機構での確率的測定誤差 (stochastic measurement errors) と不確定さ (uncertainties) に依り生起する．確率変数の個別測定は，随伴 pdf からランダムに引き抜かれた値が在る一種の宝くじ (lottery) と考えることが出来る．

査察員――偽造の可能性に伴い最初に関心を寄せると我々が推定した彼氏――はまだ X_i または Y_i の真値に興味無く，それらの差異のみに興味が有るだけだ．それを $Z_i = X_i - Y_i$, $i = 1 \ldots n$ と我々は言う，これら差異は同じくランダム変数であり，一般的に良好な近似としてお互いに独立かつ正規分布を有している．その代数学 (algebra) の単純化を維持するため，それらの分散 (variances) は同一であるとしよう，これは，

$$\mathrm{var}(Z_i) = \mathrm{var}(X_i) + \mathrm{var}(Y_i) =: \sigma^2, \quad i = 1 \ldots n \tag{3.1}$$

であり，さらにそれらが査察員と被査察者の両者に既知であると仮定する．Z_i の期待値は被査察者が故意にまたは多分本当にうっかりして彼の報告データを偽造してしまったか否かに依存している．H_0 を**帰無仮説** (null hypothesis)（偽造無し）と呼び，H_1 を**対立仮説** (alternative hypothesis)（量 μ_i でもって i 番目の報告データを偽造）と呼び，その期待値は，

$$E(Z_i) = \begin{cases} 0 & \text{under } H_0 \\ \mu_i > 0 & \text{under } H_1 \end{cases} \quad i = 1 \ldots n \tag{3.2}$$

である．

この差異 Z_i は正規分布している．このことはそれらの**分布関数** (distribution functions) が以下の式で与えられることを意味している．

$$F(Z_i) = \Pr(Z_i \leq z) = \phi\left(\frac{z - E(Z_I)}{\sigma}\right), \quad i = 1 \ldots n \tag{3.3}$$

[*6] 我々は全体に亘り，かつ一般性を失わずに，最初の n データは実際に検証されると仮定する．ランダム抜取は N 個の報告データのランダム順列 (permutation) と等価である．

ここで $\phi(x)$ はガウス関数（Cari Friedrich Gauss, 1777-1855 にならって）または標準正規分布関数 (standard normal distribution function) である，

$$\phi(x) = \int_{-\infty}^{x} \varphi(t)dt = \frac{1}{\sqrt{2\pi}} \int_{-\infty}^{x} \exp\left(-\frac{t^2}{2}\right) dt. \tag{3.4}$$

この分布関数はランダム変数の pdf, $\varphi(t)$ を積分したものである．(3.2) 式，(3.3) 式と (3.4) 式を比較して，H_0 と H_1 の下で Z_i に付随する pdf's は各々以下の通り，

$$\begin{aligned} f_0(z) &= \varphi(z/\sigma) = \frac{1}{\sqrt{2\pi}\sigma} \exp\left(-\frac{1}{2\sigma^2} \cdot z^2\right) \quad \text{and} \\ f_1(z) &= \varphi\Big((z-\mu_i)/\sigma\Big) = \frac{1}{\sqrt{2\pi}\sigma} \exp\left(-\frac{1}{2\sigma^2} \cdot (z-\mu_i)^2\right) \end{aligned} \tag{3.5}$$

(3.3) 式の簡略表現法として，我々はしばしば以下のように記述し，

$$Z_i \sim N\Big(E(Z_i), \sigma^2\Big), \quad i = 1 \ldots n \tag{3.6}$$

以下のように読む：**ランダム変数**Z_i **は期待値**$E(Z_i)$ **と分散**σ^2 **を伴う正規分布である．**

検定手順 (test procedure) は 2 つの選択 H_0 または H_1 の一方の上にランダム変数 Z_i の観察を写像する関数である．検定に付随しているこの**棄却域** (critical region) C は H_0 の棄却 (rejection)*7 を導く形式の全ての観察の組（集合）$(z_1, \ldots, z_n)$ である：*8

$$\begin{aligned} (z_1, \ldots, z_n) \in C &: \quad \text{棄却 } H_0 \\ (z_1, \ldots, z_n) \notin C &: \quad \text{棄却 } H_1 \end{aligned} \tag{3.7}$$

どの様にして C を構築するのか? この質問に答えるために，**第 1 種過誤** (errors of the first kind) と**第 2 種過誤** (errors of the second kind) と呼ばれるものを導入しよう，それらは各々実際には真である時に，帰無仮説または対立仮説を棄却する意思決定として定義される．第 1 種過誤に由来する確率は通常 α で記述し，

$$\alpha = \mathrm{Pr}_0\big((z_1, \ldots, z_n) \in C\big) \tag{3.8}$$

である．下付き数字 0 は H_0 が真であることを示す．同様に β は第 2 種過誤の確率を示す：

$$\beta = \mathrm{Pr}_1\big((z_1, \ldots, z_n) \notin C\big). \tag{3.9}$$

---

*7 意思決定論において，帰無仮説では常に**棄却**される．たつた 2 つだけの仮説が認めれれているこのケースでは 1 つの棄却は他の受容 (acceptance) を意味する．

*8 訳註： $x \in S$; x は S に属する (in). $x \notin S$; x は S に属さない (not in).

表3.1 検定の帰結確率

	決定	
真	H_0	H_1
H_0	$1-\alpha$	α
H_1	β	$1-\beta$

α を**誤警報確率** (false alarm probability) と $1-\beta$ を**探知確率** (detection probability) と呼ぶことはセンスが良い．意思決定手順での4通りの帰結確率 (probabilities of the four possible outcomes) を表3.1に示す．

検定手順のこの種の特徴は，高い第1種過誤確率の犠牲において低い第2種過誤確率を達成出来ることにある，[*9]逆もまた真である．検定を構築する自然原理は，従って以下の通りとなる：データの組が与えられ，両者の過誤の確率を任意に小さくすることは不可能であることから，第1種過誤確率を固定したまま，第2種過誤確率を最小化する検定手順を見つけ出すことである．α 値を設定する公式手順については第9章で論じる．

統計学的決定理論の偉大な到達点の1つは——この原理は一般的であるのだが——それを満足するための厳密な処方箋を与えることがそれでも出来ることにある．もしこれらの仮説が完全にランダム変数の分布と特定化されるなら——**単純仮説** (simple hypotheses) と我々は言う——，最適検定の棄却域 C——これは所与の第1種過誤の確率 α に対する第2種過誤の確率 β を最小にすることである——が**ネイマン・ピアソンの補助定理** (Neyman-Pearson Lemma) によって与えられている（Jerzy S. Neyman (1894-1981) および Egon S. Pearson (1895-1980) による）：Rohatgi (1976) を参照せよ．ランダム変数 $(Z_1,\ldots,Z_n)$ の観察組 $(z_1,\ldots,z_n)$ は下式で与えられる，

$$C=\left\{(z_1,\ldots,z_n)\,\middle|\,\frac{f_1(z_1,\ldots,z_n)}{f_0(z_1,\ldots,z_n)}>\lambda\right\} \tag{3.10}$$

ここで f_0 と f_1 は2つの仮説下でのランダム[*10]変数 $Z_1,\ldots,Z_n$ の確率分布関数であり，λ は適切な誤警報確率 α によって決定される．

[*9] 法廷で潔白な人物を有罪と認めることは第1種の過誤である，犯罪者を保釈することは第2種の過誤である．証拠を無視して被告人全員を絞首刑にかけた Roy Bean 判事（同一題名の映画より）は，彼の β がまさにゼロであることを自慢した (boast).

[*10] 離散ランダム変数 (discrete random variables) に対して，全てがチョットばかり複雑である．

差異 $Z_1,\ldots,Z_n$ は正規分布またはガウス分布であると仮定されているので，これら分布は最初の 2 つの積率 (moments)：期待値 (expected value) と分散 (variance) で完璧に決定される．後者（分散）は使用されている計測機器の経験的事例に基づき知り得るものとして推定される．期待値は (3.2) 式で与えられる．さて，ネイマン・ピアソンの補助定理を適用するために，単純偽造 $\mu_1,\ldots,\mu_N$ が固定されなければならないし，査察員が既知でなければならない．検証状況の中でいかなる現実的適用も拒む深刻な制約であると，これは一見したところ見える．全くそうではないことが直に判る．

全ての報告データが検証を受ける場合；これは $n = N$ である，が考察で最も単純である，そのためこれから始めよう．

3.2.1 最大サンプル数

全ての差異 Z_i, $i = 1\ldots N$ は独立であると仮定されていることから，(3.10) 式の pdf's の結合は (3.5) 式の pdf's の積である：

$$f_0(z_1\ldots z_N) = (2\pi)^{-N/2}\sigma^{-N}\exp\left(-\frac{1}{2\sigma^2}\sum_{i=1}^{N} z_i^2\right)$$

$$f_1(z_1\ldots z_N) = (2\pi)^{-N/2}\sigma^{-N}\exp\left(-\frac{1}{2\sigma^2}\sum_{i=1}^{N}(z_i-\mu_i)^2\right).$$

比を作り，対数変換をすることにより，検定の棄却域——未探知確率 β を**最小化**する——が容易に判る，

$$\left\{(z_1\ldots z_n)\,\middle|\,\sum_i \mu_i z_i > \lambda'\right\} \tag{3.11}$$

ここで λ' は λ, σ と $\mu_1\ldots\mu_N$ の関数である．この関数の正確な形は我々にとって全く関知しない，λ' は下記に示すように望ましい誤警報確率 α の形式で表現されるからである．

決定閾値 λ' と比較される，(3.11) 式の量，

$$S := \sum_i \mu_i Z_i \tag{3.12}$$

は**検定統計量** (test statistic) として引用される．ここで正規分布しているランダム変数 Z_i の線形結合となっている．この検定統計量は従ってそれ自身，以下の分散を

伴い,

$$\mathrm{var}(S) = \mathrm{var}\left(\sum_{i=1}^{N} \mu_i Z_i\right) = \sum_{i=1}^{N} \mu_i^2 \mathrm{var}(Z_i) = \sigma^2 \sum_{i=1}^{N} \mu_i^2 \tag{3.13}$$

かつ以下の期待値を伴い正規分布している.*[11]

$$E(S) = E\left(\sum_{i=1}^{N} \mu_i Z_i\right) = \begin{cases} 0 & \text{for } H_0 \\ \sum_i \mu_i^2 & \text{for } H_1 \end{cases} \tag{3.14}$$

(3.3), (3.8), (3.9), (3.11) 式を使い，正規分布している検定統計量 S に伴う誤警報確率 α と未探知確率 β に対する一般的表現が得られる：

$$\alpha = 1 - \mathrm{Pr}_0(S \le \lambda') = 1 - \phi\left(\frac{\lambda'}{\sqrt{\mathrm{var}(S)}}\right)$$

および

$$\beta = \mathrm{Pr}_0(S \le \lambda') = \phi\left(\frac{E(S) - \lambda'}{\sqrt{\mathrm{var}(S)}}\right)$$

である．α のほうを選んで λ' を消去し,

$$\lambda' = \sqrt{\mathrm{var}(S)}U(1-\alpha), \tag{3.15}$$

ここで $U(\cdot)$ は $\phi(\cdot)$ の逆関数である，我々は以下の式を得る,

$$1 - \beta = \phi\left(\frac{E(S)}{\sqrt{\mathrm{var}(S)}} - U(1-\alpha)\right). \tag{3.16}$$

正規分布の検定統計量 S に関係する有意検定 (significance test) に対する探知確率 (3.16) 式は何度も出くわすであろう．(3.13) 式と (3.14) 式から，(3.16) 式と下式は等価である.

$$1 - \beta = \phi\left(\frac{1}{\sigma}\sqrt{\sum_i \mu_i^2} - U(1-\alpha)\right). \tag{3.17}$$

検定の棄却域 (3.11) 式と査察員の探知確率に対する上述の表現の両者ともに個々のデータ偽造 μ_i——勿論，査察員はそれを知らない——に依存する．従って第 2 章で着手したように，被査察者は彼の N 個の報告データに戦略的に；未探知確率を**最大**

*[11] ランダム変数の線形結合の期待値は，ランダム変数の期待値の線形結合に等しい．**非相関** (uncorrelated) ランダム変数の線形結合の分散は，2 乗係数を伴うランダム変数の分散の線形結合と同じである．それゆえ (3.13) 式と (3.14) 式になる.

化する方法で，総量 μ を偽造するものと仮定する．(3.17) 式の平方根と正規分布関数 $\phi(\cdot)$ の両者ともにそれら論拠の単調増加関数である．従って，未探知確率 β を最大にするために，以下の 2 次形を最小にするように被査察者は彼の偽造 μ_i^* を決めることだけが必要となる，

$$\sum_{i=1}^{N} \mu_i^2$$

以下の境界条件を仮定して，

$$\sum_{i=1}^{N} \mu_i = \mu.$$

この最小値を得るために，定理 2.1 のように，ラグランジュの未定乗数法がこの段階で使用出来る．しかし，ここではさらに直接的な方法が在る．境界条件の利点を用いて，我々は簡単に書ける，[*12]

$$\sum_i (\mu_i - \mu/N)^2 = \sum_i \left(\mu_i^2 - 2\mu_i\mu/N + \mu^2/N^2\right) = \sum_i \mu_i^2 - \mu^2/N$$

または，等価なものとして，

$$\sum_i \mu_i^2 = \sum_i (\mu_i - \mu/N)^2 + \mu^2/N$$

である．2 次形 $\sum_i \mu_i^2$ が以下の式によって最小値 μ^2/N を伴いながら，最小化されることが直ちに判る，

$$\mu_i^* = \mu/N, \quad i = 1 \ldots N. \tag{3.18}$$

これは全てのデータが同じ量で偽造され，その最小探知確率は (3.17) 式から，

$$1 - \beta^* = \phi\left(\frac{\mu}{\sqrt{N}\sigma} - U(1-\alpha)\right) \tag{3.19}$$

となる．さらに検定の棄却域は，(3.11), (3.13) と (3.15) 式を用い，$\mu_i = \mu_i^* = \mu/N,\ i = 1 \ldots N$ から，

$$\left\{(z_1 \ldots z_n) \,\middle|\, \sum_i z_i > \sqrt{N} \cdot \sigma \cdot U(1-\alpha)\right\} \tag{3.20}$$

[*12] 訳註：

$$\sum_i \left(-2\mu_i\mu/N + \mu^2/N^2\right) = -2\mu^2/N + N \cdot \mu^2/N^2$$

である．この検定統計量，D– 検定または‘差異検定’(difference test) の特別な場合，は報告および独立に検証されたデータの差異の総和に，さらにこの検定統計量は被査察者の偽造戦略に依存しないように見える．

我々はゲームを解いたのか? 実にその通り! ネイマン・ピアソン検定は，与えられた誤警報確率に対する沢山の検定手順の組 $\{\delta_\alpha\}$ の中のまさに 1 つの可能な検定手順 δ_{NP} である．同様に，$\{\mu_1 \ldots \mu_n \mid \sum_i \mu_i = \mu\}$ は全ての偽造戦略の組である．査察員の戦略 $\delta^*_\alpha = \delta_{NP}(\boldsymbol{\mu}^*)$ と被査察者の戦略 $\boldsymbol{\mu}^* = (\mu/N, \ldots, \mu/N)$ の対は，全ての可能な検定と全ての偽造の結合空間内の被査察者への利得として，未探知確率の鞍点が決定される，これは，

$$\beta(\delta^*_\alpha, \boldsymbol{\mu}) \leq \beta(\delta^*_\alpha, \boldsymbol{\mu}^*) \leq \beta(\delta_\alpha, \boldsymbol{\mu}^*) \quad \text{for all } \delta_\alpha, \boldsymbol{\mu} \tag{3.21}$$

であり，ひと目で (at a glance) 検証しよう：右辺の不等式はネイマン・ピアソンの補助定理から直ちに従う．左辺不等式は等価として満足している，なぜなら最適検定手順 δ^*_α の未探知確率 (3.19) 式は全く $\boldsymbol{\mu}$ に依存しない，μ にだけ依存している．*13 各々 (3.20) 式と (3.18) 式である査察員戦略と被査察者戦略は従って最適である．

この少々巧妙なごまかし (sleight of hand) を要約しよう，なぜなら最初に読むには若干理解しにくい (somewhat elusive) からだ：偽造戦略についての最適化手順（未探知確率 β の**最大化**問題）を通じて鞍点解に到達した，しかしその最適化は鞍点の性質それ自身を証明するのに実際的に必要では無かった．さらにこの解は，査察員に対する検定手順——総偽造量を固定する限りにおいて被査察者に彼の偽造戦略に関して無頓着にさせる——を伴う．それにもかかわらず，被査察者の均衡戦略は恣意的では**無**い，正確には (3.18) 式で与えられる；p.34 も参照せよ．検証理論は深遠 (subtle) なのだ．

3.2.2　最小サンプル数

勿論 $n = N$ のケースは，現実には殆んど在り得ない，$n < N$ に対しては残念ながら物事が複雑と成る．全ての中からまず初めに，いま 1 つの同じように非現実的極値，たった 1 つのデータのみを考えよう．

査察員は N 個の報告データの 1 つをランダムに選択し，帰無仮説を棄却するか否かを単一観察差異 (single observed difference) Z を基礎に決定しなければならない．再度，Z は以下の既知分散：

$$\mathrm{var}(Z) = \mathrm{var}(X_i) + \mathrm{var}(Y_i) = \sigma^2 \tag{3.22}$$

---

*13 訳註：　(3.19) 式が総偽造量 μ のみの関数ということ．

と以下の期待値を伴い正規分布している．

$$E(Z) = \begin{cases} 0 & \text{under } H_0 \\ \mu_i > 0 & \text{under } H_1 \text{ if the } i\text{th datum is verified.} \end{cases} \tag{3.23}$$

前に述べたように，H_0 下での pdf（確率密度関数）は，

$$f_0(z) = \frac{1}{\sqrt{2\pi}\sigma} \exp\left(-\frac{z^2}{2\sigma^2}\right) \tag{3.24}$$

である．検証のために i 番目のデータを選択する確率は母集団 N に亘り一様であることから，H_1 仮説下での pdf は，

$$f_1(z) = \frac{1}{\sqrt{2\pi}\sigma} \frac{1}{N} \sum_{i=1}^{N} \exp\left(-\frac{(z-\mu)^2}{2\sigma^2}\right) \tag{3.25}$$

となる．

与えられた μ_i, $i = 1 \ldots N$ に対して，固定した α の最良検定は，

$$\left\{ z \,\middle|\, \frac{f_1(z)}{f_0(z)} > \lambda \right\}$$

と，(3.16) 式を導くのと少々似た方法にて棄却域を得る，

$$\{z \,|\, z > \sigma U(1-\alpha)\} \tag{3.26}$$

さらに随伴探知確率を得る，

$$1 - \beta = \frac{1}{N} \sum_{i=1}^{N} \phi\left(\frac{\mu_i}{\sigma} - U(1-\alpha)\right) \tag{3.27}$$

しかしながら，μ_i に関する (3.27) 式の最小化は鞍点を確立するのに必要であるものの，$n = N$ の場合の (3.17) 式のような容易な方法は無い．証明なしの定理としてこの結果を示そう（詳細に関しては Battenberg (1983) を見よ）．

定理 3.1 与えられた誤警報確率 α と組 $\{(\mu_1 \ldots \mu_N) \,|\, \mu_i > 0,\ i = 1 \ldots N,\ \sum_i \mu_i = \mu\}$ および仮説 (3.23) 式に対する全ての検定の組 $\{\delta_\alpha\}$ によって，各々査察員と被査察者の純粋戦略の組が与えられるとしよう．査察員の利得は (3.27) 式で与えられている．さらに下記の正値解を $\mu^*(N)$ とすると，

$$\phi\left(U(1-\alpha) - \frac{1}{N}\frac{\mu^*(N)}{\sigma}\right) - \frac{1}{N}\phi\left(U(1-\alpha) - \frac{\mu^*(N)}{\sigma}\right) \\ - \left(1 - \frac{1}{N}\right)(1-\alpha) = 0 \tag{3.28}$$

ここで $\mu < \mu^*(N)$ に対する被査察者の鞍点戦略は $(\mu/N \ldots \mu/N)$ であり，$\mu \geq \mu^*(N)$ に対する被査察者の鞍点戦略は $(\mu, 0, \ldots, 0)$ か ... または $(0, \ldots, \mu)$ である．査察員の鞍点戦略は棄却域 (3.26) 式の検定で与えられ，これは総偽造量 μ とは独立である．査察員の保証された，または鞍点探知確率は，

$$1 - \beta^* = \begin{cases} \phi\left(\dfrac{\mu}{N\sigma} - U(1-\alpha)\right) & \text{for } \mu \leq \mu^*(N) \\ \dfrac{1}{N}\phi\left(\dfrac{\mu}{\sigma} - U(1-\alpha)\right) + \left(1 - \dfrac{1}{N}\right)\alpha & \text{for } \mu \geq \mu^*(N) \end{cases} \tag{3.29}$$

である．臨界偽造数 (critical falsifications) の $N = 2, 3, \ldots$ に対する系列 (sequence) $\{\mu^*(N)\}$ は厳密に増加する．それは $\mu^*(2) = 2\sigma U(1-\alpha)$ から始まり，以下の式の解である極値 μ^* まで増加する，*14

$$\varphi(U(1-\alpha))\frac{\mu^*}{\sigma} + \phi\left(U(1-\alpha) - \frac{\mu^*}{\sigma}\right) - 1 + \alpha = 0 \tag{3.30}$$

ここで $\varphi(\cdot)$ は正規分布確率密度関数 (3.4) 式である． □

計量抜取理論を通じて，この種の結果は 1 つの形態または他の形態として繰返し現れ，まさしく常識 (common sense) でもある．総偽造量 μ が少ない $\mu < \mu^*(N)$ ならば，その時には測定の不確かさの下でそれを隠匿すべく報告データのすべてに亘りそれを散りばめろ，と被査察者への最良勧告が発せられる，それは被査察者が $\boldsymbol{\mu}^* = (\mu/N \ldots \mu/N)$ を選択すべきと言うことだ，もしも他方 μ，厄介な程に大きすぎてこの方法で隠匿出来ない場合，それらがランダム・サンプリングに含まれないことを望み，その検証可能なデータを可能な限り少なくすることに集中すべきである（上述の理論はまさに 1 つのデータ中の理論だ）．*15

$1-\alpha$ を関数とする幾つかの N 値と同様に $N \to \infty$ に対する $\mu^*(N)/\sigma$ を図 3.1 にプロットした．その限界値 (limiting value) は，興味が湧かない大数 α に対してのみ良い近似が成り立つのは遺憾である（$\alpha = 0.005$ が大体標準的選択であるが）．

3.2.3 現実的サンプル数

現実の実際的興味の 1 つである一般的な場合 $1 < n < N$ は，公式化するのに充分容易である，しかしこれから示されるように**解くこと**はまったく別の事柄である．

---

*14 (3.30) 式は $U(1-\alpha)$ を中心に 1 階のテーラー展開を通じて (3.28) 式から得られる．

*15 訳註： 測定誤差の中に隠ぺいする戦略はバイアス欠損 (bias defects) であり，μ が大きい場合には全量欠損 (gross defects) の戦略が最適となる．

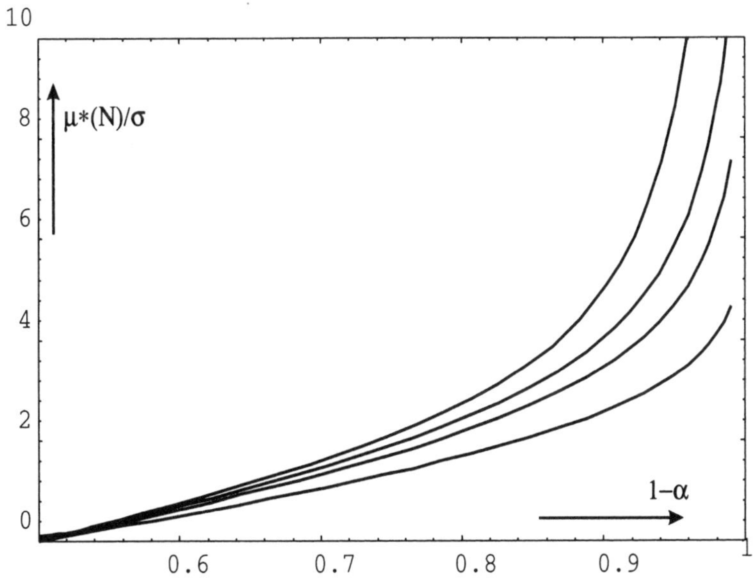

図 3.1　$N = 2$（最下曲線），$N = 5$, $N = 10$ と $N \to \infty$（最上曲線）の $1 - \alpha$ を関数とする定理 3.1 の臨界偽造数 $\mu^*(N)$

帰無仮説 H_0 下で，差異 Z は以下の式に従って分布している，

$$Z_i \sim N(0, \sigma^2) \quad \text{for } i = 1 \ldots n. \tag{3.31}$$

N 個の報告データから n 個のサンプルを選択する可能な方法は全てで $N!/(N-n)!$ 通り存在する，その対立仮説 H_1 下では，

$$Z_i \sim N(\mu_{i_j}, \sigma^2) \quad i = 1 \ldots n, \quad j = 1 \ldots \frac{N!}{(N-n)!}, \tag{3.32}$$

査察員は N データから n 個の j 番目の順列 (permutation) $(\mu_{1_j}, \mu_{2_j}, \ldots \mu_{i_j}, \ldots \mu_{n_j})$ を選択する．H_0 仮説下と H_1 仮説下での $Z_1 \ldots Z_n$ の pdf's（確率密度関数）は各々，

$$f_0(z_1 \ldots z_n) = \frac{1}{(\sqrt{2\pi}\sigma)^n} \cdot \exp\left(-\frac{1}{2\sigma^2} \sum_{i=1}^{n} z_i^2\right) \quad \text{and}$$

$$f_1(z_1 \ldots z_n) = \frac{1}{(\sqrt{2\pi}\sigma)^n} \cdot \frac{(N-n)!}{N!} \cdot \sum_{j=1}^{\frac{N!}{(N-n)!}} \exp\left(-\frac{1}{2\sigma^2} \sum_{i=1}^{n} (z_i - \mu_{i_j})^2\right)$$

である．(3.10) 式よりネイマン・ピアソン検定の棄却域は，

$$\left\{(z_1 \ldots z_n) \middle| \sum_{j=1}^{\frac{N!}{(N-n)!}} \exp\left(\frac{1}{\sigma^2} \cdot \sum_{i=1}^{n} (\mu_j z_i - \mu_{i_j}^2/2)\right) > \lambda\right\} \tag{3.33}$$

であり，常に誤警報確率 α の助けを借りて λ が決定される．

この棄却域は従ってむしろ始末に負えず (nasty)，事実今日でも解は無い，このことは総偽造が発見された全領域をカバーする最適検定と最適偽造が無いと言うことである．実質的な解はしかしながら存在する．以下の定理が述べているように小量偽造に対し $D-$ 検定が再び最適となっている（証明に関しては Avenhaus *et al.* (1991) を参照せよ）：

定理 3.2　与えられた誤警報確率 α と組 $\{(\mu_1, \ldots, \mu_N) | \mu_i > 0, i = 1 \ldots N, \sum_i \mu_i = \mu\}$ によって仮説 (3.23) 式に対する全ての検定の組 $\{\delta_\alpha\}$ によって各々査察員と被査察者の純粋戦略の組（集合）が与えられるとしよう．査察員の利得は探知確率である．さらに，$\mu^*(\cdot)$ は定理 3.1 の (3.28) 式で定義される関数である．従って，下式に対して，

$$\mu < \frac{\sqrt{n}}{\binom{N-1}{n-1}} \cdot \mu^* \left(\binom{N}{n}\right) \tag{3.34}$$

被査察者の鞍点戦略は $(\mu/N, \mu/N, \ldots, \mu/N)$ である．査察員の鞍点戦略は $D-$ 検定によって与えられる，これは所謂 $D-$ 統計量によって特徴付けられている，

$$D = \sum_{i=1}^{n} Z_i \tag{3.35}$$

これは報告データと検証データの全観察差異の和である．□

この定理に従って，$D-$ 統計量は総偽造量 μ が極端に小さい値に対してのみ最適である，何故なら (3.34) 式の分母の 2 項係数は実際の場合において非常に大きな整数であるからだ．しかしながら (3.34) 式はどちらかといえば (rather) 弱い条件である，事実，$D-$ 統計量はかえって (rather) より大きな μ 値に対し最適を維持することを数値計算は示している．

大量の総偽造の漸近的限度で全く異なる解も存在している．再び証明無しに，その公式結果は——計数抜取の世界 (realm)*16へ我々を効果的に引きもどす——（Avenhaus and Piehlmeier (1994) を参照せよ）：

*16 訳註：　realm：1.（学問などの）部門，界，領域，2. 王国，国土，3.（生物地理）界．

定理 3.3　組 $\{(\mu_1, \ldots, \mu_N) | \mu_i > 0,\ i = 1 \ldots N,\ \sum_i \mu_i = \mu\}$ によって，与えられた誤警報確率 α を伴う仮説 (3.23) 式に対する全ての検定の組 $\{\delta_\alpha\}$ によって，各々査察員と被査察者の純粋戦略の組が与えられるとしよう．査察員の利得は探知確率である．そこで $\mu \to \infty$ に対するその鞍点戦略は棄却域 $\{z_1, \ldots, z_n \mid \max z_i > \sigma U(\sqrt[n]{1-\alpha})\}$ および偽造戦略 $(\mu, 0, \ldots, 0)$ またはその入れ替え (permutations) によって特徴付けられる．探知保証確率は $1 - (1-\alpha)(1-n/N)$ である．□

驚くべきことでは無いが，定理 3.3 は n 個の観察された差異が独立に検定されるものと暗示する．各々の誤警報確率 $1 - \sqrt[n]{1-\alpha}$ を伴う，あたかも 1 つのデータしかない．その観測された差異が万一有意閾値を超える程大きいならば，帰無仮説が棄却されると言える．これは直観でわかる：1 よりも非常に小さい α に対して，探知保証確率は近似的に n/N となる，それはサンプル中に欠陥 1 個を含む確率である．

ここでの状況のように，一般的ケースに対し解析が失敗する時，特別のケースを観察することがしばしば助けとなる．$n = N$ でも無く，$n = 1$ でも無い，最も単純なのは $N = 3, n = 2$ である．数値計算は基本的にたった 3 つの偽造戦略が被査察者の鞍点戦略に寄与していることを示している，この言い換えれば**限界** (maginal) 戦略は，

$$(\mu/3, \mu/3, \mu/3),\ (\mu/2, \mu/2, 0),\ (\mu, 0, 0),$$

後者の 2 つは共に入れ替えがある．これらの第 1 番目に対する最良——それはネイマン・ピアソンである——検定が D– 検定であることは容易に示される．他の 2 つはさらに複雑なネイマン・ピアソン検定である．例えば $(\mu, 0, 0)$ に対する最良検定の棄却域は (3.33) 式に従い，以下の観察の組（集合）によって与えられている，

$$\left\{z_1, z_2 \mid \exp(\mu z_1/\sigma^2) + \exp(\mu z_2/\sigma^2) > \lambda\right\}.$$

この有意閾値 λ は下式に従う誤警報確率 α により与えられる，

$$1 - \alpha = \int_{-\infty}^{\frac{\sigma \ln(\lambda)}{\mu}} \phi\left(\frac{\sigma}{\mu} \ln\left(\lambda - \exp(\mu x/\sigma^2)\right)\right) \varphi(x) dx.$$

査察員と被査察者の鞍点戦略は $\alpha = 0.05$ に対して以下の通り：$0 < \mu/\sigma \leq 3.22$ では等配分 $(\mu/3, \mu/3, \mu/3)$ と D– 検定が鞍点戦略である．$5.33 \leq \mu/\sigma$ では単一偽造 $(\mu, 0, 0)$ が上述の検定を伴う鞍点戦略である．$3.22 < \mu/\sigma < 5.33$ の範囲内で被査察者の最適戦略は基本的にそれら 3 大戦略の 2 つを混合したものになる，査察者の最適はこれら混合に対抗するネイマン・ピアソン検定での応戦となる；Mizrotsky (1993) と Piehlmeier (1995) を参照せよ）.

勿論 $N = 3, n = 2$ は実際的な例（ケース）では無い，それに反して定理 3.3 は極限値 $\mu \to \infty$ 内でのみ有効である．そこで道理にかなった (legitimately) 質問がなされるに違いない……．

3.2.4 丁度，全量欠損が最適である時は?

最近，単一 (one-point) 偽造の最適性へ遷移する任意の N と n に対する上限およびそれに伴うネイマン・ピアソン検定が Canty and Piehlmeier (1995) から提議された．その論拠は許容されえる偽造空間中の未探知確率を対称と見なす仮説に依拠している，

$$\left\{(\mu_1,\ldots,\mu_N)\,\middle|\,\mu_i > 0,\ i = 1\ldots N,\ \sum_i \mu_i = \mu\right\} \tag{3.36}$$

および連 (runs) は以下のように従う：

まず最初に，(3.36) 式の限界偽造戦略 (marginal falsification strategies) は下式で表示する，

$$\boldsymbol{\mu}^{(m)} = (\overbrace{\mu/m, \mu/m, \ldots, \mu/m}^{m\text{ 度}}, \overbrace{0, 0, \ldots, 0}^{N-m\text{ 度}}), \quad m = 1\ldots N.$$

単一偽造 $\boldsymbol{\mu}^{(1)}$ のネイマン・ピアソン検定統計量は (3.33) 式を伴い，下式により与えられる，

$$S = \sum_{j=1}^{n} e^{\mu Z_j},$$

ここで便宜上 $\sigma = 1$ を用いた．**1 つの恣意的偽造戦略** $\boldsymbol{\mu}$ に対するこの検定の未探知確率は従って可能な全てのサンプルに亘る平均化によって与えられる，その差異 $Z_i, i = 1\ldots n$ の確率は，S が閾値 λ を超えないものである．この Z_i は独立であるから我々は以下の式を得る，

$$\beta(\delta^{NP}_{\boldsymbol{\mu}^{(1)}}, \boldsymbol{\mu}) = \frac{1}{(\sqrt{2\pi})^n} \cdot \frac{(N-n)!}{N!} \cdot \sum_{j=1}^{\frac{N!}{(N-n)!}} \int \cdots \int_{S<\lambda} \exp\Bigl(-\frac{1}{2}[(z_1 - \mu_1)^2 + \cdots + (z_n - \mu_{n_j})^2]\Bigr) dz_1 \cdots dz_n \quad . \tag{3.37}$$

次に，単一偽造 $\boldsymbol{\mu}^{(1)}$ と随伴するネイマン・ピアソン検定 $\delta^{NP}_{\boldsymbol{\mu}^{(1)}}$ は下記の鞍点条件に合致した時に正確に最適となることを明記しておく，

$$\beta(\delta^{NP}_{\boldsymbol{\mu}^{(1)}}, \boldsymbol{\mu}) \le \beta(\delta^{NP}_{\boldsymbol{\mu}^{(1)}}, \boldsymbol{\mu}^{(1)}) \le \beta(\delta_\alpha, \boldsymbol{\mu}^{(1)}) \quad \text{for all } \delta_\alpha, \boldsymbol{\mu} \tag{3.38}$$

それによって右辺の不等式はネイマン・ピアソン補助定理によって保証される．

困難を生じさせるのは (3.38) 式の左辺の不等式である．(3.36) 式領域上の関数 $\beta(\delta^{NP}_{\boldsymbol{\mu}^{(1)}}, \boldsymbol{\mu})$ のグローバル最大を発見することだ．初めに以下の式を示すことは容易である，

$$\beta(\delta^{NP}_{\boldsymbol{\mu}^{(1)}}, \boldsymbol{\mu}) > (1 - n/N) \cdot (1 - \alpha). \tag{3.39}$$

この基本的結果（Canty and Piehlmeier (1995)）は，(3.37) 式が下記関数を上式と結合させたものであることを示す，

$$\frac{1}{\binom{N}{n}} \sum_{j=1}^{\binom{N}{n}} \phi\left(U(\sqrt[n]{1-\alpha} + \frac{\ln n}{\mu} - \mu_{1_j}\right) \cdots \phi\left(U(\sqrt[n]{1-\alpha} + \frac{\ln n}{\mu} - \mu_{n_j}\right) =: \beta(\boldsymbol{\mu}), \tag{3.40}$$

(3.37) 式それ自身に比べてかなり容易に量を計算できる．実際，限界戦略 $\boldsymbol{\mu}^{(m)}$ は $\beta(\boldsymbol{\mu})$ の全て局所的な極値 (extremum)（最小または最大）である，ラグランジュ形式主義 (Lagrange formalism) で実証されるかもしれない．例えば，均一偽造 $\boldsymbol{\mu}^{(N)}$ は下式における局所的な極値である，

$$\beta(\boldsymbol{\mu}^{(N)}) = \phi^n\left(U(\sqrt[n]{1-\alpha} + \frac{\ln n}{\mu} - \mu/N\right). \tag{3.41}$$

ここで，(3.37) 式はその局所的な極値は $\boldsymbol{\mu}^{(m)}$, $m = 2 \ldots N$ でのみ達すると仮定して，対称性から尤もであると見える仮定はしかしながら実証されていない，(3.38) 式の左辺不等号は以下の最大解を超える総偽造量 μ に対して満足している．

$$\beta(\boldsymbol{\mu}^{(m)}) = (1 - n/N) \cdot (1 - \alpha), \quad m = 2 \ldots N \tag{3.42}$$

なぜなら，(3.39) 式から，(3.37) 式の局所最大は $\beta(\delta^{NP}_{\boldsymbol{\mu}^{(1)}}, \boldsymbol{\mu}^{(1)})$ に比べて小さい．

十分小さな α に対して，実際 (3.42) 式最大の解は常に $m = N$ に対して生じる（Canty and Piehlmeier (1995)），(3.42) 式をもって単一または全量欠損 (gross defect) 偽造戦略の最適域を我々は得る，

$$\mu > \frac{N}{2}\left(A - B + \sqrt{(A-B)^2 + \frac{4\ln n}{N}}\right) =: \tilde{\mu}, \tag{3.43}$$

ここで $A = U(\sqrt[n]{1-\alpha})$ および $B = U(\sqrt[n]{(1-\alpha)(1-n/N)})$ である．

例えば，$N = 3$ と $n = 2$ に対して，(3.43) 式より $\tilde{\mu} = 5.75$ が得られる，それは 3.2.3 節で述べた数値 5.33 に比べほんのちょっと大きい．$N = n, \tilde{\mu} \to \infty$ に対し，3.2.1 節で示されたように全ての値 μ に対する D– 統計量検定の最適性と一致する．

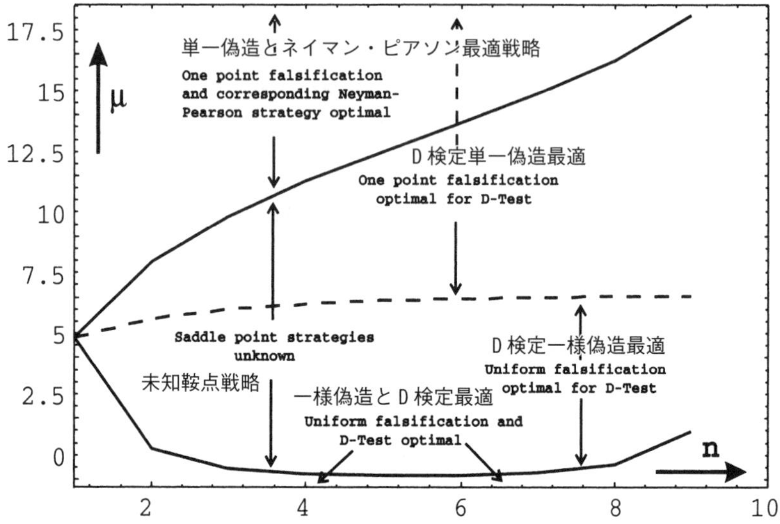

図 3.2 $\sigma = 1$ での n を関数とする $N = 10$ と $\alpha = 0.05$ に対する (3.34) 式の限界値（下部実線）と (3.43) 式の限界値（上部実線）をプロット．以下で考察するように，点線は $D-$ 統計量に対する単一偽造戦略への遷移を示す

3.3 ギャップへの橋渡し

(3.34) 式と (3.43) 式は鞍点が未知である $\mu-$ 値の**未知領域** (terra incognita)[*17] の下限および上限に据える．しかしながら図 3.2 で示すように，不確定の領域は依然として無視できない大きさである．

どの様にして進めるのか? その事に関して若干プラグマティックに処するとして，さしあたりゲーム理論的均衡という我々の理想を諦めよう．(3.35) 式の $D-$ 統計量に関連する検定は多くの利点を有する．それらの第 1 番目は (3.34) 式を満足する小量偽造に対する査察員の最適戦略がそれである．第 2 番目はその検定閾値が被査察者の偽造戦略に依存しないことである，第 3 番目はこの統計量が観測データに線形であることだ，そのため**いかなる**偽造戦略 $(\mu_1 \ldots \mu_N)$ の結合探知確率 (associated detection probability) として書き留めることが出来る．実際，我々はすぐに特別な場合に対し

[*17] 訳註： terra incognita：1. 未知の土地，2. 未知 [未開拓] の領域.

てそれを行うことになるであろう．

本節の残りで，我々は $D-$ 検定に傾注しよう，可能なデータ偽造の全範囲に対してそれを用い，現実の較点に関する我々の無知をものともせず，一般的で興味有る査察状況 $1 < n < N$ で可能な限り大きくすると言うことを試みる．この検定の適用は単純に意思決定閾値 $\sigma_D \cdot U(1-\alpha)$ を伴う (3.35) 式によって与えられた D の比較を伴うことを思い出そう，ここで α は望ましい誤警報確率である．

被査察者の偽造戦略に関して良好な数値的証拠が在る（Avenhaus *et al.* (1991)），再び証明無しであるが，等配分偽造戦略を加え，限界戦略 $\boldsymbol{\mu}^{(m)}$ だけが μ の差異値に対する $D-$ 検定の検定確率を最小化する．従ってこれからの全ての考察はこれらに限定されることになるだろう．

限界戦略 (marginal strategies) に対する $D-$ 検定の探知確率は非常に簡単に求めることが出来る．被査察者が N 個の報告データ中の r 個を一様に偽造すると想定し，彼の戦略は $\boldsymbol{\mu}^{(r)}$ の入れ替え戦略であり，さらに査察員のランダム・サンプル n 内に k 個の偽造が出現するものと想定する．従って $D-$ 統計量の条件付き期待値は，

$$E(D) = \begin{cases} 0 & \text{for } H_0 \\ \dfrac{k\mu}{r} & \text{for } H_1 \end{cases}$$

であり，その分散は $\mathrm{var}(D) = n\sigma^2$ である．$D-$ 検定に対する探知確率は，従って (3.16) 式から，[*18]

$$\phi\left(\frac{k}{\sqrt{n}r} \cdot \frac{\mu}{\sigma} - U(1-\alpha)\right)$$

であり，未探知確率は等価式 $1-\phi(x) = \phi(-x)$ を用いて，

$$\phi\left(U(1-\alpha) - \frac{k}{\sqrt{n}r} \cdot \frac{\mu}{\sigma}\right)$$

となる．非復元抜取に対して（第 2 章，p.21 を参照せよ），n アイテムのサンプル中に k 個の偽造データが発見される確率は，

$$\frac{\binom{r}{k} \cdot \binom{N-r}{n-k}}{\binom{N}{n}}$$

[*18] 訳註：

$$\begin{aligned} 1-\beta &= \phi(x) \\ \beta &= 1-\phi(x) \\ &= \phi(-x) \end{aligned}$$

n \ N	2	3	4	5	6	7	8	9	10	11	12	13	14	15	16	17	18
1	a	a	a	a	a	a	a	a	a	a	a	a	a	a	a	a	a
2	d	b	a	a	a	a	a	a	a	a	a	a	a	a	a	a	a
3		d	b	c	a	a	a	a	a	a	a	a	a	a	a	a	a
4			d	b	b	c	a	a	a	a	a	a	a	a	a	a	a
5				d	b	b	b	c	a	a	a	a	a	a	a	a	a
6					d	b	b	b	c	c	a	a	a	a	a	a	a
7						d	b	b	b	b	c	c	a	a	a	a	a
8							d	b	b	b	b	b	c	c	a	a	a
9								d	b	b	b	b	b	b	c	c	a
10									d	b	b	b	b	b	b	b	c
11										d	b	b	b	b	b	b	b
12											d	b	b	b	b	b	b
13												d	b	b	b	b	b
14													d	b	b	b	b
15														d	b	b	b
16															d	b	b
17																d	b
18																	d

図 3.3　N データから n 個を検証する $D-$ 検定に対する最適偽造戦略

である．総確率の定理（またはあなたが好むならば常識として）は我々に直ちに，限界偽造戦略に対する未探知確率は以下の式で表すと言う，

$$\beta(\mu)=\sum_{k=\max(0,n+r-N)}^{\min(n,r)}\phi\left(U(1-\alpha)-\frac{k}{\sqrt{n}r}\frac{\mu}{\sigma}\right)\frac{\binom{r}{k}\cdot\binom{N-r}{n-k}}{\binom{N}{n}} \tag{3.44}$$

である．特別なケースは，

$$\beta(\mu)=\begin{cases}\phi\left(U(1-\alpha)-\dfrac{\sqrt{n}\mu}{N\sigma}\right) & \text{for } r=N\\ \phi\left(U(1-\alpha)-\dfrac{\mu}{\sqrt{n}\sigma}\right)\dfrac{n}{N}+(1-\alpha)\left(1-\dfrac{n}{N}\right) & \text{for } r=1\end{cases} \tag{3.45}$$

となる．$n=1$ に対するこれらの表現は定理 3.1 で与えられる，$n=N$ に対して前述の結果 (3.19) 式を得る．

N と n の異なる組合せに対する r に関する (3.44) 式の最大化で，査察員の $D-$ 検定戦略に対抗する最適偽造戦略が得られる．最適偽造のたった 4 分類が存在しているだけであることが判る，その分類を我々は a,b,c,d と記そう，それらは図 3.3 に $1\leq N\leq 18$ と $n\leq N$ に対して示されている．

それら分類は：

(a) その唯一の最適戦略は小量 μ の等量分配と大量 μ の単一分配である．

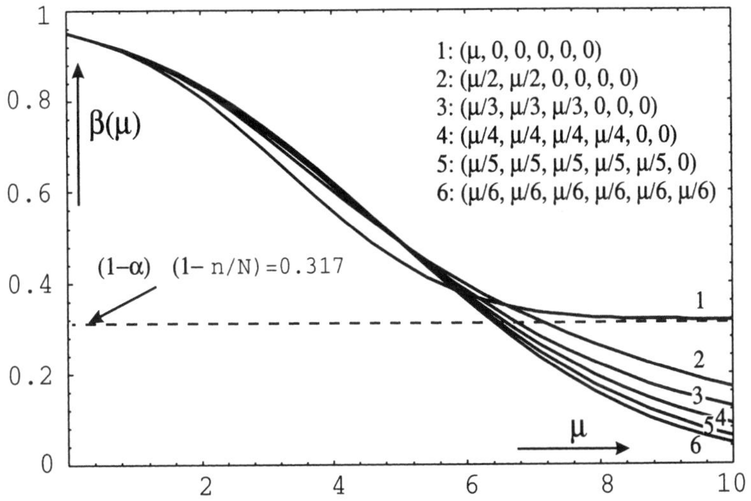

図 3.4 $(N, n) = (6, 4)$ と種々の偽造戦略に対する総偽造量 μ を関数とした $D-$ 検定に対する未探知確率

(b) 全ての限界偽造 $\boldsymbol{\mu}^{(r)}$ は小量 μ の等量分配から開始しと大量 μ の単一分配で終わる，良く提議された μ の範囲内で最適である．

(c) (b) において $(\mu/3, \mu/3, 0, \ldots, 0)$ を除き，任意の値 μ に対し最適戦略では無い．

(d) 等量分配のみが最適である．これは $n = N$ の対角線 (diagonal) に沿ってのみ生じる；(3.18) 式を参照せよ．

分類 (b) の特定例について考察しよう：全ての限界偽造戦略は良く提議された μ の範囲内で最適である．図 3.4 には $N = 6$, $n = 4$, $\sigma = 1$ と $\sigma = 1$ と $\alpha = 0.05$ に対する μ を関数とした (3.44) 式の未探知確率 $\beta(\mu)$ をプロットしている．図中に 2 つの興味有る事が見て取れるであろう．第 1 番目は μ の全範囲に亘り単一偽造戦略（表示番号 1）が最適とは成らないことである，未探知確率が低目である単一偽造を除き，全ての探知確率が等量分配（戦略番号 6）に近接していることである．第 2 番目は単一偽造が明らかに最適であるところの μ 値に対して，その未探知確率は $(1 - n/N) \cdot (1 - \alpha)$ によって与えられる漸近値に急速に接近する，この事実は既に定理 3.3 から既知である．

これが計量抜取の実際の適用において大変重要であることは明白である．実際，$D-$ 検定の探知確率を計算する時，等量偽造分配または単一偽造分配のみを考慮するだけで充分であると，極めて一般的に結論付けられるだろう．定理3.1から，$n = 1$ に対し，それが正しいと知られている，事実 $n \leq N/2$ に対する数値的立証も行われている．他の全てのケースに対し，ある範囲 μ で最適であるものとして出現したどの限界偽造探知確率も，等量分配の探知確率に近接しており，その差異は無意味となる．

査察員は従って μ の値を悩むことだけが必要だ，それは2つの極値偽造戦略交差に対する探知確率である，$\mu^*(N,n)$ と呼ぶ．(3.45)式から，これは以下の時に生じる，

$$\phi\left(U(1-\alpha) - \frac{\sqrt{n}\mu^*(N,n)}{N\sigma}\right) - \phi\left(U(1-\alpha) - \frac{\mu^*(N,n)}{\sqrt{n}\sigma}\right) \cdot \frac{n}{N} - \left(1 - \frac{n}{N}\right) \cdot (1-\alpha) = 0. \tag{3.46}$$

この式の解は図3.2に点線で示したものである．

大きな報告データ組の極限，$N \to \infty$ において，この式の解のシーケンス $\mu^*(N,n)$ は固定値 n から以下の式の解である限界値 $\mu^*(n)$ までをカバーしている．*19

$$\varphi\big(U(1-\alpha)\big) \cdot \frac{\mu^*(n)}{\sqrt{n}\sigma} + \phi\left(U(1-\alpha) - \frac{\mu^*(n)}{\sqrt{n}\sigma}\right) - 1 + \alpha = 0. \tag{3.47}$$

定理3.1で(3.30)式によって与えられる $n = 1$ の臨界偽造と(3.47)式との比較から，μ^* を $\mu^*(n)/\sqrt{n}$ で置換が必要であることが観察される．

事をかなり単純化してしまった，そこでこれはレシピのための良好な場所となったとも言える：

> **用法** (Usage)：N 値と n 値が与えられたとし，以下の保証探知確率を得ようとして査察員は統計量(3.35)式を伴う $D-$ 検定を適用する：適切なものとして(3.46)式または(3.47)式を用いて適切な臨界偽造量 (relevant critical falsification) μ^* を決定する．もしも彼の査察目標 μ が μ^* を超えるならば，$r = 1$ での(3.45)式から彼の未探知確率を計算する．他方，$r = N$ での(3.45)式を用いるなら，彼は等量偽造分配戦略を仮定している．

もしもその目標量 (goal quantity) が(3.36)式によって与えられる限度を超えるなら，査察員は単一偽造に対し，量 μ 自身に依存して対応しているネイマン・ピアソン検定を適用することも出来る，その検定は手ごわいものではあるが……．彼は従って $D-$ 検定に固執する (stick with) ことを好む．

*19 $U(1-\alpha)$ に関する1階テーラー展開で(3.47)式の第1項を拡張することで容易に本式を得ることが出来る．

$\mu > \mu^*$ において，その探知確率は漸近値 $(1-\alpha)\cdot(1-n/N)$ に接近することを明記しておこう．因子 $1-\alpha$ に至るまで (up to)，それはまさに $r=1$ での計数抜取での未探知確率である；(2.2) 式を見よ．事実，本章全ての考察は，測定の不確かさを考慮した上での第 2 章の単一クラス計数抜取問題の一般化に過ぎないのだ．これは，この事を適切に行うためのどちらかと言えば少なからぬ労力量 (amount of effort) を我々に費やさせる．

3.4　私の知らないことで，私を傷つけやしない[*20]

前節で開発された D– 検定の適用により施設の放出データの真証性 (authenticity)[*21] を検証するために，査察員は汚染物質閾値基準を超えているか否かを確立させるために，その施設のデータを用いるに違いない．認可当局がまず最初にそのデータの報告に尽力するよう施設に要求し，かつ報告データは検証測定値に比べて小さい誤差を有すると思われる報告を受けた規制当局にとり，このことは手続きを進めるのに合理的方法でフェアウエイ (fair way) に見える．しかしそれは最適なのだろうか? 否，実のところそれは違うのだ．理論的観点から，その全報告手順はむしろ時間と労力の浪費に替わってしまう．本書は理論書であり，規則制度 (regulatory institutions) の法律上または歴史的要件 (legal or historical exigencies) に関する本では無いことから，なぜそうなのかを吟味してみよう．

測定間隔当たりの汚染物質の許容放出を ξ_0 とする．N 回の測定において単純に $\xi_0 = 0$ を取り，如何なる損失も無いことを示す．違法放出戦略はベクトルの形で以下の通り，

$$(\xi_1,\ldots,\xi_N) \quad \text{with} \quad \xi_i \geq 0 \quad \text{for } i = 1\ldots N \tag{3.48}$$

ここで i の場合，少なくとも 1 つの不等号は真正となる．

データ偽装の検定および放出基準違反の検定は，単一または結合手順としてもっとも一般的に実施されている．査察員が利用可能なデータは，それは彼の意志決定の基礎となるべきものである，報告された放出値 X_i, $i = 1\ldots N$ および彼自身のランダム抜取 Y_i, $i = 1\ldots n$ である．査察員データは一般に不完全であることから ($n < N$)，前節で述べたように彼はそれに対応している報告データからの差異を構築するであろ

[*20] Ojos que no Ven, Corazón que no Siente：*What I don't know won't hurt me.*

[*21] 訳註：　真証性 (authenticity)：既知の線源（センサー）から正しい情報が出ており，それらの変更，抜取または置換えが起こらなかった保証を提供する手段．デジタル・データの場合，証明された検証アルゴリズムの使用は，非立会機器システムの適切なレベルでのデータ検証に非常に役立っている（IAEA 保障措置用語集 2001 年版　対訳, IAEA/NVS/3, 2022. より）．

う，しかしながら施設データの完全な組の考慮を付け加える．数学的表現では，査察員は下記のランダム・ベクトルを観察する，

$$\boldsymbol{Z}^T = (Z_1, \ldots, Z_{N+n}) = (X_1, \ldots, X_N, Y_1 - X_1, \ldots, Y_n - X_n). \tag{3.49}$$

便利さのために，$\boldsymbol{Z}$ は転置行ベクトル (transposed row vector) として記載されている，その最初の n 個の報告データは検証されているものとして再配置されたデータであると再度仮定されている．

前節の Z_i 値と異なり，ランダム・ベクトル $\boldsymbol{Z}$ の要素は独立では無い．実際，

$$\mathrm{cov}(Z_i, Z_{i+N}) = -\mathrm{var}(X_i) = -\sigma_X^2, \quad i = 1 \ldots n \tag{3.50}$$

である．それ故に下式で定義される，$\boldsymbol{Z}$ の共分散行列 (covariance matrix) $\boldsymbol{\Sigma}$ は対角 (diagonal) 行列では無い．

$$\boldsymbol{\Sigma} = (\boldsymbol{\Sigma})_{ij} = \mathrm{cov}(Z_i, Z_j) \tag{3.51}$$

明示化するなら，

$$\boldsymbol{\Sigma} = \begin{pmatrix} 1 & \cdots & 0 & 0 & \cdots & 0 & -1 & \cdots & 0 \\ \vdots & \ddots & \vdots & \vdots & \ddots & \vdots & \vdots & \ddots & \vdots \\ 0 & \cdots & 1 & 0 & \cdots & 0 & 0 & \cdots & -1 \\ 0 & \cdots & 0 & 1 & \cdots & 0 & 0 & \cdots & 0 \\ \vdots & \ddots & \vdots & \vdots & \ddots & \vdots & \vdots & \ddots & \vdots \\ 0 & \cdots & 0 & 0 & \cdots & 1 & 0 & \cdots & 0 \\ -1 & \cdots & 0 & 0 & \cdots & 0 & 1+a^2 & \cdots & 0 \\ \vdots & \ddots & \vdots & \vdots & \ddots & \vdots & \vdots & \ddots & \vdots \\ 0 & \cdots & -1 & 0 & \cdots & 0 & 0 & \cdots & 1+a^2 \end{pmatrix} \cdot \sigma_X^2 \tag{3.52}$$

ここで $a^2 = \sigma_Y^2/\sigma_X^2$ である．$\boldsymbol{\Sigma}^{-1} \cdot \boldsymbol{\Sigma} = \boldsymbol{I}$ で $\boldsymbol{I}$ は単位行列 (identity matrix) として定義される，この逆行列 $\boldsymbol{\Sigma}^{-1}$ がある瞬間必要となる．読者は容易に確認出来よう，ここ

での逆行列は：

$$\Sigma^{-1} = \begin{pmatrix} 1+a^2 & \cdots & 0 & 0 & \cdots & 0 & 1 & \cdots & 0 \\ \vdots & \ddots & \vdots & \vdots & \ddots & \vdots & \vdots & \ddots & \vdots \\ 0 & \cdots & 1+a^2 & 0 & \cdots & 0 & 0 & \cdots & 1 \\ 0 & \cdots & 0 & a^2 & \cdots & 0 & 0 & \cdots & 0 \\ \vdots & \ddots & \vdots & \vdots & \ddots & \vdots & \vdots & \ddots & \vdots \\ 0 & \cdots & 0 & 0 & \cdots & a^2 & 0 & \cdots & 0 \\ 1 & \cdots & 0 & 0 & \cdots & 0 & 1 & \cdots & 0 \\ \vdots & \ddots & \vdots & \vdots & \ddots & \vdots & \vdots & \ddots & \vdots \\ 0 & \cdots & 1 & 0 & \cdots & 0 & 0 & \cdots & 1 \end{pmatrix} \cdot \frac{1}{\sigma_Y^2} \tag{3.53}$$

である．

さあ，新検定手順を開発しよう．帰無仮説 H_0，被査察者の遵法行為，は全く汚染物質を放出しないことである（思い出そう $\xi_0 = 0$），さらに故意に偽造されたデータが皆無である．その場合，ランダム・ベクトル $\boldsymbol{Z}$ は，以下の期待値を伴い**多変量正規分布** (multivariate normally distributed) している．

$$E_0(\boldsymbol{Z})^T = \boldsymbol{0}^T = (0, \ldots, 0)$$

さらに共分散行列 $\boldsymbol{\Sigma}$ を伴う，その**結合確率密度関数** (joint pdf) は以下の式で与えられる，

$$f_0(\boldsymbol{z}) = (2\pi)^{(N+n)/2} \cdot |\boldsymbol{\Sigma}|^{-1/2} \cdot \exp\left(-\frac{1}{2}\boldsymbol{z}^T \cdot \boldsymbol{\Sigma}^{-1} \cdot \boldsymbol{z}\right) \tag{3.54}$$

ここで $|\boldsymbol{\Sigma}|$ は共分散行列の行列式 (determinant) である．対立仮説 H_1 の下で，量 $\mu_i, 0 \leq \mu_i \leq \xi_i, i = 1 \ldots N$ でもって偽造した報告値を伴う i 番目の測定間隔で汚染物質量 ξ_i が放出される．$\boldsymbol{Z}$ の結合確率密度関数は，今や，

$$\begin{aligned} f_1(\boldsymbol{z}) =& (2\pi)^{(N+n)/2} \cdot |\boldsymbol{\Sigma}|^{-1/2} \cdot \binom{N}{n}^{-1} \\ & \sum_{j=1}^{\binom{N}{n}} \exp\left(-\frac{1}{2}\left(\boldsymbol{z} - E_1^j(\boldsymbol{Z})\right)^T \cdot \boldsymbol{\Sigma}^{-1} \cdot \left(\boldsymbol{z} - E_1^j(\boldsymbol{Z})\right)\right) \end{aligned} \tag{3.55}$$

となる．この表現の下で期待値 $\boldsymbol{Z}$ は，

$$E_1^j(\boldsymbol{Z})^T = (\xi_1 - \mu_1, \ldots, \xi_N - \mu_N, \ldots, \mu_{1_j}, \ldots, \mu_{n_j}), \quad j = 1 \ldots \binom{N}{n} \tag{3.56}$$

である．ここで $(1_j, \ldots, n_j)$ は N データの n 個の j 番目のサンプルである．全部で $\binom{N}{n}$ 通りである．

前節で，対立仮説下でのランダム・ベクトル $\boldsymbol{Z}$ の密度関数がむしろ厄介物 (messy) として我々は直面することになる．それにもかかわらず，与えられたいかなる違法放出戦略 $(\xi_1, \ldots, \xi_N)$ に対する最適検定手順と最適偽造戦略 $(\mu_1^*, \ldots, \mu_N^*)$ の両者を決めることが出来る．我々はその結果を定理として提供しよう（この時点で，証明が容易であるとの理由から）．

定理 3.4 上記で定義された仮説検定が与えられたとして，$\Delta_\alpha = \{\delta_\alpha\}$ を誤警報確率 α の固定値を有する (3.49) 式で定義されるランダム・ベクトル $\boldsymbol{Z}$ を伴う全検定手順の組（集合）として，$\{\boldsymbol{\mu}\} = \{\mu_1, \ldots, \mu_N \,|\, 0 \le \mu_i \le \xi_i,\ i = 1 \ldots N\}$ を偽造戦略の組（集合）としよう．$(\Delta_\alpha, \boldsymbol{\mu})$– 空間での未探知確率の鞍点 $\beta(\delta_\alpha, \boldsymbol{\mu})$ は，以下の棄却域

$$\left\{(Y_1, \ldots, Y_n) \,\middle|\, \sum_{j=1}^{\binom{N}{n}} \exp\left(\frac{1}{\sigma_Y^2} \cdot \sum_{i=1}^{n} (\xi_{i_j} Y_i - \xi_{i_j}^2/2)\right) > \lambda_\alpha\right\} \tag{3.57}$$

と以下の偽造戦略によって特徴付けられた検定手順 δ_α^* によって与えられる．

$$\boldsymbol{\mu}^{*T} = (\mu_1^*, \ldots, \mu_N^*) = (\xi_1, \ldots, \xi_N). \tag{3.58}$$

証明：我々は以下の鞍点基準，

$$\beta(\delta_\alpha^*, \boldsymbol{\mu}) \le \beta(\delta_\alpha^*, \boldsymbol{\mu}^*) \le \beta(\delta_\alpha, \boldsymbol{\mu}^*) \quad \text{for all } \delta_\alpha \in \Delta_\alpha,\ \boldsymbol{\mu} \in \{\boldsymbol{\mu}\}$$

が満足することを証明しなければならない．左辺の不等式から始めよう．(3.57) 式に従い，我々の要求する解，鞍点検定手順は査察員の測定 Y_i にのみ依存し，報告データ X_i に依存しない．従って未探知確率 $\beta(\delta_\alpha^*, \boldsymbol{\mu})$ は報告データ中の偽造 $\boldsymbol{\mu}$ に依存せず，全 $\boldsymbol{\mu} \in \{\boldsymbol{\mu}\}$ に対して等しい．さあ，ここで右辺について考察しよう．如何なる $\boldsymbol{\mu}$ に対して，とりわけ (3.58) 式によって与えられる $\boldsymbol{\mu}^*$ に対して，未探知確率を最小化する検定手順は，ネイマン・ピアソン補助定理によって，その棄却域は，

$$\left\{\boldsymbol{z} \,\middle|\, \frac{f_1(\boldsymbol{z})}{f_0(\boldsymbol{z})} > \lambda_\alpha\right\} \tag{3.59}$$

その 2 つの確率密度関数は (3.54) 式と (3.55) 式によって与えられ，(3.56) 式から，

$$E_1^j(\boldsymbol{Z})^T = (0, \ldots, 0, \xi_{1_j}, \ldots, \xi_{n_j}), \quad j = 1 \ldots \binom{N}{n}$$

である．(3.59) 式の比と対数を取り，その棄却域は，

$$\left\{\boldsymbol{Z} \,\middle|\, \sum_{j=1}^{\binom{N}{n}} \exp\left(E_1^j(\boldsymbol{Z})^T \cdot \boldsymbol{\Sigma}^{-1} \cdot \boldsymbol{Z} - \frac{1}{2} E_1^j(\boldsymbol{Z})^T \cdot \boldsymbol{\Sigma}^{-1} \cdot E_1^j(\boldsymbol{Z})\right) > \lambda'_\alpha\right\} \tag{3.60}$$

となる．$\boldsymbol{\Sigma}^{-1}$ に対する (3.53) 式の表現を用いて，我々は，

$$E_1^j(\boldsymbol{Z})^T \cdot \boldsymbol{\Sigma}^{-1} \cdot \boldsymbol{Z} = \frac{1}{\sigma_Y^2} \sum_{i=1}^{n} \xi_{i_j} Y_i,$$

$$E_1^j(\boldsymbol{Z})^T \cdot \boldsymbol{\Sigma}^{-1} \cdot E_1^j(\boldsymbol{Z}) = \frac{1}{\sigma_Y^2} \sum_{i=1}^{n} \xi_{i_j}^2$$

を得る．(3.60) 式に代入して，(3.57) 式の棄却域が得られる．右辺の不等号もまた満足されて，この定理は証明された．□

この定理を証明するために，実際の解が推定されなければならない．一般的な偽造戦略に対するネイマン・ピアソン検定の確率密度を決定する力ずくの方法 (brute force method) およびそれに対応する戦略に伴う探知確率の最小化は，完全に不可能である．鞍点概念は極めて強力だ．

数学的観点から，(3.49) 式によって与えられる $\boldsymbol{Z}$ に比べてランダム・ベクトル $\tilde{\boldsymbol{Z}} = (X_1, \ldots, X_N, Y_1, \ldots, Y_n)$ を使用することも可能である，それは同一の情報を含むことに因る．これを $\boldsymbol{Z}$ から $\tilde{\boldsymbol{Z}}$ への置換を公式的に示すことが可能である；$\tilde{\boldsymbol{Z}}$ が対角共分散行列を有することからその定理の証明は容易である．しかしながら，被査察者の報告データを検証するためだけの測定を用いるオリジナル・アイデアに反映させるものとしてここで選択された展開が好まれる．

査察員の最適検定手順 (3.57) 式は，偽造 μ_i を超過放出 ξ_i で置換することで，前節で詳細 (at length)[*22]に考察した (3.33) 式の形態と同一であることを明記しておく，この検定は複雑に見えるが，しかし実用的な手順はその最適化に対して存在している．

(3.57) 式において，被査察者の報告放出データの全てを無視するのが査察員にとって最適であると定理 3.5 は言う．もしも被査察者が違反しようと決心したとするならば (bent on violation)，彼はデータを最大量 (3.58) 式によって最適な偽造を行うであろうことがその理由である．

これに関連するさらに 2 つの所見を述べる：第 1 番目は報告されしかし疑いをかけるデータを使用して筋を通す中に検証問題が存在している．我々は第 8 章の物質会計 (material accountancy) の検証の中でこれと出くわすことになろう．第 2 番目はここで考察した応用さえも，被査察者のデータを考慮することには大いに有効な理由が在るようだ．しかしながら定理 3.5 の反駁を避けるため，それらの理由は理論モデルの中に包含されている．超過放出の探知確率が適切な最適化基準では無いことを，これが基本的な意味である．

[*22] 訳註：　at length：1. ついに，ようやく，やっと，2. ながったらしく，3. 十分に，詳細に．

第 4 章

層別計量抜取

It's déjà vu all over again!
：これはまるでデジャヴの繰り返しだ

— Yogi Berra[*1]

抜取の第 3 番目の章として始める計量抜取の考察は，報告データの幾つかのクラス (classes) の取扱いについて提供されたものの 1 つを一般化することにある．間違った結論 (wrong conclusion) を導く随伴確率を伴う定量的測定データ——査察員と被査察者の両者ともに定量的データ——の統計検定を基礎とした検証モデルの継続使用とその拡張を行う：誤警報確率は有限 (finite) である．本章の主要な結論：定理 4.2 は定理 2.1 の類比 (analog of Theorem 2.1) 計量抜取である．

以下に示す結果は，核燃料製造および再処理施設の在庫検証 (inventory verification) の解析との関連で主に得られた，そこで検証される物質は極端に危険かつ有価なものであり，物理的および化学的形態が多様な物として存在している．検証を行う前に，施設のオペレーターによって列挙された物質は接近の容易さ，純度の程度，含有量の類似さ，使用可能な測定手法の種類などの特徴に従い層別化 (is stratified) または区分化 (is classified) が行われる．

層別 (stratification) は，核の保障措置に対するだけではなく，有効な抜取計画を確

[*1] 訳註：　ヨギ・ベラ：本名は Lawrence Peter，アメリカ・メジャーリーグ・ベースボールで活躍した捕手である．のちに監督．独特の発言は「ヨギイズム」と呼ばれた (1925-).
déjà vu：既に見たもの，珍しくもないもの． "Baseball is 90 % mental, the other half is physical."；"Slump? I ain't in no slump! I just ain't hitting."；"I didn't say everything I said."；"This is the earlist I've ever been late."；"Nobody goes there no more, it's too crowded." ...

立させるための重要な必須要件 (prerequisite) である．例えば Welsch (1992) は以下の通り述べている；動力プラントから空気中への汚染物質放出監視の場合，7つの異なる構成要素 (constituents)——それぞれがそれ自身の測定手法に必要である——を考慮しなければならなかった．

本章では——1つの特定例を念頭に入れた記述をしてはならないと感じている——層別計量抜取理論の広範な適用を行う，と宣言する (manifest)．物質会計 (material accountancy) という特定文脈中の層別抜取計画の役割は，第8章で幾分か詳細に取り扱われる．

4.1 *D*– 統計量の正当化

第3章の報告データ単一クラスに対し単純な形態で導入した *D*– 検定が主要考察に再び登場する．まず最初に幾つかのクラスに対してヒューリスティック（発見的）に *D*– 検定を提供し，その後に公式的正当化の理由を与える．

先に進む前に幾つかの新しい定義を行わなければならない．オン・サイトの査察チームによって検証される報告在庫データは K クラスまたは K ストラータと仮定しよう．その i 番目クラスに，N_i アイテムまたはバッチの物質を含むとする，その j 番目アイテムまたはバッチ，$j = 1 \dots N_i$，が被査察者によって量 X_{ij} として報告される．この報告値は物理的測定 (physical measurement) の結果——被査察者自身による測定またはその物質の供給者による測定のいずれか——としてのみ在り得る．従って X_{ij} はランダム変数である．以下に示すそれ自身の要素へと，その変数を分割しよう (We dissect it into its constituents as follows)：[*2]

$$X_{ij} = \nu_{ij} + E_{Bij} + F_{Bi}, \quad i = 1 \dots K,\ j = 1 \dots N_i \tag{4.1}$$

量 ν_{ij} は i 番目クラスの j 番目バッチの含有量真値または期待値，E_{Bij} は測定**ランダム誤差** (random error) で，各々のバッチに対する差である，[*3] さらに F_{Bi} は i 番目クラスの全てのバッチに共通する測定**系統誤差** (systematic error) または**校正誤差** (calibration error) である．

[*2] 訳註： dissect：1. 切り裂く，解剖する，2. 分析する，細かく調べる．
constituent：1. 選挙人，2. 成分，要素，3. 代理権授与者，4. 構成要素．

[*3] 通常，単一物質含有量の決定は幾つかの独立測定から成る．例えば体積，濃度および同位体組成である．これらが集積され物質のバッチまたはアイテムの物質含有量の単一値と成ると想定されるであろう．下付き文字 B は施設オペレーター (= *Betreiber*) のドイツ語より活字を組んだ．査察員 (inspector) から被査察者 (inspectee: operator) を区分する文字 O に比べ，それの困惑はより少ないであろう．

系統誤差，バイアス（偏り：biases）および傾向（トレンド：trends）などの終わりのない困惑の源でかつ実際家間の論争の的である哲学（または神話学：mythology）論争に引きこまれずに，直ちに言おう，**抽象的に** (*in abstracto*)[*4]系統誤差を定義することは誰も出来ないけれども，明確に特定化した統計学モデルの枠組みの範囲内でのみ定義できる，と．それら系統誤差とランダム誤差間の価値のある (counts) 差異は，それら伝播モデルに在る処置の中で説明する．

良好な近似として全ての誤差（ランダムと系統）は期待値ゼロ，既知分散の正規分布をするとして用いる．異なるクラスの誤差は無相関と仮定する．従って $i, i' = 1\ldots K,\ j = 1\ldots N_i$ に対して，

$$
\begin{aligned}
E(E_{Bij}) &= E(F_{Bi}) = 0 \\
\mathrm{var}(E_{Bij}) &= \sigma^2_{Br_i} \\
\mathrm{cov}(E_{Bij}, E_{Bi'j'}) &= 0, \quad (i, j) \neq (i', j') \\
\mathrm{var}(F_{Bi}) &= \sigma^2_{Bs_i} \\
\mathrm{cov}(F_{Bi}, F_{Bi'}) &= 0, \quad i \neq i' \\
\mathrm{cov}(E_{Bij}, F_{Bi'}) &= 0
\end{aligned}
\tag{4.2}
$$

である．

施設者の報告在庫データの検証に対するルーチン査察中[*5]，査察員は i 番目クラス内の N_i 個の報告データの中から独立に n_i 個のランダム抜取試料を再測定する，それはランダム変数 Y_{ij} によって特徴付けられた j 番目の測定値を得ることである．被査察者が正直に彼のデータを報告したとする仮説 H_0 下において，これは (4.1) 式中の ν_{ij} が ij 番目アイテムの含有量が実際に真であることを意味する，その最初の n_i データが検証されるようにデータを再整理して，以下の通り記述する，

$$
Y_{ij} = \nu_{ij} + E_{Iij} + F_{Ii}, \quad i = 1\ldots K,\ j = 1\ldots n_i \tag{4.3}
$$

[*4] 訳註：　abstract：1. 抽象的な考え方，2. 理論的な，空想的な，3.（抽象的で）深遠な，4.（美術）抽象派の．

in abstracto：抽象的には，*in concreto*：具体的には，*ad hoc*：当面の，その場しのぎ，*de facto*：事実上の，*vice versa*：逆も真なり．

[*5] 訳註：　ルーチン査察（通常査察）：INFCIRC/153 の 72 項は，IAEA は以下の目的のために施設または施設外の場所で通常査察を行うことができると規定している．

(a) 報告が記録に合致していることを検証すること．

(b) その協定に基づく保障措置の対象となるすべての核物質の所在箇所，同一性，量および組成を検証すること．

(c) 不明物質量 (MUF) および受払間差異 (SRD) の発生原因と考えれれるもの並びに帳簿在庫の不確かさの発生原因と考えられる情報を検証すること．（IAEA 保障措置用語集 2001 年版　対訳. IAEA/NVS/3, 2002. より）

ここでも同様に，$i, i' = 1 \dots K,\ j = 1 \dots n_i$ に対して，

$$
\begin{aligned}
E(E_{I\,i\,j}) &= E(F_{I\,i}) = 0 \\
\mathrm{var}(E_{I\,i\,j}) &= \sigma^2_{I\,r_i} \\
\mathrm{cov}(E_{I\,i\,j}, E_{I\,i'\,j'}) &= 0, \quad (i, j) \neq (i', j') \\
\mathrm{var}(F_{I\,i}) &= \sigma^2_{I\,s_i} \\
\mathrm{cov}(F_{I\,i}, F_{I\,i'}) &= 0, \quad i \neq i' \\
\mathrm{cov}(E_{I\,i\,j}, F_{I\,i'}) &= 0
\end{aligned}
\tag{4.4}
$$

である．

被査察者の報告データが許容出来るものであるとの査察員の意志決定を行うためには，査察員が独立に有するデータの部分集合 (subset) を基礎とすることが必要である．さらに報告データと検証データ間の**差異**だけが意思決定に影響を与えることが出来る．存在（在庫）が報告された物質総量は，後の章で主題となる物質収支 (material balance) の文脈中のみで当てはまる．従ってオペレータ・査察員間差異についての制限された考察を行うことが出来る，

$$
Z_{i\,j} := X_{i\,j} - Y_{i\,j}, \quad i = 1 \dots K,\ j = 1 \dots n_i. \tag{4.5}
$$

仮説 H_0 下において $Z_{i\,j}$ は下記の期待値を有し，

$$
E(Z_{i\,j}) = 0, \quad i = 1 \dots K,\ j = 1 \dots n_i, \tag{4.6}
$$

結合ランダム分散と結合系統分散に対する記号を定義して，

$$
\sigma^2_{r_i} := \sigma^2_{B\,r_i} + \sigma^2_{I\,r_i}, \quad \sigma^2_{s_i} := \sigma^2_{B\,s_i} + \sigma^2_{I\,s_i}, \tag{4.7}
$$

それは分散，

$$
\mathrm{var}(Z_{i\,j}) = \sigma^2_{r_i} + \sigma^2_{s_i} \tag{4.8}
$$

と共分散を有する，

$$
\begin{aligned}
\mathrm{cov}(Z_{i\,j}, Z_{i'\,j'}) &= 0, \quad i \neq i' \\
\mathrm{cov}(Z_{i\,j}, Z_{i\,j'}) &= \sigma^2_{s_i}, \quad j \neq j'.
\end{aligned}
\tag{4.9}
$$

第2章で取り扱った計数抜取の場合のように，i 番目クラスの単一測定に対する検証労力を ϵ_i としよう，それで

$$
\sum_{i=1}^{K} \epsilon_i\, n_i = \epsilon \tag{4.10}
$$

である．ここで ϵ は査察員が費やす労力総量である．ϵ_i は例えば時間に合わせてまたは金銭単位で測定される．

2 つの基本的な質問が直ちに持ち上がる：

(i) 被査察者の報告データは適切である (in order) との仮説 H_0 を棄却するか否かを査察員が決めるための最良検定手順とは何か?

(ii) データの K クラスに亘り利用可能な査察労力 (available inspection effort) の最適配分とは何か?

4.1.1 ヒューリスティック検定統計量……[*6]

これらの質問に答えるために，H_0 に対する対立仮説 H_1 を詳細に述べよう．H_1 下で，i 番目クラス内特定量 μ_i によって偽造されたと想定する，その偽造総量は μ である，このことは

$$\sum_{i=1}^{K} \mu_i r_i = \mu \tag{4.11}$$

を意味する．ここで D– **統計量**を以下の通り定義する：

$$D := \sum_{i=1}^{K} \frac{N_i}{n_i} \cdot \sum_{j=1}^{n_i} Z_{i\,j}. \tag{4.12}$$

この検定統計量は K.B. Stewart (1971) による核物質管理 (nuclear material control) の文脈で初めて導入され，かつヒューリスティックな論拠として正当化された．それはむしろ直観的 (intuitive) である，i 番目クラス内で観察された全ての差異の総和 $\sum_{j=1}^{n_i} Z_{i\,j}$ を $\frac{N_i}{n_i}$ 倍で全体のクラスに外挿し，かつ K クラスに亘って加算するというように．対立仮説下での，その期待値は，

$$\begin{aligned} E_1(D) &= \sum_{i=1}^{K} \frac{N_i}{n_i} \cdot \sum_{j=1}^{n_i} E_1(Z_{i\,j}) = \sum_{i=1}^{K} \frac{N_i}{n_i} \cdot \sum_{j=1}^{n_i} \frac{r_i}{N_i} \mu_i \\ &= \sum_{i=1}^{K} \frac{N_i}{n_i} n_i \frac{r_i}{N_i} \mu_i = \mu \end{aligned}$$

である．最後の等号は (4.11) 式に従う，従ってそれは総偽造の**不偏推定値** (unbiased estimate) である．第 3 章の中で，単一クラスのデータに対する D– 統計量の特別形

[*6] 訳註：　heuristic：発見的方法，アルゴリズムによらない問題解決の方法．

を (3.35) 式として既に見ている．(その脱落因子 N/n は単一クラスに対して無関係である．)

帰無仮説下で，D の分散は，

$$\sigma^2_{D_0} = \mathrm{var}_0(D) = \sum_{i=1}^{K} \left(\frac{N_i}{n_i}\right) \cdot \mathrm{var}\left(\sum_{j=1}^{n_i} Z_{i\,j}\right)$$

となる．一般的に和 $\sum_{j=1}^{n_i} Z_{i\,j}$ の分散は，

$$\mathrm{var}\left(\sum_{j=1}^{n_i} Z_{i\,j}\right) = \sum_{i=1}^{n_i} \mathrm{var}(Z_{i\,j}) + 2 \cdot \sum_{j>j'}^{n_i} \mathrm{cov}(Z_{i\,j}, Z_{i\,j'}) \tag{4.13}$$

であり，(4.8) 式と (4.9) 式により，以下の式を得る，

$$\mathrm{var}\left(\sum_{j=1}^{n_i} Z_{i\,j}\right) = n_i\left(\sigma^2_{r_i} + \sigma^2_{s_i}\right) + 2\,\frac{(n_i-1)n_i}{2} \cdot \sigma^2_{s_i} = n_i\left(\sigma^2_{r_i} + n_i\,\sigma^2_{s_i}\right).$$

従って，最終的に下式を得る

$$\sigma^2_{D_0} = \mathrm{var}_0(D) = \sum_{i=1}^{n_i} \frac{N_i^2}{n_i} \cdot \left(\sigma^2_{r_i} + n_i\,\sigma^2_{s_i}\right). \tag{4.14}$$

帰無仮説 H_0 下での期待値と分散の両方を決めるために，そのヒューリスティク検定は完全に特定される，何故なら正規分布のランダム変数の線形結合である H_0 下での検定統計量 D は，(4.14) 式によって正確に与えられる既知の分散を伴う正規分布をしているからである．さらに H_1 下で，この検定統計量 D は正規分布しない．

総偽造の全ての値に対する D– 統計量の最適性を実証することが出来なかったことを第 3 章で見た．このことは幾つかのストラータに対しても，まさにその通りとなる．

しかしながら，全ての報告データがクラス特定量 μ_i によって偽造される特別な場合において（これは総偽造量 μ に対し (4.11) 式で $r_i = N_i$ であることを意味する)，これは，

$$\sum_{i=1}^{K} \mu_i N_i = \mu \tag{4.15}$$

である．前文節の質問 (i) に答える，D– 統計量が最適であることを示すことが出来るだけでなく，質問 (ii) もまたその過程の中で答えることが出来る．*7

*7 この特殊モデルのもっともらしい解釈の 1 つは，違法行為において被査察者が K クラスの物質含有

4.1.2 ……およびその誘導

2つ目の段階にて進もう．最初に，ランダム変数 Z_{ij}, $i = 1 \dots K$, $j = 1 \dots n$ に関連する仮説 H_0 と仮説 H_1 の最良検定は，一定の標本 $\boldsymbol{n}^T = (n_1, \dots, n_K)$ と偽造ベクトル $\boldsymbol{\mu}^T = (\mu_1, \dots, \mu_K)$ で決定される．従って未探知確率の鞍点は (4.10) 式と (4.15) 式を境界条件とした $(\boldsymbol{n}, \boldsymbol{\mu})$– 空間内で見出される．

1クラスのみ考慮するから，その瞬間にクラスのインデックス i を省き，ランダム・ベクトル $\boldsymbol{Z}_i^T =: \boldsymbol{Z}^T = (Z_1, \dots, Z_n)$ は（この性質は第3章で導入している），以下の期待ベクトル，

$$E(\boldsymbol{Z}^T) = E(Z_1, \dots, Z_n) = \begin{cases} \boldsymbol{0}^T = (0, \dots, 0) & \text{for } H_0 \\ \boldsymbol{\mu}^T = (\mu, \dots, \mu) & \text{for } H_1 \end{cases} \tag{4.16}$$

と共分散行列，(4.8) 式と (4.9) 式から，

$$\boldsymbol{\Sigma} = \begin{pmatrix} \sigma_r^2 + \sigma_s^2 & \sigma_s^2 & \cdots & \sigma_s^2 \\ \sigma_s^2 & \sigma_r^2 + \sigma_s^2 & \cdots & \sigma_s^2 \\ \vdots & \vdots & \ddots & \vdots \\ \sigma_s^2 & \sigma_s^2 & \cdots & \sigma_r^2 + \sigma_s^2 \end{pmatrix}$$

および逆共分散行列（p. 68 を参照せよ），

$$\boldsymbol{\Sigma}^{-1} = \frac{1}{\sigma_r^4 + n\sigma_r^2\sigma_s^2} \cdot \begin{pmatrix} \sigma_r^2 + (n-1)\sigma_s^2 & -\sigma_s^2 & \cdots & -\sigma_s^2 \\ -\sigma_s^2 & \sigma_r^2 + (n-1)\sigma_s^2 & \cdots & -\sigma_s^2 \\ \vdots & \vdots & \ddots & \vdots \\ -\sigma_s^2 & -\sigma_s^2 & \cdots & \sigma_r^2 + (n-1)\sigma_s^2 \end{pmatrix} \tag{4.17}$$

を伴う**多変量正規分布** (multivariate normally distributed) である．ネイマン・ピアソン補助定理に従って（第3章で導入した），この最良検定の棄却域は，

$$\left\{ \boldsymbol{z} \,\middle|\, \frac{f_1(\boldsymbol{z})}{f_0(\boldsymbol{z})} > \lambda \right\} \tag{4.18}$$

である．ここで $f_1(\boldsymbol{z})$ と $f_0(\boldsymbol{z})$ は H_0 と H_1 下でのランダム・ベクトル $\boldsymbol{Z}$ の確率密度

量を決定するために使用する測定器の校正を変え，計画的なクラス特定バイアスを報告データの全てに入り込ませるというものである．

関数であり，各々が下記の式で与えられる．

$$f_0(\boldsymbol{z}) = (2\pi)^{-n/2} \cdot |\boldsymbol{\Sigma}|^{-1/2} \cdot \exp\left(-\frac{1}{2}\boldsymbol{z}^T \cdot \boldsymbol{\Sigma}^{-1} \cdot \boldsymbol{z}\right) \quad \text{and}$$
$$f_1(\boldsymbol{z}) = (2\pi)^{-n/2} \cdot |\boldsymbol{\Sigma}|^{-1/2} \cdot \exp\left(-\frac{1}{2}(\boldsymbol{z}-\boldsymbol{\mu})^T \cdot \boldsymbol{\Sigma}^{-1} \cdot (\boldsymbol{z}-\boldsymbol{\mu})\right). \tag{4.19}$$

(4.18) 式の比を作り，対数を取って，ネイマン・ピアソン検定に対する等価棄却域を得る，

$$\left\{\boldsymbol{z} \,\middle|\, \boldsymbol{z}^T \cdot \boldsymbol{\Sigma}^{-1} \cdot \boldsymbol{\mu} > \lambda'\right\} \tag{4.20}$$

(4.20) 式から逆行列 (4.17) 式を用いて，その検定統計量は，

$$\boldsymbol{Z}^T \cdot \boldsymbol{\Sigma}^{-1} \cdot \boldsymbol{\mu} = \frac{\mu}{\sigma_r^2 + n\,\sigma_s^2} \cdot \sum_{j=1}^{n} Z_j \tag{4.21}$$

である．この検定統計量は正規分布しているランダム変数 Z_j の線形結合であり，従ってそれ自身が正規分布する．H_1 下で $E(\boldsymbol{Z}^T) = \boldsymbol{\mu}^T$ であるから，その期待値は，

$$E(\boldsymbol{Z}^T \cdot \boldsymbol{\Sigma}^{-1} \cdot \boldsymbol{\mu}) = \begin{cases} \mathbf{0} & \text{for } H_0 \\ \boldsymbol{\mu}^T \cdot \boldsymbol{\Sigma}^{-1} \cdot \boldsymbol{\mu} & \text{for } H_1 \end{cases} \tag{4.22}$$

であり，ここで (4.17) 式を再び用いて，

$$\boldsymbol{\mu}^T \cdot \boldsymbol{\Sigma}^{-1} \cdot \boldsymbol{\mu} = \frac{n\,\mu^2}{\sigma_r^2 + n\,\sigma_s^2} \tag{4.23}$$

である．H_1 下での検定統計量 (4.21) 式の分散は，実際，同一表現で与えられる，これは，

$$\mathrm{var}(\boldsymbol{Z}^T \cdot \boldsymbol{\Sigma}^{-1} \cdot \boldsymbol{\mu}) = \boldsymbol{\mu}^T \cdot \boldsymbol{\Sigma}^{-1} \cdot \boldsymbol{\mu} \tag{4.24}$$

であり，これは判り易さが劣るかもしれない．(4.24) 式は (4.13) 式の一般化する単純同一性から得られることが出来るだろう，さらにランダム・ベクトルの共分散行列が定義される（例えば Rohatgi (1976) を参照せよ)，すなわち

$$\mathrm{var}(\boldsymbol{a}^T \cdot \boldsymbol{X}) \equiv \boldsymbol{a}^T \cdot \boldsymbol{\Sigma} \cdot \boldsymbol{a} \tag{4.25}$$

である．ここで $\boldsymbol{a}$ は任意の一定ベクトル，共分散行列 $\boldsymbol{\Sigma}$ を伴う $\boldsymbol{X}$ はランダム・ベクトルである．行列代数の同一性の助けを借りて，この検定統計量 (4.21) 式を書き直し，

$$(\boldsymbol{a} \cdot \boldsymbol{b})^T \equiv \boldsymbol{b}^T \cdot \boldsymbol{a}^T$$

を

$$(\boldsymbol{\Sigma}^{-1} \cdot \boldsymbol{\mu})^T \cdot \boldsymbol{Z}$$

からと，(4.25) 式を用いて，

$$\mathrm{var}(\boldsymbol{Z}^T \cdot \boldsymbol{\Sigma}^{-1} \cdot \boldsymbol{\mu}) = \mathrm{var}(\,(\boldsymbol{\Sigma}^{-1} \cdot \boldsymbol{\mu})^T \cdot \boldsymbol{Z}) = (\boldsymbol{\Sigma}^{-1} \cdot \boldsymbol{\mu})^T \cdot \boldsymbol{\Sigma} \cdot \boldsymbol{\Sigma}^{-1} \cdot \boldsymbol{\mu}$$

である．上述の同一性を再び用い，$\boldsymbol{\Sigma}^{-1}$ が対称である事実を用いて，$(\boldsymbol{\Sigma}^{-1})^T = \boldsymbol{\Sigma}^{-1}$ であるから，(4.24) 式を得る．

$\phi(\cdot)$ を再び正規分布，および $U(\cdot)$ をその逆正規分布として表示することとしよう．3.2 節の (3.17) 式を導いたのと同じ論拠に従い，検定に伴う誤警報確率は以下の式で与えられる，

$$\alpha = 1 - \mathrm{Pr}_0(\,\boldsymbol{Z}^T \cdot \boldsymbol{\Sigma}^{-1} \cdot \boldsymbol{\mu} \le \lambda'\,) = 1 - \phi\left(\frac{\lambda'}{\sqrt{\boldsymbol{\mu}^T \cdot \boldsymbol{\Sigma}^{-1} \cdot \boldsymbol{\mu}}}\right) \tag{4.26}$$

さらにこの検定の未探知確率 β_{NP} は，

$$\beta_{NP} = \mathrm{Pr}_1(\,\boldsymbol{Z}^T \cdot \boldsymbol{\Sigma}^{-1} \cdot \boldsymbol{\mu} \le \lambda'\,) = \phi\left(\frac{\boldsymbol{\mu}^T \cdot \boldsymbol{\Sigma}^{-1} \cdot \boldsymbol{\mu} - \lambda'}{\sqrt{\boldsymbol{\mu}^T \cdot \boldsymbol{\Sigma}^{-1} \cdot \boldsymbol{\mu}}}\right). \tag{4.27}$$

(4.26) 式と (4.27) 式から λ' を消去して

$$1 - \beta_{NP} = \phi\left(\sqrt{\boldsymbol{\mu}^T \cdot \boldsymbol{\Sigma}^{-1} \cdot \boldsymbol{\mu}} - U(1-\alpha)\right)$$

または最後に，(4.23) 式を用いて，

$$1 - \beta_{NP} = \phi\left(\sqrt{\frac{n\,\mu^2}{\sigma_r^2 + n\sigma_s^2}} - U(1-\alpha)\right) \tag{4.28}$$

となる．

報告データの異なるクラスでの測定は無相関と推定されるので，K クラスへの一般化は自明（トリビアル）である．

下付き文字 i を再び導入し，査察員の検定統計量は，(4.21) 式より，

$$\sum_{i=1}^{K} \boldsymbol{Z}_i^T \cdot \boldsymbol{\Sigma}_i^{-1} \cdot \boldsymbol{\mu}_i = \sum_{i=1}^{K} \frac{\mu_i}{\sigma_{r_i}^2 + n_i\sigma_{s_i}^2} \cdot \sum_{j=1}^{n} Z_{ij} \tag{4.29}$$

となる．その期待値は，

$$E(\boldsymbol{Z}_i^T \cdot \boldsymbol{\Sigma}_i^{-1} \cdot \boldsymbol{\mu}_i) = \begin{cases} 0 & \text{for } H_0 \\ \displaystyle\sum_i \frac{n_i\,\mu_i^2}{\sigma_{r_i}^2 + n_i\,\sigma_{s_i}^2} & \text{for } H_1 \end{cases} \tag{4.30}$$

であり，分散は，

$$\mathrm{var}\left(\sum_i \boldsymbol{Z}_i^T \cdot \boldsymbol{\Sigma}_i^{-1} \cdot \boldsymbol{\mu}_i\right) = \sum_i \frac{n_i\,\mu_i^2}{\sigma_{r_i}^2 + n_i\,\sigma_{s_i}^2} \tag{4.31}$$

である．検定に対する未探知の随伴確率は，誤警報確率 α を与えて，

$$\beta_{NP} = \phi\left(U(1-\alpha) - \sqrt{\sum_i \frac{n_i\,\mu_i^2}{\sigma_{r_i}^2 + n_i\,\sigma_{s_i}^2}}\right) \tag{4.32}$$

である．

第 1 段階が完了した，これは最良検定に対し随伴する未探知確率の特性を明らかにしたことになる．さて今や，最適抜取または鞍点抜取および偽造戦略 $(\boldsymbol{n}^*, \boldsymbol{\mu}^*)$ を決定することにしよう．正規分布関数 $\phi(\cdot)$ は，その項に対して単調増加することから，未探知確率の鞍点は，下記関数としての $(\boldsymbol{n}, \boldsymbol{\mu})$– 空間内の同一場所で生じる，

$$g(\boldsymbol{n}, \boldsymbol{\mu}) = \sum_i \frac{n_i\,\mu_i^2}{\sigma_{r_i}^2 + n_i\,\sigma_{s_i}^2}. \tag{4.33}$$

固定した $\boldsymbol{n}$ に対し，(4.15) 式の制約下で (4.33) 式を最小化する値 $\tilde{\boldsymbol{\mu}}$ を決めることが出来る，それで未探知確率 (4.32) 式を最大化する値を，ラグランジュの未定乗数 (Lagrange multiplier) κ と随伴ラグランジュ関数の導入によって，

$$L(\boldsymbol{n}, \boldsymbol{\mu}) := g(\boldsymbol{n}, \boldsymbol{\mu}) - 2\kappa \sum_i N_i\,\mu_i.$$

この関数は下式を満足するように，μ_i によって最小化される，[*8]

$$\frac{\partial L}{\partial \mu_i} = 0 = \frac{2n_i\,\mu_i}{\sigma_{r_i}^2 + n_i\,\sigma_{s_i}^2} - 2\kappa N_i.$$

N_i 個を掛け，i を通じての加算が κ の表現を与える：

$$\kappa = \frac{\mu}{\displaystyle\sum_i \frac{N_i^2}{n_i} \cdot (\sigma_{r_i}^2 + n_i\,\sigma_{s_i}^2)}$$

これから，

$$\tilde{\mu}_i = \frac{\mu\,N_i(\sigma_{r_i}^2 + n_i\,\sigma_{s_i}^2)}{n_i \cdot \displaystyle\sum_j \frac{N_j^2}{n_j} \cdot (\sigma_{r_j}^2 + n_j\,\sigma_{s_j}^2)} \tag{4.34}$$

[*8] このラグランジュ法は，実用上の極点 (stationary point) を与えるのみである：p.32 を参照せよ．しかし，ここでは最小値を真に導くのを示すことが出来る．

および

$$g(\boldsymbol{n}, \tilde{\boldsymbol{\mu}}_i) = \frac{\mu^2}{\sum_j \frac{N_j^2}{n_j} \cdot (\sigma_{r_j}^2 + n_j \sigma_{s_j}^2)} \tag{4.35}$$

である．抜取計画 $\boldsymbol{n}$ によって保証される探知の最小確率は従って，(4.35) と (4.32) 式から，

$$1 - \tilde{\beta}_{NP} = \phi\left(\frac{\mu}{\sqrt{\sum_j \frac{N_j^2}{n_j} \cdot (\sigma_{r_j}^2 + n_j \sigma_{s_j}^2)}} - U(1-\alpha)\right)$$

となる．平方根下の表現は D– 統計量，(4.14) 式の分散そのものであり，μ は H_1 下での期待値である．従って，鞍点戦略 $(\boldsymbol{n}^*, \boldsymbol{\mu}^*)$ を完全に決定すること無しでも，査察員が最適として用いる検定統計量は D– 統計量であると既に言う事が出来た．これが p.77 の最初の質問に対する答えである．

残りの導出は今や明確になった，それでこれを素描し，読者へはいやになる更なる詳細化を残しておこう．次のステップは (4.10) 式を条件として $\boldsymbol{n}$ に関する (4.35) 式の最大化であり，これは，*9

$$(\boldsymbol{n}^*, \boldsymbol{\mu}^*) = \arg \max_{\{\boldsymbol{n} | \sum n_i \epsilon_i = \epsilon\}} \min_{\{\boldsymbol{\mu} | \sum N_i \mu_i = \mu\}} g(\boldsymbol{n}, \boldsymbol{\mu}).$$

である．最後に，最大 (max) と最小 (min) の順序が問題では無いことを実証しなければならない，そのために鞍点性を確かめる．これら全ては上述のラグランジュの公式 (Lagrange formalism) を用いて極めて簡単に完遂されている．簡略性を維持するために，全体の手順を以下のように要約しよう，

定理 4.1 査察員と被査察者の戦略組を X_ϵ と Y_μ とし，以下の式で定義しよう，

$$X_\epsilon = \{\boldsymbol{n}^T = (n_1, \ldots, n_K) \big| \sum_i \epsilon_i n_i = \epsilon\}$$

および

$$Y_\mu = \{\boldsymbol{\mu}^T = (\mu_1, \ldots, \mu_K) \big| \sum_i \mu_i N_i = \mu\}$$

*9 訳註： 偏角 (argument)：複素数 $z = x + iy$ に対して，直交座標 (x, y) の極座標表示を (r, θ) とすると，$z = r(\cos\theta + i \sin\theta)$ が成り立つ．θ を z の偏角といい，記号 $\arg z$ で表す．

ここで査察労力 ϵ, クラス別労力 ϵ_i, $i = 1 \ldots K$ および総偽造量 μ は両者ともに既知である．抜取数 n_i, $i = 1 \ldots K$ が連続変量であると見なすことが出来るとの仮説の下で，(4.32) 式によって与えられる未探知確率の (X_ϵ, Y_μ)– 空間の鞍点は，

$$
\begin{aligned}
n_i^* &= \frac{\epsilon}{\sum_j N_j \sigma_{r_j} \sqrt{\epsilon_j}} \cdot \frac{N_i \sigma_{r_i}}{\sqrt{\epsilon_i}} \\
\mu_i^* &= \frac{\mu}{\sigma_D^{*2}} \left(\frac{1}{\epsilon} \left[\sum_j N_j \sigma_{r_j} \sqrt{\epsilon_j} \right] \sigma_{r_i} \sqrt{\epsilon_i} + N_i \sigma_{s_i}^2 \right), \quad i = 1 \ldots K,
\end{aligned}
\tag{4.36}
$$

となる．ここで鞍点での D– 統計量の分散は下式によって与えられる．

$$
\sigma_D^{*2} = \frac{1}{\epsilon} \left(\sum_i N_j \sigma_{r_i} \sqrt{\epsilon_i} \right)^2 + \sum_i N_i^2 \sigma_{s_i}^2 . \tag{4.37}
$$

この鞍点または探知保証確率は，

$$
1 - \beta_{NP}^* = \phi \left(\frac{\mu}{\sigma_D^*} - U(1 - \alpha) \right) \tag{4.38}
$$

である．　□

> **用法** (Usage)：等量偽造 $r_1 = N_i$ 仮定 (assumption of uniform falsification) の正当性を確立させるため，p.78 の脚註例を参照せよ，これよりパラメータ N_i, σ_{r_i}, σ_{s_i} と ϵ_i, $i = 1 \ldots K$ および境界条件 μ, ϵ, α を決定する．(4.37) 式から D– 統計量の鞍点分散を計算し，その結果探知保証確率 (4.38) 式を計算する．これに対応する最適査察抜取数 n_i^*, $i = 1 \ldots K$ が最初の式 (4.36) で与えられている．

さらに一般的モデルへと進む前に幾つかの点について注記しておこう．本章の初めで，操作上の話として，ランダム誤差と系統誤差は伝播モデルの中でのみ異なると述べた．被査察者と査察員の結合測定誤差に依る検定統計量の分散を表す (4.31) 式を考察しよう．系統誤差分散 $\sigma_{s_i}^2$ はランダム誤差分散 $\sigma_{r_i}^2$ の n_i 倍寄与する．大きな抜取数に対して系統誤差のみを勘定すべし，このことは計測の実際家全てに良く知られている事実である．

査察員の最適抜取数 $\boldsymbol{n}^*$ は系統誤差にも，その総偽造量にも依存しない．コスト制約条件下で層別サンプル推定量分散を最小化させる，一般的サンプリング理論から得られる結果と，それらは事実，正確に同一である；これについては Cochran (1963) を

参照せよ.[*10]

もしも系統誤差が皆無ならば，その解はさらに単純となる．事実，最適化手順の助けを借りずに鞍点基準から直接定理 4.1 を証明出来る．ここでそのやり方を示す：

$i = 1 \ldots K$ に対し $\sigma_{r_i}^2 = \sigma_i^2$ を用い，査察員の利得は (4.33) 式に従い，等価なものとして，

$$g(\boldsymbol{n}, \boldsymbol{\mu}) = \sum_i \frac{n_i \mu_i^2}{\sigma_i^2}$$

である．ここで $\boldsymbol{n}$ と $\boldsymbol{\mu}$ は境界条件 (4.10) 式と (4.11) 式に従う．解 (4.36) 式が鞍点基準を満たすことを示したい，

$$g(\boldsymbol{n}, \boldsymbol{\mu}^*) \leq g(\boldsymbol{n}^*, \boldsymbol{\mu}^*) \leq g(\boldsymbol{n}^*, \boldsymbol{\mu}) \quad \text{for all } \boldsymbol{n},\ \boldsymbol{\mu}.$$

(4.36) 式の査察員の抜取数 $\boldsymbol{\mu}^*$ が選択されることは直ちに理解出来るので左辺の等号

[*10] 訳註：　最適割当：層別サンプリングにおいては，サンプリングを企画する人がそれぞれの層から抽出サンプルの大きさ n_i の値を決めることになる．各層のサンプルの大きさは，サンプルを抽出する費用を一定にして，$V(\bar{y}_{st})$ を最小にするか，あるいは $V(\bar{y}_{st})$ を一定にして費用を最小にするように考えて選ばれる．

$$費用 = C = c_0 + \sum c_i n_i$$

ここで c_0 は固定費用，1 単位当たりの費用 c_i は層によって違ってもかまわない．層別ランダムサンプリングにおいて，母集団平均の推定量 $\bar{y}_{st}$ の分散は n_i が $N_i\sigma_i/\sqrt{c_i}$ に比例するとき最小となる．

問題は $c_1 n_1 + c_2 n_2 + \cdots + c_K n_K = C - c_0$ の制限のもとで

$$V(\bar{y}_{st}) = \sum_{i=1}^{K} \frac{W_i^2 \sigma_i^2}{n_i} - \sum_{i=1}^{K} \frac{W_i^2 \sigma_i^2}{N_i}$$

を最小にすることである．ラグランジュの乗数法を用いて，n_i について微分することで次の方程式が得られる．

$$-\frac{W_i^2 \sigma_i^2}{n_i} + \lambda c_i = 0, \quad i = 1, 2 \ldots K,$$

すなわち

$$n_i \sqrt{\lambda} = \frac{W_i \sigma_i}{\sqrt{c_i}}$$

となる．全ての層にわたって和を取り，比をとると，

$$\frac{n_i}{n} = \frac{W_i \sigma_i / \sqrt{c_i}}{\sum (W_i \sigma_i / \sqrt{c_i})} = \frac{N_i \sigma_i / \sqrt{c_i}}{\sum (N_i \sigma_i / \sqrt{c_i})}$$

が得られる．この定理により次のような指針が得られる：

1. 層の大きさが大きい程
2. 層の内部の変動が大きい程
3. 層の中の 1 単位あたりのサンプリングの費用が安い程

その層（クラス）からとるサンプルの大きさを大きくする（W.G. Cochran, サンプリングの理論と方法 1, 東京図書，pp. 108-110 (1972) より）．

が与えられる，これは被査察者に差異を生じさせない．(4.11) 式と (4.36) 式を用いて，右辺基準は下式と等価である，

$$\left(\sum_i \mu_i N_i\right)^2 \le \left(\sum_i N_i \sigma_i \sqrt{\epsilon}\right)\left(\sum_i \frac{N_i}{\sqrt{\epsilon_i}} \cdot \frac{\mu_i^2}{\sigma_i}\right) \quad \text{for all } \mu.$$

この表現は変装した (in disguise) Cauchy-Schwarz の不等式に過ぎない：[*11]

$$\left(\sum_i a_i b_i\right)^2 \le \left(\sum_i a_i^2\right)\left(\sum_i b_i^2\right)$$

ここで a_i が $\sqrt{N_i \sigma_i \sqrt{\epsilon_i}}$ と同一とし，b_i を $\sqrt{N_i \mu_i^2/(\sigma_i \sqrt{\epsilon_i})}$ と同一とすることによって確認出来る．これら全ては，鞍点を見つけ出すのに比べ鞍点を確証するやり方が一層容易であることを再び実証したことになる．

もしも，系統誤差の消去と全てのクラス査察労力が等しいということを加えるなら，このことは，

$$\epsilon_i = \epsilon_1, \quad \sigma_{s_i}^2 = 0, \quad i = 1 \ldots K,$$

である，その解はさらに単純と成る．以下の定義にて，

$$\frac{\epsilon}{\epsilon_1} = \sum_i n_i =: n, \quad \sum_i N_i =: N, \quad \frac{\sum_i N_i \sigma_{r_i}}{\sum_i N_i} =: \sigma_r,$$

---

*11 訳註：　下記の不等式は n に関する数学的帰納法法で証明することが出来る．

$$\left(\sum_{i=1}^n x_i y_i\right)^2 \le \left(\sum_{i=1}^n x_i^2\right)\left(\sum_{i=1}^n y_i^2\right)$$

明らかに $n = 1$ の時に成立．$n = 2$ のときは，

$$(x_1^2 + x_2^2)(y_1^2 + y_2^2) - (x_1 y_1 + x_2 y_2)^2 = (x_1 y_2 - x_2 y_1)^2 \ge 0$$

より成り立つ．$n = m$ で成立すると仮定する．$n = m + 1$ のとき，

$$\begin{aligned}
\left(\sum_{i=1}^{m+1} x_i y_i\right)^2 &= \left(\sum_{i=1}^{m} x_i y_i + x_{m+1} y_{m+1}\right)^2 \\
&\le \left(\Big(\sum_{i=1}^{m} x_i^2\Big)^{\frac{1}{2}}\Big(\sum_{i=1}^{m} y_i^2\Big)^{\frac{1}{2}} + x_{m+1} y_{m+1}\right) \quad \text{（帰納法の仮定より）} \\
&\le \left(\sum_{i=1}^{m} x_i^2 + x_{m+1}^2\right)\left(\sum_{i=1}^{m} y_i^2 + y_{m+1}^2\right) \quad (n = 2 \text{ のときより}) \\
&= \left(\sum_{i=1}^{m+1} x_i^2\right)\left(\sum_{i=1}^{m+1} y_i^2\right)
\end{aligned}$$

となって成立する．

定理 4.1 より以下の式を得る，

$$\begin{aligned} n_i^* &= \frac{n}{N\sigma_r} \cdot N_i \sigma_{r_i}, \quad i = 1 \ldots K \\ \mu_i^* &= \frac{n}{N\sigma_r} \cdot \sigma_{r_i}, \quad i = 1 \ldots K \\ \mathrm{var}(D^*) &= \frac{N^2}{n} \cdot \sigma_r^2 \\ 1 - \beta_{NP}^* &= \phi\left(\frac{\sqrt{n}}{\sigma_r} \cdot \frac{\mu}{N} - U(1-\alpha)\right). \end{aligned} \tag{4.39}$$

この探知保証確率は，あたかも K クラスの全てが N 個のアイテムの単一クラスに集積したかのように計算される，それらの全てが等量 μ/N で偽造され，それらの n 個が検証される（$r = N$ に対する (3.40) 式を参照せよ）．第 2 章の定理 2.1 と定理 2.2 は同一事象と見て，これが最適抜取戦略の一般的様相であることを現に認識できる．

4.2 $D-$ 統計量，真または偽

報告データの単一クラス内の全てのアイテムに亘る等量偽造と称する (4.15) 式の，特別な層別抜取問題としての完全均衡解を前節で得た．この解は，第 1 原理から通常用いられる検定手順，$D-$ 統計量で判別することにより十分満足する．

被査察者の偽造戦略一般境界条件 (4.11) 式に戻ろう，この状況もまた御しやすい (tractable)，しかも幾つかの仮定を加えるだけである．前述のように査察員の戦略組（集合）は，

$$X_\epsilon := \left\{ \boldsymbol{n}^T = (n_1, \ldots, n_K) \,\middle|\, \sum_i \epsilon_i n_i = \epsilon \right\} \tag{4.40}$$

であるが，ここで被査察者の組（集合）は，

$$\begin{aligned} Y_\mu := \Big\{ & \boldsymbol{r}^T = (r_1, \ldots, r_K),\ \boldsymbol{\mu}^T = (\mu_1, \ldots, \mu_K) \\ & \Big|\ \sum_i \mu_i r_i = \mu,\ \mu_1 \le \mu_1^{max}, \ldots, \mu_K \le \mu_K^{max} \Big\} \end{aligned} \tag{4.41}$$

である．クラス特定特定偽造量 μ_i は戦略的変量であることから，それらをある方法で制限が必要なことを明記しておく．その量 μ_i^{max}, $i = 1 \ldots K$ は i 番目クラスの典型的大きさ (typical size) と解釈されるかもしれない．信用できる偽造は，これらの値を間違いなく超えることは無い．例えば，もし i 番目クラスの 1 アイテム含有量の半分を転用し，その報告を変えなかったとしたならば，彼は報告データを量 $\mu_i = \mu_i^{max}/2 < \mu_i^{max}$ によって偽造したことになる．

最適検定およびそれに伴う抜取戦略と偽造戦略を発見する（多分希望が望めない）タスクを試みるよりはむしろ，D– 統計量をもっぱら用いた第 3 章と同様，プラグマティックに遂行しよう．D– 統計量は対立仮説 H_1 下で複雑な分布関数であり，我々の問題は決して片付いてしまったわけではない．

これを例証するため，データの単一クラスにチョットの間 (for the moment) 集中することが最も容易である．クラス添字 i を再び抑制し，単一クラスに対する，

$$D = \frac{N}{n}\sum_{j=1}^{n} Z_j$$

を得る．帰無仮説下で D は正規分布する，その最初の積率 (moments) は，(4.6) 式と (4.14) 式に従い，単一クラスに対し，

$$E_0(D) = 0$$
$$\mathrm{var}_0(D) = \frac{N^2}{n}(\sigma_r^2 + n\,\sigma_s^2)$$

となる．対立仮説下で，そのクラス内の r 個のアイテムから各々 μ 量の偽造がなされた（実際には μ_i であるが，ここでは i が抑制されている)，それで (4.1) 式と (4.3) 式を用い，

$$D = \frac{N}{n}\left(\sum_{j=1}^{n}(E_{B_j} + F_{B_j} - E_{I_j} - F_{I_j}) + \mu X\right)$$

となる．ここで X は査察員の n 個の標本中の偽造されているアイテム数で特徴付けられた離散ランダム変数である．H_1 下での期待値は従って単純に，

$$E_1(D) = \frac{N}{n}\mu E(X)$$

であり，この分散は，

$$\mathrm{var}_1(D) = \mathrm{var}_0(D) + \frac{N^2}{n^2}\mu^2\,\mathrm{var}(X)$$

である．非復元抜取に対し，第 2 章で見たように，X は超幾何分布している：

$$\Pr(X = l) = \frac{\binom{r}{l}\binom{N-r}{n-l}}{\binom{N}{n}}. \tag{4.42}$$

この分布の最初の 2 つの積率は以下のように容易に示すことが出来る（Rohatgi (1976)）

$$E(X) = \frac{n}{N}\, r, \quad \mathrm{var}(X) = n \cdot \frac{r}{N} \cdot \frac{N-r}{N} \cdot \frac{N-n}{n-1}$$

それで H_1 下での D の期待値と分散は，

$$\begin{aligned} E_1(D) &= r\,\mu \\ \mathrm{var}_1(D) &= \mathrm{var}_0(D) + \mu^2\, r\, \frac{N}{n}\left(1 - \frac{r}{N}\right)\frac{N-n}{N-1} \end{aligned} \tag{4.43}$$

である．$\mathrm{var}_0(D)$ を置換して $\mathrm{var}_1(D)$ を得る，

$$\mathrm{var}_1(D) = \frac{N^2}{n}\,(\sigma_r^2 + n\,\sigma_s^2) + \mu^2\, r\, \frac{N}{n}\left(1 - \frac{r}{N}\right)\frac{N-n}{N-1}.$$

報告されたアイテム総数に比べて標本数が小さいものに対して，$N - n \approx N - 1$ である．この近似と若干の並び替えをして，

$$\mathrm{var}_1(D) = \frac{N^2}{n}\left(\sigma_r^2 + \mu^2\, \frac{r}{N}\left(1 - \frac{r}{N}\right)\right) + N^2\, \sigma_s^2 \tag{4.44}$$

を得る．

さて，H_1 下での D の確率分布とは何であるか? 定義により，

$$\begin{aligned} F_{D_1}(x) &= \mathrm{Pr}_1(D \le x) \\ &= \mathrm{Pr}\left(\frac{N}{n}\left(\sum_{j=1}^{n}\left(E_{B_j} + F_{B_j} - E_{I_j} - F_{I_j}\right) + \mu\, X\right) \le x\right) \end{aligned}$$

である．全確率の定理 (theorem of total probability) を用いて，

$$F_{D_1}(x) = \sum_{l} \mathrm{Pr}\left(\frac{N}{n}\left(\sum_{j=1}^{n}\left(E_{B_j} + F_{B_j} - E_{I_j} - F_{I_j}\right) + \mu\, l\right) \le x\right) \cdot \mathrm{Pr}(X = l)$$

または，

$$F_{D_1}(x) = \sum_{l} \mathrm{Pr}\left(\frac{N}{n}\sum_{j=1}^{n}\left(E_{B_j} + F_{B_j} - E_{I_j} - F_{I_j}\right) \le x - \frac{N}{n}\,\mu\, l\right) \cdot \mathrm{Pr}(X = l)$$

または，最終的に，

$$F_{D_1}(x) = \sum_{l} \phi\left(\frac{x - \frac{N}{n}\,\mu\, l}{\sigma_{D_0}}\right) \frac{\binom{r}{l}\binom{N-r}{n-l}}{\binom{N}{n}}$$

となる，これは明らかに正規分布では無い．

H_1 下で広範囲の n と r に対し，それでもやはり少なくとも D は近似的に正規分布していることを数値計算が示している（Avenhaus (1978)*12），そこでこのことが完全に当てはまるケースであるかのように想定して進めよう．

K クラスに戻り，(4.43) 式から，$E_1(D) = \sum r_i \mu_i = \mu$ であり，従って下記式と見なす，

$$D \approx \begin{cases} N\Big(0,\ \mathrm{var}_0(D)\Big) & \text{for } H_0 \\ N\Big(\mu,\ \mathrm{var}_1(D)\Big) & \text{for } H_1 \end{cases} \tag{4.45}$$

ここで，クラス添字 i を再導入し，

$$\mathrm{var}_0(D) = \sigma_{D_0}^2 = \sum_i \left(\frac{N_i^2}{n_i}\, \sigma_{r_i}^2 + N_i^2\, \sigma_{s_i}^2 \right) \tag{4.46}$$

および，(4.44) 式から，

$$\mathrm{var}_1(D) = \sigma_{D_1}^2 = \sum_i \left[\frac{N_i^2}{n_i} \left(\sigma_{r_i}^2 + \mu_i^2\, \frac{r_i}{N_i} \left(1 - \frac{r_i}{N_i} \right) \right) + N_i^2\, \sigma_{s_i}^2 \right] \tag{4.47}$$

と成る．ここからは良く知られている議論 (argument)*13に従い，望ましい誤警報確率 α に対する D– 統計量を用いた対立仮説の棄却域として λ を定義すると，

$$1 - \alpha = \Pr_0(D \le \lambda) = \phi\left(\frac{\lambda}{\sigma_{D_0}} \right)$$

である．未探知確率は以下の式で与えられる，

$$\beta_D = \Pr_1(D \le \lambda) = \phi\left(\frac{\lambda - \mu}{\sigma_{D_1}} \right)$$

または，λ を消去して，

$$\beta_D = \phi\left(\frac{\sigma_{D_0} \cdot U(1-\alpha) - \mu}{\sigma_{D_1}} \right) \tag{4.48}$$

となる．最後の 1 つの仮定：総偽造量は $\mu \gg U(1-\alpha)\,\sigma_{D_0}$ を満足するとした．典型的誤警報確率 $\alpha = 5\%$ に対し，$U(1-\alpha) = 1.64$ を得る，そのための効果的考察では検

*12 訳注：　D– 統計量の分布関数を実線で，その近似正規分布関数を破線で示した数値計算結果の図が pp. 59-67 に記載されている；物質会計：収支原理，検定理論，データ検認とその応用，今野廣一訳，丸善プラネット (2008).

*13 訳注：　argument：1. 論点，理由，2. 言い争い，口論，3. 偏角．

定統計量内の過誤に関連する偽造量の大きさが制限される．最適違法戦略はデータの最小数に集中させる偽造になるであろうと予想出来る．

この最後の制約に伴い，探知確率は（$\phi(-x) = 1 - \phi(x)$ を思い出して），

$$1 - \beta_D \approx \phi\left(\frac{\mu}{\sigma_{D_1}}\right) \tag{4.49}$$

であり，σ_{D_1} の単調減少関数となっている．分散 $\sigma^2_{D_1}$ は最適化基準として便宜的に用いられるかもしれない：査察員はこの分散の最小化を望む，被査察者は違法行為のケースにおいて，この分散の最大化を望む．彼らの望みはすぐさま保証されるであろう，しかしここでの最初は有益でチョット予審的 (preliminary)[*14]である，p.53 で用いたトリックに類似 (analogous) している．

$\sum_i^K b_i\, x_i = x$ の制約の下で 2 次形 $\sum_i^K a_i\, x_i^2$ を考えよう，ここで $a_i > 0, b_i > 0, x_i \geq 0, x > 0$ である．$x_i^*, i = 1 \ldots K$ を最小点と表示する．そこで，

$$\boldsymbol{A} := \sum_i \frac{b_i^2}{a_i}, \tag{4.50}$$

を用い，その解は，

$$x_i^* = \frac{x}{\boldsymbol{A}}\,\frac{b_i}{a_i}, \quad \sum_i a_i\, x_i^{*2} = \frac{x^2}{\boldsymbol{A}}, \tag{4.51}$$

となる．これを証明するために以下の式を考慮しよう，

$$\begin{aligned}\sum_i a_i\,(x_i - x_i^*)^2 &= \sum_i a_i\, x_i^2 - 2\sum_i a_i\, x_i \frac{b_i}{a_i}\,\frac{x}{\boldsymbol{A}} + \frac{x^2}{\boldsymbol{A}^2}\sum_i a_i\,\frac{b_i^2}{a_i^2}\\ &= \sum_i a_i\, x_i^2 - \frac{x^2}{\boldsymbol{A}}.\end{aligned}$$

従ってこの 2 次形は下式で記述でき，(4.51) 式に従う，

$$\sum_i a_i\, x_i^2 = \sum_i a_i\,(x_i - x_i^*)^2 + \frac{x^2}{\boldsymbol{A}}.$$

以下の定理は $\sigma^2_{D_1}$ の鞍点を決める．この証明，またもや直截的 (straightforward) であるが，若干回りくどい (lengthy)．全部を通し読みする前に，読者はこの定理声明をまず初めに吟味すること，その証明に沿った考察と例示の説明を好むに違いない．

[*14] 訳註： preliminary：1. 予備行為，2. 予備試験，3. 予審．

定理 4.2　各々 (4.40) 式と (4.41) 式で定義された査察員と被査察者の戦略組を X_ϵ と Y_μ としよう，ここで査察員労力 $\epsilon_i, i = 1 \ldots K$ および総偽造量 μ は両者共に既知である．標本数（サンプル・サイズ）n_i および $r_i, i = 1 \ldots K$ が連続変数とみなすことが出来，および下式が成立する仮説下において，

$$\begin{aligned} &\frac{1}{2}\sum_i \mu_i^{max} N_i - \mu \geq 0 \\ &\mu_i^{max} \geq \frac{2\sigma_{r_i}}{\sqrt{\kappa\,\epsilon_i}}, \quad (\kappa \text{ は以下の定義による}), \end{aligned} \tag{4.52}$$

(4.47) 式として与えられる H_1 下の D 分散の (X_ϵ, Y_μ)− 空間の鞍点 $(\boldsymbol{n}^*, \boldsymbol{r}^*, \boldsymbol{\mu}^*)$ は，

$$n_i^* = \frac{\epsilon}{\sum_k N_k \epsilon_k S_k} N_i S_i, \quad i = 1 \ldots K, \tag{4.53}$$

$$r_i^* = \frac{N_i}{2}\left(1 - \frac{2}{\mu_i^{max}} S_i\right), \quad i = 1 \ldots K, \tag{4.54}$$

$$\mu_i^* = \mu_i^{max}, \quad i = 1 \ldots K, \tag{4.55}$$

であり，分散値

$$\sigma_{D_1}^{2*} = \frac{\kappa}{\epsilon}\left(\sum_k N_k \epsilon_k S_k\right)^2 + \sum_k N_k^2 \sigma_{s_i}^2, \tag{4.56}$$

を有する．ここで S_i は下式により定義され

$$S_i^2 = \frac{\sigma_{r_i}^2 + (\mu_i^{max})^2/4}{1 + \kappa\,\epsilon_i}, \tag{4.57}$$

さらにここでパラメータ κ は下式により一意的に決定される，

$$\sum_k N_k S_k = \frac{1}{2}\sum_k \mu_k^{max} N_k - \mu. \tag{4.58}$$

用法 (Usage)：ここで確立させたパラメータは $N_i, \mu_i^{max}, \sigma_{r_i}, \sigma_{s_i}$ と $\epsilon_i, i = 1 \ldots K$ である．境界条件は再び μ, ϵ, α となる．(4.47) 式の S_i の定義を用い κ に対する (4.58) 式を数値計算することでこれを解く．ここで (4.52) 式の条件に合致していることの確認を行う．κ 値が丁度得られたから (4.57) 式の S_i を再び用い，最適査察戦略を (4.53) 式より計算する．D− 統計量分散の対応鞍点は (4.56) 式で決定される，この値を (4.48) 式に代入して近似未探知保証確率を得ることが出来る．

証明：系統誤差分散 $\sigma^2_{s_i}$ を伴う (4.47) 式の $\sigma^2_{D_1}$ の部分は，戦略変数 n_i, r_i または μ に依存しない，そのためオペレータへの利得として考えるだけで十分である，

$$g(\boldsymbol{n}, \boldsymbol{r}, \boldsymbol{\mu}) := \sum_i \frac{N_i^2}{n_i} \left(\sigma_i^2 + \mu_i^2 \frac{r_i}{N_i} \left(1 - \frac{r_i}{N_i} \right) \right).$$

言い換えるなら，(4.52-4.55) 式が鞍点基準を満足することを証明することで十分である，

$$g(\boldsymbol{n}^*, \boldsymbol{r}, \boldsymbol{\mu}) \le g(\boldsymbol{n}^*, \boldsymbol{r}^*, \boldsymbol{\mu}^*) \le g(\boldsymbol{n}, \boldsymbol{r}^*, \boldsymbol{\mu}^*) \quad \text{for all } \boldsymbol{r}, \boldsymbol{\mu}, \boldsymbol{n}.$$

右辺の不等式から始めよう，(4.54) 式，(4.55) 式と (4.57) 式を適用し，

$$\begin{aligned} g(\boldsymbol{n}, \boldsymbol{r}^*, \boldsymbol{\mu}^*) &= \sum_i \frac{N_i^2}{n_i} \left[\sigma^2_{r_i} + \frac{(\mu_i^{max})^2}{4} \left(1 - \frac{4S_i^2}{(\mu_i^{max})^2} \right) \right] \\ &= \kappa \sum_i \frac{N_i^2}{n_i} S_i^2 \epsilon_i \end{aligned}$$

である．ラグランジュ関数

$$L(\boldsymbol{n}) = \kappa \sum_i \frac{N_i^2}{n_i} S_i^2 \epsilon_i + \lambda^2 \sum_i \epsilon_i n_i$$

を導入し，下式を満足する n_i に対して，最小となる

$$\frac{\partial L}{\partial n_i} = -\kappa \frac{N_i^2}{n_i} S_i^2 \epsilon_i + \lambda \epsilon_i = 0, \quad i = 1 \ldots K,$$

この後，(4.10) 式の助けで λ を消去して，(4.53) 式を得る．
次に左辺の不等式を考えよう．第 1 項 $g(\boldsymbol{n}^*, \boldsymbol{r}, \boldsymbol{\mu})$ は一定である，それで以下の式を決めるだけとなる，

$$\max_{\{\boldsymbol{r}, \boldsymbol{\mu} \mid \sum \mu_i r_i = \mu\}} \sum_i \frac{N_i^2}{n_i^*} \mu_i^2 \frac{r_i}{N_i} \left(1 - \frac{r_i}{N_i} \right). \tag{4.59}$$

(4.51) 式の使用を予期して，以下の変数を導入する，

$$x_i = \frac{r_i}{N_i} - \frac{1}{2}, \quad i = 1 \ldots K. \tag{4.60}$$

ここで，(4.59) 式は以下のように書ける，

$$\max_{\boldsymbol{x}, \boldsymbol{\mu}} \left[\frac{1}{4} \sum_i \frac{N_i^2}{n_i^*} \mu_i^2 - \sum_i \frac{N_i^2}{n_i^*} \mu_i^2 x_i^2 \right] \tag{4.61}$$

以下の式を条件として，

$$\sum_i N_i \mu_i x_i = \mu - \frac{1}{2} \sum_i N_i \mu_i =: \tilde{\mu}. \tag{4.62}$$

ここで固定値 $\boldsymbol{\mu}$ に対する (4.61) 式の最大化問題について検討しよう．$\boldsymbol{x}$ に関する最大値を得るためには，(4.62) 式を条件とした以下の項の最小化のみで良い，

$$\sum_i \frac{N_i}{n_i^*}\mu_i^2 x_i^2. \tag{4.63}$$

(4.51) 式がこれで適用出来る．

$$a_i = \frac{N_i^2}{n_i^*}\mu_i^2, \quad b_i = N_i\mu_i, \quad x = \tilde{\mu}, \quad A = \sum_i n_i^* =: n^* \tag{4.64}$$

を用いて，以下の式を得る，

$$x_i^* = \frac{\tilde{\mu}}{n^*}\frac{n_i^*}{N_i\mu_i}, \quad \sum_i \frac{N_i^2}{n_i^*}\mu_i^2 x_i^* = \frac{\tilde{\mu}^2}{n^*}.$$

これで最大が以下のところで生じ，

$$\tilde{r}_i = N_i\left(x_i^* + \frac{1}{2}\right) = \frac{N_i}{2} + \frac{1}{n^*}\left(\mu - \frac{1}{2}\sum_j N_j\mu_j\right)\frac{n_i^*}{\mu_i}, \quad i = 1\dots K, \tag{4.65}$$

以下の値を有する，

$$\frac{1}{4}\sum_i \frac{N_i^2}{n_i}\mu_i^2 - \frac{1}{n^*}\left(\mu - \frac{1}{2}\sum_i N_i\mu_i\right)^2. \tag{4.66}$$

最後に，以下の境界条件を仮定した $\boldsymbol{\mu}$ に関する (4.66) 式の最大値を我々は要求する，

$$0 \le \mu_i \le \mu_i^{max}, \quad i = 1\dots K, \tag{4.67}$$

それで，勿論

$$0 \le \tilde{r}_i \le N_i, \quad i = 1\dots K, \tag{4.68}$$

である．変数を導入し，

$$y_i = N_i\mu_i, \quad i = 1\dots K, \tag{4.69}$$

以下の問題を残して置く，

$$\max_y \left[\frac{1}{4}\sum_i \frac{y_i^2}{n_i^*} - \frac{1}{n^*}\left(\mu - \frac{1}{2}\sum_i y_i\right)^2\right] \tag{4.70}$$

(4.67) 式から，以下の条件にて，

$$0 \le y_i \le y_i^{max} = N_i\mu_i^{max}, \quad i = 1\dots K, \tag{4.71}$$

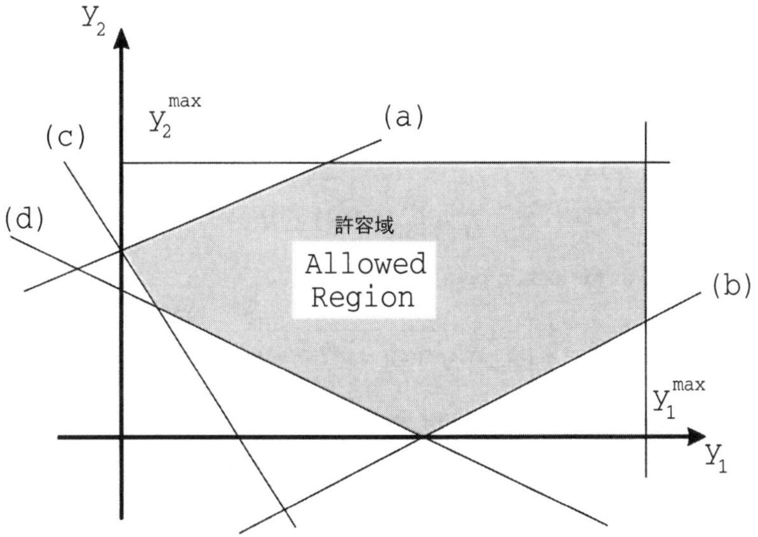

図 4.1　$K = 2$ に対する最適化問題 (4.70) 式の許容域．境界 (a) と (b) は (4.72) 式に対応し，(c) と (d) は (4.73) 式に対応している．

および，(4.65) 式と (4.68) 式から，

$$y_i \geq \frac{n_i^*}{n^*}\left(\sum_j y_j - 2\mu\right), \quad i = 1 \ldots K, \tag{4.72}$$

$$y_i \geq \frac{n_i^*}{n^*}\left(2\mu - \sum_j y_j\right), \quad i = 1 \ldots K. \tag{4.73}$$

固定値 $(y_1, \ldots, y_{i-1}, y_{i+1}, \ldots, y_K)$ に対し，微分によって容易に検証できるように，(4.70) 式の目的関数は以下の地点で大域的最小値 (global minimum) を持つ，

$$y_i = \frac{n_i^*}{n^* - n_i^*}\left(\sum_{j \neq i} y_j - 2\mu\right), \quad i = 1 \ldots K. \tag{4.74}$$

この最小値は境界条件 (4.72) 式と正確に一致している．$K = 2$ での状況を図 4.1 に例示する．

点 $(y_1^{max}, \ldots, y_K^{max})$ が (4.72) 式と (4.73) 式を満足することをここで示さねばならない．(4.72) 式に対応する下式を要求する，

$$y_i^{max} \geq \frac{n_i^*}{n^*}\left(\sum_j y_j^{max} - 2\mu\right), \quad i = 1 \ldots K, \tag{4.75}$$

または，(4.53) 式と (4.58) 式を伴い，

$$y_i^{max} \geq 2N_i S_i$$

を要求する．しかし (4.57) 式を用いて μ_i^{max} に対して解くと (5.52) 式の第 2 番目の不等式を再生産する．(4.52) 式の第 1 番目の不等式に基づいて，(4.75) 式の右辺は正であるから，(4.73) 式は $(y_1^{max}, \ldots, y_K^{max})$ で満足する．(4.70) 式の最大がこの地点で生じることはトリビアル（自明）である，(4.74) 式の最小面からポジティブ・センスで最も遠い地点 (the most distant point) である．

$$r_i^* = \frac{N_i}{2} + \frac{1}{n^*}\left(\mu - \frac{1}{2}\sum_i N_i \mu_i^{max}\right)\frac{n_i^*}{\mu_i} \tag{4.76}$$

が (4.54) 式と等価であることは容易に示される．最後に，証明の両部分として得た $\sigma_{D_1}^2$ の最小値と最大値は，(4.56) 式で与えられる鞍点での値と等しいことも容易に示される． □

定理 4.2 の声明は，少々込み入っている (convoluted)，なぜならばパラメータ κ が暗黙のうちに (implicitly) のみ決定されるからである．(4.52) 式の第 1 番目の関係において等式が維持される特別なケースで，それはもし総偽造量が在庫物質総量の正確な 1/2 になるとするならばと言うことである，(4.58) 式は下式へ縮約され，

$$\sum_k N_i S_k = 0$$

それで $\kappa \to \infty$ となる．

この解は，今や明示的 (explicit) と成る：

$$n_i^* = \frac{\epsilon}{\sum_k N_k \sqrt{\epsilon_k (\sigma_{r_k}^2 + \mu_k^{max2}/4)}} \cdot N_i \cdot \sqrt{\frac{\sigma_{r_i}^2 + \mu_i^{max2}/4}{\epsilon_i}}, \quad i = 1 \ldots K \tag{4.77}$$

および

$$r_i^* = \frac{N_i}{2}, \quad i = 1 \ldots K \tag{4.78}$$

鞍点での値と伴に，

$$\sigma_{D_1}^{2*} = \frac{1}{\epsilon}\left[\sum_i N_i \sqrt{\epsilon_i (\sigma_{r_i}^2 + \mu_i^{max2}/4)}\right]^2 + \sum_i N_i^2 \sigma_{s_i}^2. \tag{4.79}$$

(4.37) 式によって与えられた分散とこの分散とを比較し，これがより大きいこと，それ故小さな探知確率を導くことが分かる．被査察者が定理 4.1 または定理 4.2 の下にある戦略の選択を行うことに無知である査察員に対する適切なモデルとは，との質問

表 4.1　数値例

i	N_i	ϵ_i	μ_i^{max}	σ_{r_i}	σ_{s_i}	n_i^*	r_i^*
1	100	1	10	0.01	0.01	1.40	0.16
2	200	2	20	0.02	0.02	5.57	0.66
3	300	3	30	0.03	0.03	12.49	1.50

への回答を与える．もしも査察員が偽造の大きさ（サイズ）が小さい（標準偏差 σ_D^* と比較して）と考えているなら，査察員は等量配分偽造 (equally distributed falsification) を推定出来て，定理 4.1 のサンプリング手順を適用する．これと定理 3.1 の規定との間の類似点を書き留めておく．

定理 4.1 の解 (4.36) 式の所見と同様に，定理 4.2 に対する同所見を作ることが出来る．例えば，クラス労力 ϵ_i，クラス偽造 μ_i，ランダム誤差分散 $\sigma_{r_i}^2$ が同一 (identical) で系統誤差分散が無いとしたなら，査察と偽造の両方のサンプル・サイズは下式により与えられる，

$$n_i^* = \frac{n}{N} N_i, \quad r_i^* = \frac{r}{N} N_i, \quad i = 1 \ldots K,$$

ここで n, r, N は下式の通り，

$$n = \sum_i n_i^*, \quad r = \sum_i r_i^*, \quad N = \sum_i N_i,$$

および $\sigma_{D_1}^{*2}$ は下式で与えられる，

$$\sigma_{D_1}^{*2} = \frac{N^2}{n} \left(\sigma_{r_i}^2 + (\mu_i^{max})^2 \frac{r}{N} \left(1 - \frac{r}{N} \right) \right).$$

査察員と被査察者の両者は，あたかも単一クラスが存在しているかのように行動する．

本章の初めで示したように，層別計量抜取の特定化した応用を与えるものでは無い．表 4.1 の単純な数値例は，それにもかかわらず例証説明になるかもしれない．大規模な工業プラント工程の有益物質または危険物質から，および規則的日常検証の対象となる多くのクラスより成る報告データに対する入力パラメータ（2 列目より 6 列目まで）の大変大きな組を想像できるかもしれない．定理 4.2 は最適標本抜取戦略と最適偽造戦略（7 列目と 8 列目）を決定する．

本例で用いられた労力制限は $\epsilon = 50$ 単位であった（例えば，この単位は人・日 (person-days) である）．目標量 (goal quantity) $\mu = 100$ 単位（例えば，この単位はキ

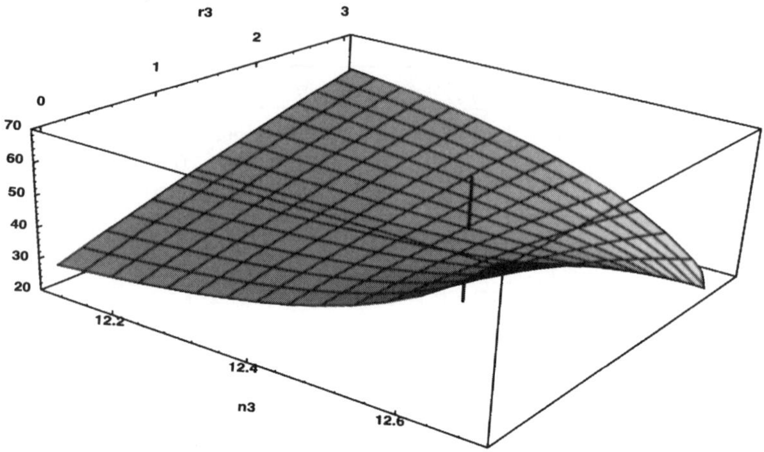

図 4.2　(4.40) と (4.41) の制約式の下で n_3, r_3 を関数とする，$K = 3$ クラスに対し (4.47) 式によって与えられている $\sigma^2_{D_1} \times 10^{-3}$ の 3 次元プロット．その他の戦略変数の全ては均衡値 (4.53-55) 式へセットした．この垂線は鞍点の表面を貫いている．

ログラムである）と仮定された．κ の対応値は 0.0114 であり，読者は条件 (4.52) 式が満足されており，そのため $\mu \gg \sigma_{D_0}$ であることを検証するかもしれない．(4.49) 式と (4.56) 式から決定される探知保証確率は 60 % である．標本の最適数 n_i^* は実際の査察では整数に切り上げられるだろう．図 4.2 は (4.47) 式の鞍点をプロットしたものである．

要約すると，抜取最適戦略が報告データの可能な偽造の公正な一般的クラス (a fairly general class of possible falsifications of reported data) に対して導かれた．D–統計量が被査察者データを容認するか否かの決定をもたらす検定として用いることは実用的かつ合理的であることが示された．品質管理の通常層別抜取理論 (conventional stratified sampling theory) で知られている結果と同様であるため，我々が費やした労力を正当化することはほとんど出来ない．しかしながら，随伴する偽造最適戦略を伴うことで探知保証確率をも決定できた．これこそが本当の業績 (real achievement) である：査察員は被査察者が違法行為を行ったとのクレイムを発する保証が可能と本当に言うことが出来る．第 9 章では，さらに広い状況の中でこの点について扱うことになる．

第 5 章

中間査察

And I haven't got time
For the waiting game
：待つゲームの時間もなく……

— September Song*1

合法オン・サイト査察で用いられる法令遵守検証は，適時性 (timeliness) の要件によりしばしば影響を受ける．*2 短時間であるが頻繁な訪問が予想される違反の短時間通

*1 訳註： 9 月の歌：フランク・シナトラの歌で著名．

*2 訳註： IAEA では適時性の要件は転換時間 (conversion time) と関連付けて規定される．この転換時間とは異なった形態の核物質を核爆発装置の金属構成要素に転換するに必要な時間．転換時間には，転用物質を転換施設に輸送する時間，またはその装置の組立に要する時間，あるいは後に要するいかなる時間も含まれていない．その転用活動は，少なくとも 1 個の核爆発装置を製造するまでは発見される危険性を最小にして，1 個以上の核爆発装置の製造に成功することに高い確率を与えるように選ばれた一連の計画行動の一部と見なされている．これらの前提に基づいて，現在適用可能とされている転換時間を下表に示す：

最初の物質の形状	転換時間
Pu, HEU, ^{233}U 金属	日のオーダ (7-10)
PuO_2, $Pu(NO_3)_4$, その他の純粋な Pu 化合物； HEU, ^{233}U 酸化物, その他の純粋な U 化合物； MOX, Pu, U(^{233}U+^{235}U≥20 %) を含むその他の純粋未照射混合物; スクラップその他の不純化合物中の Pu, HEU および/または ^{233}U	週のオーダ (1-3)
照射済燃料中の Pu, HEU, ^{233}U	月のオーダ (1-3)
^{233}U, ^{235}U 含有量が 20 % 未満の U；Th	月のオーダ (3-12)

『IAEA 保障措置用語集 2001 年版 (IAEA/NVS/3)：対訳版，核物質管理センター』より．

告兆候 (short notice indication of a possible violation) を得るための，ある程度の確信に基づき，さらに徹底的な査察が規則的または不規則的間隔で行われる必要が有るかもしれない．第 7 章で核兵器の不拡散に関する条約（核不拡散条約）(Nucler Wepons Non-Proliferation Treaty: NPT) 下での物質会計（計量管理）の関係において適時性探知 (timely detection) の問題を考察しよう，そこでは測定の不確定性 (measurement uncertainties) とそれに付随する誤警報確率が決定的役割 (decisive role) を演じている．本章において，我々は単純な NPT 検証問題を取り扱う，それは 2.2 節の計数抜取問題と大変に類似している．事実，本章には，**全期間に亘る計数抜取** (Attributes Sampling over Time) との標題が与えられていたかもしれない．

適時探知のための中間査察は，通常，査察団の旅行費用と人的資源の超過請求を伴う，そのため与えられた制約下で適時性を最適化する査察戦略を見つけ出すことに興味が有る．我々の最適化基準はそれ故探知確率よりもむしろ違反を探知する期待時間と成る．

このため，架空の物語 (a fairy tale) を（Canty and Avenhaus (1991)）を例示しよう：

5.1 無のために何かを得る査察員

昔々，家族と一緒の時間をさらに多く持ちたいと望む 1 人の査察員がいた．その査察員は遠くの土地に在る原子炉への保障措置の責任を持っていた．そしてそこに原子炉の燃料交換時の毎年 1 回の訪問および次回の燃料交換時期の間までに 3 回の旅をして 3 ヵ月適時性目標 (three-month timely detection goal) に合致させなければならなかった：図 5.1 を参照せよ．

ある日，燃料交換査察中に査察員は原子炉の長（ボス）のところに行き，これまで合意されていた 3 ヵ月に 1 回行われていた中間査察の替わりに，今後は毎月末に中間査察を行うことを認めてもらいたい，と話した．その原子炉のボスは顔をしかめ，査察員に本当にこれは必要なことかと詰問した．保障措置強化に関して有効性 (effectiveness) と効率性 (efficiency) が本当に必要なのだ，と査察員は答えた．その言葉を聞いた原子炉のボスは疲れ切った表情で査察員の要求に合意した．

そこで査察員は，もしも 11 回の中間査察の幾つかに姿を現さないとしたなら，ボスは査察員に背くかと原子炉のボスに聞いた．原子炉のボスはすぐさま考え始め，査察員は実に精神医学的支援をしてくれたと，ボスは背くことは行わないと査察員に急いで請け合った．

それから，査察員は原子炉サイトを後にし，狂喜しながら心の内でつぶやいた，「これで年 3 回の中間査察の替わりに 2 回だけを行えばいい．私は依然として私自身の適時性目標を達成し，かつさらに多くの時間を家族と一緒に過ごすことが出来るだろう!」と．

この幸せな小話の査察員は，まさに愚か者 (just fooling himself) であるように見える．結局，年 2 回の中間査察のままで 3 ヵ月適時性目標の達成をいか様にして彼は続けることが出来たのか? 彼の楽観論の正当化される範囲がどの程度かを吟味しよう．

図 5.1 家族と一緒の時間をさらに多く持ちたいと望む 1 人の査察員

5.1.1 賭けて下さい……[*3]

寛大にも (to be generous)，査察員は彼が決めた連続訪問 (subsequent visit) において訪問前の如何なる原子炉燃料転用をも探知できると仮定しよう．もしも査察員が核設置でしばしば見られるケースとして，複雑化させた (sophisticated) [*4]閉じ込め/監視 (containment/surveillance) 装置を設置したならば，これは実際上，合理的な仮定である．

査察員は以下のことを推論しなければならない：原子炉運転者（オペレータ）は年 11 回の中間査察機会 (opportunities) に合意した．もしも，その査察員のもくろみであるが，たった 2 回の中間査察が実際には実施されるとしよう，査察員は正確に 55 の純粋な査察戦略が利用できる，11 の組合せ数は 1 度に 2 つ取る．[*5]彼はこれら戦略にレベル付けした，(i_1, i_2), $1 \le i_1 < i_2 \le 11$, と．これは，

$$(1,2), (1,3), \ldots, (10,11)$$

[*3] 訳註： Faites vos Jeux: *Place your bets.* ；(ルーレットで)「どうぞ賭けて下さい」

[*4] 訳註： sophisticated：1a. 高度に複雑な，精巧な，高性能な．1b. 最新の装置を施した．2. 洗練された，教養のある，世間にたけた．3. 技巧をこらした．4. 混ぜ物をした，改竄した．

[*5] 訳註： $(11 \times 10)/2 = 55$

である．例えば，戦略 (5, 7) は中間査察が 5 番目月末と 7 番目月末に行われることを意味する．

燃料要素を転用したいと望むオペレータは，11 の理にかなった純粋戦略——言い換えれば j 番目の月初に転用すると，$j = 1 \ldots 11.$——だけを有するだけであると査察員は知っている．彼が第 12 番目の月中に転用するのはばかげている，なぜなら燃料交換査察は常に行われるからである，従って探知時間は可能な中での最小，言い換えれば 1 ヵ月になってしまう．査察員とオペレータの純粋戦略の組合せ $\{(i_1, i_2), j\}$ を与え，正確な探知時間は下式の通り，

$$T\{(i_1, i_2), j\} = \begin{cases} i_1 - j + 1 & \text{for } j \le i_1 \\ i_2 - j + 1 & \text{for } i_1 < j \le i_2 \\ 12 - j + 1 & \text{for } j > i_2. \end{cases} \tag{5.1}$$

このようにして，査察員は 55×11 行列を作ることができる，それは転用探知時間を伴い，原子炉オペレータへの利得を有する有限零和 2 人ゲームの問題として完璧に記述される．彼は単にこの問題を解かなければならない，このことは均衡または鞍点を見つけ出すことである．

5.1.2 ……賭けは終わりだ[*6]

ここまで我々は査察員の理由が極めて確か (sound) であると結論付けるかもしれない．または我々はできるか？ *Jein*,[*7]物事が愉快で相反する感情 (pleasantly ambivalent) を抱く時，ドイツ人が好んで言う言葉．それは，以下の条件の 1 つが満足しているとして与えられる：

(i) オペレータに影響を及ぼす査察員の小さなゲームについて彼は未知である，そのため，もし転用を図るならその転用をいつの時期に行えば都合好いかを彼自身で考える，その転用時期は実際の査察時期とは独立である．これは非最適違反戦略 (non-optimal violation strategy) に等しい，査察員は最悪の均衡探知時間 (equilibrium detection time) が確保される．

(ii) 実際零和ゲームのセンスで**時間に対するプレイを行っている** (playing for time) とオペレータは考える，しかし論理的な理由に依り，12 ヵ月期間が始まる前に転用するという最終的（取り返しのつかない）選択 (irrevocable choice) を強いる．彼が実行可能な最良はこの行列ゲームの解に基づいて選択することである，これは再び査察員の均衡

---

*6 訳註：　Rien ne va plus: *No more bets.*；(ルーレットでディラーが言う言葉)「もう賭けてはいけません」.

*7 訳註：　jemine!：(独) おお (驚き・恐怖の叫び). je!：(独) おお (驚き・同情などを表す).

表 5.1 2×2 零和ゲームの利得行列

	プレイヤー 2	
プレイヤー 1	D_1	D_2
I_1	1	2
I_2	2	1

探知時間を保証する．言い換えるなら，両プレイヤーによる先の (prior) および最終的 (irrevocable) 言質に対応する各自の戦略が存在している．

5.3 節で，その先行言質 (prior commitment) 要求を我々は緩める (relax) であろう，しかしここではそれが妥当であると考える．

5.1.3 行列ゲーム

行列ゲームとそれらの解を求める手法に不慣れな読者のために，'1 年を 3 ヵ月' (three-month year) とし，1 回の中間査察のみとさらに単純なケースにチョットのあいだ脱線することにしよう．この単純ゲームの利得行列は表 5.1 に与えられている．*8

原子炉オペレータ（プレイヤー 2）の純粋戦略，すなわち第 1 番目または第 2 番目の月初で転用する，は第 1 行 (row) で与えられる；査察員（プレイヤー 1）の純粋戦略，第 1 番目または第 2 番目の月末に査察する，は第 1 列 (column) で与えられる．勿論，'年度' (year) の末の義務的通常査察 (obligatory routine inspection) を推測した，オペレータの利得 (payoffs) が示されている．純粋戦略の組合せからは均衡が達成できないことが容易に判る．例えば，善意のある検証理論家 (wellmeaning verification theorists)*9の我々は (I_2, D_1) を推奨するとしよう．そこで査察員は I_1 へ転じる即座の誘因を持つ，オペレータは我々に聞こえてくるのに十分なほど愚か者であることを望みながら．同様な所見が他の 3 つの可能性について適用される：それらは全て**自己不安定** (self-destabilizing) である．

しかし，もしもプレイヤーたちが彼らの戦略の**ランダム化** (tandomize) を好むなら，均衡戦略を発見すること（および推奨すること）に困難は無い．プレイヤー 2 は I_1 または I_2 のいずれかを選択すると推定し，図 5.2 に，プレイヤー 2 の利得を選択戦略 D_1 の確率 q の関数としてプロットした．この図から明白なように，オペレータが

*8 訳註： 利得は転用期間（探知時間）の 1 ヵ月または 2 ヵ月である．

*9 訳註： theorists：1. 学説（理論）を立てる人，2. 理論家，空論家．

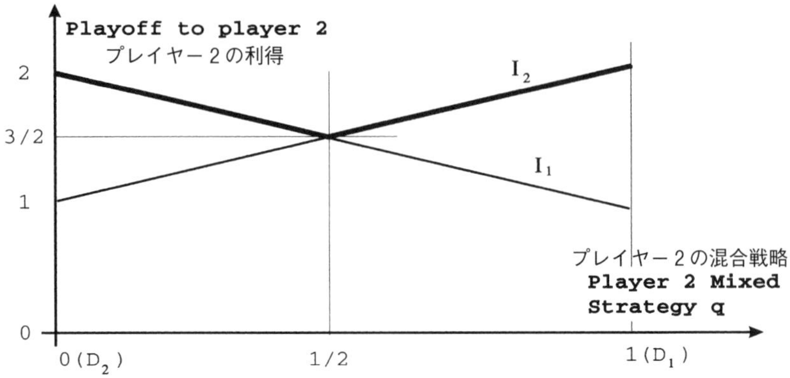

図 5.2　表 5.1 で与えられた 2 × 2 行列零和ゲームの図形解

$q = 50\,\%$ を選ぶならば 3/2 月の利得（探知時間）が保証されることになる．驚くことは無い，プレイヤー 1 は同じ最適戦略を有する：第 1 月末と第 2 月末での査察は同じ確率である．さらに混合戦略 (strategy combination) は**自己強制** (self-enforcing) である，いずれのプレイヤーもそこから単独で逸脱する動機が無いからである，したがってそれは 1 つの均衡と成っている．

査察員の 55 × 11 行列に戻ろう，上述の図形解は不可能なため，彼はゲームの鞍点を見つけ出すシンプレックス法のアルゴリズム（例えば Fryer (1978) を参照せよ）を適用する，その鞍点はフォン・ノイマンのミニマックス定理（von Neuman and Morgenstern (1947)）に基づいて存在しなければならないことを彼は知っている．その解は均衡**混合**戦略 (mixed strategy) を与える，これは任意に与えられた 12 ヵ月間で可能な 55 中間査察戦略の 1 つを選択する確率の組である．ゲームの値——それは査察員の保証探知時間である——は 2.97 月となる，これは彼の適時性の目標値の範囲内に丁度相当している．表 5.2 に対応する鞍点戦略を示す，ここでは (i_1, i_2) と j が各々査察員とオペレータの純粋戦略である．

査察員の可能 55 の中間査察純粋戦略の内，たったの 10 が有限確率を伴う均衡混合戦略として寄与していることが判る，一方，オペレータの純粋転用戦略の 1 つ（$j = 11$）を除く全てが彼の混合戦略で重要な役割を演じている．

表 5.2 行列ゲームの最適戦略

査察員		オペレータ	
(i_1, i_2)	確率 (%)	j	確率 (%)
(1,5)	3.5	1	23.5
(1,6)	16.7	2	4.7
(1,7)	0.5	3	5.6
(2,7)	19.5	4	8.5
(2,8)	0.4	5	10.6
(3,8)	20.0	6	4.9
(4,8)	4.6	7	6.9
(4,9)	16.3	8	9.1
(5,9)	17.0	9	10.5
(5,10)	1.5	10	15.7

5.2 無通告査察

査察員が査察の機会を 3 から 11 に増やすことにより彼の戦略的優位を本当に強化できる，そう見える．とはいえ依然として年 2 回の中間訪問を行うだけである．もし毎月の査察が許されるよりもむしろ，完全なる毎週または毎日の終わりに，または無通告で彼が望むいかなる時刻でも彼が来ることができるとしたならなら保証探知時間とは何であるかを問うことが合理的であるにちがいない．事実，年 2 回の無通告中間査察の問題は無限の多数純粋戦略ゲームの良き適用であることを示し，詳細に見れば価値があるものである．無通告中間査察の任意の数に対する一般解は Diamond (1982) により最初に得られた．

査察の年間を区間 [0, 1] で表し，査察員の利得は (5.1) 式のアナロジイ (analogy) で所謂**利得カーネル（核）** (payoff kernel) により与えられる，

$$A((y, z), x) = \begin{cases} y - x & \text{for } 0 \le x \le y \\ z - x & \text{for } y < x \le z \\ 1 - x & \text{for } z < x \le 1. \end{cases} \tag{5.2}$$

ここで $x \in [0, 1]$ はオペレータの純粋戦略を示し，言い換えれば転用時間である．同様に $y \in [0, 1]$, $z \in [y, 1]$ の組合せが純粋査察戦略である．我々にとり不

親切な性質は，通常，純粋戦略の領域上に鞍点は存在しないということ，これは $x^* \in [0, 1]$, $y^* < z^* \in [0, 1]$ で下式を満足する組合せ $((y^*, z^*), x^*)$ は無いということだ，

$$A((y^*, z^*), x) \leq A((y^*, z^*), x^*) \leq A((y, z), x^*) \quad \text{for all } x, y, z.$$

読者は幾つかの‘合理的な’候補 (candidates)，例えば $y^* = 1/3$, $z^* = 2/3$, $x^* =$ 任意，を都合良く選び出そうとするかもしれない．

成功は必ずしも保証されないところの混合戦略を我々は発見しなければならない．このような不連続利得開核を伴う無限ゲームには鞍点が皆無かもしれない；Owen (1968) を見よ．オペレータの混合戦略 F は単位線分 (unit line segment) [0, 1] 上で確率分布している，査察員の混合戦略 G は単位平方 (unit square) $[0, 1] \otimes [0, 1]$ 上の確率分布である．混合戦略 F と G がプレイしている時のオペレータの利得として $E(G, F)$ を定義し，その鞍点基準は，

$$E(G^*, F) \leq E(G^*, F^*) \leq E(G, F^*) \quad \text{for all } G, F. \tag{5.3}$$

この一般的な混合戦略 G と F を純粋戦略に置き換えた，さらに便利な等価の鞍点基準が在る：

$$E(G^*, x) \leq E(G^*, F^*) \leq E((y, z), F^*) \quad \text{for all } x, y, z. \tag{5.4}$$

この等価式は以下の通り理解できる：(5.4) 式の左辺の不等式は (5.3) 式の左辺を含む，なぜなら

$$\begin{aligned} E(G^*, F) = \int_0^1 E(G^*, x)dF(x) &\leq \int_0^1 E(G^*, F^*)dF(x) \\ &= E(G^*, F^*)\int_0^1 dF(x) = E(G^*, F^*). \end{aligned}$$

逆に言えば，(5.4) の左辺は，F の特別ケースとして x を用いて (5.3) 式の左辺に続くことは自明だ．同様の論拠は右辺でも維持される．

その解を示す前に，単一中間査察というさらに単純なケースを眺め，その解を積極的に導くアイデアで，我々はさらに良好な感じ (feel) を掴むことができる．

このケースで，査察員は唯一の査察時間 $y \in [0, 1]$ を選択し，オペレータは時間 $x \in [0, 1]$ の前に転用する，その利得カーネルは，

$$A(y, x) = \begin{cases} y - x & \text{for } x \leq y \\ 1 - x & \text{for } x \geq y \end{cases} \tag{5.5}$$

である．査察員とオペレータの混合戦略分布関数を各々 $G(y)$ と $F(x)$ としよう．$G(y)$ は時間 y またはそれより早い時刻で査察が執り行われる確率であり，$F(x)$ は時間 x またはそれより早い時刻で転用される確率である．(5.4) 式の鞍点基準は今や以下の通りと読む，

$$E(G^*, x) \le E(G^*, F^*) \le E(y, F^*) \quad \text{for all } x, y \in [0, 1]. \tag{5.6}$$

年末査察は確かである，なぜなら明らかにオペレータは実行するのにあまり長く待つことはしないものだからだ．彼の最適確率分布 $F^*(x)$ の構築において，むしろ彼は期間 $[0, b]$, $b < 1$ 上の x をランダムに理にかなった選択をするにちがいない．結局，査察員も b よりも遅く行動しないであろう．彼が確率密度関数 $g^*(y)$ に従って査察時間 y を選択すると仮定しよう，ここで

$$\int_0^b g^*(y)dy = 1. \tag{5.7}$$

時間 $x \in [0, b]$ での転用に対するオペレータへの期待利得は，従って

$$\begin{aligned} E(G^*, x) &= \int_0^x (1-x)g^*(y)dy + \int_x^b (y-x)g^*(y)dy \\ &= \int_0^x g^*(y)dy + \int_x^b yg^*(y)dy - x\int_0^b g^*(y)dy. \end{aligned} \tag{5.8}$$

しかしもしもオペレータがその期間 $[0, b]$ の全域に亘ってランダム化すると仮定するならば，この利得全ての $x \in [0, b]$ に対して一定であるに違いない，**そしてそのゲームの値に等しくなる**に違いない．もしもその期間内である x でこのケースに該当しないなら，オペレータは最初の場所で彼の混合戦略 F^* 内にそれを含めないであろう．そこで (5.8) 式の x の導関数はゼロである．[*10]微分することで，

$$g^*(y) = \frac{1}{1-y} \tag{5.9}$$

を得る，(5.7) 式から $b = 1 - 1/e$ を得る．オペレータへのこの一定期待利得およびゲームの値は全ての $x \in [0, b]$ に対して $E(G^*, x) = 1/e$ であることが容易に判る．

オペレータの最適戦略 F^* をチョットだけ巧妙 (a bit more subtle) にしよう，なぜならそれは $x = 0$ で**アトム** (atom) と呼ばれているものを要求する，残りの半開期間

[*10] もう 1 つの視点は (5.4) 式に従って x に関して $E(G^*, x)$ を最大化することである，これが同じ結果を導く．

(half-open interval) $(0, b]$ 上の確率密度 $f^*(x)$ と同様に，これは精確な期間の初めの有限転用確率と言う．この混合戦略を特徴付ける分布関数 $F^*(x)$ に関して，そのアトムは $F^*(x)$ であり，$f^*(x)$ は $[0, b]$ 上での $F^*(x)$ の導関数である．査察時間 $y \in [0, b]$ に対するオペレータの利得は，

$$\begin{aligned} E(y, F^*) &= yF^*(0) + \int_0^y (y-x)f^*(x)dx + \int_y^b (1-x)f^*(x)dx \\ &= yF^*(0) + y\int_0^y f^*(x)dx + \int_y^b f^*(x)dx - \int_0^b xf^*(x)dx \\ &= (y-1)F^*(y) + F^*(b) - \int_0^b xf^*(x)dx. \end{aligned} \tag{5.10}$$

前にも述べたように，査察員はその時間間隔に亘りランダム化するなら，この式は全ての $y \in [0, b]$ に対して一定でなければならない．もしも $(y-1)F^*(y)$ が y の固定関数であるなら，これは真である．$F^*(b) = 1$ の要求は $x \in [0, b]$ に対する下式を導く，

$$F^*(x) = \frac{1}{e} \cdot \frac{1}{1-x} \tag{5.11}$$

また $F^*(x) = 1$　for $x > b$ である．そのアトムは $F^*(0) = 1/e$ であり，この構成(construction) は完了．F^* と G^* は (5.6) 式を満足することの検証は簡単である．

これは困難過ぎるものでは無い．2 つの無通告査察の解はそれよりもチョット複雑である，そこでこれを説明するのが良いだろう，

定理 5.1　2 人，零和ゲーム，

$$(\{y, z \mid 0 \le y < z \le 1\}, \{x \mid 0 \le x \le 1\}, A((y, z), x))$$

は，(5.2) 式で与えられるプレイヤー 2 の利得カーネル $A((y, z), x)$ を伴い，以下の値を有する，

$$V := E(G^*, F^*) = \frac{1}{e} \cdot \frac{1}{e-1}. \tag{5.12}$$

さらに，

$$a = 1 - eV = \frac{e-2}{e-1} \tag{5.13}$$

および

$$h(z) = \ln[(e-1)e^{1-e}(1-z)], \tag{5.14}$$

を定義し，プレイヤー 1 の最適戦略 G^* は下式の確率密度に従って $a \le z \le 1 - V$ を選択する，

$$g(z) = \frac{1}{1-z} \tag{5.15}$$

およびそれを行うことで，下式を選ぶ，

$$y = 1 + (1 - z)\,h(z). \tag{5.16}$$

プレイヤー 2 の最適戦略 F^* は確率 V で $x = 0$ を選択することになる，以下の確率密度に従って $0 \le x \le a$ を選択する，

$$f_1(x) = \frac{-V}{e-1} \cdot \frac{1}{(1-z)^2} \cdot \frac{1}{1+h(z)} \tag{5.17}$$

ここで z は下式にしめす x の項で明示的に与えられている，

$$x = 1 + (1 - z)\,h(z), \tag{5.18}$$

さらに以下の確率密度に従って $a \le x \le 1 - V$ を選択する，

$$f_2(x) = \frac{V}{e-1} \cdot \frac{1}{(1-x)^2} \cdot \left(\frac{a}{1-a} + \ln\!\left(\frac{1-x}{V}\right)\right). \tag{5.19}$$

用法 (Usage)：実際にこの定理を適用するため，査察員は確率密度 $g(z)$ に従う第 2 回目の中間査察の時期 z を決めなければならない．これは (5.15) 式に従うランダム数分布を発生するコンピュータからのサンプリングで最適に行うことができる．サンプルされた値 z に対して，彼の最初の査察時期は (5.16) 式により一義的に与えられる．この保証探知時間は従って単純に (5.12) 式である．

証明：　G^* が正確に正規化していることが判るので，

$$\int_a^{1-V} g(z)dz = \int_a^{1-V} \frac{1}{1-z}dz = \ln\left(\frac{1-a}{V}\right) = 1.$$

F^* の正規化を明らかにするために，代入によって見ることができるとして，まず初めに $f_2(x)$ が微分方程式

$$2f_2(x) = (1-x)\,f_2'(x) + \frac{V}{e-1}\,\frac{1}{(1-x)^2} \tag{5.20}$$

を満足することを明記しよう．(5.20) 式を積分し，

$$2\int_a^z f_2(x)dx = \left[\,(1-x)\,f_2(x)\,\right]_a^z - \int_a^z f_2(x)dx + \frac{V}{e-1}\left[\frac{1}{(1-x)}\right]_a^z$$

または

$$\int_a^z f_2(x)dx = (1-z)\,f_2(z) - (1-a)\,f_2(a) + \frac{V}{e-1}\left(\frac{1}{1-z} - \frac{1}{1-a}\right) \tag{5.21}$$

(5.13) 式を伴い，この関係式は，

$$f_2(1-V) = \frac{V}{e-1}\,\frac{1}{V^2}\,\frac{a}{1-a} = \frac{a}{V} \tag{5.22}$$

および

$$f_2(a) = \frac{V}{e-1}\,\frac{1}{e^2V^2}\left(\frac{a}{1-a}+1\right) = \frac{1}{e}\,\frac{1}{1-a}, \tag{5.23}$$

積分の上限 $z = 1 - V$ に対し，(5.21) 式から，下式を得る，

$$\int_a^{1-V} f_2(x)dx = a - \frac{1}{e} + \frac{1}{e} = a. \tag{5.24}$$

積分変数 $x \to z(x)$ に変更して，ここで $z(x)$ は (5.18) 関係式の逆関数であり，

$$\begin{aligned}
\int_0^a f_1(x)dx &= \int_{z(0)}^{z(a)} f_1(x)\,\frac{dx}{dz}\,dz \\
&= -\int_a^{1-V} f_1(x)\,(1+h(z))dz \\
&= \frac{V}{e-1}\int_a^{1-V}\frac{dz}{(1-z)^2} \\
&= \frac{1}{e}.
\end{aligned} \tag{5.25}$$

これで F^* は正確に正規化している：(5.24) 式と (5.25) 式から，

$$\begin{aligned}
V + \int_0^a f_1(x)dx + \int_a^{1-V} f_2(x)dx &= V + \frac{1}{e} + a \\
&= \frac{1}{e} + \frac{e-2}{e-1} + \frac{1}{e}\,\frac{1}{e-1} = 1.
\end{aligned}$$

これで，(5.4) 式の鞍点に対しえる．左辺の不等式のみ実証しよう，3 つのケースに区分される：

(i) $x > 1 - V$： その時 $E(G^*, x) = 1 - x < V = E(G^*, F^*)$.

(ii) $a < x \leq 1 - V$： その時，

$$E(G^*, x) = \int_a^x (1-x)\,\frac{1}{1-z}\,dz + \int_x^{1-V}(z-x)\,\frac{1}{1-z}\,dz = V = E(G^*, F^*).$$

(iii) $0 \leq x \leq a$： $z = \phi(y)$ として (5.16) 式を書くことにしよう，これは $y = \phi^{-1}(z) = 1 + (1-z)\,h(z)$ である．その時，以下の式が得られる

$$\frac{dy}{dz} = h(z) + (1-z)\,h'(z)$$

または (5.14) 式を用い，

$$\frac{dy}{dz} = \frac{z-y}{1-z} \tag{5.26}$$

それで,

$$
\begin{aligned}
E(G^*, x) &= \int_a^{\phi(x)} (z - x) \frac{1}{1-z} dz + \int_{\phi(x)}^{1-V} \Big(y(z) - x\Big) \frac{1}{1-z} dz \\
&= -x + \int_a^{\phi(x)} \frac{z}{1-z} dz + \int_{\phi(x)}^{1-V} \frac{y(z)}{1-z} dz \\
&= -x + \int_a^{1-V} \frac{1}{1-z} dz + \int_{\phi(x)}^{1-V} \frac{y(z)-z}{1-z} dz \\
&= -x + \int_a^{1-V} \left(\frac{1}{1-z} - 1\right) dz + \int_{\phi(x)}^{1-V} -\frac{dy}{dz} dz \\
&= -x - [\ln(1-z)]_a^{1-V} - [z]_a^{1-V} - y(z)\,|_{z=\phi(x)}^{z=1-V} \\
&= -x - \ln\left(\frac{1-a}{V}\right) - 1 + V + a - y(1-V) + y(\phi(x)) \\
&= -x + 1 - 1 + V + a - a + x \\
&= V = E(G^*, F^*)
\end{aligned}
$$

ここで,我々は $y(\phi(x))$ を用い,(5.16) 式から $y(1-V) = a$ を用いた.
(5.4) 式の右辺の不等式も同様に証明できる. □

事実を記録するために,我々ははるかに進んでしまった (come this far),かつそれは美しさの故であるが,ここでは n 回の中間無通告査察の一般ゲームの値である：それは $V_n = C_{n+1}^{-1}$ である.ここで C_i は下記関数のテーラー展開級数の $x = 0$ 近傍での i 階係数である.

$$
\frac{x}{1 - x e^{1-x}} \tag{5.27}
$$

拡張式 (5.27) の第 2 項と第 3 項が下式を与えることを,読者は容易に検証するだろう,

$$
V_1 = \frac{1}{e} \quad \text{and} \quad V_2 = \frac{1}{e} \cdot \frac{1}{e-1}.
$$

2 回の完全無通告査察の保証探知時期は $V_2 = 0.214$ または $0.214 \times 12 = 2.57$ 月である,これは 11 回の中間査察機会 (11 interim inspection opportunities) の離散解 2.97 月に比べ若干良好である.査察員がさらにこれ以上得るものは‘何も無い’,しかし多分,いくらかの不都合なコストがオペレータに与えることであろう.

5.3 待ちゲーム

第 2 章で出くわした計数抜取ゲームと異なり,時間を伴うゲームはトリッキィ (tricky) だ.もしオペレータが行動を起こすことを決める時期の前にしばらく待つと

するならば，彼は明らかに**彼の情報を増加させる**ことが出来，彼自身にとって相当有益な行為をすることであろう．例えば，表 5.2 の例は，もしも彼が第 1 番目査察に対し単純待ちし，その後転用した場合，4 ヵ月未満では決して探知されないことを示している．このことは理論が間違いであることを意味しない，まさしく 1 人のプレイヤーが 5.1.2 節で定義した**賭けは終わりだ** (*rien ne va plus*)[*11]規則を忠実に守ることに束縛されるわけでは無い．

もしもオペレータの支持する規則をこのような方法で変えるなら，その時，査察員がオペレータの自由度増加と競合する彼の戦略を適合させるであろうことに我々もまた少々注意深くならねばならない．以下の 3 個のオペレータの‘待ちと見る’(wait-and-see) 純戦略を含む組 {[0], [1], [2]} を考えよう：

[0]　第 1 番目期間の初期に法を犯す．

[1]　第 1 番目の査察を待ち，その後に直ちに法を犯す．

[2]　両者の中間査察を待ち，その後直ちに法を犯す．

事実，これはオペレータの理にかなった可能性 (sensible possibilities) を徹底的に研究したものである，何故なら直ちに，または 1 つの中間査察直後に法を犯さないこの‘頑固な’(stubborn) 戦略は明らかにばかげている (silly)[*12]からである，これは他の査察の確実性として与えられている．査察員の純粋戦略組は勿論無変化で維持されている：彼は待ちによって何も学ぶことは出来ない．戦略ペア $f^* = \frac{1}{3}[0] + \frac{1}{3}[1] + \frac{1}{3}[2]$ と $(i_1^*, i_2^*) = (4, 8)$ が探知時間の鞍点であること，およびその保証探知時間は 4 ヵ月であることを示すことは大変安易な練習問題であるから，我々は読者のためにこの証明を残しておこう．オペレータは混合戦略でプレイしなければならない，言い換えれば彼はランダム化しなければならない．

機会の数 (12) を査察数 (3) で割った時むしろ明確に見えるこの結論は，事実 n 回の機会と k 回の査察を伴う一般待ちゲームに対して維持される，このことは von Stengel (1991) が証明している．通常，n/k は整数とならないため，査察員もまたランダム化しなければならない．この結果を証明無しの定理として示す．

定理 5.2　n 回の査察機会と k 回の査察が与えられ，それで最近の機会が確信をもって使われている，オペレータの利得を不法行為とその次の査察までの期間の数としよう．査察員の利得はその数の負値である．そこでゲームの値は n/k である．さらに査

[*11] 訳註：　Rien ne va plus: *No more bets.* ；(ルーレットでディラーが言う言葉)「もう賭けてはいけません」.

[*12] ゲーム理論において，‘silly’ 戦略はさらに偉そうなタイトル ‘*dominated*’（支配する；優位を占める）として与えられている．

察員の最適戦略は，選択査察の組として等確率を伴う $\{1, 2 \ldots n-1\}$ の 1 要素サブ・セットの任意の $k-1$ を取ることである．オペレータのユニークな最適戦略は等確率で $\{0, 1, \ldots, k-1\}$ から数 r を選択することである，査察員が査察を r 回使用してしまうまで待ち，その後に法を犯すことである．もしも r がゼロであるならば，彼は直ちに法を犯す． □

この利得は常に n/k である，査察員が 1 年を k 回の査察等期間に分割出来ると仮定するなら，査察員はランダム化無しでこの利得を得ることができる．

我が貧しい査察員は今や四苦八苦しながら仕事をしているように見える，それで中間査察ゲームの新たな変種を考慮することにより彼の救済を試みてみよう．**平均して** (on the average)，12 ヵ月期間当たり 2 回の中間査察を行うとオペレータに査察員が情報提供すると仮定しよう．さらに精確に言えば，査察員は確率 p_i でもって i 番目の機会で査察を選択する，この p_i は独立であり，ただし $\sum_{i=1}^{11} p_i = 2$ である．それは——中間査察回数の**期待値** (expectation value) であるが——2 である．任意に与えられた 12 ヵ月期間中で，実際の回数は 0 から 11 のいづれでもある（第 1 章の (1.2) 式をも参照せよ）．2 回の訪問後，査察員が 3 度目，4 度目，または 5 度目等など，の訪問を行わないとの保証をオペレータは有していない．このことはオペレータが思いつくに違いない如何なる待ち戦略 (waiting strategy) をも食い止めるように見える．

実際，査察員が p_i, $i = 1 \ldots 11$ の選択が出来ると想定し，オペレータはいつ転用するかに無頓着であるため，探知時間はオペレータの選択には依存しないことに成る．従ってオペレータの待ちゲームは，彼がその時間を有しているものの，もはや意味を成さない．事態を進展させたとしても，その平均探知時間は無条件に保証される．

平均探知時間を計算するために，最初に特別ケース $n = 3$ を最も簡単なものとして再度検討しよう，ここで n は査察機会数であり，最後で 1 回行うことが必須であることが含まれる．$n = 12$ または任意の数 n へと後に拡張することは可能である．

査察の期待数 k を呼び出そう，ここでも再び最後の査察数が含まれている．k は確率測度であるから，それが整数であると主張しえる根拠は皆無である．そこで以下のように記述しよう，

$$p_1 + p_2 = k - 1 \tag{5.28}$$

この式は下記の制約条件下，

$$1 \leq k \leq 3 \tag{5.29}$$

および

$$\max(0,\ k-2) \leq p_{1(2)} \leq \min(1,\ k-1) \tag{5.30}$$

で成立している．p_1 と p_2 が与えられ，オペレータが 3 期間中の第 1 番目と第 2 番目の期間の初めで転用を選択するか否かに依存する 2 個の相応する探知平均時間が存在する．（前に述べたように，最後の期間の初めでの転用は賢明とは言えない．）これらは各々，

$$\begin{aligned} L_1 =& 1 \cdot p_1 + 2 \cdot (1 - p_1)\, p_2 + 3 \cdot (1 - p_1)(1 - p_2) \quad \text{and} \\ L_2 =& 1 \cdot p_2 + 2 \cdot (1 - p_2) \end{aligned} \tag{5.31}$$

または，$p_1 = p$ および (5.28) 式より $p_2 = k - 1 - p$ と書けば，

$$\begin{aligned} L_1 =& 1 + (1 - p)(3 - k - p) \\ L_2 =& 3 - k + p \end{aligned} \tag{5.32}$$

となる．ここで転用戦略の確率を定義しよう．$q = q_1$ は第 1 番目の期間の初めで不法行為が起きる確率としよう．従って第 2 番目の期間の初めで不法行為が起きる確率は $q_2 = 1 - q$ である．その探知平均時間は下記の通り，

$$\begin{aligned} L(q,\, p;\, k) =& qL_1 + (1 - q)L_2 \\ =& q[1 + (1 - p)(3 - k + p)] + (1 - q)(3 - k + p) \\ =& q(1 - p\,(3 - k) - p^2) + 3 - k + p. \end{aligned} \tag{5.33}$$

q に対し L は線形だから，(5.33) 式の q の係数が正または負であるかに依存して L は $q^* = 1$ または $q^* = 0$ のいずれかで最大となる．これは p の値に依存して変わる．(5.33) 式の q の係数は以下の式を満足する $p = p^*$ で符号が変わる，

$$1 - p\,(3 - k) - p^2 = 0$$

または

$$p^* = \frac{k - 3 + \sqrt{(k - 3)^2 + 4}}{2} \tag{5.34}$$

$p < p^*$ で正，$p > p^*$ で負である．

オペレータは常に L を最大化しようとするので，これは $q = q^*$ を選択することである，その平均探知時間は p の関数である：

$$\begin{aligned} L(q^* = 0,\, p;\, k) =& 3 - k + p, \quad p \geq p^* \\ L(q^* = 1,\, p;\, k) =& 2 + (2 - k)(1 - p) - p^2, \quad p \leq p^*. \end{aligned} \tag{5.35}$$

$3/2 \leq k \leq 3$ に対し，この関数は $p = p^*$ で最小値を取る；図 5.3 を参照せよ．(5.32) 表現式のいずれかを p^* で置換えて，下式を得る，

$$L(q^*,\, p^*;\, k) = \frac{2}{k - 3 + \sqrt{(k - 3)^2 + 4}} = \frac{1}{p^*}. \tag{5.36}$$

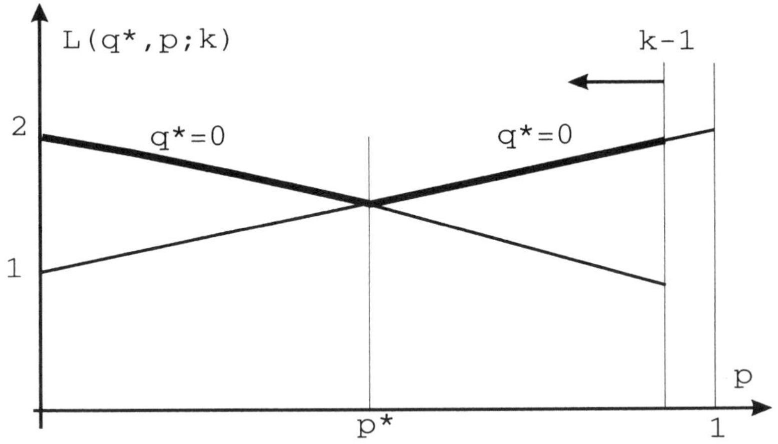

図 5.3　$3/2 < k \leq 3$ の状況の例解

$k \leq 3/2$ に対する状況を図 5.4 に示す．(5.30) 式に基づいて，我々は $0 \leq p \leq k-1 \leq 1/2$ を有し，オペレータは常に $q^* = 1$（上側カーブ）を選び，$p^* = k-1$ の最大許容値の p 組を伴い p に関する最大が生じる．(5.32) 式中の $L(q^* = 1, p; k)$ にこの値を代入して，下式を得る．

$$L(q^* = 1,\ p^* = k-1;\ k) = 5 - 2k. \tag{5.37}$$

我々は $n = 3$ のケースについて完全に解いた．例えば，もしも $k = 2$ なら (5.34) 式は妥当であり査察員は第 1 番目と第 2 番目の期間の末期に各々以下の確率で査察を行うべきである，

$$p^* = \frac{1+\sqrt{5}}{2} \quad \text{and} \quad 2 - p^*,$$

これは $q^* = 0$ または $q^* = 1$ に無関心なオペレータを作る．この保証探知時間は $\dfrac{1}{p^*} = 1.62$ 期間（間隔）または参照期間の比率 0.54 である．

(5.36) 式の妥当性のための条件 k は下記のように書ける，

$$\frac{n}{2} < k \leq \frac{n}{1}$$

ここで $n = 3$ である．さらに (5.31) 式を結合出来て $L_1 = 1 + (1-p)L_2$ とし，勿論 $L_3 = 1$ である．これらから任意の n と k へと極めて簡単に一般化出来る．これを定理として示そう．

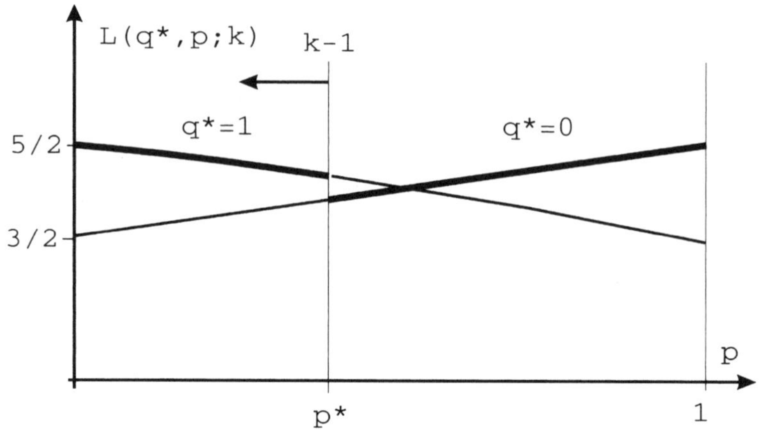

図 5.4　$1 \leq k < 3/2$ の状況の例解

定理 5.3　平均探知時間が与えられている,

$$L(\boldsymbol{q}, \boldsymbol{p}; k) = \sum_{i=1}^{n} q_i L_i(\boldsymbol{p}), \quad n \geq 3$$

ここで $L_i(\boldsymbol{p})$ は以下のように回帰的に定義される

$$\begin{aligned} L_i(\boldsymbol{p}) &= 1 + (1 - p_i)L_{i+1}(\boldsymbol{p}), \quad i < n \\ L_n(\boldsymbol{p}) &= 1 \end{aligned} \tag{5.38}$$

およびここでは $0 \leq q_i \leq 1$, $\sum_{i=1}^{n} q_i = 1$ と $0 \leq p_i \leq 1$, $\sum_{i=1}^{n} p_i = k$, $p_n = 1$ であり, 従って下記不等式を満足する整数 r は,

$$\frac{n}{r+1} < k \leq \frac{n}{r} \tag{5.39}$$

である．この保証平均探知時間

$$L(\boldsymbol{q}^*, \boldsymbol{p}^*; k) := \min_{\boldsymbol{p}} \max_{\boldsymbol{q}} L(\boldsymbol{q}, \boldsymbol{p}; k)$$

は,

$$L^2 + (kr - 2r - 1)L - r(n - r - 1) = 0 \tag{5.40}$$

以下の式で与えられた最小化ベクトル $\boldsymbol{p}^{*T} = (p_1^*, \ldots, p_n^*)$ を伴う上記 2 次式の正値解である．

$$\begin{aligned} p_i^* &= \frac{1}{L}, \quad 1 \le i \le n - r - 1 \\ p_{n-r}^* &= \frac{(r + 1 - L)}{r} \\ p_i^* &= 0, \quad n - r + 1 \le i \le n - 1 \\ p_n^* &= 1 \end{aligned} \tag{5.41}$$

および続きの $n - r$ 要素が全て 0 である以下の式で与えられた最大化ベクトル $\boldsymbol{q}^{*T} = (q_1^*, \ldots, q_n^*)$ を伴う上記 2 次式の正値解である．

$$(1, 0, 0, \ldots, 0) \text{ or } (0, 1, 0, \ldots, 0) \text{ or } (0, 0, 1, \ldots, 0) \text{ or } \ldots \tag{5.42}$$

用法 (Usage)：利用可能な機会数 n と査察平均数 k の全てを最初に決める．(5.39) 式に従った r が得られるなら，(5.40) 式を解くことにより保証平均探知時間 L が計算される．査察の最適確率は (5.41) 式によって与えられ，これはランダム数発生器により予め決めているかもしれない．

証明： (5.38) 式として定義されている l は，$k = \dfrac{n}{r+1}$ でその最大値，$k = \dfrac{n}{r}$ で最小値を取る，期間 $[\dfrac{n}{r+1}, \dfrac{n}{r}]$ 上で k の厳格な減少関数であるので，明示的な微分からは始めることはしない：

$$L\left(k = \frac{n}{r+1}\right) = r + 1, \quad L\left(k = \frac{n}{r}\right) = r.$$

ゆえに

$$r + 1 > L \ge r, \quad \frac{n}{r+1} < k \le \frac{n}{r}. \tag{5.43}$$

(5.38) 式を (5.41) 式の定義 $\boldsymbol{p}^*$ に適用して，

$$\begin{aligned} L_{n-1}(\boldsymbol{p}^*) &= 1 \\ L_{n-2}(\boldsymbol{p}^*) &= 2 \\ &\cdots \\ L_{n-r}(\boldsymbol{p}^*) &= r \\ L_i(\boldsymbol{p}^*) &= L, \quad i = 0, 1 \ldots n - r - 1. \end{aligned} \tag{5.44}$$

従って，(5.43) 式を伴い，以下の式に従う

$$L = \max_i L_i(\boldsymbol{p}^*). \tag{5.45}$$

(5.41) 式と (5.43) 式から，

$$0 \le p_i^* \le 1, \quad i = 1 \dots n$$

が要求される．(5.40) 式と (5.41) 式を用いて

$$\begin{aligned}\sum_{i=1}^{n} p_i^* &= (n-r-1)\frac{1}{L} + \frac{r+1-L}{r} + 1 \\ &= \frac{(n-r-1)\,r + L\,(r+1) - L^2 + Lr}{Lr} \\ &= \frac{L^2 + (kr-2r-1)\,L + L\,(r+1) - L^2 + Lr}{Lr} \\ &= k\end{aligned}$$

を再び，要求されているものとして確認出来る．

ここで次式を示そう，

$$L = \min_{\boldsymbol{p}} \max_{i} L_i\,(\boldsymbol{p}), \tag{5.46}$$

それは，下式に対する確率ベクトル $\boldsymbol{p}^0$ は存在しないということである，

$$\max_{i} L_i\,(\boldsymbol{p}^0) < L. \tag{5.47}$$

(5.47) 式を満足する $\boldsymbol{p}^0$ は存在すると仮定する．従って

$$L_i\,(\boldsymbol{p}^0) < L, \quad i = 0 \dots n-1 \tag{5.48}$$

である．添え字記号を簡略化し，今後は $L_i(\boldsymbol{p}^0)$ を L_i とし，p_i^0 を p_i と記述する．(5.38) 式を $i = j$ から $n-2$ まで総和すると，それは下式に成ることが容易に分かる，

$$L_j = n - j - \sum_{j+1}^{n-1} p_i L_i. \tag{5.49}$$

特に $j = 0$ に対して，

$$\begin{aligned}L_0 &= n - \sum_{1}^{n-1} p_i L_i \\ &= n - \sum_{1}^{n-r-1} p_i L_i - \sum_{n-r}^{n-1} p_i L_i\end{aligned}$$

である．$j = n-r-1$ を伴う (5.49) 式より，再び，

$$L_{n-r-1} = r + 1 - \sum_{n-r}^{n-1} p_i L_i$$

である．これら最後の 2 つの表現式を結びつけ，(5.48) 式を用いて次式を形成する，

$$\begin{aligned} L_0 &= n-r-1-\sum_{1}^{n-r-1} p_i L_i + L_{n-r-1} \\ &> n-r-1-L\sum_{1}^{n-r-1} p_i + L_{n-r-1} \end{aligned}$$

または

$$\begin{aligned} L_0 &> n-r-1-L\left(k-1-\sum_{n-r}^{n-1} p_i\right) + L_{n-r-1} \\ &= n-r-1-L(k-1)+p_{n-r}L+L_{n-r-1}+L\sum_{n-r+1}^{n-1} p_i \end{aligned}$$

ここで我々はコンベンション（取り決め）$\sum_{n}^{n-1} p_i = 0$ を使用している．

(5.38) 式，(5.48) 式の使用を続け，また $L_{n-i} \le i$ を用いて，

$$\begin{aligned} L_0 - L\sum_{n-r+1}^{n-1} p_i &> n-r-1-L(k-1)+p_{n-r}L+1+L_{n-r}-p_{n-r}L_{n-r} \\ &\ge n-r-L(k-1)+p_{n-r}L+L_{n-r}-rp_{n-r} \\ &= n-r-L(k-1)+\frac{1+L_{n-r}-L_{n-r-1}}{L_{n-r}}(L-r)+L_{n-r} \\ &> n-r-L(k-1)+\frac{1+L_{n-r}-L}{r}(L-r)+L_{n-r} \end{aligned}$$

r を掛けて，(5.40) 式から

$$\begin{aligned} r\left(L_0 - L\sum_{n-r+1}^{n-1} p_i\right) &> r(n-r)-rL(k-1)+(1+L_{n-r}-L)(L-r)+rL_{n-r} \\ &= (kr-2r-1)L+r(n-r-1)-L^2+L_{n-r}L \\ &= L_{n-r}L \end{aligned}$$

を得る．それで，

$$L_0 > L\left(\frac{L_{n-r}}{r}+\sum_{n-r+1}^{n-1} p_i\right)$$

を得る．再び (5.49) 式を用いて，$j = n-r$ において，

$$L_{n-r} = r - \sum_{n-r+1}^{n-1} p_i L_i$$

従って

$$L_0 > L\left(1+\sum_{n-r+1}^{n-1} p_i(1-L_i/r)\right)$$

である．しかし $i > n - r$ に対し $L_i < r$ なので，

$$L_0(\boldsymbol{p}^0) = L_0 > L$$

これは (5.48) 式と矛盾する．そのような $\boldsymbol{p}^0$ および (5.46) 式を維持するものは無いと我々は結論付ける．

証明を完結するため，$L(\boldsymbol{q}, \boldsymbol{p}; k)$ は $\boldsymbol{q}$ に対して線形であることを明記しよう．従って任意の $\boldsymbol{p}$ に対し，

$$\max_{\boldsymbol{q}} L(\boldsymbol{p}, \boldsymbol{q}; k) = \max_i L_i(\boldsymbol{p}) \tag{5.50}$$

および

$$\boldsymbol{q}^* = \arg\max_{\boldsymbol{q}} L(\boldsymbol{p}, \boldsymbol{q}; k) = (0, 0, \ldots, 1, \ldots, 0)$$

ここで，もしも $\max_i L_i(\boldsymbol{p}) = L_j(\boldsymbol{p})$ なら j 番目の位置で 1 が起きる．特に $\boldsymbol{p} = \boldsymbol{p}^*$ において，(5.50) 式を最小化し，(5.44) 式と (5.45) 式から $\boldsymbol{q}^*$ の最後の $n - r$ 要素は 0 となる．最後に，(5.50) 式を (5.46) 式に代入して，

$$L = \min_{\boldsymbol{p}} \max_{\boldsymbol{q}} L(\boldsymbol{q}, \boldsymbol{p}; k)$$

を得る．これで証明できた．□

うんそれで，いたずらに何かを望む (wanted something for nothing) 我々の査察員はどうしたの? もしも期待値として k を扱うなら，彼のケースは $n = 12$, $k = 3$ であり，したがって $r = 4$ である．しかしながら，これらの値に対する (5.40) 式の解は $L = 4$ ヵ月である，そのため年を k 等分間隔に分け，それらの間隔の後に確実に査察を行うという純粋決定論的戦略で得られるものは何もない．もしもその先行コミットメントが緩和したとしても，中間査察のランダム化手順が探知時間の短縮をもたらさないという，若干失望した結論を我々はここで導いてしまった．

一方，そのポジティブなものとして，査察員は先行 2 つのモデルの 1 つに従ったランダム化によって，悪化するものでは無いこと，および査察員が次回査察が行われる時期を正確に知る必要が無いという心理学的な利点が得られる．

この節を終わる前に短い技術的所見を述べる：読者は，定理 5.3 の査察問題がゲーム理論で行われることに驚かされたかもしれない．我々はそれに関連する鞍点または均衡の参考書を示さなかった．実は，この解は**査察員リーダシップ・ゲーム** (inspector leadership game) と称されるものの均衡解である (Maschler (1967) を参照せよ)，1 クラス・ゲームとして，前章の抜取問題に関連して我々は既に触れている．上述問題のリーダーシップ版において，査察員はオペレータへ確実な方法にて，彼が目論む査察戦略，殆んどの査察領域を容易に完全に満たす条件を含むその確率を前もって知らせている．これは定理 5.3 のゲーム理論的真正均衡の**ミニマックス** (minmax) 戦略を形

成するに十分である，このことについては Canty and Avenhaus (1991) により示された．第 9 章でリーダシップ・ゲームとそれらの特徴的な性質について詳細に見ることにしよう．

5.4 繰返しゲーム

これまで中間査察の我々の議論は適時性 (timeliness) の方面に注意を向けてきた．不法行為の証拠は強固に主張していると推定されるので，その不法行為は遅かれ早かれ探知されるであろう（最遅で n 番目の期間の後），およびその利得は**探知の時間** (time to detection) である．勿論，この種のモデルには適切でない中間査察に関連する検認問題が存在している．

例としてその不法者は現行犯として捕まる (be caught red-handed) のみだけと仮定しよう，これは中間査察が行われた時に不法行為が実際‘進行中’であるということだ．この興味が湧き納得する例として，高濃縮ウランの隠密生産のためのガス超遠心分離機濃縮工場 (a gas ultracentrifuge enrichment plant) の悪用というケースにおいて実際の状況をイメージするのに困難はないだろう．[*13]

動力炉原子燃料用低濃縮ウランを生産し，通常 (routine) 査察，現地（オンサイト: on-site）査察を受けている，この種の濃縮工場について考えよう．不法な高濃縮は基本的に 2 つの方法で起こすことが出来る：遠心機の既存配置を通じての頻繁な再循環によって，または望む製品を直接製造するために一時的に遠心機カスケードを再配置することによってかのいずれかである．査察を不法行為中に行うように配備し，濃縮関連技術に精通している査察員にとってはむしろ容易に両戦略ともに探知するだろう．一方で，先験不正使用の証拠 (evidence of prior misuse) は隠匿されている．濃縮カスケードの中間査察の査察時間をどの様な方法で決めるべきか? 連続オンサイト査察が，勿論，解の 1 つである．しかしながら濃縮技術の機微はカスケード区域への接

[*13] 訳註： ウラン濃縮（同位体分離）の理想カスケードの段数計算については，「物質会計」pp. 139-146 を参照せよ．

頻度限定無通告立入 (Limited frequency unannounced access: LFUA)：INFCIRC/153 型保障措置下で保障措置の対象となっており，5 % 以下と表明したウラン濃縮度で運転されるガス遠心法ウラン濃縮工場のために開発された保障措置アプローチの一部．カスケード区域に対する LFUA 査察は，カスケード区域外の査察活動と合わせて，その濃縮プロセスに関連する機微な技術情報を保護しつつ 1 有意量 (SQ) のウラン転用を，申告されたものよりも高い濃縮度での 1 SQ のウランの生産を含め，適時に探知できるように設計されている．そのカスケード区域内で実施される査察活動には，目視観察，放射線モニタリングおよび非破壊分析測定，サンプリング，そしてシールの適用およびシールの検認が含まれる．

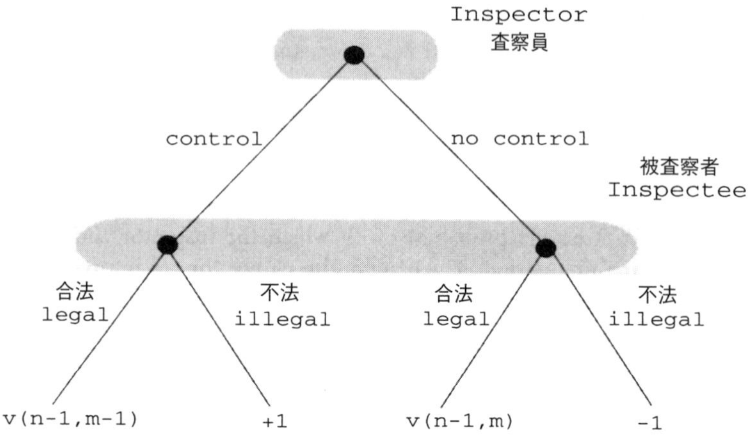

図 5.5 展開形での Dresher のゲーム．網掛け領域はプレイヤーの情報集合

近を制限して実際上最小にすることを要求する．核不拡散と正当な商業利益の間のデリケートなバランスは事実，査察側と産業界の間で交渉が行われた（Buttler *et al.* (1983)），それには，低減した，相互合意頻度でのカスケードへのランダム，無通告アクセスが含まれる．

この状況にほぼ良く一致するゲーム理論的モデルは RAND Corporation の Dresher (1962) によって数十年前に開発された．それは継続（シーケンシャル）ゲームの特性を旨く例証している，さらにエレガントな繰返し使用の解 (an elegant recursive solution) を有する．それをここで集約しよう．同一主題上での幾つかの興味有る変種と同様に，完全な考察については von Stengel (1991) を参照せよ．

Dresher のモデルで，従来通り n 回の間隔期間が有り，もしも査察員が望むなら合計 m 回の査察が許される中での 1 つとして，その間隔期間の各々の中で査察員は査察の実施の有無を決めることが出来る．もし査察可能機会の数が n なら，勿論 $m \leq n$ である．被査察者は，各々の段階の過去の査察数を知っている．被査察者は直ちに法を犯すことが出来る，しかし合法行動を選択することも出来る．不法行為と査察が同じ間隔期間内で一致したときのみ探知される．この 2 人のプレイヤーの相争う利益は零和ゲームとして再びモデル化される，そこでは探知による被査察者の損失は査察員利得の負値である，逆もまた同じ．合法行動は利得ゼロを両プレイヤーへ与える．ゲームは**展開形** (extensive form) で示される，それは図 5.5 の決定木 (decision tree) として示される．

この図底部の記載項目は査察員への利得である．第 1 番目間隔期に先立つゲーム値は $v(n,m)$ で示す．もし単一不法行為が起き，もしも査察が行われたなら査察員は +1 を達成する，他の場合は −1 である．後者の場合，被査察者は合法行動をしているとしてゲームがトリビアル（自明）に進行する（彼は既に不法行為を行ってしまっている)，査察員は査察するか否かを選択する．もし被査察者が合法的にふるまい，その第 1 番目間隔期にコントロールすると決めたなら，ゲームの継続は定義した値 $v(n-1,m-1)$ を査察員へ与える，そうでない場合の値は $v(n-1,m)$ である．これらの値は第 1 番目間隔期間後の査察員利得に対応しているのは明らかである，従ってゲームの木の繰返し形 (recursive form) が示されている．このゲームは不法が探知された後，または n 間隔期間の後に完了する，後者の場合査察員の利得は 0（合法行為）または -1（不法行為）のいずれかである．

関数 $v(n,m)$ は 2 つの境界条件を仮定している．もし期間が残っていなく，かつ不法行為が起こらなかったなら，

$$v(0,m)=0, \quad m \geq 0 \tag{5.51}$$

である．もし査察員には査察が残っていないなら，被査察者はこのことを認識し，安全に不法行為を行うことが出来る（そしてその通りに行う，その結果彼の利得はさらに高い)：

$$v(n,0)=-1, \quad n > 0 \tag{5.52}$$

我々は，混合戦略領域のゲーム均衡を求めよう，均衡の概念はこれまでに読者は聞きなれているものとなっている．$p(n,m) \in [0,1]$ を査察員が第 1 番目間隔期間内に査察を選択する確率としよう．$p(n,m)$ の均衡選択は，被査察者の合法行為または不法行為を無頓着にさせ，彼は以下の式で与えられる同じ利得 $-v(n,m)$ を受け取ることになる

$$\begin{aligned} v(n,m) &= p(n,m)\,v(n-1,m-1) \\ &\quad + (1-p(n,m))\,v(n-1,m) \quad \text{（無違反）} \\ v(n,m) &= p(n,m)\,(+1) + (1-p(n,m))\,(-1) \quad \text{（違反）} \quad . \end{aligned}$$

同様な方法で，査察員がコントロールするまたはコントロールしないにかかわらず査察員を無頓着にさせるために，査察員は第 1 段階での違反に対し確率 $q(n,m)$ を選択し，次式を導く，

$$\begin{aligned} &q(n,m)\,v(n-1,m-1) + (1-q(n,m))1 \\ &\qquad = q(n,m)\,v(n-1,m) + (1-q(n,m))\,(-1). \end{aligned}$$

これら 3 式，$p(n,m)$, $q(n,m)$, $v(n,m)$ を解き，下式を得る，

$$p(n,m) = \frac{v(n-1,m)+1}{v(n-1,m)+2-v(n-1,m-1)}, \quad m < n \tag{5.53}$$

$$q(n,m) = \frac{2}{v(n-1,m)+2-v(n-1,m-1)} \tag{5.54}$$

および

$$v(n,m) = \frac{v(n-1,m)+v(n-1,m-1)}{v(n-1,m)+2-v(n-1,m-1)} \tag{5.55}$$

2 つの境界条件式，(5.51) 式と (5.52) 式に沿う (5.55) 式が $v(n,m)$ を決める，従って $p(n,m)$ と $q(n,m)$ がユニークと成る．その明確解が以下の通り与えられる：下式を定義し，

$$t(n,m) = \sum_{i=1}^{m} \binom{n}{i}, \tag{5.56}$$

ここで $\binom{n}{i}$ は第 2 章で導入した 2 項係数である．$0 < m < n$ において，両プレイヤーのゲームの値と均衡戦略は，

$$v(n,m) = -\frac{\binom{n-1}{m}}{t(n,m)} \tag{5.57}$$

$$p(n,m) = \frac{t(n-1,m-1)}{t(n,m)} \tag{5.58}$$

$$q(n,m) = \frac{2}{\dfrac{\binom{n-2}{m}}{t(n-1,m)} - \dfrac{\binom{n-2}{m-1}}{t(n-1,m-1)} - 2}. \tag{5.59}$$

この解がその行列式を満足するのを証明することは自明では全く無い．事実，$t(n,m)$ に以下の繰返し関係を用いて得なければならない：

$$t(n-1,m) = t(n-1,m-1) + \binom{n-1}{m}$$
$$t(n,m) = t(n-1,m) + t(n-1,m-1).$$

幾つかのサンプル，例えば $n=3$, $m=2$ のような，を観察を行うことで，奮闘せずとも読者自身を満足させることだろう．

この解を濃縮工場に適用するため，その問題の工場でウラン有意量 (significant quantity)*14を秘密裏に濃縮するのに必要な最小時間は 5 週間である，と（便宜的に）仮定しよう．査察団は交渉し，工場の半分のカスケードに対しカレンダーの各月の当初に，しかし年間 6 回のみのアクセスで合意した．

(5.57) 式に従い，ゲームの値，もしも査察員が彼の最適戦略 (5.58) 式でプレイした場合の査察員の保証利得，は

$$v(12,6) = -\frac{\binom{11}{6}}{\sum_{i=1}^{6}\binom{12}{i}} = -0.18$$

である．この利得が負値であることに注意．実際，査察員の最良状況は $n = m = 12$ の時である，そのため彼は**いずれの** (every) 機会においても査察が許されている．しかし被査察者はこのことを知っている，それで合法的にふるまう，彼の保証利得は 0 である，そのことは査察員の上限となる．

どの場合でも利得の興味は二の次だ；実用的に用いられる最適戦略こそがそれである．(5.58) 式から査察員が第 1 番目期間にカスケード半分を訪問する確率は $p(12,6) = 41\,\%$ にすべきである．もし彼がそれを行い，違反が無いことを探知したなら，ゲームは $n = 11$, $m = 5$ へと進む，そこで彼は確率 $p(11,5) = 38\,\%$ で次の査察を行うべきである．もし査察員が第 1 番目期間に査察をしなかったなら，次回の査察確率は $p(11,6) = 43\,\%$ となる，このようにして続く．

1 つの見地をここで多分触れるべきであろう，それは第 9 章に行くまで充分には考察されないし，真面目な (conscientious) 読者を悩ませてしまうかもしれない．ともあれ本書では，探知確率または利得としての探知時間を用いた零和ゲームのみを取り扱っている．Dresher のモデルは抽象的利得 (abstract payoffs)——von Neumann and Morgenstern (1947) のセンスでの効用——を用い，そのため零和の仮定が疑わしくなっている．探知された不法行為は，合法行為に比べて査察員と被査察者である**両プレイヤーにとって悪い**ものであることを，第 9 章で立証するであろう．Dresher の初期の零和バージョンは，このような考察を止めて後回しにすることおよび本章の基礎的大意 (basic tenor) と整合していることを我々に納得させる．さらにゲームの非零和バージョンは解析するにさらに困難なわけでも無いし，追加的な内部構造 (additional structural insight) を与えてくれるものでも無い．

最後に，Dresher の繰返しアプローチに対する幾つかの結論的な所見を述べよう，

---

*14 核分裂性物質の有意量は，しきたり通り 1 臨界質量である．ウランの場合，同位体 U-235 が ≥ 90 % に濃縮されたもので約 25 kg となる．

これはエレガントで明白に思える：

まず最初に，Kuhn (1953) が導入した**行動戦略** (behavioral strategies) の概念が適用出来るとの理由のみによって，それは良好に機能する．**完全記憶** (perfect recall)（これは両プレイヤー共に前の手を記憶しているゲームのこと）の展開形ゲームにおいて，混合戦略は行動戦略のシーケンスによって置換することが出来ることを Kuhn が示している．これらは，そのゲームの情報集合全てで両プレイヤーの行為が定義されている確率である．事実，上記で定義された $p(n,m)$, $q(n,m)$ は行動戦略である．

第2番目として，繰返しアプローチは，以下のことを要求する：各々の決定ノード (at each decision node) において結合情報集合 (joint information set) によって他のサブゲームと関係していないと定義される**サブゲーム** (subgame)（これは木の分岐を意味する）に従う．しかしながら，$n = 3$, $m = 1$ のケースで明らかなように，これは，Dresher のゲームのケース**とは違う**：もしもコントロールが行われなかったなら，査察員は被査察者が不法行為をしたか否かを知らない，さらに真の繰返しサブゲームは存在しない．幸いにもこのことで問題無い，もしも被査察者が不法行為を実際に行ったなら，そのゲームは**事実上** (de facto) 終わるからである．査察員が選択する如何なる戦略も彼の利得に影響しない，そのため結合情報集合をカットすることが出来，それはサブゲームとともに機能することが出来る．この繰返しアプローチは従って正当化できる．

第 6 章

グローバル抜取

Our life is frittered away by detail . . .
Simplify, simplify.
：我々の人生は詳細によって無駄に使われてしまう，
単純に，単純に．

— Henry David Thoreau[*1]

工業セクターの大部分での管理活動業務を与えられた査察員団は，基本的に大規模抜取問題 (large-scale sampling problem) に直面する．多くの場所が違反の潜在的脅威を供するかもしれない，そのため利用出来る査察資源の賢明な使用が求められるだろう．上述の全てで，優先順位 (priorities) が定められなければならない．

国際取り決め (international convention)[*2] を通じて化学兵器を消滅させる最近の試みの文脈中に重要な事例が有る．本章の 6.1 節は，新しく取り決められた化学兵器禁止条約 (Chemical Weapons Convention: CWC) に伴う最も困難な検証問題に焦点を当てている，言いかえれば，特に前駆物質 (precursors) と呼ばれる主要物質の大規模工業使用に含まれるものは，協定により活動コントロールで使用禁止とされてはいない．この考察は，資源配分問題の単純だがどちらかと言えば一般的解の開発で用いられている．

[*1] 訳註：　ヘンリー・デイヴィッド・ソロー (1917-1862)：アメリカ合衆国の作家・思想家・詩人・博物学者．

[*2] 訳註：　convention：1. 慣習，しきたり，2. 協定，3. 集会，大会，4.（トランプ）コンベンション，取り決め．

我々の説明において，我々は本気でソロー (Thoreau) を取ろう，全ての検証詳細は与えられた査察場所または可能性を有する‘違反経路’(violation paths) 独特の**先験**探知確率 (a priori detection probabilities) へ集めてしまおう．用語**グローバル抜取**，これは本章の題辞である，は取り扱われているモデルのクラスを特徴付ける意図で用いる．最初，全体探知確率 (overall detection probability) は単一最適化基準であり，被査察者の一部である合法行為のオプションは無視されるであろう．後の，6.2 節中で，個々の違法活動の魅力または重大であるとみなす主観的優先権を考慮したグローバル抜取 (global sampling) 理論の開発と適用を行う．これは我々にまず最初に合法行為と抑止の重要局面全てを詳細に検討することを許す．ここで検認責務を実行するための純粋な技術的委任契約 (mandate) を持つ査察当局の制約が現れるであろう．例えば，第 2 章の計数抜取 CFE 状況と比較される．6.3 節で，これらのアイデアは，異なる主権国のパーティへの協定に基づく資源配分問題に拡張される，そこでは n 人ゲームと出くわすことになろう．最後に，6.4 節で，技術的パラメータ対政治的パラメータに関する幾つかの一般的結論へ達する．

6.1 ルリタニアへの再訪

第 1 章のルリタニア (Ruritania) の例は，言うなれば最も小さく，単純にしすぎた．実際の国々の化学工業界は，開発途上国においてさえも，しばしば巨大なものである．

CWC 下での毒性化学物質の平和利用，それは Geneva での多年に亘る交渉の後の現在において成就された，が協定教書 (Convention text)（Conf. Disarm. (1993)，良好な説明資料として CWC (1993)，Herby (1992) および Mathews (1993) をも参照せよ）中で詳細かつ熟慮を以て取り扱われている．化学兵器薬品 (agents)[*3]とそれらの前駆物質 (precursors) はその協定の附属書の中に表掲載され，以下の通りグループ化されている：

- 附属書の表 (1)：猛毒の致死 (lethal) 化学物質，既に備蓄されてしまった限りにおいて段階的破壊が行われる，そうでなければ基本的に完全禁止であるもの．
- 附属書の表 (2)：‘二重使用’(dual use) の化学毒物と主要前駆物質，これは工業的適用品である，それらは CWC の目標に対する重篤なリスクを生むもの．
- 附属書の表 (3)：巨大な商業的生産量の化学品でかつ化学兵器の目的のために使用されるもの．

[*3] 訳註： agent：1. 代理人，代行者，2. 手先，スパイ，3. 作用物質，薬剤，4. 動作主，5. テレパシーを発する人．

予知される検証の程度は附属書の表 (schedule) から附属書の表へ変化する，勿論附属書の表 (1) が最も厳しい．附属書の表それ自身は，必然的に幾分か恣意的であり，実に厳しい交渉の主題であった．

6.1.1 染料とマスタードから成る[*4]

合意閾値を超えた附属書の表 (2) の生産，工程品または消費が報告されている施設および所在場所 (locations) への短時間通告 (short-notice) 通常査察は，禁止条約で要求されている．査察対象施設と査察強度は，参加諸国とその国々の化学工業業界の両方にとって最終的に受け入れ可能な妥協を表現している．主要前駆物質に対する査察活動は，数ある中で，禁止条約下で活動を禁止されている附属書の表 (2) の未転用を検証することが可能である．

そのような目的に合致させる問題は相当程度在り，そのため具体化することが助けとなる．附属書の表 (1) に記載された禁止薬品の 1 つは硫化マスタード (sulfur mustard) であり，その前駆物質の 1 つは，附属書の表 (2) に記載されている有機性化学チオジグリコール (thiodiglycol) である．この化学品に焦点を当てよう．チオジグリコール問題のさらに詳細な措置については Lundin (1991) を参照せよ．

チオジグリコール (thiodiglycol: TDG for short)[*5]は，潜在的および直接的の両方において多くの工業的応用を有している，それらを容易に区分出来ないが，合成ゴム (elastomers)，潤滑剤 (lubricants)，安定剤 (stabilizers)，インクおよび染料 (dyes) としての使用が含まれる．染料工程中での安定化のために TDG を使用する繊維工業は主要消費者の 1 つである．

他方，TDG からの硫化マスタード (sulfur mustard) の生産は，塩酸 (hydrochloric acid: HCl) との反応を伴う非常に単純な工程である（他の方法でのマスタードガス合成法が勿論存在する）．従ってこの物質は化学兵器禁止条約への本物のリスクと成る．

TDG 生産の工業規模の幾つかの工程が知られているものの，主流の工程は硫化水素 (hydrogen sulfide: HS) と酸化エチレン (ethylene oxide: C_2H_4O) の反応でチオジグリコールとメルカプトのエタノール (mercaptoethanol) の生産を伴う，それらの比率

[*4] 訳註： mústard gàs：マスタードガス，イペリット．硫化ジクロルジエチル (dichlorodiethyl sulfide)．激しい芥子臭を放ち強烈な刺激性および発泡性のある湯状の毒ガス；第一次大戦にドイツが Yapres で使用した．

[*5] 訳註： チオジグリコール：$HO\text{-}CH_2CH_2\text{-}S\text{-}CH_2CH_2\text{-}OH$ で表される化合物．インクジエットプリンターやボールペンのインクの溶媒として使われる．かってはマスタードガスの原料として使われたことがあり，化学兵器禁止条約の規制物質にも掲載されている．工業的に酸化エチレンと硫化水素の反応で生産されている．

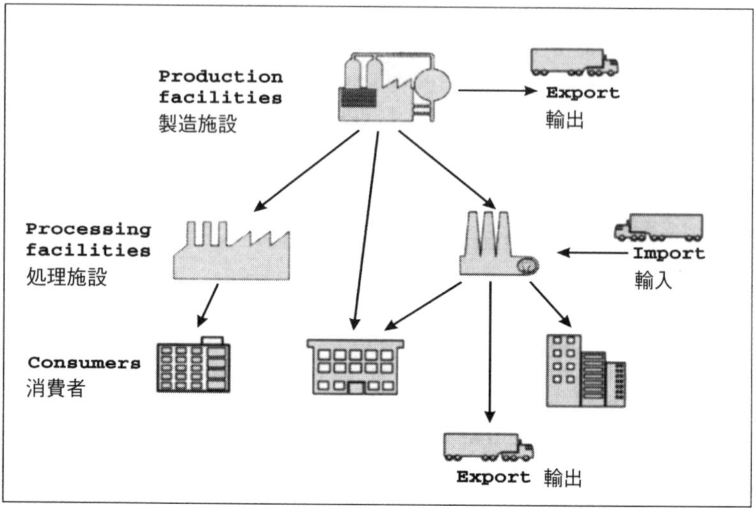

図 6.1　附属書の表 (2) 化学物質のライフ変遷史

は調整出来る工程パラメータにより決定されている．世界規模での TDG の大規模生産者の数は相対的に少ない；一方，その分布は無視できない（Mathews (1993) を参照せよ）．図 6.1 に国内に在る TDG のような附属書の表 (2) 化学物質の，製造から末端の使用まで，または輸出までのライフ・サイクルを図示した．附属書の表 (2) 化学物質分野の詳細な査察については未だ開発中であり，その検証規定 (verification provisions) は履行されていないため，関係する所在場所 (locations) 総数を推測することは極めて困難である．このことは恐らく先進工業国に対してさらに大きなものになるであろう．

6.1.2　グローバル抜取モデル

ルリタニアの解が今一般化される．第 1 章のように，与えられたロケーション（所在場所）において短時間通告通常査察に対する**先験的** (a priori) 探知確率は既知であるとの仮定を成して始めよう．これはチョットうぶ (naive) に聴こえるかもしれない：どのようにしてそのような確率の指定に取りかかれるのか? 実際には事はそんなに悪くない．製造およびプロセス施設に関する限りにおいて，簡単な物質収支検証スキームを目論むことが出来る（Avenhaus *et al.* (1992) および Trapp (1993) 参照），さらに

第 7 章に沿った定量的な拡張を描くことが出来る．消費者/末端の使用者側での不正使用または転用に対する探知確率の指定は疑いなくむしろ任意である．この件については後に触れることにしよう．

図 6.1 のロケーションからの未申告の即時製造または転用に対して，化学兵器禁止条約の違反可能性を有する K 個のロケーションまたは‘経路’(paths) の組（セット）を考えよう．探知の視点から最悪ケースのシナリオとして，違反のためにたった 1 つの経路（パス）が選ばれたと仮定しよう．勿論その違反が 1 つの経路よりも多くの経路へ分散させることは可能である．しかしながら合理的な仮定の下で，違犯者最適戦略のセンスにおいて，1 つの経路に限定して活動することが‘より良好である’(better) とを示すことが出来る（Avenhaus (1986)）．全く違反が起きないことも可能である，それは違犯者が不法行為を思いとどまったということだ．この可能性については 6.2.2 節で議論されるだろう，また後に第 9 章でも討議する．しかしながら，以下では違犯者は確信をもって行動を起こすと仮定している．

資源の制約から，または多分禁止条約の条件の下で，ロケーション/経路の部分集合 (subset) のみが幾つか与えられた参照期間 (given reference period) の範囲内で査察出来る．査察を経路の部分集合のみとする外部から課せられた制約以外の正当化の理由が在ることを手っとり早く示そう．そもそも経路 i が査察されたならば，そしてもしもその経路が違反のために選択されたとしたなら，違反の探知確率 $1-\beta_1$ は両方の団体に知らされていると仮定する．

以下において第 1 章のルリタニアの例で用いた記号と同じとし，査察された経路の数を k とし，ここでは k は今，整数であると我々は主張する．違犯者による i 番目の経路を選択する確率は q_i であり，査察のために経路を選択する確率は p_i である，境界条件を伴い，

$$0 \leq q_i \leq 1 \text{ and } 0 \leq p_i \leq 1 \quad \text{for } i = 1 \ldots K$$

となる．1 つの経路が確信を持って違犯者により選択されるだろうから，明らかに彼の選択確率は以下の条件を満足する，

$$\sum_{i=1}^{K} q_i = 1$$

である．なのに査察員の選択確率は下式に従わなければならない，

$$\sum_{i=1}^{K} p_i = k$$

この式は明確さで劣るが，以下のことから理解出来る：

$\tilde{p}_j$ を k 個経路の j 番目の組の査察される確率としよう，それらは全部で $\binom{K}{k}$ 通りの組が在る（2 項係数は第 2 章で導入されている）．それで，

$$\sum_{j=1}^{\binom{K}{k}} \tilde{p}_j = 1.$$

i 番目経路が査察される確率 p_i は下式で与えられる，

$$p_i = \sum_{j \in P_i} \tilde{p}_j, \quad i = 1 \ldots K, \tag{6.1}$$

ここで和は，i 番目経路が含まれている経路 P_i 組に亘る，それらは $\binom{K-1}{k-1}$ 通りの組が在る．もしも各々の p_i に対する上述の和の全てを作表したなら，与えられた $\tilde{p}_j$ が正確に k 回現れることになる，従ってその組全てに k 個の経路が含まれる．それ故，

$$\sum_{i=1}^{K} p_i = k \cdot \sum_{j=1}^{\binom{K}{k}} \tilde{p}_j = k.$$

通常，経路 i での査察活動は，誤警報 (false alarm) または第 1 種過誤 (error of the first kind) を生じさせるものだ，それを我々は α_i と呼んでいる．このパラメータは査察員団の制御下に在り，ここでは誤警報確率は K 個の経路全てで等しくするものと仮定しよう，

$$\alpha_1 = \alpha_2 = \cdots = \alpha_K = \alpha.$$

そこで j 番目経路で違犯者の選択した条件付き未探知確率は，総確率の定理に従って，以下の式で与えられる，

$$\beta^{(j)} = \beta_j (1 - \alpha)^{k-1} p_j + (1 - \alpha)^k (1 - p_j), \quad j = 1 \ldots K,$$

これを言葉で表せば：

（j 番目経路の確率**掛ける**他で起きる非誤警報確率**掛ける**査察員団が j 番目経路を査察する確率）**プラス**（どの査察でも起きる非誤警報確率**掛ける**査察において j 番目経路を選択しない確率）．

誤警報確率の役割明記：査察を受けない違反経路を選択したとしてさえも，査察を受けた経路で誤警報に依る探知が成されるかもしれない．このチョットの邪悪さ (perversity) は，最初のレベルにおいて真と誤警報の間を分けることが検証手順では出来ないという事実の除去不能な帰結である．

未探知確率の無条件確率 (unconditional probability) は重み付けされた和で表現される，

$$\beta = \sum_j \beta^{(j)} q_j$$

または，$\beta^{(j)}$ の上記表現を用いて，

$$\beta = \sum_j \left[\beta_j (1-\alpha)^{k-1} p_j + (1-\alpha)^k (1-p_j)\right] q_j.$$

再配置の後，下式を得る，

$$\beta = (1-\alpha)^{k-1} \left(\sum_j (\beta_j + \alpha - 1) p_j q_j + 1 - \alpha \right). \tag{6.2}$$

k 個の査察に随伴している総誤警報確率 α_T は下式によって与えられることから，

$$1 - \alpha_T = (1-\alpha)^k, \tag{6.3}$$

(6.2) 式が再配置出来て，下式を得る，

$$1 - \beta - \alpha_T = (1-\alpha_T)^{1-1/k} \cdot \sum_{j=1}^{K} (1 - \beta_j - \alpha)\, p_j\, q_j. \tag{6.4}$$

本書の精神として正に実直に，全てをチョットばかり良好な 2 人零和ゲームへと纏めよう．査察の組（セット）は，

$$X = \{(p_1, \ldots, p_n) \,|\, 0 \le p_i \le 1,\ i = 1 \ldots K,\ \sum_i p_i = k,\ 1 \le k \le K\}, \tag{6.5}$$

違反戦略の組は，

$$Y = \{(q_1, \ldots, q_n) \,|\, 0 \le q_i \le 1,\ i = 1 \ldots K,\ \sum_i q_i = 1\}, \tag{6.6}$$

であり，査察員団への利得は，(6.4) 式与えられる総探知確率 $1-\beta$ である．誤警警報確率 α（従って α_T である）は外部境界条件である．その値の選択の仕方については第 9 章でさらに上手く取り扱われる．

この利得関数がかえって複雑であることを考えると，我々が第 1 章で遭遇した特別ケースとして，このゲームは解析解を有することに驚きは一層強まる．それを定理として示そう，

定理 6.1　2 人，零和ゲーム $(X, Y, 1-\beta)$ を考えよう，ここで査察と違反戦略の組（セット）は (6.5) 式と (6.6) 式で各々与えられている，利得 $1–\beta$ は (6.4) 式と $1–\beta_i$, $i = 1 \ldots K$ および k, α として与えられた値と伴に与えられている．一般性を失わずに，n 個の違法経路の順序は，

$$0 \leq 1-\beta_1-\alpha \leq 1-\beta_2-\alpha \leq \cdots \leq 1-\beta_K-\alpha$$

である．k に対し下記の不等式を満足する，

$$\frac{k}{1-\beta_1-\alpha} \leq \sum_{i=1}^{K} \frac{1}{1-\beta_i-\alpha}, \tag{6.7}$$

その保証探知確率 $1-\beta^*$ は下式によって与えられる

$$\frac{(1-\alpha_T)^{1-1/k}}{1-\beta^*-\alpha_T} = \frac{1}{k} \cdot \sum_{i=1}^{K} \frac{1}{1-\beta_i-\alpha}, \tag{6.8}$$

および最適査察戦略と最適違法戦略は

$$p_i^* = kq_i^* = \frac{1-\beta^*-\alpha_T}{(1-\alpha_T)^{1-1/k}} \cdot \frac{1}{1-\beta_i-\alpha}, \quad i = 1 \ldots K \tag{6.9}$$

によって与えられる．k の値がさらに大きい場合，保証探知確率は，

$$1-\beta^* = (1-\alpha_T)^{1-1/k} \cdot \beta_1 \tag{6.10}$$

であり，その最適違法戦略は，

$$q^* = (1, 0, \ldots, 0)$$

である．k がさらに大きい場合，査察員の最適戦略 p^* は幾らか込み入っている，さらに唯一解を持たない．これの詳細については Avenhaus and Canty (1988) で論じられている．

用法 (Usage)：経路特定化探知確率 $1-\beta_i$ と境界条件 k と α を決定する．もしも (6.7) 不等式が満足しているなら，最適査察確率 p_i^*, $i = 1 \ldots k$ は (6.9) 式で与えられる．別のやり方は Avenhaus and Canty (1988) の中に見出される．前者の場合，保証探知確率は (6.8) 式で与えられている，後者の場合は (6.10) 式である．p_i^* と (6.1) 式の $\tilde{p}_i$ 間の関係に関する以下の証明の議論を参照せよ．

証明：　定理の最初の部分の証明のみを与えよう，それは k に対して条件 (5.7) 式を満足していることである．鞍点基準（(1.7) 式を思い起こすこと）は，ベクトル表示で，

$$\beta(\boldsymbol{p}^*, \boldsymbol{q}) \le \beta(\boldsymbol{p}^*, \boldsymbol{q}^*) \le \beta(\boldsymbol{p}, \boldsymbol{q}^*) \quad \text{for all } \boldsymbol{p}, \boldsymbol{q}$$

であり，さらに有用に記載するなら，

$$\frac{1 - \beta(\boldsymbol{p}, \boldsymbol{q}^*) - \alpha_T}{(1 - \alpha_T)^{1-1/k}} \le \frac{1 - \beta(\boldsymbol{p}^*, \boldsymbol{q}^*) - \alpha_T}{(1 - \alpha_T)^{1-1/k}} \le \frac{1 - \beta(\boldsymbol{p}^*, \boldsymbol{q}) - \alpha_T}{(1 - \alpha_T)^{1-1/k}}$$

である．(6.4) 式の助けを借りて，$\beta^* = \beta(\boldsymbol{p}^*, \boldsymbol{q}^*)$ と記載すると，それらは

$$\sum_j (1 - \beta_j - \alpha) p_j^* q_j \le \frac{1 - \beta^* - \alpha_T}{(1 - \alpha_T)^{1-1/k}} \le (1 - \beta_j - \alpha) p_j q_j^*$$

と成る．しかし (6.9) 式から，両側で等号が保持されていることが直ちに解かる．以前にしばしば見たように，彼の敵手と異なるものとして彼自身の戦略の選択を成す戦略を各々の側が選択する．

最適戦略の正規化も容易に実証される．$p_i^* \le 1,\ i = 1 \ldots k$ が示されているので，以下の式のみを示す，

$$\frac{1}{1 - \beta_i - \alpha_T} \le \frac{(1 - \alpha_T)^{1-1/k}}{1 - \beta^* - \alpha_T}, \quad i = 1 \ldots K.$$

ここで，(6.8) 式を伴い，この式は，以下と等しい，

$$\frac{k}{1 - \beta_i - \alpha_i} \le \sum_i \frac{1}{1 - \beta_i - \alpha}, \quad i = 1 \ldots K$$

または，順序仮定 (ordering assumption) から

$$\frac{k}{1 - \beta_1 - \alpha_i} \le \sum_i \frac{1}{1 - \beta_i - \alpha}, \quad i = 1 \ldots K,$$

これは，丁度 (6.7) 式である．　□

この**先験的**未探知確率の全てが等しい，言わば $\beta_i = \beta_1$ であるなら，この状況は取り分け単純となる．従って，(6.9) 式から，

$$p_i^* = k q_i^* = \frac{k}{K}, \quad i = 1 \ldots n$$

を得る，それ故，(6.2) 式から，

$$\beta^* = \frac{k}{K} \cdot \beta_1 \cdot (1 - \alpha)^{k-1} + (1 - \frac{k}{K}) \cdot (1 - \alpha)^k \tag{6.11}$$

を得る．この関係式は全くゲーム理論の範囲外で得ることが出来る：違反のために選択される経路は査察のために確率 k/K で選択されるか，確率 $1 - k/K$ で選択されな

表 6.1 $K = 4, k = 2$ 行列ゲーム

査察員	被査察者			
	1	2	3	4
(1,2)	$\beta_1(1-\alpha)$	$\beta_2(1-\alpha)$	$(1-\alpha)^2$	$(1-\alpha)^2$
(1,3)	$\beta_1(1-\alpha)$	$(1-\alpha)^2$	$\beta_3(1-\alpha)$	$(1-\alpha)^2$
(1,4)	$\beta_1(1-\alpha)$	$(1-\alpha)^2$	$(1-\alpha)^2$	$\beta_4(1-\alpha)$
(2,3)	$(1-\alpha)^2$	$\beta_2(1-\alpha)$	$\beta_3(1-\alpha)$	$(1-\alpha)^2$
(2,4)	$(1-\alpha)^2$	$\beta_2(1-\alpha)$	$(1-\alpha)^2$	$\beta_4(1-\alpha)$
(3,4)	$(1-\alpha)^2$	$(1-\alpha)^2$	$\beta_3(1-\alpha)$	$\beta_4(1-\alpha)$

い．前者の場合，条件付き未探知確率は $\beta_1(1-\alpha)^{k-1}$ であり，後者の場合は $(1-\alpha)^k$ である．総確率の定理は，従って (6.11) 式を導く．

p_i^* と (6.1) 式の $\tilde{p}_i$ 間の関係に戻ろう．最適査察計画を実行するのに実際必要であるのは後者の確率である．実際，我々が有限零和ゲーム，言い換えれば有限な多くの純粋戦略を伴う零和ゲーム，に沿って取り扱っていることを読者は気が付くかもしれない．そのようなゲームは常に行列表現を有し，線形プログラミング (linear programming) を用いて数値的に解くことが出来る，例えばシンプレックス法 (simplex method) を伴い（Fryer (1978)）．我々は，この技法を 5.1.3 節で既に出くわしている．表 6.1 に例として $K = 4$ と $k = 2$ に対する行列ゲームが与えられている，第 1 列は査察員の純粋戦略，第 1 行は被査察者の純粋戦略を示す．その行列要素は，誤警報確率の補正を用いての各々の純粋組合せの未探知確率である．

混合戦略に関して上述ゲームの解は，最適査察確率 $\tilde{p}_i$, $i = 1 \ldots \binom{4}{2} = 6$ を直接与える．これらの均衡戦略はユニークに決められないことが判る．期待利得を書き下すなら，(6.1) 式を通じて定理 6.1 の p_i に関する表現が可能であることに気がつく．定理 6.1 を適用し，それから未定システム (6.1) 式の任意解を採るか徹頭徹尾にその行列ゲームを単純に解くかは，従って重要でない．

いずれの場合でも，$\tilde{p}_i$ の決定は事実，数値に禁止かもしれない．実際上も容易に起きえる状況である $K = 100$ と $k = 50$ の例では，そのゲーム行列は $10^{29} \times 100$ 次元より成る．スーパー・コンピュータがそれを解く時までに実に，査察員と彼の信奉者全てが以前から長期間面倒をみることであろう．そのような場合，直接的に p_i^* の使用を勧告する，これは i 番目経路を確率 p_i^*, $i = 1 \ldots K$ の単純査察である．査察される経路の**期待数**は k によってのみ与えられていることをこれは意味する．査察戦略の実

現化において，経路無し，経路全部，またはその間の任意の数が査察される．それにもかかわらず，保証探知確率は同一であり，(6.8) 式によって与えられている．

これは微妙な点 (subtle point) であり，それをオリジナルのルリタニアの $K = 2$ ロケーションの例題で説明することには価値がある．$k = 1$ の査察に対し，条件 $p_1 + p_2 = 1$ はあいまいである，それ故，基本的ランダム実験がさらに詳細に明示されなければならない．1 つは，査察員が 1 つのロケーションを詳細に訪問するという仮定をする，このケースでは 2 つのロケーションの中から**単一**実験を遂行するものを選択する（これには $p_1 : 1 - p_1$ に従って分けたルーレットの輪を用いる）．もう 1 つはその 2 つのロケーションがお互いに独立に確率 p_1 と p_2 で査察されると仮定されている．これらの**いずれか一方**とする．この **2 つの**独立実験が実行される，例えば $p_i : 1 - p_i$ for $i = 1, 2$ に従って分けた 2 つのルーレットの輪を用いて．精確には 1 つのロケーションで確実に違反する被査察者は，前者の実験を遂行する．

6.1.3 数値例

例えば TDG 化学物質を製造し配置している国内での TDG の転用または不正使用を探知するためのグローバル抜取を決定するために，定理 6.1 を原理的に使うことが出来る．しかしながらこの定理の公式化において，その全ての経路が同じ誤警報確率を伴うものと我々は仮定した．実際は，誤警報確率を導かねばならないような幾つかの経路と査察活動に出くわすことが有る，例えば測定過程で正確さ (accuracy) と精度 (precision) が既知である結果を導く時，一方，他の活動，これはアイテムの同定活動 (item identification)，監視記録のレビュー，整合性確認，では誤警報確率は皆無である．そのような状況を正しく取り扱い，かつ我々のモデルに納まらせるために，以下の方法へと進ませることが出来る．K 経路の K_1 は査察活動に伴うものとしよう，この査察活動は，全ての K_1 経路に対し同じ確率 $\alpha > 0$ *6を伴う誤警報を生成させる．残りの活動 $K_2 = K - K_1$ 経路は誤警報を発生させない．ここで，もし k 経路が査察のため選択されるなら，k_1 は第 1 番目クラスに在り，$k_2 = k - k_1$ は第 2 番目クラスに在る，従って k_1 の許容値は，

$$\max[0,\ k - K + K_1] \le k_1 \le \min[k,\ K_1]$$

である．$\tilde{q}$ を違犯者が K_1 経路の 1 つを選ぶ確率としよう，2 つのクラスの固定 k_1 と k_2 に対する鞍点解をそれぞれ $\beta^{*(1)}$ と $\beta^{*(2)}$ とする．（第 1 番目クラスでは $k = k_1$ に

*6 査察員は彼の適切な意思決定閾値を調節することによって誤警報確率をアレンジすることが出来る．

セットし，第2番目クラスでは $k = k_2$ と $\alpha = 0$ にセットして (6.8) 式，(6.10) 式からこれらを得る．）従って，総保証未探知確率は簡単に[*7]

$$\beta^*(k) = \min_{k_1} \max_{\tilde{q}} [\tilde{q} \cdot \beta^{*(1)} + (1 - \tilde{q}) \cdot \beta^{*(2)} \cdot (1 - \alpha_T)]$$

となる．そのカッコ [ ] 内の量は $\tilde{q}$ に線形であるため，下式と等価である，

$$\beta^*(k) = \min_{k_1} \max[\beta^{*(1)}, \beta^{*(2)} \cdot (1 - \alpha_T)]. \tag{6.12}$$

このハイブリッド・ゲームは k_1 の許容値を通じて k_1 に関する最小を見つけ出すまでコンピュータを使用して段階的に容易に解くことが出来る．

さて，K 経路の**先験** (a priori) 探知確率を決めるややこしい (ticklish) 問題へ戻ろう．

言うならば TDG の存在が報告された i 番目の場所（ロケーション）でのオン・サイト査察の主要目的は，そのロケーションにおいて，適切と思われる手段により物質会計 (material accountancy) システムの妥当性を検証することである，これを行うため，および異常や不一致が無い時に，その物質会計システムによって供給されたデータは査察員団により正しいものとして了承され，かつそのサイトの物質収支 (material balance) を閉じるために使用されるだろう．さらにより詳細な手順については次の2章で話すことになる．違反（転用，不法な生産）を探知する検証された会計システムの性能は，その時，その i 番目サイトでのその探知確率 $1 - \beta_i$ の決定である．

サイト固有 (site-specific) 探知確率計算は，統計検定問題と成る．サイト i での測定物質収支は既知分散 σ_i^2 を伴う正規分布と仮定した，物質の流れと在庫のバルク決定 (bulk determination) を基礎とした物質会計システムにおいて，物質の有意量 μ の損失または未報告生産に対する探知確率または誤警報確率は，

$$1 - \beta_i = \phi\left(\frac{\mu}{\sigma_i} - U(1 - \alpha)\right), \quad \alpha_i = \alpha \quad \text{for } i = 1 \ldots K_1 \tag{6.13}$$

ここで ϕ は正規分布関数，U はその逆関数，α は望まれる誤警報確率である．有意量，探知確率，閉じられた物質収支の分散の間の基礎的な関連については，次章で詳細な議論を行う．

貯蔵施設またはエンド・ユーザーは，測定訴求排除のもと，アイテム・ベースでの彼らの貯蔵品の会計報告 (account for) を行うかもしれない．あるいは，静的在庫

[*7] 誤警報確率の役割を再度明記する：もしも違犯が経路 $i \in K_2$ を介して起き，探知されなかったとしても，K_1 内の経路の査察によって生じた誤警報により‘探知される’かもしれない．

は封印下またはカメラ監視下で長期間維持されるだろう．いずれの場合でも，収支 (balance) の不確定さはゼロである，被検証収支の探知確率は 1 である．統計学的誤警報は従って排除されて，以下の単純な式を得る，

$$1 - \beta_i = 1,\ \alpha_i = 0 \quad \text{for } i = K_1 + 1 \ldots K. \tag{6.14}$$

それで，オン・サイト査察手順の性質についての幾つかの疑う余地もない大胆な仮定 (admittedly bold assumptions) を伴い，ハイブリッド・グローバル抜取モデル (6.12) 式の適用に対する条件を我々は満足させる．このモデルのパラメータは今や：

(i) TDG の製造，工程または消費されている場所（ロケーション）の数 K,
(ii) その国内の TDG ロケーションの年間通常オン・サイト査察の平均数 k,
(iii) 査察が誤警報を生起出来る K_1 ロケーションの数,
(iv) 転用または不正使用が有意であると考えられている TDG の量 μ,
(v) サイト固有の物質収支の不確定さ σ_i, $i = 1 \ldots K_1$,
(vi) 全体としてその国の総誤警報確率 α_T,

である．クラス K_1 内で抜取されたサイトの数 k_1 はパラメタでは無いことを明記しておこう，しかし (6.12) 式での最適化計算で現れる．

表 6.2　入力データの組

ロケーション	σ_i/μ	労力
1-2	0.7	3
3-4	0.5	3
5	0.3	3
6-15	0.0	1

このモデルに対応する仮説的入力データの組（セット）を表 6.2 に示す．物質収支の精度 σ_i は μ の単位で与えられる．これは都合が良い，なぜなら著者はチオジグリコールの 1 有意量の絶対値をそこに置くことは非常に困難なのだから．それでもやはりそのような基準の幾つかは査察員団により決められるべきであろう，内部のみかもしれないが．表中の労力は査察人・日のような適切な単位である．2 施設は大きな収支不確定さ（μ との相対比）を有している，そして主要 TDG 製造工場として考えるべきである．$K = 15$ ロケーションの 10 はアイテム会計のみが使用されると見える，これは $\sigma_i = 0$ であるから，(6.14) 式のように $1 - \beta_i = 1$, $\alpha_i = 0$ である．残り 3

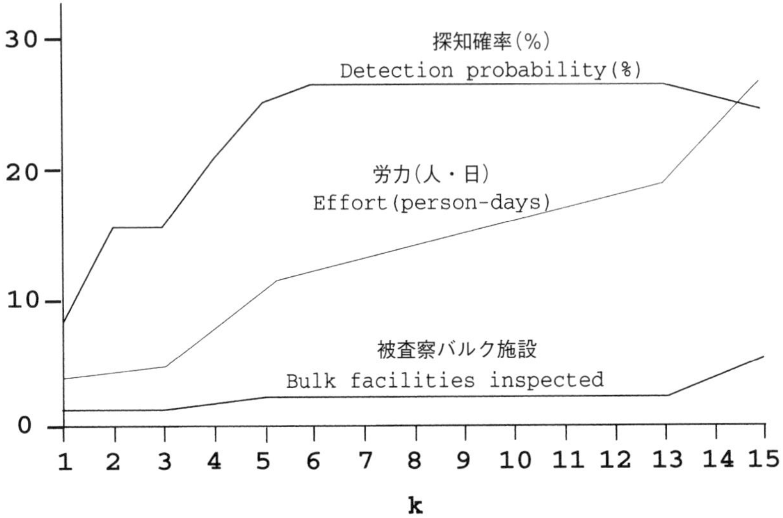

図6.2 k に対する解の依存性．総誤警報確率 α_T は参照期間，これは1カレンダー年，に対して5％と固定されている

ロケーションは物質収支の中間的不確定さを有する，これはオリジナル生産物質のより小さな尺度の工程である．図6.2は，サンプル・サイズ k を関数とした，鞍点探知確率 $1-\beta^*$ のプロットを示す．サンプル中の‘誤警報’サイトの数 k_1 と要求される総検認労力もまたプロット中に示されている．

図中でそれを超えると査察の有効性がもはや増加しない臨界値 k が存在していることを見て取れる（鞍点探知確率），そして事実，その探知確率はやがて減少する．このことは直観的道理にかなっている，査察員団が一般的に労力をいっそう費やす，取り分けアイテム・ロケーションにおいてなら，違犯者の最適戦略はバルク会計施設 (bulk accountancy facilities) をさらに一層高い確率で選択する，結局，確率1でもって最も低い $1-\beta_i$ 値を伴う施設を選択することである．この最低値が達成可能な最大保証探知確率を決める（(6.10) 式を見よ）．査察員団が誤警報が生起され得るロケーションへのさらに多くの査察を要求し更なる労力を投じると，総誤警報確率を固定する制約は均衡探知確率を実際的に低下させる．このことは k_1 増加に伴い個々の誤警報確率がさらに小さくするということである（(6.3) 式を見よ），それは物質収支検定閾値の上昇を要求する：この検定は鈍感となる．

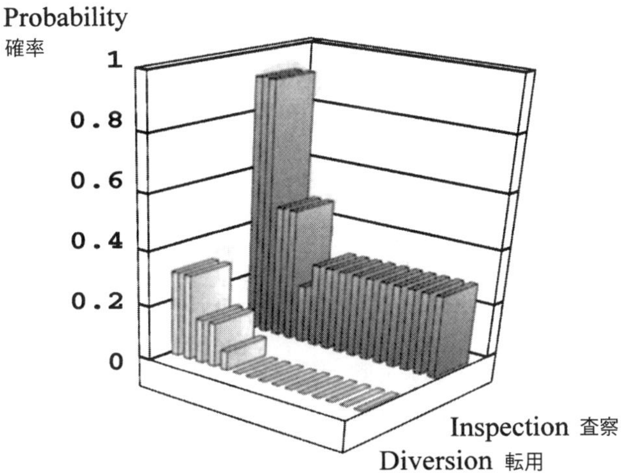

図 6.3 $k = 6$ に対する最適戦略

査察労力が浪費されることを超える最適抜取数 k が通常存在すると認識することは重要である；さらなる多数の査察数によって，より大きな探知可能性をもたらすものでは無い．図 6.2 から $k \approx 6$ が最適であり，これに対応する鞍点査察と転用戦略を図 6.3 に示す．労力は‘最もセンシティブ’なロケーションに集中される，それは違反の探知が最も困難なサイトである，しかし全てのサイトは有限確率の査察を受ける．このようなケースで無いなら，勿論決して査察されないサイトを選択することにより簡単無難 (impunity simply) に違反を遂行出来る．

6.2 政治問題への技術解

本書の現在までに，探知確率と探知時間のような客観的 (objective) または‘技術的’最適化基準と呼ばれるべきものを完璧な基礎とする解を我々は示した．例えば，定理 6.1 の基礎的違反経路はそれらの随伴する探知確率と誤警報確率により特徴付けられた．抑止措置と合法行為のオプションが，我々も明示的に被査察者の**モチベーション** (motivations) のモデル化を要求する．主観的効用属性 (attributing subjective utilities) は，特に査察される側にとって，技術的配慮とは反対に部分的な政治的配慮を意味する．

本節では，探知確率が独立である不正使用に対する誘因の程度がまちまちと見なされるロケーション/経路の主観的評価を検討しよう．潜在的違犯者 (potential violator) がそのようなアセスメントで実行し，査察員団 (inspectorate) もそれを再構築出来ると仮定することは理に適う．そのような状況の具体例は CFE 議論の中で生じている：隣接国境または輸送センターに近い場所のように，異なるロケーションは未申告機材の隠匿に関する異なる利益を示す．

6.2.1 主観主義の扱い

主観主義 (subjectivity) は新たな要素である，これについては第 9 章でさらに拡張して取り扱う．ここでは，管理可能さを維持するため，我々は計数抜取（誤警報の可能性無し）および定理 6.1 の用語で単一経路 $k = 1$ 査察の考察のみに限定しよう．定理 6.1 のように，全ての経路が同じ誤警報確率を有するものの，計量抜取への一般化は実際，極めてわかりやすい．6.2.3 節で，この $k = 1$ 要求が，制約的では無いように思われることを示そう．

ここでもう一度 K 経路を考え，査察員は査察のために正確に 1 つの経路を選択すると仮定しよう．前のように，不法行為を選択する被査察者は，やっぱり 1 つの経路に集中することでそれを実行する．もしも査察と違反が i 番目経路で一致したなら，探知確率は $1 - \beta_i$, $i = 1 \ldots K$ である，そうでない場合では，それはゼロになる．前のモデルとは異なり，誤警報の可能性は無い．

（査察員，被査察者）への利得——von Neumann and Morgenstern (1947) のセンスでの**効用** (utilities)——は下式によって与えられるとする，

$$\begin{array}{rl} (-a_i, -b_i) & i\text{ 番目経路で違反が探知されるならば} \\ (-c_i, d_i) & i\text{ 番目経路で違反が探知されないならば} \\ (0, 0) & \text{違反が存在して無いならば} \end{array} \tag{6.15}$$

以下の合理的仮定を伴って，

$$0 < a_i < c_i, \quad 0 < b_i, \quad 0 < d_i, \quad i = 1 \ldots K. \tag{6.16}$$

与えられた違反経路 i に対し，利得 a_i, b_i, c_i, d_i は両プレーヤーの主観的好みの反映である．仮定 $a_i > 0$ は査察員の最高優先度が不法行為の探知ではなく，むしろ違反の**抑止** (deterrence) を意味する．勿論，査察員の最悪結果は未探知である，そのため $a_i < c_i$ である．荒っぽく言うなら，さらに物事は政治的になるこの場所では，b_i は探知された結果の被査察者の取立高 (perception) である（制裁：sanctions），それにもかかわらず d_i が彼の違反への誘因 (incentive) である．

決定理論解析は，効用パラメータ 4 組 a_i, b_i, c_i, d_i の定義を要求する，他方，我々は経路の 1 つの魅力スカラー順位 (scalar ranking of the attractiveness) を心に描くのみである，これは d_i のみである．これを如何にして解くかをチョット見てみよう．

この問題は，今や査察員（プレイヤー 1）と被査察者（プレイヤー 2）間の非協力・**非零和**ゲームとしてモデル化される．査察戦略の P 組は，i 番目経路の査察に対する確率の組 p_i, $i = 1 \ldots K$ である

$$P := \{(p_1 \ldots p_K) \mid 0 \leq p_i \leq 1, \sum_i p_i = 1\}. \tag{6.17}$$

今，被査察者の非合法戦略のみを考えよう．これは i 番目経路の違反に対する確率の組 q_i, $i = 1 \ldots K$ である，

$$Q := \{(q_1 \ldots q_K) \mid 0 \leq q_i \leq 1, \sum_i q_i = 1\}. \tag{6.18}$$

この**期待利得**は以下の通り決定される：

もしも査察と違反が j 番目経路で一致するなら，被査察者期待利得は

$$d_j \cdot \beta_j - b_j \cdot (1 - \beta_j) \quad \text{for } j = 1 \ldots K,$$

ここで，もしも違反が i 番目経路，$i \neq j$ なら，それは単純な d_j になる．従って被査察者の期待利得は，査察される j 番目経路条件付きで，

$$\sum_{i \neq j} d_i q_i + (d_j \beta_j - b_j(1 - \beta_j))\, q_j$$

である．非条件付き期待利得は従って，

$$\begin{aligned}
E_2(\boldsymbol{p}, \boldsymbol{q}) &= \sum_j \left(\sum_{i \neq j} d_i q_i + (d_j \beta_j - b_j (1 - \beta_j)) q_j \right) p_j \\
&= \sum_j \left(\sum_i d_i q_i - d_j q_j + (d_j \beta_j - b_j (1 - \beta_j)) q_j \right) p_j \\
&= \sum_i d_i q_i \left(\sum_j p_j \right) + \sum_j \Big(-d_j q_j + \big(d_j \beta_j - b_j (1 - \beta_j) \big)\, q_j \Big) p_j \\
&= \sum_i d_i q_i + \sum_j -(b_j + d_j)(1 - \beta_j)\, q_j p_j,
\end{aligned}$$

または，第 2 番目の合計指標の名前を改め，

$$E_2(\boldsymbol{p}, \boldsymbol{q}) = \sum_i \big(d_i\, q_i - (b_i + d_i)(1 - \beta_i)\, q_i p_i \big). \tag{6.19}$$

同様に，査察員の期待利得は，下式により与えられる，

$$E_1(\boldsymbol{p},\boldsymbol{q}) = \sum_i \Big(-c_i\, q_i + (c_i - a_i)(1-\beta_i)\, q_i p_i\Big). \tag{6.20}$$

定理に従って，非協力ゲーム (non-cooperative game) (P, Q, E_1, E_2) の解が与えられ，証明される．その証明は若干長いものの，極めて素直である．通常の非協力ゲームの均衡を確立させるためにどの様にして行うかを説明するために喜んでその全てを示そう．読者は，鉛筆を取り，紙を用意し，深呼吸をして突進へと掻き立てられる．

先へ進む前に，その定理は言わば定理 6.1 の一般化になることを強調しておこう．以下の事実に対して，

$$d_i = c_i = 1, \quad a_i = b_i = 0$$

(6.19) 式と (6.20) 式から

$$E_1(\boldsymbol{p},\boldsymbol{q}) = -1 + \sum_i (1-\beta_i)\, q_i p_i = -E_2(\boldsymbol{p},\boldsymbol{q})$$

を得る，または -1 を加えて，丁度 $k=1, \alpha=0$ を伴う定理 6.1 の零和ゲームの利得である．

定理 6.2 (6.17) 式と (6.18) 式により与えられた戦略の組 P と Q を伴う非協力 2 人ゲーム (P, Q, E_1, E_2) および各々 (6.20) 式と (6.19) 式で与えられる期待利得 E_1 と E_2 を考えよう，さらに一般性を失わずに，経路は順位付けされる，

$$d_1 \ge d_2 \ge \cdots \ge d_K. \tag{6.21}$$

下記を定義し，

$$A_1 := (b_i + d_i)(1-\beta_i) > 0 \quad \text{and}$$
$$B_1 := (c_i - a_i)(1-\beta_i) > 0$$

$k,\ 1 \le k \le K$ を選択して，[*8]

$$\sum_{j=1}^{k-1} \frac{d_J - d_k}{A_j} \le 1 \tag{6.22}$$

[*8] この k は定理 6.1 の k とは混同しない．ここでは被査察者の効用 b_i と d_i により，および探知確率 $1-\beta_i$ によってユニークに決定される，カット・オフのルールとして振舞う．もしも (6.23) 式は $k=1$ に対して満足されているならば，(6.22) 式は省くことが出来る，一方でもしも (6.22) 式が $k=K$ で満足されているならば，(6.23) 式は省略出来る．

および

$$\sum_{j=1}^{k} \frac{d_J - d_{k+1}}{A_j} \geq 1 \tag{6.23}$$

となる．従って査察員の均衡利得 (equilibrium payoff) $E_1^* = E_1(\boldsymbol{p}^*, \boldsymbol{q}^*)$ は下式によって与えられる，

$$\sum_{i=1}^{k} \frac{c^* + E_1^*}{B_i} = 1 \tag{6.24}$$

ここで c^* は下式で定義され，

$$c^* := \sum_{j=1}^{k} c_j \cdot q_j^* \tag{6.25}$$

下式により決定される，

$$\sum_{i=1}^{k} \frac{c^* - c_i}{B_i} = 0. \tag{6.26}$$

被査察者の均衡利得 (equilibrium payoff) $E_2^* = E_2(\boldsymbol{p}^*, \boldsymbol{q}^*)$ は下式で与えられる，

$$\sum_{i=1}^{k} \frac{d_i - E_2^*}{A_i} = 1 \tag{6.27}$$

査察員と被査察者の均衡戦略は

$$p_i^* = \frac{d_i - E_2^*}{A_i} \quad \text{for } i = 1 \ldots k, \quad \text{それ以外は} 0 \tag{6.28}$$

と

$$q_i^* = \frac{c^* + E_1^*}{B_i} \quad \text{for } i = 1 \ldots k, \quad \text{それ以外は} 0 \tag{6.29}$$

である．さらに

$$d_{k+1} \leq E_2^* \leq d_k \text{ for } k < K, \quad E_2^* \leq d_k \text{ for } k = K \tag{6.30}$$

である．

証明：　パラメータ A_i と d_i, $i = 1 \ldots K$ の条件 (6.22) 式と (6.23) 式が完全にパラメータ空間を使い尽くすことの証明から始めよう，言い換えれば解が完全であることを証明しよう．終わり

になるまで，我々はこの 2 つの条件を下記形式で書く，

$$\frac{d_1 - d_k}{A_1} \leq 1 - \sum_{j=2}^{k-1} \frac{d_j - d_k}{A_j} \tag{6.31}$$

$$\frac{d_1 - d_{k+1}}{A_1} \geq 1 - \sum_{j=2}^{k} \frac{d_j - d_{k+1}}{A_j} \tag{6.32}$$

それらは，賦課順位 (6.21) 式の理由から許容されている．等価なものとして，

$$A_1 + d_{k+1} - A_1 \cdot \sum_{J=2}^{k} \frac{d_j - d_{k+1}}{A_j} \leq d_1 \leq A_1 + d_k - A_1 \cdot \sum_{j=2}^{k-1} \frac{d_j - d_k}{A_j}. \tag{6.33}$$

従って下式が満足することが示される，

$$A_1 + d_{k+1} - A_1 \cdot \sum_{J=2}^{k} \frac{d_j - d_{k+1}}{A_j} \leq A_1 + d_k - A_1 \cdot \sum_{j=2}^{k-1} \frac{d_j - d_k}{A_j}, \tag{6.34}$$

は条件 (6.22) 式と (6.23) 式は，0 から ∞ までの完全な間隔での d_1 スパンで等価となる．(6.34) 不等式は下式と等価になる，

$$d_{k+1} - A_1 \left(\sum_{j=2}^{k} \frac{d_j - d_{k+1}}{A_j} - \sum_{j=2}^{k-1} \frac{d_j - d_k}{A_j} \right) \leq d_k$$

または，

$$d_{k+1} - A_1 \left(\sum_{j=2}^{k} \frac{d_j - d_k + d_k - d_{k+1}}{A_j} - \sum_{j=2}^{k-1} \frac{d_j - d_k}{A_j} \right) \leq d_k$$

または，

$$d_{k+1} - A_1 \cdot \sum_{j=2}^{k} \frac{d_k - d_{k+1}}{A_j} \leq d_k$$

であり，この式は (6.21) 式により満足される．

次にその与えられた解が (6.30) 式を満足することを証明しよう．(6.27) 式より，

$$\sum_{j=1}^{k} \frac{d_j}{A_j} = 1 + \sum_{j=1}^{k} \frac{E_2^*}{A_j} \geq 1 + \sum_{j=1}^{k} \frac{d_{k+1}}{A_j}$$

ここで不等式は (6.23) 式に従う．ゆえに，

$$(E_2^* - d_{k+1}) \cdot \sum_{j=1}^{k} \frac{1}{A_j} \geq 0$$

(6.30) 式の左手不等式に従う．さらに (6.22) 式は，$k-1$ から k への拡張和にて，下式と等価となる，

$$\sum_{i=1}^{k}\frac{d_i}{A_i} \le 1 + \sum_{i=1}^{k}\frac{d_k}{A_i}. \tag{6.35}$$

再び，(6.27) 式より，

$$1 + \sum_{i=1}^{k}\frac{E_2^*}{A_i} = \sum_{i=1}^{k}\frac{d_i}{A_i}$$

または，(6.35) 式を用いて，

$$1 + \sum_{i=1}^{k}\frac{E_2^*}{A_i} \le 1 + \sum_{i=1}^{k}\frac{d_k}{A_i}$$

または，最後に，

$$(E_2^* - d_k)\cdot\sum_{i=1}^{k}\frac{1}{A_i} \le 0$$

これから，(6.30) 式の右手不等式に従う．

実際，与えられた解はナッシュ均衡条件 (Nash equilibrium conditions) を満足していることを示そう．[*9] これらは，

$$E_1^* := E_1(\boldsymbol{p}^*, \boldsymbol{q}^*) \ge E_1(\boldsymbol{p}, \boldsymbol{q}^*) \quad \text{for all } \boldsymbol{p}$$
$$E_2^* := E_2(\boldsymbol{p}^*, \boldsymbol{q}^*) \ge E_2(\boldsymbol{p}^*, \boldsymbol{q}) \quad \text{for all } \boldsymbol{q}$$

または各々 (6.20) 式と (6.19) 式を用いて，

$$E_1^* \ge -\sum_i c_i\, q_i^* + \sum_i B_i\, q_i^*\, p_i = -c^* + \sum_i B_i\, q_i^*\, p_i \tag{6.36}$$

および全ての $\boldsymbol{p}$ と $\boldsymbol{q}$ に対し

$$E_2^* \ge \sum_i d_i\, q_i - \sum_i A_i\, q_i\, p_i^* \tag{6.37}$$

[*9] 均衡条件 (6.36) 式と (6.37) 式は零和ゲームの鞍点基準を一般化する，均衡からのプレイヤーの一方的偏りは彼の期待利得を増進させ得なく，悪くさせるというアイデアを表明している．さらなる詳細については第 9 章を参照せよ．

訳註： ナッシュ均衡点：戦略形 n 人ゲーム G において，プレイヤーの戦略の組 $s^* = (s_1^*, \cdots, s_n^*)$ が**ナッシュ均衡点**であるとは，すべてのプレイヤー $i (= 1, \cdots, n)$ に対して戦略 s_i^* が他のプレイヤーの戦略の組 s_{-i}^* に対する最適応答であるときをいう．言い換えると，戦略の組 $s^* = (s_1^*, \cdots, s_n^*)$ が均衡点であるとは，すべてのプレイヤー $i (= 1, \cdots, n)$ に対して，$f_i(s^*) \ge f_i(s_i, s_{-i}^*)$, $\forall s_i \in S_i$ が成立することである．このとき，もし戦略の組 s^* がプレイされるならば，どのプレイヤーも自分だけ戦略を変更する動機をもたず，ゲームのプレイは s^* で均衡することになる（岡田章，ゲーム理論，有斐閣，pp. 24-25 (1996) より）．

となる．全てのケースの最初に $k = K$ を検討しよう．そこで，p.144 の脚註で示したように，条件 (6.23) 式は省略され，(6.22) 式のみ残る．(6.29) 式を用いて，不等式 (6.36) は下記の通りに書ける

$$E_1^* \geq -c^* + \sum_i (c^* + E_1^*)\, p_i = E_1^*$$

それで，最初の均衡条件は等価であるとして満足している．同様に，不等式 (6.37) は (6.28) 式の助けを借りて，以下のように書けるだろう，

$$E_2^* \geq \sum_i d_i\, q_i - \sum_i (d^* + E_2^*)\, q_i = E_2^*$$

ここで，再び等号を維持する．ここで $k \leq K$ のケースを考えよう．(6.29) 式を用い，不等式 (6.36) は下式と等しい，

$$E_1^* \geq -c^* + \sum_i^k (c^* + E_1^*)\, p_i$$

または，$\sum_i p_i = 1$ であるから，

$$0 \geq -(c^* + E_1^*) \sum_{i=1}^{K} p_i + (c^* + E_1^*) \sum_{i=1}^{k} p_i$$

または

$$0 \leq (c^* + E_1^*) \sum_{i=k+1}^{K} p_i$$

である．(6.24) 式に従い $c^* + E_1^* \geq 0$ であるから，最後不等式は満足される．(6.37) 式を用いた同様な方法で，下記のように書けるだろう，(6.28) 式を用いて，

$$E_2^* \geq \sum_{i=1}^{K} d_i\, q_i - \sum_{i=1}^{k} (d_i - E_2^*)\, q_i$$

または

$$\sum_{i=k+1}^{K} (d_i - E_2^*)\, q_i \leq 0$$

(6.30) 式の左手不等式に基づいて満足している．

終わりに，均衡戦略 (6.28) 式と (6.29) 式が下式を満足していることを示そう，

$$0 \leq p_i^* \leq 1,\ 0 \leq q_i^* \leq 1 \quad \text{for } i = 1 \ldots K$$

および正規化条件

$$\sum_{i=1}^{k} p_i^* = \sum_{i=1}^{k} q_i^* = 1$$

を満たしていることである．後者は (6.24) 式と (6.27) 式から直ちに従う．さらに，(6.30) 式の右手不等式から，$0 \leq p_i^*$ と $0 \leq q_i^*$ を得る，それらの正規化が $p_i^* \leq 1$ と $q_i^* \leq 1$ を保証する，これで証明は完結した． □

定理 6.2 で提供される解に対する幾つかの注釈をしよう：

まず初めに，かつ最も重要な注釈は，査察員の均衡戦略が被査察者の利得パラメータのみに依存することである，逆も真なり．このことは非協力ゲーム解の一般的な性質である．このゲームのオリジナルの公式化で導入した 4 つの効用パラメータの組（セット）の，わずか 2 個が査察員と相応している，それは b_i と呼ばれる経路 i での違反が探知されたための被査察者の損失および探知されずに i 経路で違反を行う被査察者のインセンティブ d_i である．さらに顕かにするため，E_2^* に対して (6.27) 式を解き，

$$E_2^* = \left(\sum_i \frac{1}{b_j + d_j} \cdot \frac{1}{1 - \beta_j} \right)^{-1} \cdot \left(\sum_j \frac{d_j}{b_j + d_j} \cdot \frac{1}{1 - \beta_j} \right).$$

(6.28) 式より，査察員の均衡戦略は，

$$p_i^* = \frac{d_i - E_2^*}{(b_i + d_i)(1 - \beta_i)}, \quad i = 1 \dots k, \quad \text{その他は } 0,$$

と関数 b_i と d_i のみである．もしも我々が，違反行為探知による被査察者の損失は経路と独立とする，言うなれば $b_i = b = 1$ である，と（多分，合理的に）仮定するならば，その時査察員均衡戦略は実に違反経路の被査察員スカラー数値 $d_1 \dots d_K$ だけに依存する．

第 2 番目は，$i = 1 \dots k$ に対して $p_i^* \leq 1$ であるから，(6.28) 式より以下の式に従う，

$$d_i - A_i \leq E_2^*, \quad i = 1 \dots k.$$

不等式 (6.30) は従って下記の通り一般化されてもよい

$$\max \left[\max_{i=1 \dots k} (d_i - A_i), d_{k+1} \right] \leq E_2^* \leq d_k.$$

第 3 番目は，$k = 1$ で条件 (6.22) は除外されることに注意，(6.23) 式は縮約され，

$$d_1 \geq d_2 + A_1.$$

さらに，(6.27) 式より，$E_2^* = d_1 - A_1$ または

$$E_2^* = d_1 - (b_1 + d_1)(1 - \beta_1) = d_1 \beta_1 - b_1(1 - \beta_1)$$

および，勿論

$$p_1^* = q_1^* = 1, \quad p_i = q_i = 0, \quad i = 1 \dots K$$

である．経路 1 で被査察者が違反するインセンティブ d_1 が大きいものだから，両者のパーティ共にその経路に彼らの活動を集中させる．被査察者の期待利得 E_2^* はその経路だけの期待利得に対応している．

最後に，$k = K$ では，$p_i \geq 0$ と $q_i \geq 0$ を全ての $i = 1 \ldots K$ に対して有する，言い換えればプレイヤー均衡戦略内で全ての経路は有限確率を含んでいる．証明で見たように，このケースではナッシュ均衡は縮約して等価となる．

6.2.2 抑止政策

第 9 章で合法行動への誘因または抑止 (deterrence) の観点から非協力ゲームを吟味しよう．しかし定理 6.2 が明示的に主観的効用 (subjective utilities) を取り扱っていることから，このことに関して直ちに何かを言うことが出来る．定理 6.1 の解，(6.30) 式から，

$$0 \leq d_{k+1} \leq E_2^* \leq d_k, \quad \text{右記の条件 } k \leq K-1 \text{ の下で,}$$

被査察者の期待利得はは違反ゲームでは常に正である，と言える．$k < K$ では合法的にふるまうインセンティブは存在しえない．

しかしながら，$k = K$ では 1 つのインセンティブが存在し得る．もしも以下の条件が維持されるなら，

$$\sum_{i=1}^{K} \frac{d_i}{b_i + d_i} \cdot \frac{1}{1-\beta_i} \leq 1 \tag{6.38}$$

(6.27) 式は $E_2^* \leq 0$ に従う．合法行為がより高い利得を与えるため，すなわちゼロ，被査察者は $k = K$ の時に合法的行動をするように見えるし，(6.38) 式に合致する．

(6.38) 式の各項は 1 より小さいか，または 1 に等しくなければならないことから，違反行為を止めるための必要条件（しかし十分ではない）は，

$$\frac{d_i}{b_i + d_i} \cdot \frac{1}{1-\beta_i} \leq 1, \quad i = 1 \ldots K \tag{6.39}$$

である，または配置し直して，

$$d_i\beta_i - b_i(1-\beta_i) \leq 0, \quad i = 1 \ldots K$$

である．違法行為に対する被査察者の期待利得は個々のパス毎に負でなければならないことをこれは意味する，このことは勿論合理的である．

(6.39) 式に合致する時，合法行為が本当に被査察者の均衡戦略になるのだろうか? 確かにナッシュ条件 (6.36) 式と (6.37) 式は $q_1^* = \cdots = q_K^* = 0$ により満足している，

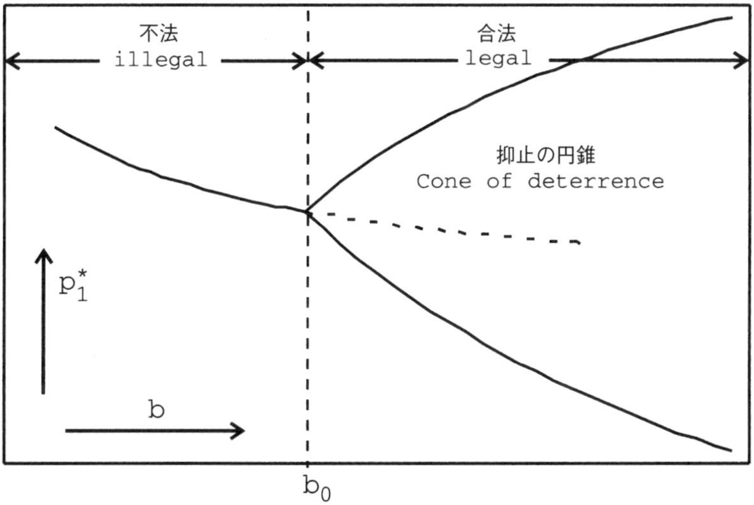

図 6.4 (6.28) 式と (6.40) 式によって与えられた $K = 2$ に対する $b = b_1 = b_2$ を関数とした均衡査察確率 p_1^* のプロット．分岐 b_0 において，E_2^* は負になる，そのため上部枝と下部枝間の p_1^* の全ての値は均衡戦略である．

また全ての $\boldsymbol{p}^*$ によって，下式が満足している，

$$1 \geq p_i^* \geq \frac{d_i}{b_i + d_i} \cdot \frac{1}{1 - \beta_i}, \; i = 1 \ldots K \quad \text{and} \quad \sum_i p_i^* = 1, \tag{6.40}$$

定理 6.2 で定義した (6.18) 式と利得 (6.19) 式の初期に公式化した被査察者戦略の組の中の合法行為のオプションを許すことによって極めて容易に結果を示すことが出来る．$K = 2$ の (6.28) 式と不等式 (6.40) が図 6.4 に図示した状況を導く，さらに最初に Kilgour (1992) によって引用された**抑止の円錐** (cone of deterrence) を導く．

勿論，全ての $i = 1 \ldots K$ に対する確率 $q_i =$ に加えて $\sum q_i = 0$ によって，ここのゲームの規則を少しばかり変えてしまった．しかしながら，**まず最初に**被査察者彼自身で行動するか否かを決めるとの仮定により，このことは正当化出来る，適切な確率で違反のための 1 つのサイトを精確に選択した違反行為を彼は選択すべきである．この再定義と条件 (6.38) 式の下で，ゲームは本当に 2 つの異なる均衡を持つ，被査察者の効用と探知確率に依存して：これらは定理 6.2 と (6.40) 式と一緒の合法行為のものとして与えられている．

幾つかのやっかいな疑問がこの段階で生じる．例えば正の確率で合法行為および不法行為をするかの被査察者の混合均衡戦略のような，我々がまだ発見していない他の均衡がまだ存在するのか? そのような均衡で，両者のパーティに高い利得を与え，彼らはそれを選択する（Gueth and Kalkofen (1989) を見よ），所謂，**最も有力な利得**である均衡はどれか? これらは方法論よりもむしろ原理的疑問である，かつ安易な解は無い．これらの取扱いについては多くを触れている（および不穏さ漸増の）第9章まで延期しよう．

単一クラス計数抜取の文脈である2.2節で与えられた議論に戻ろう，(2.9) 式に従い，合法行為を引き出すのに必要な利得パラメータの b/d 比が推定出来て，かつそれと適合する未探知確率の決定が出来る．しかしながら，もしもこの手順が困難——差別的 (discriminatory) またはそうでなければ政治的に時期を失した——すぎると考えられるならば，抜取計画で得られる未探知確率 β の普遍的かつ**その場かぎりの** (ad hoc) 値を単純に設定することで純粋な技術解を得ることが出来る．しかし (6.38) 式と (6.39) 式はそのような満足 (luxury) をもはや許してはくれない．抑止のために求められる未探知確率は，効用 b_i と d_i でもってもつれた状態で束ねられている．ここで技術的解析と政治的責務間の境界が明瞭に成る：もしも査察員団がこれらの効用の両方を望みかつそれら効用を推定出来るならば，抑止の目的を伴う最適抜取計画を決定出来る．その他では，それは不可能である．行政上および政治上の意思決定者達は，技術的な検証システムが優先順位にどの様に影響を及ぼすのかを充分に知った上で，彼ら自身の主観的優先順位を形成しなければならないだろう．以下の節では，さらに具体的な方法にてこの観点について例証する．

6.2.3 CFE への再訪

定理6.2は，主観主義をグローバル抜取検証問題に含ませるというむしろエレガントで平凡では無い方法を提供している．疑い深い読者は，しかしながら査察がたった1つの経路への制限事項は取り分け現実的で無いばかりでなく，実際には多くの経路が使用されることを指摘するするかもしれない．実際，この定理は最初に感じられたような特別なものでは無い．これから2.4節のCFE検証問題に戻ろう，そして如何にしてこの定理が実用的に使用出来るかを見よう．

軍補給廠サイトの K 個のカテゴリーが存在していると想定しよう，i 番目カテゴリーは N_i サイトから成り，全部で n 回の査察が遂行されると仮定しよう．その i 番目カテゴリーの範囲内で n 回の査察が全て遂行され，その時このことは定理6.2の条件に対応している，これは i 番目カテゴリーは i 番目経路または違反機会に相応し，これらのたった 1 つが査察されることを意味する．そのカテゴリー内での違反に対する探知確率は（$r=1$ での (2.1) 式を見よ）

$$1-\beta_i=\frac{n}{N_i},\quad i=1\ldots K. \tag{6.41}$$

となる．(6.41) 式は正確に非復元抜取 (drawing without replacement) である，これは 1 回を超えて査察されるサイトが無いことを意味する，さらに N_i サイトのたった 1 つ $r_i=1$ のみの報告書が偽造されたという保守的な仮定になっている．これは復元抜取に対して近似的には真である（$r=1$ および $n \ll N$ を伴う (2.3) 式）．

(6.41) 式と (6.28) 式に従い，査察員は i 番目カテゴリーを以下の確率での査察を選択すべきである査察数の**期待値**は

$$p_i^*=\frac{N_i}{n}\cdot\frac{d_i-E_2^*}{b_i+d_i},\quad i=1\ldots k,\quad \text{その他は}\,0,$$

その時，サイトの i 番目カテゴリーに対して実行される査察数の**期待値**は

$$n\cdot p_i^*=N_i\cdot\frac{d_i-E_2^*}{b_i+d_i},\quad i=1\ldots k,\quad \text{その他は}\,0, \tag{6.42}$$

である．

ここで，以下の質問を我々自身に問う：査察員がサイトの全てのカテゴリーに亘って彼の n 回の査察を配分を好むイベント内での**真のカテゴリー特定化サンプル・サイズ** (true category-specific sample sizes) として (6.42) 式によって与えられたサンプル・サイズの期待値の解釈は正当化されるのか? その答えはイエスである，しかし勿論我々はそれを証明すべきである．このことは極めて容易であることが判る．

査察員の戦略の組を以下の通り定義しよう：

$$N=\{(n_1,\ldots,n_K)\,|\,n_i\geq 0,\ i=1\ldots K,\ \sum_i n_i=n\}, \tag{6.43}$$

ここで n_i は i 番目サイト・カテゴリーで実行される査察の数である．第 2 章のように，今後 n_i を連続変数であるかのように取り扱う．被査察者の戦略組は (6.18) 式から変わらない．彼は違反のため 1 つの経路だけ選択する，このことは現在の文脈中においてはサイトの 1 つのカテゴリーのみの範囲内で配置されている戦車台数の報告を改竄することを意味する，丁度，1 個の単一サイトは最悪（探知が最も困難）のケースになる．被査察者の期待利得はその時，

$$\begin{aligned}E_2(\boldsymbol{n},\boldsymbol{q})&=\sum_i\left(d_i\,(1-\frac{n_i}{N_i})-b_i\,\frac{n_i}{N_i}\right)q_i\\&=\sum_i d_i\,q_i-\sum_i(b_i+d_i)\,\frac{n_i}{N_i}\,q_i\end{aligned} \tag{6.44}$$

であり，査察員の期待利得は，

$$E_1(\boldsymbol{n}, \boldsymbol{q}) = -\sum_i c_i\, q_i + \sum_i (c_i - a_i)\, \frac{n_i}{N_i}\, q_i \tag{6.45}$$

である．しかし我々は (6.43)，(6.44)，(6.45) 式を (6.17)，(6.19)，(6.20) 式の形態とするために量 n_i/n を伴う p_i と n/N_i を伴う $1-\beta_i$ の同定が必要なだけである，それで定理 6.2 の正式前提条件を満足する．この結論を定理として要約しよう，

定理 6.3　戦略組 (6.43) 式と (6.18) 式を伴い，期待利得 (6.44) 式と (6.45) 式を伴う非協力 2 人ゲーム (N, Q, E_1, E_2) が与えられ，一般性を失わずに，その順序は (6.21) 式とする．その時，以下の式を定義し，

$$\begin{aligned} A_i &:= (b_i + d_i)\, \frac{n}{N_i}, \quad i = 1 \dots K \\ B_i &:= (c_i - a_i)\, \frac{n}{N_i}, \quad i = 1 \dots K, \end{aligned} \tag{6.46}$$

k $1 \le k \le K$ に対して以下の式を選択する，[*10]

$$\sum_{j=1}^{k-1} \frac{d_J - d_k}{A_j} \le 1 \tag{6.47}$$

および

$$\sum_{j=1}^{k} \frac{d_J - d_{k+1}}{A_j} \ge 1 \tag{6.48}$$

である．この均衡利得 (equilibrium payoff) $E_1^*(\boldsymbol{p}^*, \boldsymbol{q}^*)$ と $E_2^*(\boldsymbol{p}^*, \boldsymbol{q}^*)$ は下式によって与えられる，

$$\sum_{i=1}^{k} \frac{c^* + E_1^*}{B_i} = 1 \tag{6.49}$$

と

$$\sum_{i=1}^{k} \frac{d^* + E_2^*}{A_i} = 1 \tag{6.50}$$

である．ここで c^* は $c^* := \sum_{j=1}^{k} c_j\, q_j^*$ により定義され，下式にて決定される，

$$\sum_{i=1}^{k} \frac{c^* - c_i}{B_i} = 0. \tag{6.51}$$

[*10] もしも $k = 1$ ならば (6.47) 式を除き，もしも $k = K$ ならば (6.48) 式を除く．

この均衡戦略は，

$$n_i^* = N_i \frac{d_i - E_2^*}{b_i + d_i}, \quad i = 1 \ldots k, \quad \text{それ以外は} 0 \tag{6.52}$$

と

$$q_i^* = \frac{c^* + E_1^*}{B_i} \quad i = 1 \ldots k, \quad \text{それ以外は} 0 \tag{6.53}$$

である．さらに

$$d_{k+1} \le E_2^* \le d_k \text{ for } k \le K, \quad E_2^* \le d_k \text{ for } k = K \tag{6.54}$$

である．□

> **用法** (Usage)：クラス集合 N_i と計数化された被査察者の優先権 b_i と d_i を決める．被査察者の均衡利得 E_2^* の (6.50) 式を数値解析的に解く．最適査察サンプル・サイズ n_i^*, $i = 1 \ldots K$ はその時，(6.52) 式から計算される．

査察員の均衡戦略は，このようなわけで (6.42) 式によって包含される，すなわち (6.52) 式になる．我々の結果は結局，実用的適応性を有している．

他の多くのグローバル検証問題が定理 6.3 によりモデル化することが出来る．未申告または秘密の非合法行為が行われた場所は全体に亘り通常区分できる．その 1 つは，もしも査察されたなら確実にその場所での探知が行われるとの仮定を立てることである，公式化を成就する．種々のクラス間の潜在的違犯者の計数的優先度は，その時最適グローバル抜取計画と厳密な関連を有すし，および不法行為抑止に必要な境界条件は明示される．勿論そのような優先度に属させることを望まないなら，さらに言うことは無い．被査察者が出くわすいかなる任意の査察計画は正確には任意 (arbitray) である．

定理 6.3 のそれらのような表現は我々が前の章で見たいずれのものとも極めて異なる．喜んで，初期の結果と共通の土台で示すものとして，保証探知確率を決定しよう．しかしながら，現文脈中においてそれは操作値 (operational value) では無いことを思い起こすべきであろう．プレイヤーたちの優先度は (6.15-16) 式で与えられ，他には何も無しである．

均衡での i 番目カテゴリィの探知確率は正確に $1 - \beta_i^* = n_i^*/N_i$ であるから，その保証探知確率は，

$$1 - \beta^* = \sum_i \frac{n_i^*}{N_i} q_i^* \tag{6.55}$$

である，または (6.52) 式と (6.53) 式でもって，

$$1 - \beta^* = \frac{c^* + E_1^*}{n} \cdot \sum_i \frac{d_i - E_2^*}{b_i + d_i} \frac{N_i}{c_i - a_i}$$

である．ここで (6.49) 式より

$$\frac{n}{c^* + E_1^*} = \sum_i \frac{N_i}{c_i - a_i}$$

となり，ここで E_2^* は (6.50) 式の助けを借りて決定される．特別ケース $d_i = d_1, b_i = b_1$, $i = 1 \ldots K$ では，下式に従う，

$$1 - \beta^* = \frac{d_1 - E_2^*}{b_1 + d_1} = \frac{n}{N}, \tag{6.56}$$

第 2 番目の等号は (6.50) 式から来るものである．(6.41) 式で与えられるカテゴリィ特定探知確率 $1 - \beta_i$ を伴うこの総保証探知確率の比較により，N サイトを伴う唯一の大カテゴリィが在るかのように査察員がふるまうことを我々は再び観察する．それはデータ検証理論を特徴付ける一般的様相の部類であり，それを興味深いものと成す．

どのような条件下で，被査察者が合法行為を好むことになるのか? 初期に指摘したように，$E_2^* \leq 0$ でそのことが起きるであろう，または (6.50) 式と (6.46) 式から，

$$n \geq \sum_i \frac{N_i}{1 + \frac{b_i}{d_i}}. \tag{6.57}$$

言い換えれば，総抜取数 n は充分大きくなければならない．再び特別なケース $d_i = d_1, b_i = b_1$, $i = 1 \ldots K$ では，(6.57) 式は (6.56) 式の助けを借りて，以下のように書ける，

$$\beta^* \leq \sum_i \frac{1}{1 + \frac{d_i}{b_i}}$$

第 2 章の (2.9) 式と正確に同一の条件である．

6.3　地球へのサンプリング

b と d のような主観的パラメータは政治的評価の程度を意味するものであるが，査察員団は妥協を必要としていないという分け隔て無しの原理を維持しよう．この評価（アセスメント）は，結局のところ検認対象の全ての国へ一様に適用されている．本

節では，しかしながら，我々は大胆にも全て公平であるとの主張（クレーム）を放棄する．

化学兵器禁止のために新たに設立された組織 (Organization for the Prohibition of Chemical Weapons: OPCW) または国際原子力機関 (IAEA) のような国際検証機関は加盟国内での検証労力の効果的配分に関与するだけではなく，それら加盟国間にも関与しなければならない．我々の方法はこの質問に対しどの程度まで拡張出来るのか? 幸いにも，非協力ゲーム理論は 2 人プレイヤーへの制約は無い．均衡の概念解を直接的に拡張して……．

6.3.1 K+1 人ゲーム

K 国のパーティに焦点を置いたランダム・グローバル査察の我々の議論を，非常に単純に検証合意へ移行することが出来る．1 国内に在るロケーションよりもむしろ，国家自身を示す，それらの順位は同じ方法である，としてその効用の表示を単に説明することが必要なだけである，これは (6.15) 式と (6.16) 式の定義式を伴う．i 番目国の査察に伴う探知確率は $1-\beta_i$, $i=1\dots K$ である．誤警報確率はゼロを採る．

順位 $0<a_i<c_i$, $i=1\dots K$ は，再び査察員団の最高優先度が抑止であり，勿論，未探知よりも探知が好まれることを示す．i 番目国内の非合法行為が与えられ，実際に査察が実施されると仮定したならば，国および査察員団への条件付き期待利得は各々，

$$-b_i(1-\beta_i)+d_i\beta_i \quad \text{and} \quad -a_i(1-\beta_i)-c_i\beta_i \tag{6.58}$$

となる．全ての利用可能な労力が 1 ヵ国に集中され，その選択はランダムに確率 p_i, $i=1\dots K$ で行うものとしよう，そこで $\sum_{i=1}^{K}p_i=1$ である．その i 番目国は確率 $0\le q_i\le 1$, $i=1\dots K$ を伴う不法な行為を行う．査察員団の添え字を 0 とする表示を用いて，その期待利得は，その時，

$$\begin{aligned} E_0 &= \sum_{i=1}^{K}[(-a_i(1-\beta_i)-c_i\beta_i)\,p_i-c_i(1-p_i)]\,q_i \\ E_i &= [(-b_i(1-\beta_i)+d_i\beta_i)\,p_i+d_i(1-p_i)]\,q_i \quad \text{for } i=1\dots K \end{aligned} \tag{6.59}$$

である．前のように同じ略字 A_i と B_i を伴い，(6.59) 式は下記の通り書ける，

$$\begin{aligned} E_0[(p_1,\dots,p_K),q_1,\dots,q_K] &= \sum_{i=1}^{K}(-c_i+B_i\,p_i)\,q_i \\ E_i[(p_i,\dots,p_K),q_i] &= (d_i-A_i\,p_i)\,q_i \quad \text{for } i=1\dots K. \end{aligned} \tag{6.60}$$

国家どうしはお互いに協力しないものと仮定し，以下の戦略組を伴う公式化される**非協力** $K+1$ 人ゲームとなる，

$$\begin{aligned} &\{(p_1,\ldots,p_K) \mid \sum_i p_i = 1\} \\ &\{q_i \mid 0 \le q_i \le 1\} \quad \text{for } i = 1\ldots K \end{aligned} \tag{6.61}$$

さらに利得は (6.60) 式で与えられる．そのナッシュ均衡は，(6.61) 式の組（セット）に属す戦略 $(p_1^*,\ldots,p_K^*), q_1^*, q_2^*,\ldots,q_K^*$ であり，以下の条件を満足する

$$\begin{aligned} &E_0[(p_1^*,\ldots,p_K^*), q_1^*,\ldots,q_K^*] \ge I_0[(p_1,\ldots,p_K), q_1^*,\ldots,q_K^*] \text{ for all } (p_1\ldots p_K) \\ &E_i[(p_1^*,\ldots,p_K^*), q_i^*] \ge I_1[(p_1^*,\ldots,p_K^*), q_i] \text{ for all } q_i \text{ and } i = 1\ldots K. \end{aligned} \tag{6.62}$$

それらは以下の定理として示される；Beetz (1994) を参照せよ．

定理 6.4　上記で与えられた利得と戦略組を伴う K+1 人ゲーム $(E_0, E_1\ldots E_K; \{p_1\ldots p_K\}, \{q_1\},\ldots\{q_K\})$ の均衡は以下の通り与えられる：

(1)　下式を仮定し，

$$\sum_{j=1}^{K} \frac{d_i}{A_i} \le 1 \tag{6.63}$$

その時，

$$\begin{aligned} &\frac{d_i}{A_i} \le p_i^* \le 1 - \sum_{j\ne i} \frac{d_j}{A_j}, \quad i = 1\ldots K, \quad \sum_i p_i^* = 1 \\ &q_1^* = q_2^* \cdots = q_K^* = 0 \\ &E_0^* = E_1^* = \cdots = E_K^* = 0. \end{aligned} \tag{6.64}$$

(2)　もしも，もう一方の，

$$\sum_{i=1}^{K} \frac{d_i}{A_i} > 1 \tag{6.65}$$

一般性を失わずに $B_1 > B_2 > \cdots > B_K > 0$ とし，整数 k は下式により決まる，

$$\sum_{i=1}^{k} \frac{d_i}{A_i} \le 1, \quad \sum_{i=1}^{k+1} \frac{d_i}{A_i} > 1.$$

その時，均衡戦略と利得が下式で与えられる，

$$\begin{aligned} &p_i^* = \frac{d_i}{A_i},\ i = 1\ldots k, \quad p_{k+1}^* = 1 - \sum_{i=1}^{k} \frac{d_i}{A_i}, \quad p_i^* = 0,\ i = k+2\ldots K, \\ &q_i^* = \frac{B_{k+1}}{B_i},\ i = 1\ldots k, \quad q_1^* = 1,\ i = k+1\ldots K \end{aligned} \tag{6.66}$$

$$E_0^* = -B_{k+1}\left(-1 + \sum_{i=1}^{k} \frac{c_i}{B_i}\right) - \sum_{i=k+1}^{K} c_i, \quad E_i^* = 0, \quad i = 1 \dots k,$$
$$E_{k+1}^* = -A_{k+1}\left(-1 + \sum_{j=1}^{k+1} \frac{d_j}{A_j}\right), \quad E_i^* = d_i, \quad i = k+2 \dots K. \tag{6.67}$$

証明：　均衡条件 (6.62) 式より $p_K = 1 - \sum_i^{K-1} p_i$ を消去すると，それらは下記不等式と等価であることが容易に解かる，

$$\sum_{i=1}^{K-1}(B_i\, q_i^* - B_K\, q_k^*)\, p_i^* \geq \sum_{i=1}^{K-1}(B_i\, q_i^* - B_K\, q_k^*)\, p_i^* \quad \text{for all } p_i,\ i = 1 \dots K-1 \tag{6.68}$$

および

$$(d_i - A_i\, p_i^*)\, q_i \geq (d_i - A_i\, p_i^*)\, q_i \quad \text{for all } q_i,\ i = 1 \dots K \tag{6.69}$$

である．

(1)　$q_i^* = 0,\ i = 1 \dots K$ において，(6.68) 式は $0 \geq 0$ と等しくなる，一方で (6.69) 式は下式を与える，

$$0 \leq (d_i - A_i\, p_i^*)\, q_i, \quad i = 1 \dots K,$$

この式は下式と等しい，

$$p_i^* \geq \frac{d_i}{A_i}, \quad i = 1 \dots K,$$

これは (6.64) 式に従っている．

(2)　(6.68) 式の $q_i^* = B_{k+1}/B_i,\ i = 1 \dots k$ と $q_i^* = 1,\ i = k+1$ を設定して下記不等式が導かれる，

$$\sum_{i=1}^{k}\left(B_i\, \frac{B_{k+1}}{B_i} - B_K\right) p_i^* + \sum_{i=1}^{k-1}(B_i - B_K)\, p_i^* \geq$$
$$\sum_{i=1}^{k}\left(B_i\, \frac{B_{k+1}}{B_i} - B_K\right) p_i + \sum_{i=1}^{k-1}(B_i - B_K)\, p_i.$$

$i = k+2 \dots K$ に対して，$p_i^* = 0$ を代入して，下式を得る

$$(B_{k+1} - B_K)\sum_{i=1}^{k+1} p_i^* \geq (B_{k+1} - B_K)\sum_{i=1}^{k+1} p_i + \sum_{i=k+2}^{K-1}(B_i - B_K)\, p_i. \tag{6.70}$$

ここで 2 つのケースを考える：

(i)　$B_{k+1} - B_K = 0$ に対して $B_{k+1} = B_K$ であるから $k = K - 1$ である．従って (6.70) 式は $0 \geq 0$ と等しくなる．さらに下記の順位条件

$$B_1 > B_2 > \cdots > B_K > 0$$

に従い，$B_i > B_K \geq 0, i = 1 \ldots k$ を有し，従って

$$1 > \frac{B_K}{B_i} = \frac{B_{k+1}}{B_i} \geq 0$$

であり，$0 \leq q_i^* \leq 1,\ i = 1 \ldots k$ に従う．

(ii) $B_{k+1} - B_K > 0$ に対して，(6.70) 式を伴い，

$$\sum_{i=1}^{k+1} p_i^* \geq \sum_{i=1}^{k+1} p_i + \sum_{i=k+2}^{K-1} \frac{B_i - B_K}{B_{k+1} - B_K} p_i \tag{6.71}$$

である．(6.71) 式は $\sum_{i=1}^{k+1} p_i^* = 1$ に対して満足していりから，B_i の順位から再び，

$$B_i > B_{k+1} \geq 0, \quad i = 1 \ldots k$$

である．さらに q_i^* は $0 \leq q_i^* < 1,\ i = 1 \ldots k$ を満足する．

最後に，(6.69) 式の関係を考えよう．この式は以下に与えられた式で満足される，

$$d_i - A_i p_i^* = 0, \quad \text{この時には,}\ p_i^* = \frac{d_i}{A_i},\ i = 1 \ldots k,$$

および

$$d_i - A_i p_i^* > 0, \quad \text{この時には,}\ p_i^* < \frac{d_i}{A_i},\ i = k+1 \ldots K.$$

言うまでもなく，k を決定する第 2 番目の関係の範囲から

$$p_{k+1}^* = 1 - \sum_{i=1}^{k} \frac{d_i}{A_i} < \frac{d_{k+1}}{A_{k+1}}$$

であり，これら条件の全てが (6.66) 式により合致している． □

合法行為に対する条件 (6.63) 式が同一解釈として (6.38) 式と同じであることに注意せよ．合法解 (6.64) 式に対し，その最適査察戦略は前述のようにユニークには決定出来ない，その均衡査察確率は抑止の核の範囲内に横たわる (lie)*11．効用が可能な限り粗く推定されるため，(6.66) 式，および不法行為解の部分に従い $p_i^* = \dfrac{d_i}{A_i}$ を選ぶことは合理的である，言い換えれば，もしも**良き判断**として被査察者が不法行為を行ったなら，それは最適査察戦略でもあると言うことである．

*11 訳註： lie：v. 横たわる，位置する，理由が立つ． n. うそ，虚言，詐欺；v. うそを言う，だます．

6.3.2　変換と 1 つの例

これより先，査察員団はその労力を K ヵ国中の 1 国に集中させるものと仮定する，その選択は $i = 1 \ldots K$ に対し確率 p_i でランダムに選ぶ．例えば IAEA ではこのような方法で国家間に亘る活動をランダマイズ化して行うことは実際には無いのだけれども，そのような手順は，もしも探知確率が査察労力の凸関数 (convex functions) であるならば，実際に正当化出来る；Kilgour and Avenhaus (1994) を参照せよ．

我々が今取り扱おうとしているモデルは，核不拡散条約検証システム範囲内で実際に行われているものと少々だけれども一致している．事実，定理 6.2 から定理 6.3 へ移行した時に同じトリックを用いている．しかしここでは，単純化のためたった 2 ヵ国で考察しよう．

i 番目国内に N_i 施設が存在しており，そのうち n_i 施設が査察されると仮定しよう．査察総数は $n = n_1 + n_2$ である．もしも 1 国が不法行為を行うならば，その N_i 施設の 1 つだけが行ったものと仮定する（再度，これは査察員団の視点から最も保守的な仮定である）．不法行為に対する探知確率は，その時

$$1 - \beta_i(n_i) = \frac{n_i}{N_i}, \quad \text{for } n_i \le N_i \text{ and } i = 1, 2 \tag{6.72}$$

である．その他の特徴全て，取り分けその利得，は前節のと同一である．ここで唯一の差異は，(6.72) 式で与えられる探知確率および査察員団の戦略組の形態である，その戦略組をここでは $\{(n_1, n_2) \mid n_1 + n_2 = n\}$ として記述出来る．3 名のプレイヤーへの期待利得は，(6.59) 式に従い，$K = 2$ において，

$$\begin{aligned} E_0 &= \left[c_1 + (c_1 - a_1) \frac{n}{N_1} \frac{n_1}{n} \right] q_i + \left[c_2 + (c_2 - a_2) \frac{n}{N_2} \frac{n_2}{n} \right] q_2 \\ E_i &= \left[d_i - (b_i + d_i) \frac{n}{N_i} \frac{n_i}{n} \right] q_i, \quad i = 1, 2 \end{aligned} \tag{6.73}$$

である．ここで下式の通りに同定しよう，

$$(c_i - a_i) \cdot \frac{n}{N_i} \to B_i\,;\ (b_i + d_i) \cdot \frac{n}{N_i} \to A_i\,;\ \frac{n_i}{n} \to p_i, \quad \text{for } i = 1, 2. \tag{6.74}$$

その時，定理 6.4 と正に精確に同一のゲームを有する．その解の合法部分は下式を維持し，

$$\frac{N_1}{1 + \dfrac{b_1}{d_1}} + \frac{N_2}{1 + \dfrac{b_2}{d_2}} \le n \tag{6.75}$$

さらに下式によって与えられている,

$$\frac{N_1}{1+\frac{b_1}{d_1}} \leq n_1^* \leq n - \frac{N_2}{1+\frac{b_2}{d_2}}\ ;\ q_1^* = q_2^* = 0\ ;\ E_0^* = E_1^* = E_2^* = 0.$$

ここで N_i 施設が全て動力原子炉 (nuclear power reactors) と仮定する．現在の IAEA の実務に従い，各々の動力炉は適時性目標時間 (timeliness goal period) 当たり少なくとも 1 回査察されなければならない，その適時性目標時間は照射されたプルトニウムの在庫に対して通常 3 ヵ月である．[*12]その時，3 ヵ月の参照時間が与えられるのに対して，実務では $n \geq N_1 + N_2$ となる．しかし (6.75) 式の左辺に従い，不法行為を抑止するために要求される最小数は,

$$\frac{N_1}{1+\frac{b_1}{d_1}} + \frac{N_2}{1+\frac{b_2}{d_2}} < N_1 + N_2$$

である，そのため $d_i \gg b_i,\ i = 1,2$ でない限り，途方もない労力が費やされる．後者の条件，今や我々が良く意識するように，は被査察者の違反へのインセンティブが探知の帰結としての彼の認識に比べてはるかに大きいものであるとの仮定と等しい．このことは幾つかの国において正しい，しかし全ての国で無いことは確かだ!

6.4 日曜日の御言葉[*13]

‘主観的’ モデルを比較し，第 2 章と 6.3 節で説明した計数抜取の ‘客観的’ 統計モデルを丁度開発した時，我々は異なった結論を導いただけでなく，本章の題辞に示したソローの訓戒 (Thoreau’s admonition) をも導いた．例として，報告データの $K = 2$ クラス内で等分に分散させたデータ虚偽の特別なケースに対する (2.36) 式で与えられた最適抜取数を考えよう：

$$n_i^* = N_i \cdot \frac{n}{N}, \quad i = 1,2. \tag{6.76}$$

他方で，(6.52) 式から $b_1 = b_2 = 1$ に設定すると，下式を得る,

$$n_i^* = N_i \cdot \frac{d_i - E_2^*}{d_i - 1}, \quad i = 1,2, \tag{6.77}$$

[*12] 訳註： IAEA で用いられている適時性目標時間に関しては p. 99 の脚註に示した表を参照のこと．

[*13] 訳註： Das Wort zum Sonntag：日曜礼拝の御言葉.

ここで E_2^* は，(6.50) 式から，

$$E_2^* = \frac{\dfrac{d_1 N_1}{d_1+1} + \dfrac{d_2 N_2}{d_2+1} - n}{\dfrac{N_1}{d_1+1} + \dfrac{N_2}{d_2+1}} \tag{6.78}$$

でかつ $d_1 \geq d_2$ である．最適抜取数の両方の組はサイトの総数 N_i と比例する，しかしそこでその類似性は終わりとなる：それらは完全に，異なるように重み付けされている．検証理論は代替解をもたらす．

第 2 章で，そこではデータのクラスの‘魅力’の主観的評価は許されなかったが，しかし探知確率や査察能力のような‘硬い’パラメータのみが許され，我々は広い範囲の偽造戦略に対するむしろ詳細解析を行うことが出来た．しかし，今や主観性の考慮は解を導くための技術的サイドでさらに制約的仮定を作成することを我々に強いる．両方のアプローチは結合されるべきであり，それにより実務で生じる一般的検証問題に取り組むことが出来る．これはしかしながら導出された最適査察戦略と保証利得に対する単純で厳密な表現を阻害してしまう．最上の 1 つは数値解の幾つかの種類に助けを借りること．しかしそれは**解析的御しやすい**モデルが真実の洞察を検証メカニズムに供与する．実際家と意思決定者の両者，単純で厳密なモデルが適用出来る方法で彼らの問題を構築するために良好なアドバイスを受けるものと我々は信じる．このことは，基本的に技術的または主観的パラメータのいずれかがより重要で関連性が在るか否かを前もって決めなければならない，そして適切な数学的表現形式 (formalism) を選択する．これは，時々行う，複雑でその場限りの手順またはアリゴリズムのような期待 (relying) に比べて事を行うはるかに良好な方法である，実際のところ，その関連性は関係する全てのパーティによって受け入れられなければならない．

第 7 章

物質会計

'Take some more tea.'
'I've had nothing yet, so I can't take more.'
'You mean you can't take less,
it's very easy to take more than nothing.'
:「もう少しお茶はいかが」
「まだ何も飲んでいないのでもっとは飲めないわよ」
「その意味はもっと少なくは飲めないってことだろう,
何も飲んでいないなら,もっと多くを飲むのは簡単だよ」

— the March Hare, Alice and the Mad Hatter[*1]
(登場順)

核物質保障措置 (safeguards) は,核兵器の不拡散条約 (Treaty on the Non-Proliferation of Nuclear Weapons: NPT) の部分的遂行として国際原子力機関 (IAEA) によって世界中に適用されている;IAEA (1981a) を見よ.これは,多くの経験が集積されかつ最も興味が湧く研究開発が行われた検証管理体制 (verification regime) である.同様に,IAEA 保障措置の多くの定性的説明および解析が存在している(事例として IAEA (1981a),(1985a),(1985b),(1987) を見よ),ここでそれらに加える意図は我々に無い.IAEA の管理測度の原理的技術基礎は物質会計 (material accountancy) であると言うことにのみに制限しよう(IAEA (1972)).このことは最初でかつ主要

[*1] 訳註: 3 月ウサギ,アリスといかれ帽子屋:「不思議の国のアリスの冒険」(1865) に出てくる登場人物たち.

な物質移動と在庫の報告データの検証であることを意味する，これはオン・サイト査察を通じての独立の物理測定手段によるか，または不正変更証拠 (tamper-proof) 封印と電子監視装置の補助器具を用いるかにより，さらに物質収支を閉じる手段によるものである．

核エネルギー生産それ自身と同じように，また湾岸戦争 (Gulf War) に続いて暴露されたにもかかわらず，核保障措置は過ってそうだったような重要な中心論点に現時点ではならない．それらの解に対する新しい検証問題と提案が今や国際論議を占めている．しかし NPT 査察制度は，開発中の新システムに関係する豊富な前例と情報の蓄積として寄与する，従ってある深さでそれを理解するための良き価値が在る．本章の説明的例証は，NPT 下での核物質保障措置から採用される物質会計，もっと精確に言うなら質量保存の物理学原理を基礎とする検証モデルの導入に用いられる．

つまり，我々が考察する問題は，使用済燃料のウランと核分裂生成物 (fission products: FP) からプルトニウムを分離するプラントの化学工程区域からの非転用 (non-diversion) の検証である．これは保障措置の古典問題であり，多年に亘る研究開発の強力な主題であった（IAEA (1981), (1982), (1992), Weh *et al.* (1987), INMM (1988) and Hakkila *et al.* (1992)）．

7.1 偉業の連続性

核分裂性プルトニウム同位体 Pu-239 と Pu-241 は一般的な軽水および重水動力原子炉で発電を起こす．そのような原子炉育ちプルトニウムを廃棄産物と考えるのか，副産物と考えるのかは原子エネルギーへの姿勢に大きく依存している，かつそれを取り扱う 2 つの対応主要アプローチが存在する：安全な地質学的形態での使用済燃料の永久処分 (permanent disposal) または化学分離（再処理）と原子炉へのリサイクリング．二者択一の前者には生態学上疑問 (ecologically questionable) が在る，何故なら非分離使用済燃料内に残されたプルトニウムとその他の超ウラン元素 (trans-uranium elements) は極端に長い寿命を有するからである．二者択一の後者は，勿論，多くの人々に‘プルトニウム社会’(plutonium society) という恐ろしいことを思い起こさせる．核エネルギーを用いている殆んどの国々はその 1 つを選択するか，それ以外のアプローチを選択している．有名なドイツ人の徹底さ (German *Gründlichkeit*) を伴うドイツは，現在両者に従っている，国内再処理のオプションを放棄しているのであるが．

図 7.1 は典型的な化学再処理区域の簡単なスケッチであり，その中に明確にプルトニウム分離と精製に関する工程部分のみを示す．保障措置査察員が直面しているタス

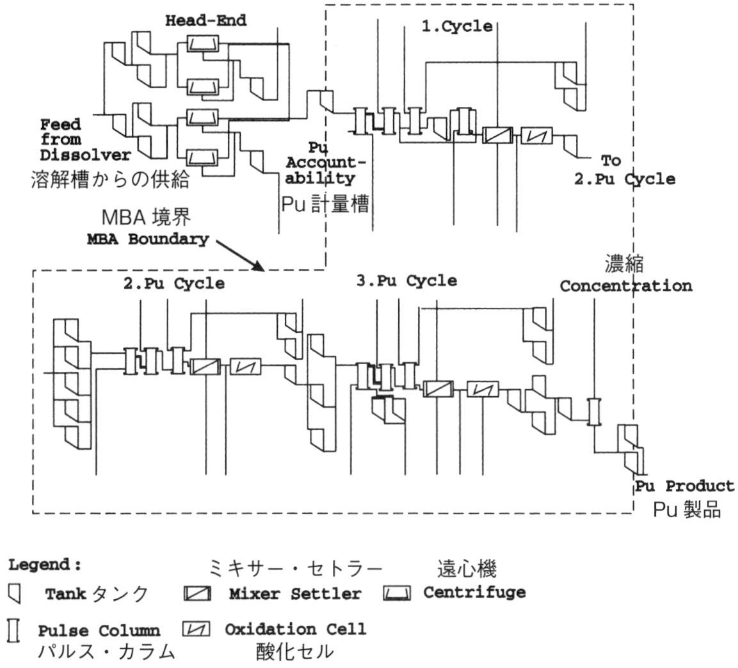

図 7.1　化学再処理プラントの工程物質収支区域

クはその区域からプルトニウムの転用を即座にかつある程度の確信をもって探知することである．

一般化は，保障措置ビジネスで時々異論のあるものとなっている，しかし商業核燃料再処理プラントの複雑性の寄与で，次のことは相当に安全である：査察員にとって彼のタスクを満たす唯一の道は，現状水準 (state-of-art) での物質会計 (material accountancy) を適用することである．保障措置用語で，**拡張閉じ込め/監視測度の適用**によるこの工程区域‘転用・証明’(diversion-proof) を成すための代替法を真剣に検討するには，あまりにも高価でかつ突出している．

図 7.1 の中で，所謂**物質収支区域** (material balance area: MBA) と呼ぶ境界をプラント工程の上に置く．この境界は，概念上，単にプラントの運転員と保障措置査察員の両者に対する物質会計手順を容易に，かつ形式化するために供されている．

単一物質収支期間，典型的には 1 年，に亘り，MBA 境界を横断したプルトニウム正味移送測定量として**物質の流れ** (material flow) を定義する，それは受入量（インプット：inputs）（未処理の使用済燃料受入）R と払出量（アウトプット：outputs）（精製製品と廃棄物）S で構成されている．もしも，その期間の開始時点で MBA 内の実在庫 (physical inventory)，例えばプルトニウム質量，が X_0 であるなら，収支期間の末期での**帳簿在庫** (book inventory) は下記式で定義される，

$$B := X_0 + R - S = X_0 + Y, \tag{7.1}$$

ここで $Y := R - S$ は MBA に入り込む物質の正味の流れ．

期間の末期において，MBA の新実在庫 X_1 が調査され，帳簿在庫と比較される，

$$Z := B - X_1 = X_0 + Y - X_1. \tag{7.2}$$

測定誤差の帰結としてのランダム変数であるこの表現は**物質収支統計** (material balance statistic) で定義する．もしも MBA からの物質転用や未知損失が存在してないならば，その期待値は，質量の保存から下式で与えられる，

$$E(Z) = E(X_0) + E(Y) - E(X_1) = 0.$$

量 Z は通常 ‘物質不明量’ (material unaccounted for) を意味する ‘MUF’ [*2] として引用される．その確実な決定は，無転用に関する査察員の結論の基礎を形成している．これは実用的な必要性だけでなく，検証合意の明瞭な約定でもある；IAEA (1972) の 30 項を見よ．査察員の意思決定問題は，MUF の消せそうもない観察が測定誤差によって説明可能か否かを決定することである．

軽水炉燃料から年間で約 6 トンのプルトニウムを再処理する図 7.1 と似たプラントの，物質の流れと在庫に対するある大きさで随伴する絶対的測定の不確定さを表 7.1 に集めた．さらにプラントがフル操業時における工程内の典型的在庫を示した．測定済み廃棄物の移送は通常どちらかと言えば小さく無視されてしまう．これら数値はかなり代表的なものであり，次節の理論的結論を例証するために用いられる．

7.2 機微性および適時性の価格

本章を通して査察員の物質収支データは完全に信頼出来るものであると仮定されるであろう，それは偽りが無いことである．査察員自身の抜取手続きと測定機器を用

[*2] 大変不幸な語彙選択だ！ もしも工程内で物質の転用や損失が無いとしても，Z の決定では決してゼロを与えてくれない．関連する全ての構成物は測定誤差に支配される，そのため物質は常に ‘unaccounted for’ になる．より良い名称は ‘帳簿・実在庫差’ (book-physical inventory difference) であろう，しかしこれは厄介な問題に見える，かつ国際保障措置では決して用いられはしない．

表 7.1 参照工程に対する会計データ

数　量	値	偶然誤差	系統誤差
年操業数 [日]	350		
Pu 移転量 [kg]	6000		
受入量バッチ数/年	150		
払出量バッチ数/年	50		
受入量バッチ [kg]	40	0.12	0.12
払出量バッチ [kg]	120	0.36	0.36
1 サイクル・タンク [kg]	40	2.0	1.0
2 サイクル・タンク [kg]	50	2.5	1.2
3 サイクル・タンク [kg]	70	3.5	1.7
接触装置 [kg]	20	2	2

いて，または完璧な真証性工程機器 (authenticated process instrumentation) からオペレータ・データを得ることで，または両者の混合のいずれかを用いて査察員が必要とする全てのデータを集める．第 3 章と第 4 章で考察した種類の報告データの計画的虚偽 (deliberate falsification) は除かれている．これについては第 8 章で取り扱われることになる．

我々が現に検証の質問を全く当然とみなしていると読者は考えているかもしれないが，そうでは無い．プラント・オペレータは，データを偽ることによる不法行為を隠すことが出来ないとしてもなお，依然として利用可能な大変単純な違反戦略を持っている：**単純に物質を移転する**．[*3]閉じられた物質収支に伴う測定誤差が充分に大きいならば，データの信頼性を無視し，その転用を査察員が認識することは出来ないだろう．これはいくらか曖昧な声明 (fuzzy statement) ではあるものの，現に示されるであろうように，その曖昧度 (fuzziness) が数量化出来る．[*4]

7.2.1 1 在庫期間

物質収支の (7.2) 式の右辺の式は前に述べたように**ランダム変数**である．それは，それらが実測定結果を表し，かつ各々が**確率密度関数** (probability density function:

---

*3 この戦略はある理由から **MUF への転用入り込み** (diversion into MUF) として知られている．適切な名称として，我々は σ_{MUF} **への転用入り込み** (diversion into σ_{MUF}) と見る．

*4 古典統計学で用いられる，ファジィ集合論 (fuzzy set theory) では無い!

pdf) により特徴付けられていることを意味している．与えられた測定は pdf から引き抜かれた特有値のチャンス実験として考えることが出来る．ランダム変数の線形結合である物質不明量 Z は，それ自身がランダム変数であり，通常ガウス (Gaussian) 分布または正規 (normal) 確率密度関数により大変良好な近似として特徴付けられている：

$$f(z) = \frac{1}{\sigma_Z \sqrt{2\pi}} \cdot \exp\left(-(z - E(Z))^2/2\sigma_Z^2\right) \tag{7.3}$$

ここで $\sigma_Z^2 = \mathrm{var}(Z)$ は MUF の**分散**であり，$E(Z)$ はその**期待値**である．もしも流れの測定と在庫の測定が互いに相関無しならば，このことは系統誤差の共通源が無いということである，我々は単純に下式を得る，

$$\sigma_Z^2 = \sigma_{X_0}^2 + \sigma_Y^2 + \sigma_{X_1}^2, \tag{7.4}$$

ここで σ_Y^2，$\sigma_{X_0}^2$ および $\sigma_{X_1}^2$ は流れの測定と在庫の測定の分散 (variances) である．

査察員の仕事は，今や第 3 章 2 節のデータ検証問題と同じ方法で意思決定を理論的に公式化され得ることである．モジュール性のために，前の 2 つの章を読んだものの，その本質を即座に忘れてしまったかもしれない読者のため，統計的決定理論の短な紹介をここで繰り返しておこう．

$\hat{Z}$ はランダム変数 Z の特定実現値（測定）としよう．与えられた収支期間に対し，測定誤差の寄与のもとで $\hat{Z}$ が零か非零かを査察員は確信をもって決定したい．しきたり通りに H_0 と H_1 として引用される 2 つの仮説が存在する．H_0 下で，査察員は彼の観測値 $\hat{Z}$ は期待値ゼロと既知分散を伴うガウス分布から引き抜かれたものと仮説を立てる，

$$H_0: \quad E(Z) = 0, \quad \mathrm{var}(Z) = \sigma_Z^2, \tag{7.5}$$

および H_1 下で，工程物質のある有限量，μ と呼ぼう，が転用されてしまった（または損失された），

$$H_1: \quad E(Z) = \mu, \quad \mathrm{var}(Z) = \sigma_Z^2, \tag{7.6}$$

区分するために，査察員は彼自身で**意思決定閾値**または**有意閾値** s を定める．彼はもしも以下の通りならば，H_0 を棄却する，

$$\hat{Z} > s$$

それ以外では H_0 を受容する．MUF-値，Z がこの様に用いられた時，これは**検定統計量** (test statistic) として引用される．

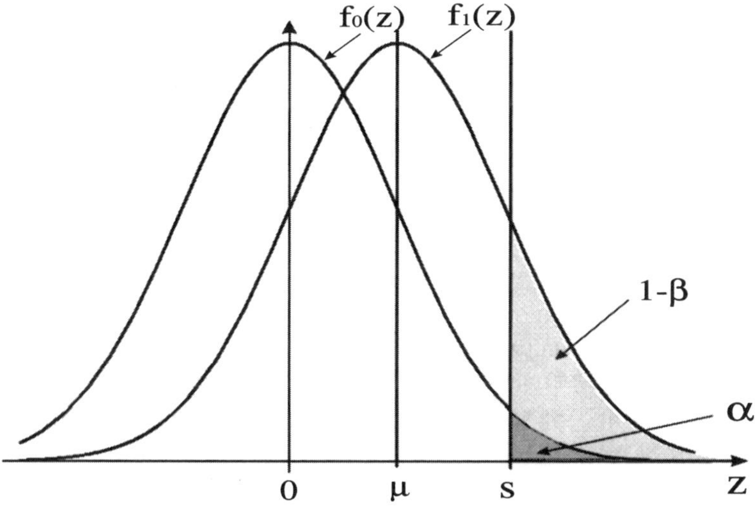

図 7.2　査察員の意思決定における誤差確率

勿論，査察員は間違った決定を下すことが出来る．$\hat{Z}$ は，MBA からの転用や損失が無くとも意思決定閾値を超えるかもしれない．公式検定理論においてこのことが起きる確率 α を，**第 1 種過誤** (error of the first kind) の確率と呼ぶ，

$$\alpha = \Pr_0(Z > s). \tag{7.7}$$

逆に言えば，彼は実際には在ったのに損失無し，または転用無しと間違った結論を導くであろう．これは**第 2 種過誤** (error of the second kind) の確率，β によって表現される，

$$\beta = \Pr_1(Z \leq s). \tag{7.8}$$

ランダム変数 Z をその標準偏差で割った正規化で，$z := Z/\sigma_Z$，図 7.2 にその状況を示す．

この図に従って，第 1 種過誤の確率は下式によって得られる，

$$1 - \alpha = \phi\left(\frac{s}{\sigma_Z}\right) \tag{7.9}$$

第2種過誤の確率は下式によって与えられる

$$\beta = \phi\left(\frac{s-\mu}{\sigma_Z}\right) \tag{7.10}$$

ここで ϕ は**標準正規分布関数** (standard normal distribution function) である，

$$\phi(x) = \frac{1}{\sqrt{2\pi}} \cdot \int_{-\infty}^{x} \exp(-t^2/2)\,dt. \tag{7.11}$$

最後に，(7.9) 式と (7.10) 式から有意閾値を消去して，下式を得る

$$1-\beta = \phi\left(\frac{\mu}{\sigma_Z} - U(1-\alpha)\right). \tag{7.12}$$

ここで $U(1-\alpha)$ は $\phi(\cdot)$ の逆関数である，これは $\phi(x) = 1-\alpha$ に対する x の値である．この関数 ϕ は明示的な積分は出来ないが，表で示されている．

明白な理由から $1-\beta$ は探知確率と呼ばれている，α は誤警報確率である．4個の基本的**システム・パラメータ** (system parameters) に関連する (7.12) 式は極めて基本的な原理である．このシステム・パラメータについては他の文脈中で以前話したものだが，ここで，物質収支の文脈中で適切な名称でこの4個のパラメータを与えよう：

- 転用を探知するための**目標量** (goal quantity) μ,
- 物質会計測定の**精度** (accuracy) σ_Z,
- 検証の**感度** $1-\beta$ (sensitivity)（探知確率），および
- 検証の**真実性** (credibility)*5 $1-\alpha$（1 − 誤警報確率）.

(7.12) 式を再処理プラントに適用しよう，そこで我々に残されたものを見てみよう．

4つのシステム・パラメータのたった1つ，物質会計の精度，σ_Z として与えられている，が表7.1のデータから決定されている．もしも工程が停止し，在庫確認 (inventory taking) 前に接触装置 (contactors) は空にされたならば，MUFの不確定性は受入 (input)/払出 (output) の測定と工程タンクの測定によって決まるであろう．受入および払出バッチの全て測定されると仮定し，単純な誤差伝播から下式を書くことが出来る，

$$\sigma_Z^2 = n_{in} \cdot [\sigma_{in}^2]_r + n_{in}^2 \cdot [\sigma_{in}^2]_s + n_{out} \cdot [\sigma_{out}^2]_r + n_{out}^2 \cdot [\sigma_{out}^2]_s + 2 \cdot [\sigma_I^2]_r$$

---

*5 誤警報確率の補完と真実性が一致するのは合理的である．決定閾値を $-\infty$ に設定することによってそのシステムを感度100％に設計することは容易に出来る．しかしその時 $\alpha = 1$ で，その真実性はゼロであると我々の定義は言う，これは当然のことである．

ここで添字 r, s, I はランダム分散と系統分散および在庫 (inventory) を参照している，n_{in}, n_{out} はそれぞれ受入バッチ数と払出バッチ数を示す．期首在庫と期末在庫に対して同一であるが反対の符号であるために，在庫に対する系統誤差が σ_Z^2 の上述表現では相殺されていることに注意せよ．この公式に表 7.1 の数値を代入にて，下式を得る

$$\sigma_Z^2 = 150 \cdot 0.12^2 + 150^2 \cdot 0.12^2 + 50 \cdot 0.36^2 + 50^2 \cdot 0.36^2 + 2 \cdot (2.0^2 + 2.5^2 + 3.5^2) = (26.0\,\text{kg})^2.$$

次節に進むために，全ての測定治具が 2 週間毎に再校正されると仮定して，MUF の分散をも計算してみよう．操業年はその 2 週間間隔の 25 回で構成されており，その各々で 6 個の受入バッチと 2 個の払出バッチが測定されている．従って，

$$\sigma_Z^2 = 25 \times (6 \cdot 0.12^2 + 6^2 \cdot 0.12^2 + 2 \cdot 0.36^2 + 2^2 \cdot 0.36^2) + 2 \cdot (2.0^2 + 2.5^2 + 3.5^2) = (8.9\,\text{kg})^2.$$

このような高い頻度での再校正は大型商業再処理の操業では非現実的であることを強調しておくべきであろう．

物質会計システムの感度 $1-\beta$ に我々は興味が有る，従って残る 2 つのシステム・パラメータ α と μ に対する形式値 (external values) を指定しなければならない．慣習的な知恵に従い（IAEA (1987)），我々は $\alpha = 5\,\%$ および μ = 臨界質量 = 8 kg を選択する．(7.12) 式から下式が与えられる，[*6]

$$1-\beta = \phi\left(\frac{8}{26.0} - U(0.95)\right) = 8.7\,\%$$

未校正に対して．さらに年 25 回の再校正に対しては，

$$1-\beta = \phi\left(\frac{8}{8.9} - U(0.95)\right) = 22.7\,\%$$

となる．前者の探知確率は誤警報確率に比べかろうじて大きい，両者の値ともむしろ保障措置査察員を意気消沈させてしまうだろう．

測定品質を改善するものは何か? このことは勿論出来るが，限度以内でのみ可能である．表 7.1 のデータと再校正無しで，MUF の標準偏差は，現状の水準で既に年工程移転量の 0.5 % 以下である．もしも‘適切な’感度は ≥ 90 % の探知確率であると

[*6] 訳註：　累積正規分布表を用いて，

$$\phi(0.30769 - 1.645) = \phi(-1.3373) = 1 - 0.9099 = 0.0901 = 9.0\,\%$$

が得られる．

感じているなら，(7.12) 式から $\sigma_Z \simeq 3.2$ kg または移転量 (throughput) の 0.05 % となる，この精度は実際に到達出来ない．

国家が操業しているそのような大規模な核施設で原子炉級プルトニウムの 1 臨界質量を軍事的有意値として結びつける見込みは無いと指摘し，目標量 μ として選択された値に異議を挟むかもしれない．それにもかかわらず，査察員団は公明正大に国際合意を達成することに務めるべきである．他の文脈において，1 臨界質量の転用は非常に由々しき核拡散脅威 (proliferation threat) を本当に生じさせるかもしれない．

最初の見解で明確にすることと約束解を我々に与えるものについて，または査察員のジレンマを詳細に検討しよう：単純に**もっと測定を行う**．全受入/払出バッチは現状の水準で測定されると既に仮定したように，確かに，移転量測定の数を増やすことは出来ない．しかしプラント在庫は，操業年当たり 1 回を超えて確かにしばしば決定されている．例えば査察員はオペレータがプラントを 6 ヵ月毎に停止し，保障措置目的のための純粋な追加実在庫調査をすべきと主張するかもしれない．[*7]

これを推し進めて，査察員は物質収支をさらに多くの頻度で閉じさせようと試みた．プラントを毎月または毎週停止させようと強制することは不穏当である，しかし充分なイン・ライン計測器を用い工程停止をせずに任意の時間にほぼ完全に実在庫が調査出来る．しかしながら，その集約的検証システムを幸福感を持って勧告する前に，丁度 1 つの中間在庫 (intermediate inventory) で得られるものを注意深くまず最初に吟味しよう．読者をどっちつかずの状態にしておくことは望まない，我々はその結果を予測するだろう：何も得られない，それはとんでもないことだ (Nothing is gained, quite the contrary).

7.2.2　2 在庫期間

時間 t_0, t_2, t_3 での期首，中間および期末実在庫を各々 X_0, X_1, X_2 とし，期間 $[t_0, t_1]$ と $[t_1, t_2]$ で測定される正味の物質流を各々 Y_1, Y_2 としよう．2 つの物質収支は中間在庫で表せる追加的データを伴うことで構築出来る，すなわち

$$\begin{aligned} Z_1 &= X_0 + Y_1 - X_1, \\ Z_2 &= X_1 + Y_2 - X_2. \end{aligned} \tag{7.13}$$

単一期間物質会計手順のうわべ上の無邪気で正当な強化をもって，オペレータおよび査察員が戦略選択を有する状況が創成される．我々はゲーム理論分野へ戻ろう，読

---

*7 幾つかの特定施設検証合意において，これが実際に要求され，プラント・オペレータを多いに狼狽させた．

者がこれまでに納得させられたように，そこでは**何かが**起きることがありうる!

オペレータは，まず始めに，とにかく彼が好む方法で目標量 μ の転用を 2 期間に亘り分割出来る．彼の戦略の組は，

$$\left\{\boldsymbol{\mu}^T = (\mu_1, \mu_2)\,\middle|\,\mu_1 + \mu_2 = \mu\right\}$$

である．もしも彼が 1 期間集中を選択するなら，これは $\boldsymbol{\mu}^T = (1, 0)$ または $\boldsymbol{\mu}^T = (0, 1)$ のいずれかになる，我々は**一括転用** (abrupt diversion) 戦略と言う，そうでない場合は**少量分割転用** (protracted diversion) 戦略である．ついでながら，オペレータは Hatter のお茶に対する態度に合わせる必要は無い．[*8]彼は $i = 1$ または $i = 2$ に対して $\mu_i < 0$ を選択出来る，言い換えれば，大量のプルトニウムを移転する前または後で，彼はいくらかのプルトニウムを**加える**ことで‘ゼロよりも少なく取る’かもしれない．[*9]

同様に，査察員は査察戦略の無限の組を持っている，言い換えれば量 Z_1, Z_2 と適切な誤警報確率 α の結果で構築出来る全ての検定手順の組 $\{\delta_\alpha\}$ である．

査察員が望む検定の仮説は以下の通り：

$$H_0 \ : \quad E(Z_1) = E(Z_2) = 0 \tag{7.14}$$

と

$$H_1 \ : \quad E(Z_1) = \mu_1, \quad E(Z_2) = \mu_2, \quad \mu_1 + \mu_2 = \mu \tag{7.15}$$

である．各々の MUF 値の（既知）分散は両仮説下で同一である：

$$\mathrm{var}(Z_1) = \sigma_1^2, \quad \mathrm{var}(Z_2) = \sigma_2^2.$$

しかしながら，これは Z_1 と Z_2 の pdf's を完全に記述したのでは無い，何故ならそれらが互いに相関するからである．その 2 収支期間で系統誤差の共通源が無いとしてさえも，その分割された中間在庫は共分散 (covariance) を導く：

$$\begin{aligned}\mathrm{cov}(Z_1, Z_2) =& \mathrm{cov}(X_0 + Y_1 - X_1, X_1 + Y_2 - X_2)\\ =& -\mathrm{cov}(X_1, X_1) = -\mathrm{var}(X_1).\end{aligned}$$

この MUF 値もまた受入測定/払出測定での共通系統誤差源によって相関しているかもしれない．この相関係数 (correlation coefficient) はごく一般的に定義される，

$$\rho = \frac{\mathrm{cov}(Z_1, Z_2)}{\sigma_1 \sigma_2}. \tag{7.16}$$

[*8] 訳註：　題辞の「不思議の国のアリスの冒険」に出てくるいかれ帽子屋.

[*9] どこから‘追加’プルトニウムが来たのか，と何故転用者はそれを保持しないのかとの，明白な疑問がその時生じるかもしれない．アリスは多分これを**不思議な転用** (curious diversion) 戦略として引用するであろう．いずれにしても，我々が観察するであろうように，それは確かに最適では無い.

この 2 期間状況が充分に公式化されたので，零和ゲームとしての問題と成り得た．オペレータ戦略と査察員戦略の組は上記のように与えられ，査察員の利得は目標量の転用に対する探知確率と成る：

$$1-\beta(\delta_\alpha,\ \boldsymbol{\mu}). \tag{7.17}$$

我々は下式のような**鞍点**戦略，δ_α^* と $\boldsymbol{\mu}^*$ を求める（例えば (1.8) 式と比較せよ）

$$\beta(\delta_\alpha^*,\ \boldsymbol{\mu}) \le \beta(\delta_\alpha^*,\ \boldsymbol{\mu}^*) \le \beta(\delta_\alpha,\ \boldsymbol{\mu}^*) \quad \text{for all } \delta_\alpha \text{ and } \boldsymbol{\mu}. \tag{7.18}$$

楽天的になって，鞍点が存在していると仮定しよう．どの様な方法でそれを我々は得ることが出来るだろうか? ある程度推定的 (constructive) であるその存在の建設的証明 (a constructive proof) の提供によって，その最適戦略はその方法に沿って得られる．その技巧（トリック）は**マックスミン** (maxmin) 問題を解くことである

$$\max_{\boldsymbol{\mu}} \min_{\delta_\alpha}(\beta\,(\delta_\alpha,\ \boldsymbol{\mu})\,),$$

それを行うことは困難ではない，実際その解は鞍点基準を満足している，それらは容易である．

進めよう．3.2 節で紹介したネイマン・ピアソン補助定理に従った，与えられたベクトル $\boldsymbol{\mu}$ および誤警報確率の与えられた値 α に対して，未探知確率を最小化するその検定 $\delta_\alpha(\boldsymbol{\mu})$ は，**棄却域** (critical region) に落ちる (Z_1, Z_2) の観測の組によって特徴付けられている，

$$C = \left\{(z_1, z_2) \,\middle|\, f_1(z_1, z_2)/f_0(z_1, z_2) > k'_\alpha\right\} \tag{7.19}$$

ここで k'_α は誤警報確率 α により決定される．

この 2 つの相関しているランダム変数 Z_1 と Z_2 は，帰無仮説 H_0 の下で，**結合** pdf によって記述される

$$f_0(z_1, z_2) = \frac{1}{2\pi(1-\rho^2)^{1/2}\sigma_1\sigma_2}\exp\left\{-\frac{1}{2(1-\rho^2)}\left(\frac{z_1^2}{\sigma_1^2} - 2\rho\frac{z_1 z_2}{\sigma_1\sigma_2} + \frac{z_2^2}{\sigma_2^2}\right)\right\} \tag{7.20}$$

この式は **2 変量正規分布** (bivariate normal distribution) として引用される．同様に，任意の転用戦略 $\boldsymbol{\mu}$ に対する H_1 仮説下において，

$$\begin{aligned} f_1(z_1, z_2) = &\frac{1}{2\pi(1-\rho^2)^{1/2}\sigma_1\sigma_2}\exp\left\{-\frac{1}{2(1-\rho^2)}\right. \\ &\left.\cdot\left(\frac{(z_1-\mu_1)^2}{\sigma_1^2} - 2\rho\frac{(z_1-\mu_1)(z_2-\mu_2)}{\sigma_1\sigma_2} + \frac{(z_2-\mu_2)^2}{\sigma_2^2}\right)\right\}. \end{aligned} \tag{7.21}$$

もし相関係数 ρ が消えたなら，(7.20) 式または (7.21) 式は，丁度 (7.3) 式の 2 個の pdf's の積となることに注意せよ．

(7.19) 式に従って棄却域を構築し，その対数を取るなら，ネイマン・ピアソン検定はその棄却域と等価となる

$$C = \left\{(Z_1, Z_2) \,\middle|\, T(\mu_1, \mu_2) > k_\alpha\right\} \tag{7.22}$$

ここで k_α は α によって決定されるある他の数であり，検定統計 T は下式で与えられた Z_1 と Z_2 の線形結合である

$$T(\mu_1, \mu_2) = \frac{Z_1}{\sigma_1}\left(\frac{\mu_1}{\sigma_1} - \rho\frac{\mu_2}{\sigma_2}\right) + \frac{Z_2}{\sigma_2}\left(\frac{\mu_2}{\sigma_2} - \rho\frac{\mu_1}{\sigma_1}\right). \tag{7.23}$$

しかし正規分布しているランダム変数の線形結合は，それ自身が正規分布している．その検定統計 T は従って正規分布をしており，下記の期待値を有する

$$E(T) = \begin{cases} 0 & \text{for } H_0 \\ \dfrac{\mu_1^2}{\sigma_1^2} - 2\rho\dfrac{\mu_1\mu_2}{\sigma_1\sigma_2} + \dfrac{\mu_2^2}{\sigma_2^2} & \text{for } H_1 \end{cases} \tag{7.24}$$

および分散は

$$\mathrm{var}(T) = \sigma_T^2 = (1-\rho^2)\left[\frac{\mu_1^2}{\sigma_1^2} - 2\rho\frac{\mu_1\mu_2}{\sigma_1\sigma_2} + \frac{\mu_2^2}{\sigma_2^2}\right] \tag{7.25}$$

と成り，読者は容易に検証できるだろう（p.52 の脚註を見よ）．

(7.12) 式を導いたのと同じ論拠に従い，Z を T で置き換えて，そのネイマン・ピアソン探知確率は

$$1 - \beta(\delta_\alpha^*, \boldsymbol{\mu}) = \phi\left(\frac{E(T)}{\sigma_T} + U(1-\alpha)\right)$$

または，(7.24) 式と (7.25) 式とともに，$1 - \phi(x) = \phi(-x)$ の等価式を用いて，

$$\beta(\delta_\alpha^*, \boldsymbol{\mu}) = \phi\left(U(1-\alpha) - \left[\frac{1}{1-\rho^2}\cdot\left(\frac{\mu_1^2}{\sigma_1^2} - 2\rho\frac{\mu_1\mu_2}{\sigma_1\sigma_2} + \frac{\mu_2^2}{\sigma_2^2}\right)\right]^{1/2}\right) \tag{7.26}$$

である．

ここで第 2 段階を構築しよう，所謂，問題の解は，$\mu_1 + \mu_2 = \mu$ を条件として，

$$\max_{\boldsymbol{\mu}} \beta(\delta_\alpha^*(\boldsymbol{\mu}), \boldsymbol{\mu})$$

である．(7.26) 式の ϕ と平方根関数はそれら引数の単調増加関数であるから，その最小化問題を解くことで十分である，

$$\min_{\mu_1}\left[\frac{\mu_1^2}{\sigma_1^2}-2\rho\frac{\mu_1(\mu-\mu_1)}{\sigma_1\sigma_2}+\frac{(\mu-\mu_1)^2}{\sigma_1\sigma_2}\right].$$

その上，容易である．μ_1 に対して微分してゼロと等しいと設定しよう．*10その転用戦略 $\boldsymbol{\mu}^*$ は下式によって得られる

$$\begin{pmatrix}\mu_1^*\\ \mu_2^*\end{pmatrix}=\frac{\mu}{\sigma_1^2+2\rho\,\sigma_1\sigma_2+\sigma_2^2}\cdot\begin{pmatrix}\sigma_1^2+\rho\,\sigma_1\sigma_2\\ \sigma_2^2+\rho\,\sigma_1\sigma_2\end{pmatrix}. \tag{7.27}$$

最適転用戦略は，より大きな分散を有する期間でより多くの転用が為されるというように，2つの収支期間の個々の分散によって決定されることを明記しておく．(7.27) 式を (7.26) 式に代入して未探知確率を得る，

$$\beta(\delta_\alpha^*,\boldsymbol{\mu}^*)=\phi\left(U(1-\alpha)-\frac{\mu}{(\sigma_1^2+2\rho\,\sigma_1\sigma_2+\sigma_2^2)^{1/2}}\right) \tag{7.28}$$

この構築を完全な物にするためには $\delta^*(\boldsymbol{\mu}^*)$ を求めることが必要である．それは (7.27) 式の $\boldsymbol{\mu}^*$ を伴う (7.23) 式により与えられる．一定のファクターまで達すると，下式を得る，

$$T(\mu_1^*,\mu_2^*)=Z_1+Z_2=X_0+Y_1+Y_2-X_2. \tag{7.29}$$

戦略 (7.27) 式と (7.29) 式を**最大化**問題として解く，そして我々が予測したように鞍点戦略でもある．これを証明するため，それらが (7.18) 式の右辺を明らかに満足していることを示そう，ネイマン・ピアソン補助定理が任意の $\boldsymbol{\mu}$ に対して維持されているからである，取り分け $\boldsymbol{\mu}^*$ に対して維持される．左辺の取扱いのために，H_1 下での (7.29) 式の期待値 $T(\mu_1^*,\mu_2^*)$ が，単一期間転用と独立である，下式によって与えられることを観察する，

$$E_1\left(T(\mu_1^*,\mu_2^*)\right)=\mu_1+\mu_2=\mu.$$

その時，(7.25) 式と伴に

$$\begin{aligned}\beta\left(\delta_\alpha^*(\boldsymbol{\mu}^*),\boldsymbol{\mu}\right)&=\phi\left(U(1-\alpha)-\frac{E(T)}{\sigma_T}\right)\\ &=\phi\left(U(1-\alpha)-\frac{\mu}{(\sigma_1^2+2\rho\,\sigma_1\sigma_2+\sigma_2^2)^{1/2}}\right)\\ &=\beta\left(\delta_\alpha^*(\boldsymbol{\mu}^*),\boldsymbol{\mu}^*\right)\end{aligned}$$

*10 几帳面な (scrupulous) 読者は，2次微分が正であることで自らを納得させるであろう，それで最小であると推定する．通常，著者たちは無遠慮な (unscrupulous) ものだ．

と (7.18) 式の左辺に対し実際に等価である．

第 3 章の 3.2.1 節のように，もう一度，鞍点の性質それ自身の証明を実際には必要としないものの，転用戦略（**最大化**問題）に関連する最適化手順を介して鞍点解に達する．その解は再び，総転用量が固定されている限りにおいてオペレータの転用戦略に関してのオペレータの無関心を成す査察員の検定手順を意味する．それにもかかわらず，オペレータの均衡戦略は任意では**無い**，しかし正確には (7.27) 式によって与えられている．

しかしこれは驚くべき結果だ．査察員の最適検定統計量 (7.29) 式は丁度，**全体的に中間在庫**X_1 **を削除して**完全な 1 年に亘り計算した物質収支の統計量である．その時，2 収支期間への分割は，少なくとも探知確率を上昇させない．実際，もしも査察員が彼の統計的意思決定手順で X_1 を用いることを言い張るならば，彼の最適（ネイマン・ピアソン）戦略から逸脱するものとして，探知確率に関する限り彼は**一層悪く**するであろう．

査察員のネイマン・ピアソン検定からの逸脱には立派な理由が有ることについては次に議論しよう．しかしながら，本節の重要な結論は，そのような逸脱は常に問題とする完全な参照期間に対しての探知感度の損失を負うことになる．[*11]同じ結論は，勿論中間収支の任意の数に対しても保持される；以下に示す定理 7.1 を参照せよ．それは丁度，大規模バルク工程施設での物質収支の検証への適用研究が無視されてしまう反直観的な（かつ意気消沈させる）結論であるが故のことである．

要約すると：1 運転年に亘る 1 目標量 μ の転用に対する探知確率は，表 7.1 の参照データに対して計算され，測定の単なる増加 (intensification) によって上昇させることは出来ない．良好な計測器と再校正頻度をより高くすることによる測定技法の改良を通じての MUF の分散の減少のみが探知確率の上昇を達成することになろう．

7.2.3 多数在庫期間

査察員は全体に亘る良好な探知確率を有することを望むのに加え，MBA（物質収支区域）からの転用に関する適時的な対応をも望むものと想定しよう．その工程区域内での転用を探知するための物質会計を頼りとするので，中間在庫または中間物質収支

[*11] この結論は，彼らは最大の虚偽を行うとの理由から，汚染物質放出閾値の遵守を検証するのに報告データは利用されないことを示した 3.4 節のチョットした回顧録である．ここでの在庫データは完全に正しい (kosher)，しかし**依然として**助けにならない．**1 期間内で**μ kg の転用の感度，例えば 6 ヵ月，は中間在庫を用いたほうがさらに良くなると主張する輩がいるかもしれない．いかにもその通りである，しかしそれは我々が達成するものでは無い．

を使用する以外の代替法を持ってはいない，そしてこのことは最適検定手順からの逸脱となる．従って適時性探知に関してはその代償 (price) を有する，感度 (sensitivity) と適時性 (timeliness) の 2 つの目標はお互いに相反している．

次節で次のような文言，**適時探知および適時探知能力に関する**によって我々が何を意味するのかをより正確にすることにしよう．その前段 (preliminary) として，本節主要結論の一般化を与えかつ幾つかの他の代替手順と最適検定手順を比較するための，逐次（シーケンス）物質収支に伴う用語を導入しておく．

参照期間，例えば 1 年の運転期間，の n 回の物質収支を閉じることで観測の時間級数 (time series) を生成する，これを MUF **級数**（シリーズ）と呼ぶ，

$$\begin{aligned} \boldsymbol{Z} &=(Z_1, Z_2, \ldots, Z_n)^T, \\ Z_i &=X_{i-1} + Y_i - X_i, \quad i = 1 \ldots n. \end{aligned} \tag{7.30}$$

この級数の統計的性質はその**共分散行列** (covariance matrix) $\boldsymbol{\Sigma}$ によって特徴付けられる，

$$\boldsymbol{\Sigma} = \begin{pmatrix} \sigma_1^2 & \rho_{12}\sigma_1\sigma_2 & \cdots & \rho_{1n}\sigma_1\sigma_n \\ \rho_{21}\sigma_2\sigma_1 & \sigma_2^2 & \cdots & \rho_{2n}\sigma_2\sigma_n \\ \vdots & \vdots & \ddots & \vdots \\ \rho_{n1}\sigma_n\sigma_1 & \rho_{n2}\sigma_n\sigma_2 & \cdots & \sigma_n^2 \end{pmatrix}, \tag{7.31}$$

その要素の対称行列は以下の式で与えられる，

$$\begin{aligned} \sigma_i^2 &=\mathrm{var}(Z_i), \quad i = 1 \ldots n, \\ \rho_{ij} &=\frac{\mathrm{cov}(Z_i, Z_j)}{\sigma_i \sigma_j}, \quad i \neq j. \end{aligned} \tag{7.32}$$

我々は $n = 2$ 物質収支で $\rho_{12} = \rho_{21} = \rho$ を有する共分散行列の例を既に見た．2 変量正規分布，(7.20) 式と (7.21) 式，の一般化は，MUF 級数に従う**多変量正規分布** (muitivariate normal distribution) である：

$$f_i(\boldsymbol{z}) = (2\pi)^{-n/2}|\boldsymbol{\Sigma}|^{-1/2} \cdot \exp\left(-\frac{1}{2}(\boldsymbol{z} - \boldsymbol{E}_i)^T \cdot \boldsymbol{\Sigma}^{-1} \cdot (\boldsymbol{z} - \boldsymbol{E}_i)\right) \tag{7.33}$$

ここで $\boldsymbol{E}_i$ は仮説 H_0 または仮説 H_1 下でのその級数（シリーズ）の期待値である，

$$\boldsymbol{E}_i = \begin{cases} 0 & \text{for } i = 0, \\ \boldsymbol{\mu} & \text{for } i = 1. \end{cases} \tag{7.34}$$

1 つのベクトルを定義して，

$$\boldsymbol{e}^T := (1, 1 \ldots 1),$$

2 期間較点を n 期間への一般化は，以下の定理により表現される（Avenhaus and Jaech (1981)）[*12]：

定理 7.1 2 人，零和ゲームを考えよう，

$$\left(\boldsymbol{\Delta}_\alpha, \{\boldsymbol{\mu} \,\middle|\, \boldsymbol{\mu} \cdot \boldsymbol{e} = \mu\}, \beta(\delta_\alpha, \boldsymbol{\mu})\right)$$

ここで $\boldsymbol{\Delta}_\alpha$ は，$\boldsymbol{\mu} \in \mathfrak{R}^n$ での (7.34) 式の検定問題に対する誤警報確率 α が与えられた時の全ての検定の組（集合）δ_α であり，$1 - \beta(\delta_\alpha, \boldsymbol{\mu})$ は探知確率である．この均衡解は下式により与えられる，

$$\boldsymbol{\mu}^* = \frac{\mu}{\boldsymbol{e}^T \cdot \boldsymbol{\Sigma} \cdot \boldsymbol{e}} \cdot \boldsymbol{\Sigma} \cdot \boldsymbol{e}, \tag{7.35}$$

および下記の棄却域によって特徴付けられた検定 δ^*_{NP} によって，

$$\{\boldsymbol{z} | \boldsymbol{z}^T \cdot \boldsymbol{e} > k_\alpha\} \tag{7.36}$$

ここで k_α は α により決定される．保証された探知確率であるこのゲーム値は，

$$1 - \beta(\delta^*_{NP}, \boldsymbol{\mu}^*) = \phi\left(\frac{\mu}{(\boldsymbol{e}^T \cdot \boldsymbol{\Sigma} \cdot \boldsymbol{e})^{1/2}} - U(1 - \alpha)\right) \tag{7.37}$$

となる．

用法 (Usage)：この定理が我々に告げることは，勿論，参照期間の末期に単一物質収支検定 (7.36) 式を単純に適用する．その検定統計は

$$\boldsymbol{Z}^T \cdot \boldsymbol{e} = \sum_{i=1}^{n} \boldsymbol{Z}_i = MUF = X_0 + \sum_{i=1}^{n} Y_i - X_n$$

およびその閾値は，

$$k_\alpha = (\boldsymbol{e}^T \cdot \boldsymbol{\Sigma} \cdot \boldsymbol{e})^{1/2} \cdot U(1 - \alpha) = \sigma_{MUF} \cdot U(1 - \alpha).$$

量 μ の転用に対する最適保証探知確率は (7.37) 式により決定される．

[*12] 訳註： 付録 B として掲載している「物質収支の時間 and/or 空間分割」論文である．

証明：　鞍点基準 (7.18) 式が十分満足していることを我々は示さなければならない．(7.36) 式から

$$1-\beta(\delta^*_{NP},\,\boldsymbol{\mu}) = \mathrm{Pr}_1(\boldsymbol{Z}^T\cdot\boldsymbol{e}>k_\alpha)$$
$$=\phi\left(\frac{E_1(\boldsymbol{Z}^T\cdot\boldsymbol{e})}{\sqrt{\mathrm{var}(\boldsymbol{Z}^T\cdot\boldsymbol{e})}}-U(1-\alpha)\right).$$

である，しかし

$$E_1(\boldsymbol{Z}^T\cdot\boldsymbol{e}) = \mu \quad \text{and}$$
$$\mathrm{var}(\boldsymbol{Z}^T\cdot\boldsymbol{e}) = \boldsymbol{e}^T\cdot\boldsymbol{\Sigma}\cdot\boldsymbol{e}$$

であるから，(7.18) 式の左辺は十分に満足している：

$$\beta(\delta^*_{NP},\,\boldsymbol{\mu}) = \beta(\delta^*_{NP},\,\boldsymbol{\mu}^*).$$

右辺に関して，ネイマン・ピアソンの補助定理に従い，下記の棄却領域により，$\boldsymbol{\mu}^*$ の最適検定が特徴付けられる

$$\left\{\boldsymbol{z}\,\middle|\,\frac{f_1(\boldsymbol{z})}{f_0(\boldsymbol{z})}>k''_\alpha\right\},$$

ここで $f_1(\boldsymbol{z})$ と $f_0(\boldsymbol{z})$ は (7.33) 式により与えられている．ここで直ちに棄却域が下式と等しいことが判る

$$\left\{\boldsymbol{z}\,\middle|\,\boldsymbol{\mu}^{*T}\cdot\boldsymbol{\Sigma}^{-1}\cdot\boldsymbol{z}>k'_\alpha\right\},$$

または，(7.35) 式を用いて

$$\boldsymbol{\mu}^{*T}\cdot\boldsymbol{\Sigma}^{-1}\cdot\boldsymbol{z}\sim(\boldsymbol{\Sigma}\cdot\boldsymbol{e})^T\cdot\boldsymbol{\Sigma}^{-1}\cdot\boldsymbol{z}=\boldsymbol{e}^T\cdot\boldsymbol{z},$$

と (7.36) 式と等しい，これで証明は完了した．□

適時探知はそれ自身の価値を持つ，しかしその価値とは何者だ? 次節で種々の一括 (abrupt) 転用または少量分割 (protracted) 転用戦略に即座に応答するよう設計された**逐次検定手順** (sequential test procedures) について眺めることになるだろう．[*13]そのような検定の適時性とは無関に，定理 7.1 の最適ネイマン・ピアソン検定から得られるもので完全参照期間に対するそれらの探知確率を比較することが可能である．参照工程と年 25 回の収支期間を仮定したデータを用いたモンテカルロ・シミュレーションによって表 7.2 に示す幾つかの典型的な逐次検定が実施された．これら検定の幾つかは後に取り扱われる；さらに詳細な考察は Leitner *et al.* (1987) で与えられている．見ての通り，ネイマン・ピアソン検定は実にその価値 (price) が高い!

[*13] 訳註：　転用速度 (diversion rate)：一定時間内に転用される核物質の量．短時間（即ち，物質収支期間より短い期間内）に 1 SQ（有意量）以上の量の核物質が転用された場合，これは「一括」(abrupt) 転用と呼ばれる．1 SQ 以上の転用が，1 回当たりは少量しか抜き取らずに，1 物質収支期間にわたって徐々に行われた場合，これは「少量分割」(protracted) 転用と呼ばれる：IAEA 保障措置用語集 2001 Edition より．

表 7.2 6 つの統計検定の探知確率 (%)

検定[a]	$\mu = 8$ kg	$\mu = 16$ kg
ネイマン・ピアソン	22.6	55.6
MUFR[b]	7.3	12.0
CUMUF[c]	11.5	26.7
CUSUM[d]	9.4	22.8
CUSUMR[e]	10.3	27.5
GEMUF[f]	6.0	10.0

[a] これらの探知確率は，最適転用パターン (7.35) 式と最初の 25 収支期間の誤警報確率 5 % に対しモンテカルロ・シミュレーションを用いた計算値である．
[b] 7.3 節で考察する，独立変換 MUF 値への単純検定である．
[c] 累積 (cumulative) MUF 検定．Beedgen (1983) の例を参照せよ．
[d] 未変換 MUF 値への累積和 (cumulative sum) 検定，ページ検定 (Page's test) とも呼ぶ．全体の考察に関しては Avenhaus (1986) の pp. 105-117 を参照せよ．
[e] 独立変換 MUF 値への累積和検定，7.3.4 節で考察する．
[f] *GEschäzter* MUF 検定．Seifert (1986) を参照せよ．

7.3 適時探知

査察員の**最適基準**として高感度探知 (sensitive detection) と適時性探知 (timly detection) を考えるのに，両方の基準に関して査察員の保障措置会計システムを同時に最適化することは出来ないことを前節で既に示した：彼はそれを心に刻みつけておかなければならない．もしも査察員が感受性を選択するなら，その時その探知確率を最大にするように試みるべきである．しかしもし彼が適時性を選択したのなら，その時には何を? 2 つの質問が生じる：

(i) 適時性のオペレーショナル測度とは何であるのか?
(ii) それをどの様にして最適にすべきなのか?

解かるように，これらは極めて困難な質問である．(i) に関して，検証解析者が出来ることの最良は，査察員の決定問題を彼へ公式化してやること，および彼の意図に適する測度を示唆することである．物質収支期間のシリーズ（級数）が与えられ，一般的 2 人零和逐次ゲームを構築出来る，そのゲームでの 2 人のプレイヤーの効用は一般的に探知される期間間隔に依存している（Avenhaus and Okada[*14] (1990)）．このゲームの考察は本書の範囲を超えている，しかしそれから 2 つの単純な結果を得ることが出来る．もしもプレイヤーらの効用が（期間とは独立に）一定であるなら，査察員はその参照期間の末期まで彼自身の決定を遅らせるべきである，言い換えれば適時性という様相を一切無視し感度最適化へ戻るべきである．もしも効用が，より早期の探知期間で査察員の効用はより高く，より遅い探知期間でオペレータの効用はより高い，指数関数的に減少するなら，その時査察員は**仮説H_0 下で平均連長さL_0 が与えられているのに対して，仮説H_1 下で平均または期待連長さL_1 を最小にすべきである**．[*15]

これは，むしろ満足すべき結論である．適時探知の最適化基準としての平均連長さの決定理論の正当化を与える，その基準は時々実際家によって直観的に使用されていた．しかしながらそれに伴う問題が存在している，そしてこれは上述質問 (ii) として我々に戻ってくる：どの様な方法で適時性は最適化されるのか?

最初の場面で，平均連長さ L_1 と L_0 は巧妙に (tricky) 定義されている．n 期間後の探知が確実であった第 5 章でのモデルと異なり，ここでのケースは任意の期間 i に対して期間 $i+1$ の有限の探知確率が存在している．探知の平均連長さは，その定義として有限時間水平線 (infinite time horizon) として求められる．

さらに重要なことは，第 3 章や第 4 章および前節で有効に使用されたネイマン・ピアソン検定の相手役が存在しないことである，それは任意に与えられた転用戦略に対応する固定 L_0 で L_1 を最小化する最適検定手順として査察員に与えられる．結局，逐次統計検定手順の開発は殆んど趣味の問題 (a matter of taste) である，長年に亘り (over the years)，多くの核保障措置専門家たちが狼狽のあまりに彼らの手を上げてしまった検定手順の過多 (plethora) が，保障措置文献中に見うけられる．

その状況を悪化させることを望まないので，さしあたり我々は非常に単純な，しかし例証となる逐次検定に我々自身を制約しておこう．この検定で，感度 $1-\beta$ の (7.12) 式に完全に類似している適時性 L_1 の十全な表現を近似的に導くことが可能であることが解かる．あとで我々はさらに洗練された検定を取り上げるであろう，それはこれら提案の典型的なものであり，再処理プラント保障措置への集中的な研究である，しかしそこにおいて平均連長さに対する解析的表現は見つからない．

[*14] 訳註：　岡田章京都大学経済研究所教授（現，一橋大学大学院教授）；彼の著書，『ゲーム理論』有斐閣 (1996) はゲーム理論を学ぶ上で有益なテキストの 1 つである．本書の訳語（用語）は彼のテキストを参考にしている．

[*15] 訳註：　連長さ：run length；物質収支期間のシリーズの 1 つ 1 つを連 (run) と言う．

7.3.1 独立変換 MUFs

既に指摘したように，シリーズ $\boldsymbol{Z}$ の MUF は隣接 MUF 値によって分かち合われる共通在庫に基づき高い自己相関 (autocorrelated) がなされる，測定での連続性（系統）誤差に基づくものとして．取り分け単純な逐次検定は非相関時間シリーズに適用可能である，そこで我々の最初の試みは $\boldsymbol{Z}$ を新しいベクトル $\boldsymbol{V}$ へ変換すること，このベクトルの要素は非相関である．非相関正規分布しているランダム変数は**確率的に独立** (stochastically independent) であるため，我々は**独立変換** (independence transformation) と言う．Stewart (1970) が最初にそのような変換を提案した，彼の動機は幾分異なるものであったが．彼は帳簿と初期測定在庫との線形結合，それは真の初期在庫推定値の不偏かつ最小分散を探し求めていた．後年，Pike and Morrison (1979) はカルマン・フィルターのアプローチを提案した，そのアプローチは Stewart の提案と正確に同じであることが明らかとなった．Pike *et al.* (1979) および Sellinschegg (1982) がその変換を条件付き期待値の観点から解説した．もう 1 つのアプローチ，対角化共分散行列線形変換と名付けられている，は Avenhaus (1987) により提案された．

独立変換は独立検定統計を提供する観点での技術的有用性だけのもの以上であると質問するかもしれない．既に指摘したようにこの質問への簡単な答えは本当に無い，非逐次検定に対するネイマン・ピアソン補助定理に対応している逐次検定手順に対する最適理論は無い，それは独立変換変数と見なす幾つかの定義的声明を構築することが出来る．しかしながら，Sellinschegg (1982) によって与えられた本質的な根拠が存在する．その変換データは**実際に観測された値と過去のデータを基礎とした予測との間の差異**として解釈することが出来る．直観的で，かつ実際，**残余現実化** (residual realizations) のシーケンスは，使用されている基礎的誤差モデルを無力にする現実のシステムの変化（物質の損失のような）に敏感である，その性質は適応カルマン・フィルター (adaptive Kalman filters) に用いられている．

この独立変換を達成するため，共分散行列 (7.31) 式は対角化されなければならない，それは幾分複雑な響きを持つかもしれない．しかしながらこの変換は特に簡単である，もしも系統誤差が無いならばその時には隣接 MUF 値 (adjacent MUF-values) だけが共通在庫と共分散行列の三重対角 (tridiagonal)*16 に基づいて相関している．もしも各々の中間在庫の後で全ての計測装置が再校正されたとしたなら，少なくとも

*16 訳註： 三重対角行列 (tridiagonal matrix)：主対角線とその上下に隣接する対角線にだけ非零の成分を持つ行列である．

原理的に，この状況が我々の参照工程で起きる．既に指摘したように，実際において，このことはむしろ非現実的であり，一般的には有意な長期系統誤差 (long-term systematic errors) が残っていなければならない．より現実的なケースでは独立変換は標準統計問題 (standard problem of statistics) として正しく最悪であることを認識の上で，悩まずにこの単純なケースを詳細に取り扱おう．

まず最初に (7.30) 式で与えられたオリジナルも物質収支統計 $\boldsymbol{Z}$ から新たな統計 $\boldsymbol{V}$ へ回帰的な変換を定義しよう：

$$
\begin{aligned}
V_i &= a_i V_{i-1} + Z_i, \quad i = 2, 3, \ldots \\
V_1 &= Z_1
\end{aligned}
\tag{7.38}
$$

ここで仮定により X_i と Y_i は全て非相関である，これは系統誤差が無いことである，それで，

$$
\begin{aligned}
\mathrm{cov}(Z_{i+1}, Z_i) &= \mathrm{cov}(X_{i-1} + Y_i - X_i,\ X_i + Y_{i+1} - X_{i+1}) \\
&= -\mathrm{cov}(X_i, X_i) = -\mathrm{var}(X_i).
\end{aligned}
\tag{7.39}
$$

V_i は相関しないから，我々は以下の関係式を要求する

$$
\begin{aligned}
0 &= \mathrm{cov}(V_i, V_{i-1}) \\
&= \mathrm{cov}(a_i V_{i-1} + Z_i,\ V_{i-1}) \\
&= a_i \mathrm{var}(V_{i-1}) + \mathrm{cov}(Z_i,\ a_{i-1} V_{i-2} + Z_{i-1}) \\
&= a_i \mathrm{var}(V_{i-1}) - \mathrm{var}(X_{i-1}),
\end{aligned}
$$

ここで係数 a_i が与えられている，

$$
a_i = \frac{\mathrm{var}(X_{i-1})}{\mathrm{var}(V_{i-1})}
\tag{7.40}
$$

(7.38) 式の分散を取ると

$$
\begin{aligned}
\mathrm{var}(V_i) &= a_i^2 \mathrm{var}(X_{i-1}) + 2a_i \mathrm{cov}(V_{i-1}, Z_i) + \mathrm{var}(Z_i) \\
&= a_i^2 \mathrm{var}(X_{i-1}) - 2a_i \mathrm{var}(X_{i-1}) + \mathrm{var}(Z_i) \\
&= \frac{\mathrm{var}(X_{i-1})^2}{\mathrm{var}(V_{i-1})} - 2\,\frac{\mathrm{var}(X_{i-1})^2}{\mathrm{var}(V_{i-1})} + \mathrm{var}(Z_i),
\end{aligned}
$$

変換 MUF 値分散の回帰的表現式を得た，

$$
\mathrm{var}(V_i) = \mathrm{var}(Z_i) - \frac{\mathrm{var}(X_{i-1})^2}{\mathrm{var}(V_{i-1})}
\tag{7.41}
$$

終端条件 $\mathrm{var}(V_1) = \mathrm{var}(Z_1)$ を伴い．継続し，回帰表現式はその時，既知分散の項の変換係数 a_1 が得られる．(7.40) 式より，

$$a_{i+1} = \frac{\mathrm{var}(X_i)}{\mathrm{var}(V_i)} = \frac{\mathrm{var}(X_i)}{\mathrm{var}(Z_i) - \dfrac{\mathrm{var}(X_{i-1})^2}{\mathrm{var}(V_{i-1})}}$$
$$= \frac{\mathrm{var}(X_i)}{\mathrm{var}(Z_i) - a_i \mathrm{var}(X_{i-1})}$$

または，最終的に (7.30) 式を再び用いて，

$$a_{i+1} = \frac{\mathrm{var}(X_i)}{\mathrm{var}(X_{i-1}) \cdot (1 - a_i) + \mathrm{var}(Y_i) + \mathrm{var}(X_i)} \tag{7.42}$$

終端で $a_1 = 0$ と伴に．この独立変換 MUF シリーズ V_i, $i = 1, 2, \ldots$ および随伴分散は (7.38) 式，(7.41) 式および (7.42) 式の繰返し適用で生成することが出来る．(7.40) 式および帰納的に (7.42) 式を用い，$0 < a_i < 1$ for $i = 2, 3 \ldots$ であることを示すことが出来る．

7.3.2 限度内

もしも全ての測定分散と期待値が時間に独立であるならば，化学工程**および**それに随伴する測定システムを我々は意味するものとして，その工程は**安定**であると呼ばれる．$i = 1, 2, \ldots,$ に対して，特に，

$$\begin{aligned} \mathrm{var}(X_i) &= \sigma_X^2 \\ \mathrm{var}(Y_i) &= \sigma_Y^2 \\ \mathrm{var}(Z_i) &= \sigma^2 = 2\sigma_X^2 + \sigma_Y^2 \end{aligned} \tag{7.43}$$

として，さらに，

$$E(Z_i) = \begin{cases} 0 & \text{for } H_0 \\ \mu & \text{for } H_1, \end{cases}$$

とする，それで工程が安定だけでなく，おまけに転用戦略も良いと我々は仮定している!

(7.41) 式と (7.43) 式を比較し，独立変換が一定分散を伴う相関時間シリーズ $\boldsymbol{Z}$ を非定分散を伴う非相関シリーズ $\boldsymbol{V}$ へ転化させることは明らかである．[*17]

[*17] (7.43) 式により定義される安定工程に対し，変換変数 V_i, $i = 1, 2 \ldots$ は明示的に記述可能である．しかしながらそれらは複雑であり，従ってこれ以降では用いられない．

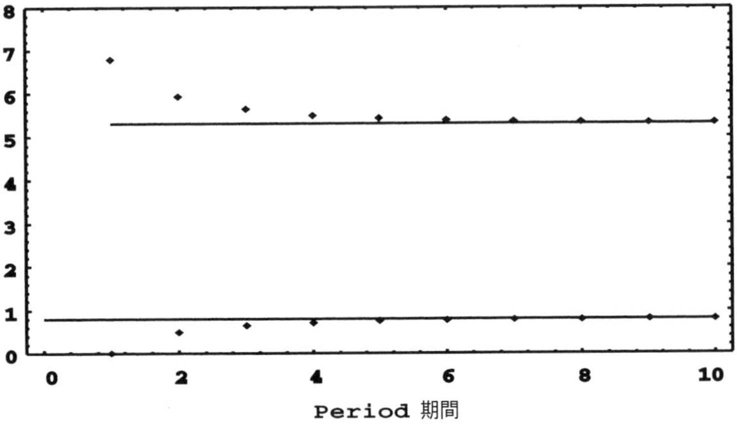

図 7.3　表 7.1 のデータから計算された σ_X^2 と σ_Y^2 の値で (7.42) 式と (7.41) 式に従う i の関数として a_i（下部）と σ_{V_i}（上部）のプロット．水平線は各々 (7.45) 式と (7.44) 式から決定される漸近限度である

この状況はもう 1 つの考察で改善出来る．限界を $i \to \infty$ とするなら，変換係数と変換変数の分散のの漸近的値は下式によって容易に示される

$$a := \lim_{i\to\infty} a_i = 1 + \frac{\sigma_Y^2}{2\sigma_X^2} - \left(\frac{\sigma_Y^4}{4\sigma_X^4} + \frac{\sigma_Y^2}{\sigma_X^2}\right)^{1/2}, \tag{7.44}$$

$$\sigma_V^2 := \lim_{i\to\infty} \mathrm{var}(V_i) = \sigma_X^2 + \frac{\sigma_Y^2}{2} - \left(\frac{\sigma_Y^4}{4} + \sigma_Y^2\,\sigma_X^2\right)^{1/2} \tag{7.45}$$

および $E(Z_i|H_1) = \mu$ を用いて (7.38) 式から，

$$\lim_{i\to\infty} E(V_i \,\big|\, H_1) = \frac{\mu}{1-a}. \tag{7.46}$$

例えば，大きな i に対して (7.41) 式は以下のように記載出来る

$$\sigma_V^2 = \sigma^2 - \sigma_X^4/\sigma_V^2,$$

σ_V^2 に対する 2 次方程式の解は (7.45) 式である．安定な工程と大きな i において，変換 MUF シリーズ $\boldsymbol{V}$ もまた一定の分散を有する．実際，このシリーズは図 7.3 に示すように非常に速く漸近値へ移行してしまう．

a と σ_V^2 の表現は複雑に見えるものの，単純な代数学が得られる，

$$(1-a)^2 \cdot \sigma_V^2 = \sigma_Y^2$$

これから，以下の式に従う

$$\lim_{i\to\infty} \frac{E(V_i \mid H_1)}{\sqrt{\mathrm{var}(V_i)}} = \frac{\mu}{(1-a)\cdot\sigma_V} = \frac{\mu}{\sigma_Y}, \tag{7.47}$$

その良く利用されている結果が求められた．

7.3.3 単純逐次検定

我々は（非現実的に）系統誤差の存在を無視する仮定 (have assumed away) を思い出しながら，変換漸近 MUF シリーズを伴う大変単純な**逐次統計検定手順**を今，定義しよう．

この検定は以下の通り：i 番目中間在庫後に閾値 s_i で測定 $\hat{V}_i$ を比較し，以下の通りであれば H_0 を棄却する，

$$\hat{V}_i > s_i.$$

他の場合はデータ収集を続ける．

これは正しく 7.2.1 節で議論した単一期間検定である．i 番目期間の誤警報確率と探知確率の表現を一度で書き出すことが出来る．(7.9) 式より，

$$1-\alpha_i = \phi\left(\frac{s_i}{\sqrt{\mathrm{var}(V_i)}}\right) \tag{7.48}$$

さらに (7.12) 式から

$$1-\beta_i = \phi\left(\frac{E(V_i \mid H_1)}{\sqrt{\mathrm{var}(V_i)}} - U(1-\alpha_i)\right) \tag{7.49}$$

その限度の固定，期間独立閾値 s に対応する (7.48) 式で固定値 $\alpha_i = \alpha_0$ を選択し，(7.47) 式と (7.49) 式を用いて，我々は単一期間探知確率の漸近的表現を得る

$$1-\beta_0 = \phi\left(\frac{\mu}{\sigma_Y} - U(1-\alpha_0)\right) \tag{7.50}$$

この量は流れ測定分散のみに依存し，中間在庫測定分散に依存しないことを明記しておく．

H_0 下において，その MBA からの損失または転用が無く，それは検定が誤警報が生じるまで続けられることである．検定統計量が独立であるが故に，平均連長さ L_0 は

$$L_0 = \sum_{i}^{\infty} i \cdot (1 - \alpha_0)^{i-1} \cdot \alpha_0 = 1/\alpha_0. \tag{7.51}$$

および一定損失/転用仮説下での平均連長さ L_1 は

$$L_1 = \sum_{i}^{\infty} i \cdot \beta_0^{i-1} \cdot (1 - \beta_0) = 1/(1 - \beta_0). \tag{7.52}$$

(7.50-52) 式と等価式 $U(1 - \alpha_0) = -U(\alpha_0)$ を用いて，その 2 つの平均連長さに関する——大変可愛らしい——下式を我々は導く：

$$U(1/L_1) - U(1/L_0) = \mu/\sigma_Y. \tag{7.53}$$

ここで再び，感度の最適検定において，中間在庫分散が現れないという興味有ることを明記しておく．(7.53) 式は (7.12) 式の類似体である．我々が類似的に特徴付けた 4 つのシステム・パラメータを再び示そう：

- **目標量** (goal quantity) μ,
- 測定の**属性** (quality) σ_Y,
- **真実性** L_0 (credibility)，および
- 検証の**適時性** (timeliness) L_1 .

さて表 7.1 の参照工程データに戻り，毎運転年で 2 週間収支期間が 25 回在ると仮定しよう．その 1 収支期間内で平均 6 回の入力（受入）測定と 2 回の出力（払出）測定が在り，その流れ測定の単一期間分散は

$$\sigma_Y^2 = 6 \cdot 0.12^2 + 6^2 \cdot 0.12^2 + 2 \cdot 0.36^2 + 2^2 \cdot 0.36^2 = (1.18\,\mathrm{kg})^2$$

である．8 kg のプルトニウムが運転年に亘り転用されるという少量分割転用シナリオにおいて，

$$\mu = 8/25 = 0.32\,\mathrm{kg}$$

および，$L_0 = 100$ を選択し，(7.53) 式から

$$U(1/L_1) = 0.32/1.17 + U(0.01) = 0.272 - 2.330 = -2.058 \quad \text{or}$$
$$L_1 = 1/\phi(-2.058) = 49.9.$$

その時，平均 100 収支期間毎の誤警報を査察員が喜んで許すとしたならば，運転年当たり 8 kg の一定少量分割転用は，平均して約 50 期間後に起きることになろう．

7.3.4 CUSUM 検定

稼働プラントの周期的在庫調査し，高度な逐次検定を MUF 値の時間シリーズ結果に適用する手順は，前述の独立変換と伴にまたは除いてのいずれかで，**近実時間物質会計** (near real time accountancy) *18 または短く NRTA として知られている．

NRTA は査察員のための検証の道具だけでなく，オペレータにとっても潜在的に非常に有用な工程監視システムである．本章は保障措置と工程制御適用の両者を非常に詳細に研究された逐次検定の手短な議論を持って結論付けられるであろう．

CUSUM (CUmulative SUM) 検定（またはページ検定と呼ぶ）は当初は品質管理の目的のため，および時間の未知の点で幾つかの制御因子の変化に対する検定として設計されたものである（Page (1955)）．会計データのシーケンス内の物質損失/転用の手始めはそのような変化として考えることが出来る，そして CUSUM 検定は NRTA で使用される幾年前に Woods and Pike (1983) により提案されていた．この検定の性質の最新研究は主に独立変換 MUF 値のシーケンスにそれを適用することに傾注された．

独立変換 MUF シリーズ上の両側 CUSUM 検定（表 7.2 の CUSUMR 検定）は，以下のように漸近的に公式化出来る：

$$
\begin{aligned}
S_1^+ &= S_1^- = V_1, \\
S_i^+ &= \max(S_{i-1}^+ + V_i - k,\ 0), \quad i = 2, 3, \ldots \\
S_i^- &= \min(S_{i-1}^- + V_i + k,\ 0), \quad i = 2, 3, \ldots
\end{aligned}
\tag{7.54}
$$

もし $S_i^+ > h$ または $S_i^- < -h$ なら H_0 を棄却する，その他は続ける．

この検定は 2 つのパラメータ h と k を有する，それらは H_0 下で設計された連長さを与えるように調節されなければならない．(7.51) 式と類似の綿密な表現式が存在しないため，その調節は数値的に行わなければならない．*19

(7.54) 式から解かるように，この 2 つの統計量 S_i^+ と S_i^- は，S_i^+ が負になれば S_i^+ をゼロにリセットし，もしも S_i^- が正になれば S_i^- をゼロにリセットさせることを伴う，変換 MUF 値の累積部分和 (cumulative partial sums) である．なぜ両側検定なのか? 変換 MUF 値は真の MUF 値の線形結合である．それらの集積は事実ある一括損失/転用シナリオに対して負の値となる，それで両側検定が望ましい．

---

*18 如何に実時間に近いかは在庫調査頻度とデータ評価速度に依存する；後者の条件はさらに制約的であるかもしれない．

*19 時間消費型モンテカルロ・シミュレーションを要求しない高速手順が，これを実行するために開発された；Jones (1984) を参照せよ．

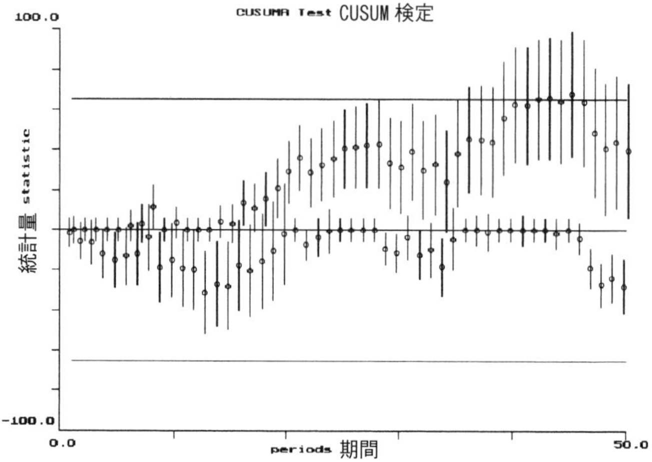

図 7.4　無損失/無転用での独立変換 MUF 値に対する累積 CUSUM 検定．水平線で示す閾値は $L_0 = 100$ 期間の誤警報への平均連長さを与えている．誤差分散は表 7.1 から取られた．

例題として，この検定を参照工程に適用してみよう．単純性を維持するため，$k = 0$ と設定し，前もって 100 期間の H_0 下での連長さ L_0 を達成できるように閾値パラメータ h を調節する．

図 7.4 に損失/転用が 50 期間無しでの 2 つの統計量のシミュレーションを示す．任意の損失/転用パターンに対する平均連長さを求めるために，その統計量は 500 収支期間を伴う 1000 回試行に対する模擬であった．幾つかの典型的結果を表 7.3 に示す，それらは在庫期間内で測定された探知の平均連長さを表示したものである．この閾値 h は，物質損失無しに対する 100 期間の平均連長さを選択したものである．

8 kg の少量分割転用に対する表中の値（47.1 期間）は前節での単純検定で導いた 49.9 期間の対応値と比べてもほとんど優位さが無いことを明記しておく．事実，固定転用シナリオに対して取分け良好なデータ処理として考案された逐次検定は無い．それら有効性は様々な一括または損失パターンの変化の感度に在る．それらが合法行為または不法行為の間の決定に対してが適切であるか否かは難しい質問である．もし固定転用戦略が最適であるなら，違反者はきっとそれを用いるだろう．そのことが与えられるなら，査察員は適時性の基準を放棄し，感度に集中することを考えるだろう．

他方，他の転用シナリオがさらに尤もらしいと信じる良き理由が在るかもしれな

表 7.3 変換 MUF への CUSUM 検定の平均連長さ

パターン	$\mu = 0$ kg	$\mu = 8$ kg	$\mu = 16$ kg
少量分割 [a]	100	47.1	27.5
一括 [b]	100	38.0	12.3

[a] 総年間損失/転用 μ kg は全ての期間に亘り等量的に分置.

[b] 期間 5 で全て転用 μ kg. 連長さはそこからの測定.

い．いかなる査察員も，各々が異なる損失パターンに適合されている幾つかの逐次検定を同時には適用しない．これがなぜ実際的でないかを読者は推測するかもしれない：総合誤警報確率は完全に制御範囲外であり，かつ同類の確定できる値で無いものの意思決定手順である．

第 8 章

会計の検証

Das ist Fluch der bösen Tat,
Daβ site fortwäharend Böses muβ erzeugen.
：この中に悪魔の行う呪いが横たわつている，
それが永遠に悪業を生み続けるのだ．

— Freedrich von Schiller[*1]

核兵器の不拡散に関する条約 (NPT) に従い，平和利用の原子力工業界内での核分裂性物質への保障措置 (safeguarding) が国際原子力機関により遂行されている（IAEA (1972)）：保障措置対象施設のオペレータは，国家当局または多国家当局 (multinational authority)[*2]を介して，物質収支を閉じるために要求されているデータを IAEA に報告する．IAEA 査察員は独立計測により——通常ランダム抜取に基づき——報告データの妥当性をオンサイトで検証する．次に査察員団は報告されたデータの助けを借り，その技術的結論の基礎となっている物資収支を確立させる．

独立検証と計画的虚偽の主題を本章へ先送りし，第 7 章では**虚偽の無い** (unfalsified) 物質会計データから結論を導く意思決定理論面を取り扱った．今まさに，検証理論の神秘 (subtleties) が我々の経験の光の中で，最初から基本的質問に直面する．核物質

[*1] 訳註：　フリードリヒ・フォン・シラー：ドイツの詩人，歴史学者，劇作家，思想家 (1759-1805). ベートーヴェンの交響曲「合唱付き」の原詩はシラーの作品である．

[*2] 例えば欧州連合諸国に対する EURATOM 保障措置理事会 (Safeguards Directorate)．多国家の EURATOM と国際的な IAEA 間の関係は複雑である．所謂，**検証合意** (Verification Agreement) が締結される前に多大な交渉が費やされた（EURATOM (1976)）．これらについて，例えば Ungerer (1975) に記述されている．

の転用を隠ぺいする施設オペレータの意図の一部を成す計画されたデータ虚偽の可能性を除外出来ないために，検証システムの本当の実在を最終的に正当化するために，**アプリオリ**（先験的）に信用出来ないデータを査察員の意思決定過程に全て含ませるべきであろうか? 第 3 章での汚染物質放出の検証解析の事例のようにその答えは‘否’であるならば，その時 NPT 検証範囲の論理ベースでの質問が発せられねばならない．もしも査察員がオペレータのデータを使用しないとするならば，なぜオペレータは彼らに報告する義務を負わなければならないのか，と?

幸いにも，その答えは‘用いる’である，それを次節の大変単純な例で実証する．その例では，一般的な仮定の下で査察員の最適検定手順を実用的様相下で用いるには，あまりに複雑すぎることも実証する．従って第 3 章と同様の実用的理由 (pragmatic reasons) で導入された $D-$ 統計量が，報告データと独立検証データの比較の基礎として，およびこの制約下で決定される全体最適検定手順として，以降で用いられる．

この解析を満足する結果は，検定統計量 $MUF - D$（MUF = **物質不明量** (material unaccounted for)，第 7 章を見よ）が隔離された単一物質収支期間を検討する時に最適と成る．$MUF - D$ はここでは理論的正当化無しでも長期間の状況下で用いられるとの理由により正当化される．在庫期間の**シリーズ**に対して，第 7 章と同じ驚くべき結論に達する，すなわち中間在庫データは無視すべきこと．$MUF - D$ がもはや最適では無いことも結論付けられる．実際，MUF と D の重み付き線形結合が鞍点探知確率を与える．

8.1　単純モデル

物質収支期間 t_1 から t_2 に亘り物質の受入 (input) と払出 (output) が無い処理施設を意味する単一要素物質収支 (an elementary material balance) を検討しよう．[*3]その施設の物質在庫は双方で物質交換可能な 2 個のタンクに貯蔵されている；図 8.1 を参照せよ．期日 t_1 でオペレータはそれらの含有量 X_1 と X_2 を報告し，再び期日 t_2 で報告値 X_3 と X_4 を伝える．査察員は 2 つの容器 (containers) の 1 つを等確率で選択し独立に測定する，期日 t_1 と t_2 で各々 Y_1 と Y_2 が得られる，と我々は仮定する，

報告データと検証データ間に有意な差異が無いならば，その収支は報告データのみを用いて閉じられるべきである．しかしながら，情報の全ては期日 t_2 で利用出来るようにするために，これら検証と収支合わせ (balancing) 活動はシーケンシャルには成

[*3] ちっとも製造していない核施設に投資された金額量を考慮するなら，多分そんなに異常なことではないだろう．

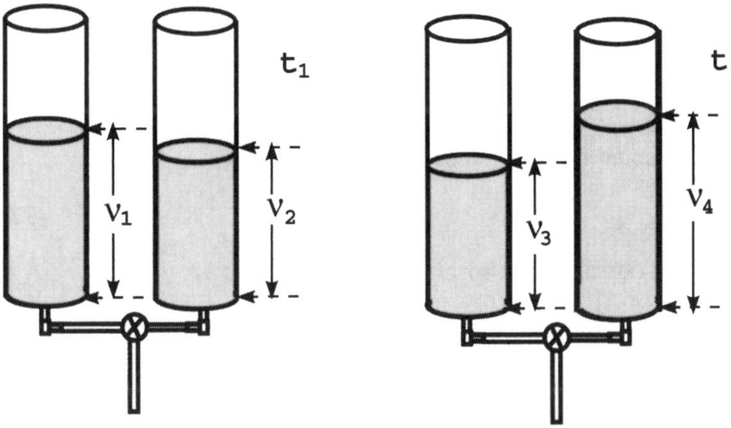

図 8.1 ‘施設在庫’．期日 t_1 と t_2 における真のタンク含有量は各々 v_1, v_2 と v_3, v_4 である

らない．査察員は実際上，彼自身の測定結果およびオペレータの測定結果の両者で，意図された誤警報確率を伴うランダム・ベクトルの仮説検定を遂行する．我々は第 3 章で同様な状況に遭遇している．期日 t_1 での容器内の真の含有量は v_1, v_2 であり，期日 t_2 で v_3, v_4 とする．合法的行為の帰無仮説 H_0 下で，物質保存から，

$$E_0(X_3 + X_4 - X_1 - X_2) = v_3 + v_4 - v_1 - v_2 = 0 \tag{8.1}$$

となる．対立仮説として，一般的転用戦略と虚偽戦略を仮定する．期間 $[t_1, t_2]$ の間で 2 つの容器から量 ξ_1 と ξ_2 が転用され，その転用総量は $\xi = \xi_1 + \xi_2$ となる．さらに，4 個の報告値 X_1, X_2, X_3, X_4 は各々の量 $\mu_1, \mu_2, \mu_3, \mu_4$ によって偽られている．この 2 つの仮説下における対応ランダム変数の期待値は表 8.1 に示される．[*4]

オペレータの転用戦略の明白な制約が多少存在する．オペレータは存在量を超えた物質を移転することは出来ない，

$$\xi = \xi_1 + \xi_2 \leq v_1 + v_2. \tag{8.2}$$

もしも 1 つの容器の量をもう 1 つの容器の量よりも大きくするために外部の物質を加えることが無いならば，

$$0 \leq \xi_1, \quad 0 \leq \xi_2, \tag{8.3}$$

[*4] チョットばかり避けられない表記法の混乱が生じた．第 3 章では不法放出と偽造を各々 ξ_i と μ_i で記載した，それはここでの記述法と一致している，例えば転用 ξ_i と偽造 μ_i のように．第 7 章では，普遍的使用法に合わせ，**転用**を μ_i とした．

表 8.1　報告データと検証データの期待値

	H_0	H_1
$E(X_1)$	ν_1	$\nu_1 - \mu_1$
$E(X_2)$	ν_2	$\nu_2 - \mu_2$
$E(X_3)$	ν_3	$\nu_3 - \xi_1 + \mu_3$
$E(X_4)$	ν_4	$\nu_4 - \xi_2 + \mu_4$
$E(Y_1)$	ν_1 または ν_2	ν_1 または ν_2
$E(Y_2)$	ν_3 または ν_4	$\nu_3 - \xi_1$ または $\nu_4 - \xi_2$

であり，もし彼が負の物質含有量を報告しないのであれば，

$$0 \le \nu_1 - \mu_1, \quad 0 \le \nu_2 - \mu_2, \quad 0 \le \nu_3 - \xi_1 + \mu_3, \quad 0 \le \nu_4 - \xi_2 + \mu_4. \tag{8.4}$$

オペレータは彼自身にとって具合悪いサインを伴う幾つかのデータ偽造をせず，他のデータを偽造すると仮定することは合理的であろう：

$$0 \le \mu_i, \quad i = 1 \ldots 4 \quad \text{and} \quad \mu_3 \le \xi_1, \quad \mu_4 \le \xi_2, \tag{8.5}$$

これに (8.4) 式を用いて，下式が導かれる，

$$\begin{aligned} &0 \le \mu_1 \le \nu_1,\ 0 \le \mu_2 \le \nu_2, \\ &\max(0,\ \xi_1 - \nu_3) \le \mu_3 \le \xi_1, \\ &\max(0,\ \xi_2 - \nu_4) \le \mu_4 \le \xi_2. \end{aligned} \tag{8.6}$$

結局，オペレータは過度な偽造を望まないものだ，このことは彼の物質収支報告値の期待値 $X_1 + X_2 - X_3 - X_4$ は負の値には成らないことである．このことおよび表 8.1 より，

$$\mu_1 + \mu_2 + \mu_3 + \mu_4 \le \xi \tag{8.7}$$

となる．条件 (8.3) 式，(8.5) 式と (8.7) 式は (8.2) 式と (8.4) 式に比べて幾分か弱い条件である．

基礎的な IAEA 会計データ検証手順——その中で，報告データはランダム検証データと報告されたデータのみで閉じられた物質収支とで比較される——は所謂，査察員の仮説検定はランダム・ベクトルを用いて実行されることにより数学的に捕えられている，

$$\boldsymbol{Z} = \begin{pmatrix} X_1 + X_2 - X_3 - X_4 \\ X_1 - Y_1 \quad \text{or} \quad X_2 - Y_1 \\ Y_2 - X_3 \quad \text{or} \quad Y_2 - X_4 \end{pmatrix} = \begin{pmatrix} Z_1 \\ Z_2 \\ Z_3 \end{pmatrix}. \tag{8.8}$$

$\boldsymbol{Z}$ の最初の要素（コンポーネント）は報告データに基づく物質収支である，その他の 2 つの要素はオペレータ・査察員比較の要素である．査察員はその際に期日 t_1 または t_2 において提示された物質の実際の量に興味が無く，報告データの真正性 (correctness) と閉じた物質収支の有意性のみが関心事である．[*5]

ランダム・ベクトル $\boldsymbol{Z}$ は，帰無仮説 H_0 と対立仮説 H_1 下でその確率分布関数として統計学的に記述される．これはその期待値と共分散行列によって決められる．各々 H_0 と H_1 に対する期待値は，

$$\begin{aligned} E_0(\boldsymbol{Z}) =& E_0\begin{pmatrix} Z_1 \\ Z_2 \\ Z_3 \end{pmatrix} = \begin{pmatrix} 0 \\ 0 \\ 0 \end{pmatrix} \\ E_1(\boldsymbol{Z}) =& E_1\begin{pmatrix} Z_1 \\ Z_2 \\ Z_3 \end{pmatrix} = \begin{pmatrix} \xi-\mu_1-\mu_2-\mu_3-\mu_4 \\ -\mu_1 \quad \text{or} \quad -\mu_2 \\ -\mu_3 \quad \text{or} \quad -\mu_4 \end{pmatrix}. \end{aligned} \tag{8.9}$$

オペレータの報告データの分散を下記式とし

$$\operatorname{var}(X_i) = \sigma_X^2, \quad i = 1 \ldots 4,$$

査察員の独立測定の分散を

$$\operatorname{var}(Y_i) = \sigma_Y^2, \quad i = 1, 2$$

とする．この方法での均一分散の仮定は，2 つの容器（コンテナー）の含有量が物質収支期間の期首と期末でほぼ等しいことを意味する．ランダム・ベクトル $\boldsymbol{Z}$ の共分散は，その時，[*6]

$$\boldsymbol{\Sigma} = \begin{pmatrix} 4\sigma_X^2 & \sigma_X^2 & \sigma_X^2 \\ \sigma_X^2 & \sigma_X^2+\sigma_Y^2 & 0 \\ \sigma_X^2 & 0 & \sigma_X^2+\sigma_Y^2 \end{pmatrix}$$

[*5] $\boldsymbol{Z}$ の要素として明示的なオペレータの物質収支を含むことにより，それが査察員によって使用されるべきか否かの質問が当然のことと我々は思わない．それは査察員の最適意思決定手順が Z_2 と Z_3 のみに係わることであると容易に想像出来るからである．

[*6] 訳註：　共分散行列は，

$$\boldsymbol{\Sigma} = \begin{pmatrix} S_{11} & S_{12} & S_{13} \\ S_{21} & S_{22} & S_{23} \\ S_{31} & S_{32} & S_{33} \end{pmatrix} = \begin{pmatrix} 4\sigma_X^2 & \sigma_X^2 & \sigma_X^2 \\ \sigma_X^2 & \sigma_X^2+\sigma_Y^2 & 0 \\ \sigma_X^2 & 0 & \sigma_X^2+\sigma_Y^2 \end{pmatrix}$$

が得られる．

または，$a^2 := \sigma_Y^2/\sigma_X^2$ を用いて，

$$\boldsymbol{\Sigma} = \sigma_X^2 \cdot \begin{pmatrix} 4 & 1 & 1 \\ 1 & 1+a^2 & 0 \\ 1 & 0 & 1+a^2 \end{pmatrix}. \tag{8.10}$$

このランダム・ベクトル $\boldsymbol{Z}$ は以下の確率密度関数を有する多変量正規分布 (multivariate normally distributed) すると推定されるかもしれない，各々の H_0 と H_1 に対して，

$$\begin{aligned} f_0(\boldsymbol{z}) &= (2\pi)^{-3/2} \,|\, \boldsymbol{\Sigma} \,|^{-1} \cdot \exp\left(-\frac{1}{2}\boldsymbol{z}^T \cdot \boldsymbol{\Sigma}^{-1} \cdot \boldsymbol{z}\right) \quad \text{and} \\ f_1(\boldsymbol{z}) &= (2\pi)^{-3/2} \,|\, \boldsymbol{\Sigma} \,|^{-1} \cdot \frac{1}{4}\sum_{i=1}^{4} \exp\left(-\frac{1}{2}(\boldsymbol{z} - \boldsymbol{E}_1^i)^T \cdot \boldsymbol{\Sigma}^{-1} \cdot (\boldsymbol{z} - \boldsymbol{E}_1^i)\right) \end{aligned} \tag{8.11}$$

であり，ここで (8.9) 式より，H_1 下での期待ベクトルは下式によって与えられる，

$$\boldsymbol{E}_1^1 = \begin{pmatrix} \xi - \sum_i \mu_i \\ -\mu_1 \\ -\mu_3 \end{pmatrix}, \quad \boldsymbol{E}_1^2 = \begin{pmatrix} \xi - \sum_i \mu_i \\ -\mu_2 \\ -\mu_3 \end{pmatrix},$$

$$\boldsymbol{E}_1^3 = \begin{pmatrix} \xi - \sum_i \mu_i \\ -\mu_1 \\ -\mu_4 \end{pmatrix}, \quad \boldsymbol{E}_1^4 = \begin{pmatrix} \xi - \sum_i \mu_i \\ -\mu_2 \\ -\mu_4 \end{pmatrix}.$$

2 人零和ゲームによって定義された査察員の最適検証戦略を発見する問題へと，我々はお決まり通りのアプローチをした．査察員戦略の組（集合）は，誤警報確率の与件値に対する可能性を有する統計検定手順の全ての組である，他方，オペレータの組は表 8.1 の一般的な転用/偽造から成る．査察員の利得は探知確率である．(8.9) 式に従って，対立仮説は分離的に ξ_1 と ξ_2 に依存せずに，それらの合計値 ξ にのみ依存する．その 2 つの容器間での転用配分 (ξ_1, ξ_2) は，その時にゲームの解に直接関連しないであろう．

物質転用が少ないならば非常に素敵な解を発見出来ることが解かる．実際その解に到達する建設的な方法が無いとの所見を伴い，ここでは定理として示そう．我々はそれを推測しなければならない．

定理 8.1　査察員（プレイヤー 1）と被査察者（プレイヤー 2）間の $(\Delta_\alpha, \{\boldsymbol{\mu}\}, 1-\beta)$ で記述される 2 人零和ゲームが与えられる，ここで Δ_α は (8.9) 式から (8.11) 式によって定義された検定問題に対する誤警報確率 α を伴う全検定の査察員の組（集合）である，$\{\boldsymbol{\mu}\}$ は偽造戦略の被査察者の組である，$1-\beta$ は探知確率である．その時，

$$\xi < \sigma U(1-\alpha),$$

であり，ここで $U(\cdot)$ は正規密度関数 $\phi(\cdot)$ の逆関数である，さらにここでの分散 σ^2 は[*7]

$$\sigma^2 = \mathrm{var}(Z_1 - 2(Z_2 + Z_3)) = 4\sigma_X^2 + 8\sigma_Y^2, \tag{8.12}$$

このゲームの鞍点は下式および検定 δ_α^* によって与えられる

$$\boldsymbol{\mu}^{*T} = (\mu_1^*, \ldots, \mu_4^*) = \frac{\xi}{4} \cdot (1, 1, 1, 1), \tag{8.13}$$

その棄却域 (critical region) は

$$\{\boldsymbol{Z} \,|\, Z_1 - 2(Z_2 + Z_3) > \sigma U(1 - \alpha)\} \tag{8.14}$$

である．これに対応する保証探知確率は

$$1 - \beta(\delta_\alpha^*, \boldsymbol{\mu}^*) = 1 - \beta^* = \phi\left(\frac{\xi}{\sigma} - U(1 - \alpha)\right) \tag{8.15}$$

である．

証明： 戦略 (8.13) 式と (8.14) 式が下式の鞍点基準を満足することが示されている，

$$\beta(\delta_\alpha^*, \boldsymbol{\mu}) \le \beta(\delta_\alpha^*, \boldsymbol{\mu}^*) \le \beta(\delta_\alpha, \boldsymbol{\mu}^*) \quad \text{for all } \delta_\alpha,\ \boldsymbol{\mu}. \tag{8.16}$$

この右辺側は第 3 章のネイマン・ピアソン補助定理と Rohatgi (1976) に訴えることによって満足するかもしれない，それに従う戦略 μ^* に対する最良検定 δ_α^* の棄却域は下式により与えられる

$$\left\{\boldsymbol{z} \,\middle|\, \frac{f_1(\boldsymbol{z})}{f_0(\boldsymbol{z})} > \lambda\right\}.$$

(8.11)，(8.12) と (8.13) 式から，棄却域は下記の通り記述出来る，

$$\{\boldsymbol{Z} \ |\ \boldsymbol{E}_1^{*T} \cdot \boldsymbol{\Sigma}^{-1} \cdot \boldsymbol{Z} > \lambda\},$$

ここで $\boldsymbol{E}_1^{*T}$ は

$$\boldsymbol{E}_1^{*T} = \left(0,\ \frac{\xi}{4},\ \frac{\xi}{4}\right)$$

[*7] 訳註： 分散は，

$$\mathrm{var}(Z_1 - 2(Z_2 + Z_3)) = \mathrm{var}(Z_1) + 4\mathrm{var}(Z_2 + Z_3) - 2\mathrm{cov}(Z_1,\ 2(Z_2 + Z_3))$$
$$= 4\sigma_X^2 + 4 \cdot (2\sigma_X^2 + 2\sigma_Y^2) - 2 \cdot (4\sigma_X^2) = 4\sigma_X^2 + 8\sigma_Y^2$$

が得られる．

で与えられる．共分散行列 (8.10) 式の逆行列は

$$\boldsymbol{\Sigma}^{-1} = \frac{1}{2\sigma_X^2} \cdot \frac{1}{1+2a^2} \begin{pmatrix} 1+a^2 & -1 & -1 \\ -1 & 4-\frac{1}{1+a^2} & \frac{1}{1+a^2} \\ -1 & \frac{1}{1+a^2} & 4-\frac{1}{1+a^2} \end{pmatrix}$$

であり，(8.14) 式に直ちに従う．

左辺の不等式を証明するために，我々は最初に $\beta(\delta_\alpha^*, \boldsymbol{\mu})$ を決定しなければならない．検定 δ_α^* は (8.14) 式により与えられる：

$$\beta(\delta_\alpha^*, \boldsymbol{\mu}) = \Pr\Big(Z_1 - 2(Z_2 + Z_3) < \sigma U(1-\alpha) \Big| H_1\Big)$$

または明示的に

$$\beta(\delta_\alpha^*, \boldsymbol{\mu}) = \frac{1}{4} \cdot \sum_{i=1}^{4} \Pr\Big(Z_1 - 2(Z_2 + Z_3) < \sigma U(1-\alpha) \Big| E_1(\boldsymbol{Z}) = \boldsymbol{E}_1^i\Big)$$

である．ここで，$Z_1 - 2(Z_2 + Z_3)$ が正規分布するランダム変数の線形結合であることより，それ自身は適切な期待値と (8.12) 式で与えられた分散 σ を有する正規分布である．単純化のため（および一般性を失うこと無しに）$\sigma = 1$ と設定するならば，下記の通り記述出来る

$$\begin{aligned} \beta(\delta_\alpha^*, \boldsymbol{\mu}) = \frac{1}{4} \cdot [&\phi(U(1-\alpha) - (\xi + \mu_1 - \mu_2 + \mu_3 - \mu_4)) + \\ &\phi(U(1-\alpha) - (\xi - \mu_1 + \mu_2 + \mu_3 - \mu_4)) + \\ &\phi(U(1-\alpha) - (\xi + \mu_1 - \mu_2 - \mu_3 + \mu_4)) + \\ &\phi(U(1-\alpha) - (\xi - \mu_1 + \mu_2 - \mu_3 + \mu_4))] \end{aligned} \tag{8.17}$$

ここで下式を導入するならば

$$\kappa_1 := \mu_1 - \mu_2 + \mu_3 - \mu_4 \quad \text{and} \quad \kappa_2 := \mu_1 - \mu_2 - \mu_3 + \mu_4,$$

(8.15) 式により，下式が定義される，

$$\beta^* := \beta(\delta_\alpha^*, \boldsymbol{\mu}^*) = \phi(U(1-\alpha) - \xi) = \phi(U),$$

ここで $U := U(1-\alpha) - \xi$ である，その時 (8.16) 式の左辺不等式は下記の通り記述出来る

$$\frac{1}{4}[\phi(U+\kappa_1) + \phi(U-\kappa_1)] + \frac{1}{4}[\phi(U+\kappa_2) + \phi(U-\kappa_2)] \le \phi(U) \quad \text{for all } \kappa_1, \kappa_2.$$

$U > 0$ では，それは $\xi < U(1-\alpha)$ であることから，関数

$$f(\kappa) := \phi(U+\kappa) + \phi(U-\kappa)$$

が $\kappa = 0$ で最大となることを容易に示すことが出来る．κ_1 と κ_2 は (8.2) 式から (8.7) 式で定められた範囲内で独立的変化が出来ることより，その不等式は満足される，証明終り．　□

条件 $\kappa_1 = \kappa_2 = 0$ は $\mu_1 = \mu_2$ および $\mu_3 = \mu_4$ を示し，これら条件は戦略の大きな組（集合）により満足されることを述べておくべきであろう．しかしながら鞍点は (8.13) 式の $\boldsymbol{\mu}^*$ によってのみ与えられる．

この単純モデルとその解が物質会計検証に関する何を我々に語ってくれるのであろうか? 第 1 番目に，そして最も重要なことは，オペレータのデータが (8.14) 式で与えられた査察員の最適検定手順の中で**使用されている**ことを我々は理解する．全ての報告データが独立に検証されるという極端なケースのみにおいて査察員はその報告データを無視するだろう；Avenhaus and Canty (1992) を参照せよ．

物質会計（計量管理）状況 (materaal accountancy situation) と 3.3 節の汚染物質放出問題 (pollutant emission problem) 間の基本的な差異は，後者の場合，オペレータの放出が比較され，査察員の測定のみで行われることが標準供与されていることである．ここではその標準が質量保存の原理 (mass conservation principle) によって置き換えられ，査察員データの不完全なセットのみに基づきその有効性を確立させることは出来ないものとなっている．

第 2 番目に，そしてこれは 3.1 節の結論の行に在るが，合法行為下であるがごとく，例えば報告される物質収支の期待値セロとして，最大可能量へデータが偽造され得る．

第 3 番目に，検定統計量 $Z_1 - 2(Z_2 + Z_3)$ それ自身が関心事である．量 Z_1 は第 7 章で広範囲にわたり考察された物質収支統計量 MUF である，

$$Z_1 = X_1 + X_2 - X_3 - X_4 =: MUF.$$

検定統計量の第 2 項は，以下のように簡約的に記述される

$$2(Z_2 + Z_3) = 2\left[\left\{\begin{array}{c} X_1 - Y_1 \\ X_2 - Y_1 \end{array}\right\} + \left\{\begin{array}{c} Y_2 - X_3 \\ Y_2 - X_4 \end{array}\right\}\right]$$

ここで中括弧 ({}：braces) はいずれか/または良く知られている差異統計量 D である，それは査察員とオペレータのデータ間の差全ての合計値を全母集団に外挿した統計量である．この最適検定統計量は従って

$$Z_1 - 2(Z_2 + Z_3) = MUF - D \tag{8.18}$$

となり，この結論については次節で振り返る．

最後に，‘少量’ 転用 $\xi < \sigma U(1-\alpha)$ に対し定理 8.1 が有効で有ることを強調しなければならない．しかしながら，数値計算は棄却域

$$\left\{ \boldsymbol{Z} \,\middle|\, Z_1 - (4 - \frac{1}{1+a^2} Z_2 - \frac{1}{1+a^2} Z_3) > \sigma U(1-\alpha) \right\}$$

と大きな値 ξ に対する下記の偽造戦略

$$\boldsymbol{\mu}^{*T} = \xi \cdot (1,0,0,0)$$

を伴う検定で決められる鞍点の存在を強く支持している；Avenaus *et al.* (1993) を参照せよ．

4.1 節で考察したモデルに対応する問題の興味を引く変種が在る．もしも対立仮説下でオペレータが同一量 $\mu_1 = \mu_2 =: \mu^1$ によって期首在庫データを，同様に期末在庫を $\mu_3 = \mu_4 =: \mu^2$ で偽造したとしたならば，その時，定理 8.1 が**全ての**総転用量 ξ に対して保持されることを示すのは極めて容易である．実際，(8.9) 式から，任意の μ^1, μ^2 に対し

$$E_1(Z_1 - 2(Z_2 + Z_3)) = \xi - 2(\mu^1 + \mu^2) - 2(-\mu^1 - \mu^2) = \xi$$

となる．従ってこの検定統計量は総転用量 ξ に対する不偏推定値である，さらに (8.16) 式の左辺は偽造戦略に独立であり，それ故に等価性を完全に満たす．

8.2 1 在庫期間

前節の結論は非常に素晴らしく，かつ我ら純粋主義者 (purisists)*8にとり，ほとんど教導されてしまった (edifying)，しかし**実際の** (real) 製造工場での**実** (real) 物質収支に関してはどうなのか? この問題に定量的に取り組むことは可能であるが，幾つかの単純化を準備することが必要である．本節では我々が出来得る検証活動——最近，核保障措置当局 (nuclear safeguards authorities) によって熱心に遂行されている——の最良として，それらの本質的な構造を抽出し，それらの有効性を確立させるためのモデル化を行う．モデルというものは常に抽象化と単純化を必要とする．

基本的に，実際の被査察プラントの状況 (picture) は我々が見たものと全く同じである：オペレータが計測し，オペレータが物質収支を閉じ，オペレータが関連データの全てを査察当局に報告する．同じ時期に，それは運転でのその勘定手順 (operational accounting procedure) の**期間中**に査察員団は自前の物質測定，閉じ込め/監視手順を用いて，オペレータの活動を検証合意の範囲以内にそれらが納まっていることを検証するための活動を行う．ここで，単純化を始めよう．

- **単純化 No. 1**：物質流れ測定データの逐次的性質を無視する．

もしも移送される体積と濃度または重量の測定が不正変更証明 (tamper-proof) 計測器によって生成されるならば，またはもしも査察員が常駐してオペレータが報告し

*8 訳注： purisists：（言語の）純粋主義者．文体 [用語] の潔癖家．

た後にそれを検証するか否かを決めることが出来るならば，この近似は正当化され得る.[*9]基本的に我々は一時的様相 (temporal aspect) を無視出来るし，オペレータが合法行為を行うか否かという決定は，選択時間 (election time) と言われている，物質収支が閉じられ，'全ての報告を入手した' 後に行うことが出来る.

報告データは，第 4 章のように，**層別化**されている．我々はそれらを下式で特徴付けることが出来る

$$X_{ij}, \quad i = 1 \ldots K,\ j = 1 \ldots N_i. \tag{8.19}$$

クラスまたはストラータのインデックス i は種々の在庫，受入，払出および廃棄物クラスを示す，一方 j は 1 つのクラス内特定の測定されたバッチのインデックスである．この記号法でもって，物質収支検定統計量は，

$$MUF = \sum_{i=1}^{K} \sum_{j=1}^{N_i} X_{ij} \delta_{ij}, \tag{8.20}$$

ここでバッチ X_{ij} が期首在庫または受入に属するならば $\delta_{ij} = 1$ であり，期末在庫，払出または廃棄物に属するならば $\delta_{ij} = -1$ である.

査察員は各々のクラスのアイテム n_i 個をランダム・サンプルして検証し，以下の結果を得る

$$Y_{ij}, \quad i = 1 \ldots K,\ j = 1 \ldots n_i. \tag{8.21}$$

通常，K クラスの各々のデータを報告されたデータの最初の n_i を検証するような方法で再配置されると仮定することは，便利であり，一般性を損なうことも無い.

• **単純化 No. 2**：査察員は D– 統計量を伴う仕事をもっぱら行う.

何故なのか? (8.8) 式と類似のランダム・ベクトルの一般的仮説検定を解析しようとするならば，ほとんど成功は望めないであろう．一方，D– 統計量は自然に単純な状況へと引き上げる．これは前節の例であったし，第 3 章および第 4 章の例でもある．必須の最適化ではないが定量的解析として前述での興味ある知識としての基本的データ比較機能をここで用いることになろう．プラグマティストに対しては多分さらに確信的だ：D– 統計量は IAEA によって**実際に使用されている**比較統計量である.

D– 統計量は下式によって定義される

$$D := \sum_{i=1}^{K} \frac{N_i}{n_i} \cdot \sum_{j=1}^{n_i} (X_{ij} - Y_{ij})\, \delta_{ij} \tag{8.22}$$

[*9] もう一方の可能性はオペレータが '郵便箱' (mail-box)——物質移送を報告するための不正変更証明保管室 (a tamper-proof depository)——の使用を求められている，その郵便箱は査察員が唯一アクセスできるものである；Fishbone *et al.* (1995) を参照せよ.

さらに検証されたサンプルからオペレータ・査察員差異が報告データの全母集団 (entire population) へと外挿される．

オペレータと査察員測定データ (X_{ij} と Y_{ij}) の誤差構造は，層別化変量抜取 (stratified variables sampling) に対する第 4 章の (4.2) 式と (4.4) 式で与えられたのと全く同一である．合法行為に対し，従って D と MUF の分散は

$$\begin{aligned} \mathrm{var}(D) := \sigma_D^2 &= \mathrm{var}\left(\sum_{i=1}^{K} \frac{N_i}{n_i} \cdot \sum_{j=1}^{n_i} (X_{ij} - Y_{ij})\,\delta_{ij}\right) \\ &= \sum_{i=1}^{K} \left(N_i(\sigma_{B_{r_i}}^2 + \sigma_{I_{r_i}}^2) + N_i^2(\sigma_{B_{s_i}}^2 + \sigma_{I_{s_i}}^2)\right), \end{aligned} \tag{8.23}$$

$$\begin{aligned} \mathrm{var}(MUF) := \sigma_{MUF}^2 &= \mathrm{var}\left(\sum_{i=1}^{K} \sum_{j=1}^{N_i} X_{ij}\,\delta_{ij}\right) \\ &= \sum_{i=1}^{K} \left(N_i\sigma_{B_{r_i}}^2 + N_i^2\,\sigma_{B_{s_i}}^2\right), \end{aligned} \tag{8.24}$$

であり，さらに，

$$\begin{aligned} \mathrm{cov}(D, MUF) &= \mathrm{cov}\left(\sum_{i=1}^{K} \frac{N_i}{n_i} \cdot \sum_{j=1}^{n_i} (X_{ij} - Y_{ij})\delta_{ij}, \sum_{i=1}^{K} \sum_{j=1}^{N_i} X_{ij}\delta_{ij}\right) \\ &= \sum_{i=1}^{K} \frac{N_i}{n_i} \left(n_i\sigma_{B_{r_i}}^2 + N_i n_i \sigma_{B_{s_i}}^2\right) \\ &= \mathrm{var}(MUF) = \sigma_{MUF}^2. \end{aligned} \tag{8.25}$$

D と MUF の共分散に対する後者の表現にて，それらの相関 ρ は下式で定義され，

$$\rho = \frac{\mathrm{cov}(D,\, MUF)}{\sqrt{\mathrm{var}(D)} \cdot \sqrt{\mathrm{var}(MUF)}} \tag{8.26}$$

と単純である，もし 2 乗を取るなら

$$\rho^2 = \frac{\mathrm{var}(MUF)}{\mathrm{var}(D)} = \frac{\sigma_{MUF}^2}{\sigma_D^2} \tag{8.27}$$

となる．

この 2 つの検定統計量 MUF と D の非常に特別な性質は今導出した結果の多くに対して責任を有している．しかしながら，全体として (8.25) 式が検証されるものとし

て，物質 1 バッチの物質含有量が検証されるのみであることについては触れておくべきであろう．例えば，もしも異なる抜取計画で体積と濃度の決定を独立に検証されたとしたなら，オペレータと査察員データの共分散構造はさらに複雑な物になる．

- **単純化 No. 3**：不法行動仮説下において，ある特定量で各々のクラスの全てのデータをオペレータは偽造する．

この理由は純粋に技術的である：D– 統計量は帰無仮説および対立仮説の両仮説下で同じ分散で正規分布すると確約する．

今，1 収支期間を考え，この期間中に，対立仮説 H_1 として，オペレータが物質量 ξ の転用を決め，多くのフローと在庫のクラスに戦略的に分散させてデータ偽造総量 μ で転用を隠すことにしたとしよう．上述の仮定下で，統計量 D は総偽造の負の不偏推定値である，それは $-\mu$ となる，一方，物質収支統計量 MUF は期待値 $\xi-\mu$ を有する．我々は次の検定問題に到着した：

2 変量正規分布ランダム・ベクトル

$$\boldsymbol{X}=\begin{pmatrix} D \\ MUF \end{pmatrix}$$

は以下に示す共分散行列を有する

$$\boldsymbol{\Sigma}=\begin{pmatrix} \sigma_D^2 & \sigma_{MUF}^2 \\ \sigma_{MUF}^2 & \sigma_{MUF}^2 \end{pmatrix}, \tag{8.28}$$

ここで σ_D^2 と σ_{MUF}^2 は (8.23) 式と (8.24) 式で与えられる．査察員は帰無仮説

$$H_0: \quad E_0(D)=E_0(MUF)=0 \tag{8.29}$$

および対立仮説

$$H_1: \quad E_1(D)=-\mu, \quad E_1(MUF)=\xi-\mu, \tag{8.30}$$

の間で決定しなければならない，ここで $0\le\mu\le\xi$ と $\xi>0$ はこの問題の与件外部パラメータである．

転用 ξ が探知される確率を最小にするために，オペレータは勿論，彼のデータを偽造するであろう．査察員は探知確率を最大化する検定手順を探すであろう．我々は従って 2 人零和ゲームに再び至る．正解の建設的導出のあらましを，その鞍点性質の公式証明を伴いながら，示そう．これは，第 7 章での多重在庫期間の決定問題の取扱いと並行し，かつ建設的導出が可能でなかった前節とは異なる．

ある望ましい誤警報確率 α が与えられ，および固定値 ξ と μ に対して，ネイマン・ピアソン補助定理に従って，査察員の最良検定は下記の棄却域を有する，

$$\left\{\boldsymbol{x}\,\middle|\,\frac{f_1(\boldsymbol{x})}{f_0(\boldsymbol{x})}>\lambda\right\}, \tag{8.31}$$

ここで f_0 と f_1 は H_0 および H_1 下での $\boldsymbol{X}$ の密度であり，λ は誤警報確率 α の助けによって決められる．(8.29) 式と (8.30) 式より，

$$f_0(\boldsymbol{x}) = (2\pi)^{-1}|\boldsymbol{\Sigma}|^{-1}\exp\left(-\frac{1}{2}\boldsymbol{x}^T\cdot\boldsymbol{\Sigma}^{-1}\cdot\boldsymbol{x}\right) \tag{8.32}$$

および

$$f_1(\boldsymbol{x}) = (2\pi)^{-1}|\boldsymbol{\Sigma}|^{-1}\exp\left(-\frac{1}{2}(\boldsymbol{x}-\boldsymbol{E}_1)^T\cdot\boldsymbol{\Sigma}^{-1}\cdot(\boldsymbol{x}-\boldsymbol{E}_1)\right) \tag{8.33}$$

であり，ここで H_1 下での $\boldsymbol{X}$ の期待ベクトル $\boldsymbol{E}$ は

$$\boldsymbol{E}_1^T = E_1(\boldsymbol{X})^T = (-\mu,\ \xi-\mu) \tag{8.34}$$

である．対数を取り，(8.31) 式の棄却域は下式と等しくなる，

$$\left\{\boldsymbol{x}\,\middle|\,\boldsymbol{E}_1^T\cdot\boldsymbol{\Sigma}^{-1}\cdot\boldsymbol{x}>\lambda'\right\}. \tag{8.35}$$

(8.35) 式の表現は正規分布しているランダム変数の線形結合であり，従ってそれ自身も正規分布する．その期待値は

$$E(\boldsymbol{E}_1^T\cdot\boldsymbol{\Sigma}^{-1}\cdot\boldsymbol{X}) = \begin{cases}0 & \text{for } H_0\\ \boldsymbol{E}_1^T\cdot\boldsymbol{\Sigma}^{-1}\cdot\boldsymbol{E}_1 & \text{for } H_1\end{cases} \tag{8.36}$$

であり，少々代数行列 (matrix algebra) を用いて（p.79 の考察を参照せよ），$\boldsymbol{\Sigma}$ が対称である事実から，その分散は，

$$\begin{aligned}\mathrm{var}(\boldsymbol{E}_1^T\cdot\boldsymbol{\Sigma}^{-1}\cdot\boldsymbol{X}) &= (\boldsymbol{E}_1^T\cdot\boldsymbol{\Sigma}^{-1})\cdot\mathrm{cov}(\boldsymbol{X},\ \boldsymbol{X}^T)\cdot(\boldsymbol{E}_1^T\cdot\boldsymbol{\Sigma}^{-1})^T\\ &= \boldsymbol{E}_1^T\cdot\boldsymbol{\Sigma}^{-1}\cdot\boldsymbol{\Sigma}\cdot\boldsymbol{\Sigma}^{-1}\cdot\boldsymbol{E}_1\\ &= \boldsymbol{E}_1^T\cdot\boldsymbol{\Sigma}^{-1}\cdot\boldsymbol{E}_1\end{aligned} \tag{8.37}$$

となる．この期待値と分散は従って等しい，ネイマン・ピアソン検定 (8.31) 式に伴う未探知確率は

$$\beta(\mu) = \phi\left(U(1-\alpha)-\sqrt{\boldsymbol{E}_1^T\cdot\boldsymbol{\Sigma}^{-1}\cdot\boldsymbol{E}_1}\right) \tag{8.38}$$

である．これは共分散行列の逆行列から，

$$\boldsymbol{\Sigma}^{-1} = \frac{1}{\sigma_D^2-\sigma_{MUF}^2}\cdot\begin{pmatrix}1 & -1\\ -1 & \frac{\sigma_D^2}{\sigma_{MUF}^2}\end{pmatrix} \tag{8.39}$$

および配置をし直して,

$$E_1^T \cdot \Sigma^{-1} \cdot E_1 = \frac{\xi^2}{\sigma_D^2 - \sigma_{MUF}^2} + \frac{(\xi - \mu)^2}{\sigma_{MUF}^2} \tag{8.40}$$

が求められる.

この誘導を続けて, 未探知確率 $\beta(\mu)$ または等価な (8.38) 式からの確率最大化のため, それには (8.40) 式の表現を最小化するためにオペレータはここで μ を選択するだろう. これは直ちに下記**マックスミン** (maxmin) 偽造戦略を導く,

$$\mu^* = \xi \tag{8.41}$$

この時, オペレータは彼のデータを可能最大量まで偽造し, 実際, 下式の通り,

$$E_1(MUF) = E_0(MUF) = 0.$$

査察員の対応検定統計量は, (8.35) 式から, この時,

$$E_1^{T*} \cdot \Sigma^{-1} \cdot X \sim MUF - D \tag{8.42}$$

であり, 定理 8.1 と同じとなる. その保証未探知確率は, (8.34) 式と (8.40) 式を用いて,

$$\beta^* = \beta(\mu^*) = \phi\left(U(1-\alpha) - \frac{\xi}{\sqrt{\sigma_D^2 - \sigma_{MUF}^2}}\right). \tag{8.43}$$

(8.41) 式を伴う最適偽造戦略の決定に対するオペレータの問題を実際に我々が解いてしまった. しかし同時に 2 人零和ゲームの解を構築してしまった, すなわち査察員の**ミニマックス** (minmax) 問題も解いてしまった, なぜなら (8.41) 式と (8.42) 式は未探知確率の鞍点を定義しており, その鞍点の値が (8.43) 式であるからである. これを公式的でかつ簡潔に例示しよう,

定理 8.2　査察員（プレイヤー 1）と被査察者（プレイヤー 2）間で記述される 2 人零和ゲーム $(\Delta_\alpha, \{\mu \,|\, 0 \le \mu \le \xi\}, 1 - \beta)$ が与えられる, ここで Δ_α は (8.28) から (8.30) 式によって定義された検定問題に対する誤警報確率 α を伴う全検定の組（集合）である, $\{\mu \,|\, 0 \le \mu \le \xi\}$ は可能偽造のオペレータの集合である, $1 - \beta$ は探知確率である. 鞍点であるゲームの解は下記の棄却域

$$\left\{(D, MUF) \,\middle|\, MUF - D > \sqrt{\sigma_D^2 - \sigma_{MUF}^2} \cdot U(1-\alpha)\right\}, \tag{8.44}$$

と偽造

$$\mu^* = \xi$$

を有する検定 δ_α^* で与えられる．その保証未探知確率は (8.42) 式で与えられる．

用法 (Usage)：ここでの応用は明確である．単純化を行うことの正当性が与えられている査察員は，最適な $MUF - D$ 検定 (8.43) 式を報告データに適用し，物質収支データを検証する．

証明：　下式の鞍点基準を満足することが証明される，

$$\beta(\delta_\alpha^*, \mu) \le \beta(\delta_\alpha^*, \mu^*) \le \beta(\delta_\alpha, \mu^*) \quad \text{for } \delta_\alpha \in \Delta_\alpha,\ 0 \le \mu \le \xi.$$

右辺の不等式の妥当性は既に証明されている，というのは特別な μ^* を含む任意の μ に対するネイマン・ピアソン検定を構築したからである．左辺の不等式に関しては，(8.30) 式より，検定統計量 $MUF - D$ の期待値は μ^* と独立であることが観察される．左辺の不等式は従って等価なものとして満足される． □

前章の定理 7.1 により，それら鞍点解に正式な証明を用いることは無かったが，我々の査察問題対最適化手順の鞍点解に我々は到達した．その解の中で，総転用量を固定し，不法な偽造戦略に関してオペレータを無関心にさせる検定手順を査察員は用いる．それにもかかわらず，オペレータの均衡戦略は良く定義されている．

既に示されたように，$MUF - D$ 統計量は定理 8.2 で与えられた理論的正当性が得られるよりもかなり以前から IAEA 保障措置活動のなかで精力的に用いられてきた；例えば IAEA (1989) を見よ．それはヒューリスティックな基盤上で純粋に正当化された，これら基盤の 1 つは本節の仮定下で転用の不偏推定値を表すものである．他に，さらに実用的な正当性は，その検定統計量がオペレータの系統誤差と独立であることだ．言い換えれば $MUF - D$ は，基本的に査察員によって推定された，オペレータのバイアス（偏り）で補正した $MUF-$ 統計量である．このことは重要である，何故なら系統誤差の情報を得ることは困難であり，もしもオペレータによって報告され得たとしても，故意に大げさに言うかもしれないからである．そのような誇張声明を拒絶することは難しい．

8.3　逐次在庫期間

第 7 章の第 2 節で物質会計の感度，それは探知確率のことである，について 1 在庫期間および 2 在庫期間から連続的な n 在庫期間に対し詳細に吟味した，そこではデータ偽造の可能性は除外されていた．前節において，単一在庫期間に対してこの制約を我々は取り除いた，そして任意の逐次 n 期間にも同様に適用しよう．第 7 章の結果と類似の結果が証明されることになるであろう，言い換えれば中間在庫 (intermediate inventory) データ（ここでは報告データおよび被検証データの両方である）が査察員最適検定手順で無視されるということである．

単一在庫期間だけを考えよう，データが偽造されたその特定方法はむしろ曖昧 (lax) であるものとして我々にもたらされるであろう．ここで若干の注意を喚起しよう，なぜならデータ偽造とは言うなれば，原理的にはその最初の期間での偽造はその後の逐次期間の中で探知されることである．例えば，期間 1 の期末在庫ストラータの偽造とは期間 2 の期首在庫の偽造をも意味する．オペレータはその時，第 1 期間内などでの転用/偽造を隠すよりもさらに多くのデータを第 2 期間の中の転用/偽造を隠すために偽造し続けなければならない．[*10]

前に進むために，その成り行き (consequences) は n 在庫期間に制限され，かつ考慮下の物質収支区域が制限されていると言うような中で，プラントのオペレータは彼の偽造を手配するものと（若干，制約的な）仮定しよう．これはデータ偽造が最初の $n-1$ 期間のみの最終在庫ストラータに限定されることの要求として要約される (boils down)[*11]．もしも最初の期間の期首在庫または n 番目在庫期間の最終（期末）在庫で偽造されたとしたなら，原則的にその最初の在庫に先立ったまたはそれに続く直近の在庫期間で探知が可能である，ところがフロー（流れ）・データ（受入，払出または廃棄）は隣接する物質収支区域内で探知可能である．

その状況を表 8.2 の 3 在庫期間に対して例示しよう．上述の仮定により，中間在庫 I_1 と I_2 に対する報告値だけが偽造される，その偽造量は各々 μ_1 と μ_2 である．それに加えて，表には i 番目期間内での転用量 ξ_i を示す，ここで $i = 1,2,3$ である．$MUF_i - D_i$ は常に ξ_i と等しいことが解かるだろう

$$\sum_i MUF_i = \xi_1 + \xi_2 + \xi_3 =: \xi$$

は転用の総量であり，

$$\sum_i D_i = -\mu_1 + \mu_1 - \mu_2 + \mu_2 = 0$$

である．

[*10] 本章題辞の中で，オペレータのジレンマ（板ばさみ）を Schiller は表情豊かに指し示している．

[*11] 訳註：　boil down：(1) 煮詰まる，(2) 要約される，(3) 等しい，同然である．

表 8.2　3 在庫期間に対する転用/偽造戦略

変数	H_0	H_1（真）	H_1（報告値）
I_0	I_0	I_0	I_0
R_1, S_1	R_1, S_1	R_1, S_1	R_1, S_1
I_1	I_1	$I_1 - \xi_1$	$I_1 - \xi_1 + \mu_1$
MUF_1	0	ξ_1	$\xi_1 - \mu_1$
D_1	0		$-\mu_1$
$MUF_1 - D_1$	0		ξ_1
I_1	I_1	$I_1 - \xi_1$	$I_1 - \xi_1 + \mu_1$
R_2, S_2	R_2, S_2	R_2, S_2	R_2, S_2
I_2	I_2	$I_2 - \xi_1 - \xi_2$	$I_2 - \xi_1 - \xi_2 + \mu_2$
MUF_2	0	ξ_2	$\xi_2 + \mu_1 - \mu_2$
D_2	0		$\mu_1 - \mu_2$
$MUF_2 - D_2$	0		ξ_2
I_2	I_2	$I_2 - \xi_1 - \xi_2$	$I_1 - \xi_1 - \xi_2 + \mu_2$
R_3, S_3	R_3, S_3	R_3, S_3	R_3, S_3
I_3	I_3	$I_3 - \xi_1 - \xi_2 - \xi_3$	$I_3 - \xi_1 - \xi_2 - \xi_3$
MUF_3	0	ξ_3	$\xi_3 + \mu_2$
D_3	0		μ_2
$MUF_3 - D_3$	0		ξ_3

ここで我々は n 在庫期間へ一般化しよう：保障措置当局は $2n$ 個の量 $D_1, MUF_1 \ldots D_n, MUF_n$ の配列観察 (disposal observations)*12を有するとしよう．それはその時にある任意の方法で n 期間に亘って散りばめた $\xi > 0$ の仮説化された転用の探知を求める，さらにそれには最初の $n-1$ 期間に対する最終在庫データ報告の偽造が含まれるかもしれない，しかしその中には他の偽造は含まれない．この査察問題は以下のように公式化出来るかもしれない：

$2n-$ 次元多変量正規分布ランダム・ベクトルを考えよう

$$\boldsymbol{X}^T = (D_1, MUF_1, \ldots, D_n, MUF_n)$$

*12 訳註：　disposal：(1) 処理，処分，整理，(2) 処分の自由，(3) 生ゴミ処理機，(4) 配列，配置．

その共分散行列は

$$\boldsymbol{\Sigma} = \begin{pmatrix} \boldsymbol{A}_1 & \boldsymbol{B}_1 & \boldsymbol{0} & \dots & \dots & \boldsymbol{0} \\ \boldsymbol{B}_1 & \boldsymbol{A}_2 & \boldsymbol{B}_2 & \boldsymbol{0} & \dots & \vdots \\ \boldsymbol{0} & \boldsymbol{B}_2 & \ddots & \ddots & \dots & \vdots \\ \vdots & \dots & \ddots & \ddots & \ddots & \boldsymbol{0} \\ \vdots & \dots & \boldsymbol{0} & \ddots & \boldsymbol{A}_{n-1} & \boldsymbol{B}_{n-1} \\ \boldsymbol{0} & \dots & \dots & \boldsymbol{0} & \boldsymbol{B}_{n-1} & \boldsymbol{A}_n \end{pmatrix}. \tag{8.45}$$

であり，ここでのサブ行列 $\boldsymbol{A}_i$ と $\boldsymbol{B}_i$ は下式で与えられる

$$\boldsymbol{A}_i = \begin{pmatrix} \sigma_{D_i}^2 & \sigma_{M_i}^2 \\ \sigma_{M_i}^2 & \sigma_{D_i}^2 \end{pmatrix}, \quad i = 1 \dots n, \tag{8.46}$$

および

$$\boldsymbol{B}_i = \begin{pmatrix} -B_i^2 & -\sigma_{I_i}^2 \\ -\sigma_{I_i}^2 & -\sigma_{I_i}^2 \end{pmatrix}, \quad i = 1 \dots n-1, \tag{8.47}$$

である．$\boldsymbol{A}_i$ と $\boldsymbol{B}_i$ の行列要素は

$$\begin{aligned} \sigma_{D_i}^2 &= \mathrm{var}(D_i) \\ \sigma_{M_i}^2 &= \mathrm{var}(MUF_i) \\ B_i^2 &= -\mathrm{cov}(D_i, D_{i+1}) \\ \sigma_{I_i}^2 &= -\mathrm{cov}(D_{i+1}, MUF_i) = -\mathrm{cov}(D_i, MUF_{i+1}) \\ &= -\mathrm{cov}(MUF_i, MUF_{i+1}) \end{aligned}$$

である．量 $\sigma_{I_i}^2$ は i 番目中間在庫に対する査察員の測定誤差分散である．

考慮される 2 つの仮説の一方は帰無仮説，

$$H_0: \quad E_0(\boldsymbol{X}) = \boldsymbol{0} \tag{8.48}$$

もう一方は対立仮説

$$H_1: \quad E_1(\boldsymbol{X}) =: \boldsymbol{E}_1 \tag{8.49}$$

である，ここで我々は期待ベクトル $\boldsymbol{E}_1$ は零ベクトルとは異なり，以下の 2 条件を満足しているのみとチョットだけ (for the moment) 仮定する，

$$\boldsymbol{E}_1^T \cdot \boldsymbol{e}_1 = 0 \tag{8.50}$$

と

$$\boldsymbol{E}_1^T \cdot \boldsymbol{e}_2 = \xi \tag{8.51}$$

である，それらベクトル $\boldsymbol{e}_i$ は下式によって与えられる

$$\boldsymbol{e}_1^T = (1, 0, 1, 0, \ldots, 1, 0) \quad \boldsymbol{e}_2^T = (0, 1, 0, 1, \ldots, 0, 1). \tag{8.52}$$

(8.49) 式によって，2 つの条件 (8.50) 式と (8.51) 式は明示的に，

$$\sum_i E_1(D_i) = 0 \quad \text{and} \quad \sum_i E_1(MUF_i) = \xi$$

を意味し，それらは表 8.2 に示した 3 期間状況の一般化である．

再度，我々は短い公式証明を伴う，鞍点戦略の建設的導出を提供した．

(8.49) 式によって与えられる全てのベクトル $\boldsymbol{E}_1$ の組（集合）は，境界条件 (8.50) 式と (8.51) 式の下で，不法戦略のオペレータ戦略である．その期間の各々で特定転用と偽造関係は後に明瞭化されよう．ネイマンとピアソンにもう一度頼ろう，対立仮説（それは (8.49) 式のオペレータ戦略である）が与えられたものに対する最適検定は以下の棄却域で与えられる

$$\left\{ \boldsymbol{x} \,\middle|\, \frac{f_1(\boldsymbol{x})}{f_0(\boldsymbol{x})} > \lambda \right\}. \tag{8.53}$$

H_1 下および H_0 下でのランダム・ベクトル $\boldsymbol{X}$ に対する確率密度関数は，各々

$$f_1(\boldsymbol{x}) = (2\pi)^{-n} |\boldsymbol{\Sigma}|^{-1} \cdot \exp\left(-\frac{1}{2} (\boldsymbol{x} - \boldsymbol{E}_1)^T \cdot \boldsymbol{\Sigma}^{-1} \cdot (\boldsymbol{x} - \boldsymbol{E}_1) \right) \tag{8.54}$$

および

$$f_0(\boldsymbol{x}) = (2\pi)^{-n} |\boldsymbol{\Sigma}|^{-1} \cdot \exp\left(-\frac{1}{2} \boldsymbol{x}^T \cdot \boldsymbol{\Sigma}^{-1} \cdot \boldsymbol{x} \right) \tag{8.55}$$

である，ここで $\boldsymbol{X}$ の共分散行列 $\boldsymbol{\Sigma}$ は (8.45) 式によって与えられる．対数を取り，(8.53) 式は下記棄却域と等価となる，

$$\left\{ \boldsymbol{x} \,\middle|\, \boldsymbol{x}^T \cdot \boldsymbol{\Sigma}^{-1} \cdot \boldsymbol{E}_1 > \lambda' \right\} \tag{8.56}$$

この検定の未探知確率は（(8.35-38) 式を見よ）

$$\beta = \phi\left(U(1-\alpha) - \sqrt{\boldsymbol{E}_1^T \cdot \boldsymbol{\Sigma}^{-1} \cdot \boldsymbol{E}_1} \right) \tag{8.57}$$

である．

再度，有意な転用量 ξ という概念を査察員は有するものとし，しかしながら特定期間の転用 ξ_i と偽造 μ_i には気がつかないとしよう．彼は従って探知の保証確率を導く意思決定手順を求め，7.2 節および 8.2 節で既に見たように，オペレータ問題を解く

ことによりそれを得る，それは未探知確率のマックスミン (maxmin) 最適である．これは (8.57) 式の最大化を意味する．

$\boldsymbol{E}_1$ が与えらる未探知確率 (8.57) 式は，2 次形体 (quadratic form) の単調減少関数である

$$Q(\boldsymbol{E}_1) = \boldsymbol{E}_1^T \cdot \boldsymbol{\Sigma}^{-1} \cdot \boldsymbol{E}_1, \tag{8.58}$$

そのためこれを最大化するために，我々は (8.58) 式の最小化を必要とするだけである．これを行うため，一般的な 2 次形体の制約された最小値 (minima) に関する情報を与えてくれる以下の定理の使用が要求される．この証明は Kowalsky (1979) で見ることが出来るだろう．

定理 8.3　この 2 次形体

$$Q(\boldsymbol{x}) = \boldsymbol{x}^T \cdot \boldsymbol{\Sigma}^{-1} \cdot \boldsymbol{x}, \quad \boldsymbol{x} \in \Re^n \tag{8.59}$$

ここで $\boldsymbol{\Sigma}$，従って同様に $\boldsymbol{\Sigma}^{-1}$ は正で定義された行列 (positive definite matrix) であり，ここで $\boldsymbol{x}$ は

$$\begin{aligned} \boldsymbol{x}^T \cdot \boldsymbol{e}_1 &= 0 \\ \boldsymbol{x}^T \cdot \boldsymbol{e}_2 &= \xi \end{aligned} \tag{8.60}$$

を満足する．その行列は下記の点で一義的な最小値を有している，

$$\boldsymbol{x}^{*T} = \frac{\xi}{a_{12}^2 - a_{11}a_{22}}(a_{12}\boldsymbol{e}_1 - a_{11}\boldsymbol{e}_2)^T \cdot \boldsymbol{\Sigma}, \tag{8.61}$$

ここで a_{ij} は下式により定義される

$$a_{ij} = \boldsymbol{e}_i^T \cdot \boldsymbol{\Sigma} \cdot \boldsymbol{e}_j, \quad i, j = 1, 2. \tag{8.62}$$

その最小点での 2 次形体の値は

$$Q^* = \xi^2 \frac{a_{11}}{a_{11}a_{22} - a_{12}^2} \tag{8.63}$$

である．□

さあ，この結果を我々の問題に適用するため，下式を明記しておこう，

$$MUF = \sum_i MUF_i = \boldsymbol{e}_2^T \cdot \boldsymbol{X}, \quad D = \sum_i D_i = \boldsymbol{e}_1^T \cdot \boldsymbol{X}. \tag{8.64}$$

ここで，

$$\mathrm{var}(MUF) = \sigma_{MUF}^2 = \mathrm{var}(\boldsymbol{e}_2^T \cdot \boldsymbol{X}) = \boldsymbol{e}_2^T \cdot \boldsymbol{\Sigma} \cdot \boldsymbol{e}_2 \ (\doteq a_{22}), \tag{8.65}$$

および，同じように，

$$\mathrm{var}(D) = \sigma_D^2 = \mathrm{var}(\boldsymbol{e}_1^T \cdot \boldsymbol{X}) = \boldsymbol{e}_1^T \cdot \boldsymbol{\Sigma} \cdot \boldsymbol{e}_1 \; (\doteq a_{11}) \tag{8.66}$$

である．最後に，以下の理由から，

$$\mathrm{cov}(D_i, MUF_j) = \mathrm{cov}(MUF_i, MUF_j)$$

我々は下式を記載出来る

$$\sigma_{MUF}^2 = \boldsymbol{e}_1^T \cdot \boldsymbol{\Sigma} \cdot \boldsymbol{e}_2 \; (\doteq a_{12}). \tag{8.67}$$

定理 8.3 より，オペレータの最適不法戦略は従って

$$\boldsymbol{E}_1^{*T} = \frac{\xi}{\sigma_{MUF}^4 - \sigma_D^2 \sigma_{MUF}^2} (\sigma_{MUF}^2 \cdot \boldsymbol{e}_1 - \sigma_D^2 \cdot \boldsymbol{e}_2)^T \cdot \boldsymbol{\Sigma} \tag{8.68}$$

であり，(8.58) 式の最小は，

$$\boldsymbol{E}_1^{*T} \cdot \boldsymbol{\Sigma}^{-1} \cdot \boldsymbol{E}_1^* = \xi^2 \left(\frac{1}{\sigma_D^2 - \sigma_{MUF}^2} + \frac{1}{\sigma_{MUF}^2} \right) \tag{8.69}$$

となる．(8.56) 式より，査察員の最適検定手順はそれゆえ

$$MUF - \frac{\sigma_{MUF}^2}{\sigma_D^2} D$$

となる．

我々は実際に望ましい (sought-after) 鞍点を見つけた，その時に査察員問題をも解いた．上述の導出に証明を用いなかった．

定理 8.4　査察員（プレイヤー 1）と被査察者（プレイヤー 2）間で記述される 2 人零和ゲーム $(\Delta_\alpha, \{\boldsymbol{E}_1\}, 1 - \beta(\delta_\alpha, \boldsymbol{E}_1))$ を考えよう，ここで Δ_α は (8.44) 式から (8.52) 式によって提起された検定問題に対する誤警報確率 α を伴う，全検定 δ_α の組（集合）である，ここで $\boldsymbol{E}_1 \in \mathfrak{R}^{2n}$ は境界条件 (8.50) 式と (8.51) 式を条件として，さらに査察員の利得である，$1 - \beta(\delta_\alpha, \boldsymbol{E}_1)$ は探知確率である．その均衡戦略は下式により与えられる，

$$\boldsymbol{E}_1^* = \frac{\xi}{\sigma_{MUF}^2 - \sigma_D^2} \cdot \boldsymbol{\Sigma} \cdot \left(e_1 - \frac{\sigma_D^2}{\sigma_{MUF}^2} e_2 \right) \tag{8.70}$$

さらにその検定 δ_α^* は棄却域によって特徴付けられる

$$\left\{ D, MUF \,\middle|\, MUF - \frac{\sigma_{MUF}^2}{\sigma_D^2} D > \lambda_\alpha \right\} \tag{8.71}$$

ここで D と MUF は (8.64) 式で与えられている，σ_D^2 と σ_{MUF}^2 は (8.65) 式と (8.66) 式で，λ_α は誤警報確率 α によって決まる．ゲームの値，探知保証確率は，

$$1-\beta(\delta_\alpha^*,\boldsymbol{E}_1^*)=\phi\left(\xi\sqrt{\frac{1}{\sigma_D^2-\sigma_{MUF}^2}+\frac{1}{\sigma_{MUF}^2}}-U(1-\alpha)\right) \tag{8.72}$$

である．

> **用法** (Usage)：総転移量 ξ を得るため，査察員は統計検定 (8.71) 式を報告された会計データと検証した物質会計データに適用する，その探知保証確率は (8.72) 式で与えられる．

証明： 我々は再び鞍点基準を例証しよう，

$$\beta(\delta_\alpha^*,\boldsymbol{E}_1)\le\beta(\delta_\alpha^*,\boldsymbol{E}_1^*)\le\beta(\delta_\alpha,\boldsymbol{E}_1^*)\quad \text{for all } \delta_\alpha,\ \boldsymbol{E}_1$$

が満足される．左辺に対して，我々の仮定から，全ての $\boldsymbol{E}_1$ に対して，下式を有する

$$E_1\left(MUF-\frac{\sigma_{MUF}^2}{\sigma_D^2}D\right)=E_1(MUF)-\frac{\sigma_{MUF}^2}{\sigma_D^2}E_1(D)=\xi$$

さらに $\beta(\delta_\alpha^*,\boldsymbol{E}_1)$ と $\beta(\delta_\alpha^*,\boldsymbol{E}_1^*)$ は等価である．
右辺を検討しよう，与えられた $\boldsymbol{E}_1^*$ に対する最良検定はネイマン・ピアソン検定である，その検定統計量は (8.56) 式と (8.68) 式によって下式の通り与えられる，

$$\boldsymbol{E}_1^{*T}\cdot\boldsymbol{\Sigma}^{-1}\cdot\boldsymbol{X}=\frac{\xi}{\sigma_D^2\sigma_{MUF}^2-\sigma_{MUF}^4}\left(\sigma_D^2\boldsymbol{e}_2^T\cdot\boldsymbol{X}-\sigma_{MUF}^2\boldsymbol{e}_1^T\cdot\boldsymbol{X}\right)$$

(8.64) 式を用いて，

$$\boldsymbol{E}_1^{*T}\cdot\boldsymbol{\Sigma}^{-1}\cdot\boldsymbol{X}=\frac{\xi}{\sigma_D^2-\sigma_{MUF}^2}\frac{\sigma_D^2}{\sigma_{MUF}^2}\left(MUF-\frac{\sigma_{MUF}^2}{\sigma_D^2}D\right)$$

この式から，右辺の不等式に従う． □

報告データか検証したデータのいずれかでも，中間在庫データを含まないもので，検定統計量 (8.71) 式が再び観察される．それは実際に Z– **統計量** (Z–statistic) であり，1 在庫期間問題に対して数年前に Jaech (1980) によって導入された量である．彼の動機は最小分散を有する MUF と D との線形結合を見つけ出すことであった．彼は Z– 統計量と D が相関しないことも示した．

実際，単純な $MUF-D$ よりもむしろ重み付き差異 (8.71) 式の採用がヒューリスティックな観点からさらに満足するものとなっている．査察員団とオペレータの測定

の品質は大幅に異なるものと仮定している．従って2つの基本統計量 D と MUF を
それらの相対的精度に従い重み付けすることは極めて合理的と思える．これは精確に
(8.71) 式のものを下式にすることである：

$$MUF - \frac{\sigma^2_{MUF}}{\sigma^2_D} D = \sigma^2_{MUF} \left(\frac{MUF}{\sigma^2_{MUF}} - \frac{D}{\sigma^2_D} \right).$$

探知の最適保証確率と定理 8.4 の検定問題に対する適切な検定統計量の決定に対して，総転用の不偏推定値——それは観測 MUF_i と D_i の線形であり，最小分散を有する——を決めることで十分であることは Fichtner (1985) によって示された．この定理の証明は本書の範囲を超えている，しかし $Z-$ 統計量でどの様にしてそれに到達出来るかを容易に示すことが出来る．もし以下の式を定義し

$$T = \sum_i (a_i D_i + b_i MUF_i)$$

と次式を公理と見なす

$$E(T) = \sum_i (a_i E(D_i) + b_i E(MUF_i)) = \xi,$$

その時，下記の場合にのみ，これは境界条件 (8.50) 式と (8.51) 式に対し十分に満足され得る，

$$a_i = a \quad \text{and} \quad b_i = 1, \quad i = 1 \ldots n,$$

それは下式を導く

$$T = a \cdot \sum_i D_i + \sum_i MUF_i = aD + MUF,$$

これは Jaech の開始点である．我々は $MUF-D$ 統計量を導かない，何故ならば (8.50) 式から，境界条件は単一在庫期間に対して無意味になるからである．

定理 8.4 の助けにより，対立仮説下でのランダム・ベクトル $\boldsymbol{X}$ の最適な期待値 $\boldsymbol{E}_1^*$ を決めよう．纏めるために (to wrap things up)，我々は今，最適な転用と偽造を明示的に決定しよう．対立仮説 H_1 下での，表 8.2 で与えられたリストの一般化，

$$\begin{aligned}
E_1(MUF_1) &= \xi_1 - \mu_1 = E_{11}, \quad E_1(D_1) = -\mu_1 = E_{12} \\
E_1(MUF_2) &= \xi_2 + \mu_1 - \mu_2 = E_{13}, \quad E_1(D_2) = \mu_1 - \mu_2 = E_{14} \\
&\vdots \\
E_1(MUF_i) &= \xi_i + \mu_{i-1} - \mu_i = E_{1,2i-1}, \quad E_1(D_i) = \mu_{i-1} - \mu_i = E_{1,2i} \\
&\vdots \\
E_1(MUF_n) &= \xi_n + \mu_{n-1} = E_{1,2n-1}, \quad E_1(D_n) = \mu_{n-1} = E_{1,2n}
\end{aligned} \tag{8.73}$$

ここで ξ_i は i 番目在庫期間中の転用であり，μ_i は i 番目期間の期末在庫の偽造である．[*13]

もしも境界条件 (8.50) 式と (8.51) 式を考慮し，$\xi = \sum_{i=1}^{n} \xi_i$ は固定されることも要求されるなら，その時 (8.73) 式は $2n-2$ 変数 $\xi_1, \ldots, \xi_{n-1}, \mu_1, \ldots, \mu_{n-1}$ に対する $2n-n$ 個の方程式の集合（組）と成る．その解は明らかに，

$$\mu_i = -\sum_{j=1}^{i} E_{1,2j}, \quad i = 1 \ldots n-1 \tag{8.74}$$

および

$$\xi_i = E_{1,2i-1} - E_{1,2i}, \quad i = 1 \ldots n \tag{8.75}$$

である．定理 8.4 の最適オペレータ戦略 E_1^* は，従って各々の在庫期間中の個々の最適転用と偽造がユニークに決定される，そして n 回の在庫期間に対する査察問題への我々の解は完了となる．

ついでながら，この時期，データ偽造は極大（最高）(maximal)[*14]ではない，ことを注記しておこう．例えば $\mu_1^* = \xi_1^*$ は全くわけがわからない，何故ならそのような大きな偽造は第 2 番目の期間でオペレータの問題を引き起こすことになるからだ．

上述解に関する幾つかの覚書は順をおって以下の通り：第 1 番目，データの構造がどの様に複雑であるかを考えた上で（具体的な場合で多分，数千のオリジナル測定と共同測定が含まれる），それが著しく単純で凝縮された検定手順を意味すること，そしてそれが実際の適用に対して良く適合していること．第 2 番目，幾つかの連続的な在庫期間に亘る評価時に，データ偽造の‘遅れ’探知効果の補正を取り入れ，どの様な物質会計データ検証システム関数であるかを示していること．第 3 番目，期首在庫と期末在庫の役割を取り入れ，受入と払出を伴う，収支期間の逐次よりも物質収支区域の組（集合）に同一解析が適用され得ることを明確にすべきである．この種の考察がグローバル査察戦略を導いた，それを IAEA は国際核物質保障措置への**燃料サイクル・アプローチ** (fuel cycle approach) と呼ぶようになった；例えば Grümm (1982) を見よ．

査察員自身の独立測定の含有は，第 7 章で決められた物質収支の感度にどの様な効果を及ぼすのか? 粗っぽい推定を得るために，査察員の偶然誤差分散と系統誤差分散がオペレータの分散と同じ値であると想定しよう．従って，(8.23) 式と (8.24) 式か

[*13] (8.73) 式から，$i = 1 \ldots n$ に対する $E_1(MUF_i - D_i)$，これは $MUF_i - D_i$ を意味する，が i 番目在庫期間中の転用の不偏推定値であることが直ちに判る．

[*14] 訳註： maximal：極点の，最大限度の，最高の，極大の．

ら，および下式より

$$\sigma^2_{B_{r_i}} = \sigma^2_{I_{r_i}}, \quad \sigma^2_{B_{s_i}} = \sigma^2_{I_{s_i}}, \quad i = 1 \ldots K,$$

サンプル数 $n_i > 0,\ i = 1 \ldots K$ とは独立に下式に従う

$$\sigma^2_D = 2\sigma^2_{MUF},$$

定理 8.4 のモデルに対して，その探知保証確率 (8.72) 式は下式となる

$$1 - \beta(\delta^*_\alpha, \boldsymbol{E}^*_1) = \phi\left(\frac{\sqrt{2}\cdot\xi}{\sigma_{MUF}} - U(1-\alpha)\right) \tag{8.76}$$

これは $\sigma_{MUF} = \sigma_Z$ での (7.12) 式に比べて大きい．例えば，表 7.1 の参照施設データを用いて，年当たり 25 回の再校正と 8 kg の転用，$\sigma_{MUF} = 8.9\,\mathrm{kg}$ に対して（p.172 を見よ），[*15]

$$1 - \beta^* = \phi\left(\frac{\sqrt{2}\cdot 8}{8.9} - U(0.95)\right) = 35.2\,\%,$$

が偽造無しのオペレータデータのみに基づき (7.12) 式から計算された 22.7 % と比較される．

IAEA 保障措置の目的，適時性 (timeliness) に関する幾つかの用語をもって本章を閉じよう，この適時性に関しては第 7 章でさらに広範に取り扱った．定理 7.1 のように，定理 8.4 で，査察員単独での有効性基準は，n 在庫間隔の参照期間後の探知確率である．従って探知時間その参照期間自身に比べて少なくとも長さが同じか，多分さらに長くなるだろう．もしも適時探知が有効性基準となるならば，その時には逐次検定手順が用いられなければならない．しかし，本章では独立検証データと同様に報告データの両方がそのような逐次検定で用いられている，そのため基本的に新しい質問が生じる：逐次検定を基礎とするのは，どの基本単一期間統計量なのか? もしも考慮すべき検証データが無いならば，個別の物質収支 $MUF_i,\ i = 1 \ldots n$ が唯一の合理的な候補者である．もしも検証データが在るならば，第 1 原理からそのような統計量を導く方法は多分皆無であろう．しかしながら，プログラム的解法が $MUF_i - D_i$ へ注ぎ込まれている，何故ならば i 番目期間中転用の不偏推定値になっているからである，さらに第 7 章で適切な逐次検定手順への研究を進めたからでもある．

---

*15 訳註：　累積正規分布表を用いて，

$$\phi(1.271 - 1.645) = \phi(-0.374) = 1 - 0.648 = 0.352 = 35.2\,\%$$

が得られる．

第9章

査察員リーダーシップ

Principits obsta!
Nip it in the bud!
：つぼみのうちに摘み取れ

沢山の有用性 (mileage)[*1]が 1 つの単純な概念から搾り出される——言わば未探知確率を伴う零和ゲームまたは検証側への利得としての探知時間のような——が，これを遠いことのように読者は感じるかもしれない．このモデルは本当に正当化され得るのだろうか，またはこれまでの章で導出された多くの‘最適’査察戦略は，それらのあいまいさと複雑さを伴う関心事の現実世界の不一致 (real-world conflicts of interest) と関係無いものなのか?

不法行為の仮説下においてさえも，零和ゲームは疑わしく見える．例えば誤警報とは何ぞや? それらの回避 (avoidance) は明確に両プレイヤーの関心事である．さらに合法行為のオプションとは何ぞや? 実際，被査察者はケースの巨大な過半数の中から選択する．その事実が正に査察員の行動に影響する．いずれの査察戦略が違反を防ぐのか? 抑止は数量化が可能なものなのか?

第 6 章，計数抜取の文脈の中でこれら疑問に立ち向かった．ここでも我々はそれと面と向かおう．検証問題解析のもっと一般的な方法が存在している，その 1 つはそのような広範囲な疑問を考慮し，また幸運にも前述までの章で得られた結果を正当化するものでもある．それは非協力ゲーム (non-cooperative games) の定式化の深遠な応用と均衡戦略のそれに伴う解法概念を意味する．査察員が前もってかつ確実な方法

[*1] 訳註： mileage：(1) 総マイル数，(2) 一定の燃料量による自動車の走行距離，(3) マイル当たりの運賃，(4) 持ち具合，耐（有）用性，(5)（利用）価値，将来性，取得，重要性．

として検証戦略を通告するゲームのクラスを調査することにより新奇な方法 (a novel way) *2での抑止様相をそれは取り扱う．この**査察員リーダーシップ**原理が特別重要であることが判る，何故ならば被査察者が実際に抑止される解を導くからである，用語のセンスのみの中で抑止は，検証理論の文脈中の範囲内で重要なものである：**彼の均衡戦略は合法行為である**．

この一般理論の定式化は本書の最終章であるここでの主題である．このコースの中で，計数抜取と計量抜取と物質会計とを記述した前の主要 3 章に戻ることになろう，それらをさらに広い枠組みの中に置くことになるが．非協力ゲーム理論の当今の発展の熟知は，ここで与えられている議論について行くのに必要では無い，しかしその原理をさらに良く理解したいと興味を持つ読者は最近の教科書，例えば Thomas (1984)，Fudenberg and Tirole (1991)，Myerson (1991) または新刊の 3 巻，*Handbook of Game Theory*，Aumann and Hart (1992) のような本を見るべきだろう．

9.1　正直は最良の手段

所謂，'共通プール資源' (common-pool resources) の配分は（このことについては Ostrom *et al.* (1994) と Weissing and Ostrom (1991) を参照せよ)，暗黙の検証問題を伴う：一旦合意に達するなら，その関係するパーティは，その規則に従っていることの明確化を望むものだ．以下の理想化された共通プール資源問題は，一般的な非協力ゲームへの良好な導入と特定の査察員リーダーシップのアイデア導入を与えてくれる．

9.1.1　済んだぜ，農場主ハットフィールド

灌漑地の隣接区域に在るハットフィールド家 (Hatfields) とマッコイ家 (McCoys)（他は誰!）の農場は水への優先利用権 (first access) を有している．*3 彼らは公平な分

*2 訳註：　novel：adj. (1) 新しい，新奇な，(2) 普通で無い，新奇な；n. (1) 長編小説，(2) 情緒的歌曲，恋歌．

*3 訳註：　ハットフィールド家とマッコイ家の争い；おもに 1878 年から 1891 年まで，アメリカ合衆国ウエストバージニア州とケンタッキー州にそれぞれ川を隔てて住んでいた，ハットフィールド家とマッコイ家の間で起こった実際の抗争．転じて，一般に対峙する相手との激しい争いを表す，隠喩表現となった．タグ・フォーク川を隔てて，ハットフィールド家はウエストバージニア州側に，そしてマッコイ家はケンタッキー州側に住んでいた．どちらの一家もタグ渓谷に最初に定住した先駆者達の一部である．双方は製造業と密造酒の販売に携わっていた．またどちらも南北戦争時は，南部連邦支持者のゲリラ活動に従事していたことが明らかとなっている．ハットフィールド家はその性分から「悪魔」とも呼ばれたウイリアム・アンダーソン "デビル・アンス" ハットフィー

図 9.1　ゲームでの灌漑者のプレイ

かち合い手順 (a fair sharing procedure) に合意していた，しかし相互不信の念を確実に有していた．事実，2 つの家族 (clans) は約 40 年に亘り言葉を交わしたことが無かった．大雑把に言うと，農場主のハットフィールド (Hatfield) は 2 つの戦略を有している：さらに良好な収穫とマッコイ (McCoys) の‘だまし’(doing-in) の 2 つの部門の誘因にかられて彼の公平な分かち合い量よりも多くを取水すること，またはその合意に留まることの 2 つである．取水を待つ農場主のマッコイ (McCoy) *4は，ハットフィールド農場主をペナルティ（生命と手足への危険）でコントロールするのか，または単純に何もせずに彼が得られるものを取るという選択権を有している．この戦略的状況を図 9.1 にイラストとして示す．

ゲームとは規則，それはプレイヤーたちが利用出来る戦略，によるのみでは無く，全ての可能な結果に対するプレイヤーへの利得 (payoffs) でも記述される．零和の制約条件を緩和し，その灌漑ゲームの各々の可能な結果は，2 対の効用形体 (U_1, U_2)——プレイヤー 1（マッコイ，潜在的査察員）への利得とプレイヤー 2（ハットフィール

ルド (1839-1921) が率いており，マッコイ家はランドルフ“オル・ラヌル（ランドール）”マッコイ (1825-1914) によって率いられていた．

*4 訳註：　McCoy：（俗）確かな人，本物；逸品．

ド，潜在的違犯者）への利得を示す——で特徴付けられなければならないとする．

その効用は，コスト，プレイヤーの勝ち負けの意味深長な比較を通じたソートで賦与される共通の分母（要素）へと簡略化される．この灌漑ゲームの利得を言うなれば無違反，無監視のケースではプレイヤー両者とも何も得られない，と標準化することが出来る．ここでマッコイのハットフィールドの行為を監視するコストを e とし，彼の公平な配分を得られないことによる損失を a としよう，しかしハットフィールドが手にする満足度は $e > 0, a > 0$ である．もしもハットフィールドが違反し，マッコイがモニターしたとするなら，マッコイの利得は標準化に関連して $-a$ である，一方彼がモニターし，違反が無かったならば彼の利得は $-e$ である．しかしながらマッコイの最優先事項は**ハットフィールドを正直者として維持させる**ことである．その時，必要度は $a > e$ と成る．マッコイの最悪な結果は，彼の利得 $-c$ を伴う正しく違反の未探知である，それで $c > a$ と成る．ハットフィールドの利得は違反が未探知である時には $+d$ であり，違反が探知される場合には $-b$ である，ここで $d > 0, b > 0$ である．勿論，2 人の農場主はその効用の**量** (magnitudes) を他の 40 年間争うに違いない，しかしそれらの**順位付け** (ordering) が理にかなっているだけでなく，関心ある彼らの争い (conflict) の本質 (essence) を実際的に捕えていることに読者は同意出来るだろう．このゲームは図 9.2 に双行列 (bimatrix) の形で示されている．

技術的に，図 9.2 は**戦略的標準形体下の非協力零和 2 人ゲーム** (a non-cooperative non-zero-sum two-person game in strategic normal form) を表す．その解の概念，**ナッシュ均衡** (Nash equilibrium), Nash (1951), については第 6 章の定理 6.2 の証明で既に使われている．解は以下の性質を伴う一対の戦略を求める：**プレイヤー 1 人の一方だけの均衡からの逸脱は改善を導かない，本当に彼の利得を消し去るかもしれない．**

この定義は欺くがごとく単純である．その背後に在る数学は深遠であり，その主題の文献は厖大だ (vast)．極めて一般的な仮定下で，もしも非協力ゲームが適切に定義されるならば，ゲーム解はユニークであることを必要としないものの，その時に均衡の存在を示すことが出来る．それらの発見は他の事であり，その仕事（タスク）には，しばしば直観 (insight)，洞察力 (intuitition) および/または幸運 (good luck) が要求される．それにもかかわらず，均衡は闘争状況解決のための，合理的な競技者 (rational protagonists) [*5]によって了承出来る，唯一の解のコンセプトである．良き考察を行っている Myerson (1991), p. 105 を参照せよ．我々はそこに短時間戻ることにしよう．

図 9.2 にこの概念（コンセプト）を適用しよう．我々の最初の観察は，その標準

[*5] 訳註： protagonist：(1)（ギリシャ劇）主役，(2) 主唱者，リーダー，闘士，(3)（スポーツなどの）競技者，出場者．

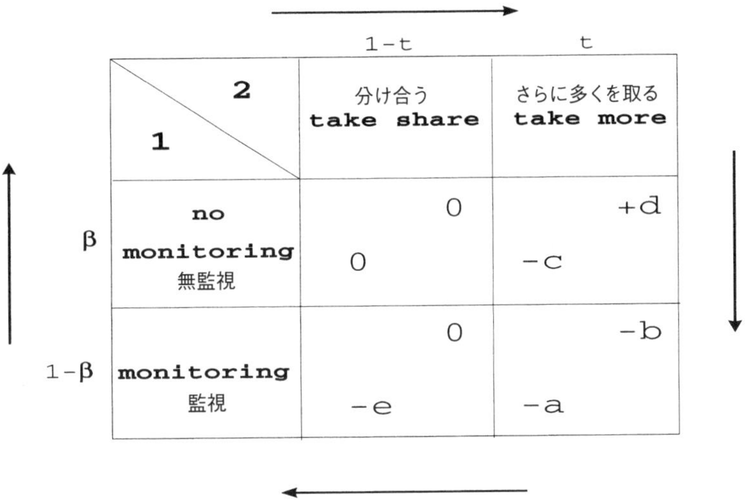

図 9.2　灌漑ゲームの正規または双行列形体．左下部の数字はプレイヤー 1（マッコイ）の利得，右上部の数字はプレイヤー 2（ハットフィールド）の利得，ここで $c > a > e$ と $(a, b, c, d, e) > (0, 0, 0, 0, 0)$ である．水平矢印はプレイヤー 2 に対する誘因であり，垂直矢印はプレイヤー 1 に対する誘因である．変数 t と β は混合戦略を定義する．

形体の中で**純粋戦略下で均衡は存在しない**ということである．例えば‘監視無し (no monitoring)’と‘分かち合う (take share)’のように，任意にいかなる戦略対を選択したとしても，2 人の競技者の矢印方向への 1 人の逸脱は，常に彼の利得を改善する．何を行うかを決めようと試みるハットフィールドは，‘彼が知ることを私が知ると彼が知るのでは …’と無限後退 (infinite regress) に至る，そしてマッコイも同様 (no better off) である．我々は第 5 章の単純行列ゲームの問題として出くわし，それを**混合戦略** (mixed strategies) の導入によって周りを固めた，その混合戦略を我々はゲームの純粋戦略へ亘る確率分布と定義した．願わくばハットフィールドとマッコイがこの全ての都会ばなし (city-talk) を聞くだろうとして，我々はここでも同じことをしよう．

図 9.2 に示すように，β をマッコイが監視しない確率とし，t はハットフィールドが彼の分け前に比べてより多く取水する確率としよう．この**拡張ゲーム** (extended game) に対する各々の期待利得は,

$$I_M(\beta, t) = -e(1-\beta)(1-t) - a(1-\beta)t - c\beta t$$
$$I_H(\beta, t) = d\beta t - b(1-\beta)t. \tag{9.1}$$

上述のナッシュ均衡の定義に従い,ゲームの解は下記の条件を完全に満足する戦略対 (β^*, t^*) である

$$I_M(\beta^*, t^*) \geq I_M(\beta, t^*) \quad \text{for all } \beta \in [0,1]$$
$$I_H(\beta^*, t^*) \geq I_H(\beta^*, t) \quad \text{for all } t \in [0,1]. \tag{9.2}$$

ここで,拡張ゲームが均衡を有するものとして与えられた,実際にそうであるが,どの様にしてそれを発見するのか? この単純なケースにおいて,1人のプレイヤーの均衡戦略は,彼自身の純粋戦略の選択がどうでもよいことにしてしまうことを生じさせる:ハットフィールドは,そこでマッコイは彼が監視しようが,監視しまいが同じ利得を得る t^* を選択する,マッコイは $1-\beta^*$ を選択してハットフィールドが分け合うのか,よけい取水しようとするのかを,同様に無関係にしてしまう.これが下記式を導く

$$0 \cdot (1-t^*) - ct^* = -e(1-t^*) - at^*$$
$$0 \cdot \beta^* + 0 \cdot (1-\beta^*) = d\beta^* - b(1-\beta^*).$$

これらの解を以下の通り表現することが出来る.

定理 9.1 図 9.2 の査察ゲームは,下式で与えられる混合戦略下でユニークな均衡解を持つ,

$$\beta^* = \frac{b}{b+d}, \quad t^* = \frac{e}{e+c-a}. \tag{9.3}$$

均衡点において,プレイヤーたちの利得は,

$$I_M(\beta^*, t^*) = -e\frac{c}{e+c-a}, \quad I_H(\beta^*, t^*) = 0 \tag{9.4}$$

である. □

均衡戦略が得られたなら,条件 (9.2) 式が満足されることを示すことは大変容易であり,その時に定理が証明される.(9.3) 式よりマッコイの均衡戦略はハットフィールドの利得パラメータにもっぱら依存している,逆も真なり.これが非協力2人ゲームの典型である.

9.1.2 抑止の数量化

(9.3) 式で，ハットフィールドの均衡戦略はある有限確率 t^* で彼の公平な分け前よりも多く取水することである．道徳家の観点から，このことはとりわけ満足され得る事では無いかもしれないが，道徳性は非協力ゲームの構成要素では無い．ハットフィールドの均衡行動は，与えられる状況のもとで，道理に適っている．しかしながらマッコイの最優先事項はハットフィールドを正直にさせて置くことを我々の前提とした，そして彼をそうさせる方法が実際に存在する．

抑止概念はここで以下の感覚で定式化されるであろう：非協力ゲームでは農場主ハットフィールドは均衡点で合法的に行動するだろうと特定される．さらに拡張して，マッコイは**効用比** d/b をハットフィールドに帰することが出来る，彼の思いとどませる戦略 (deterring strategy) として数量化出来る．

我々がここまで議論しているゲームは，両プレイヤーが彼らの戦略を独立に決定するとの観点から，同時進行 (simultaneous)[*6]である．マッコイがイニシアチブを取り，**ハットフィールドの行動を監視しようとする精確な確率を伴い信頼できるように通告すると**想定しよう．この副詞‘信頼できるように’(credibly) が本質的である．マッコイが言ったことは正しいとハットフィールドが頭の中で完全に疑いを持たなくすることである．（彼らは話し合う間柄ではないから，マッコイは書留郵便に頼らなければならないだろう.）

ここで，我々はリーダーシップ・ゲーム (leadership game) を取り扱う．図 9.2 と同じように双行列として表現されることはもはや無い，何故ならマッコイの純粋戦略の組（セット)，それは彼が前もって通告するだろう監視の確率 $1-\beta$ の選択であるが，それは無限に在る．一方ハットフィールドの戦略の組は‘より多く取る’または‘分け合う’の決定に各々あてがわれた $1-\beta$ 値の関数で構成される．その適切な表現は図 9.3 に示すいわゆる**展開形** (extensive form) である．

図 9.2 の同時進行ゲーム (simultaneous game) もまた展開形で表現出来る．図 9.4 にこれを行う 1 つの可能な方法をしめす．図 9.3 と図 9.4 の比較から，それらの間に横たわる差異は，ハットフィールドの情報セット（集合）の形体だけである．

それら特別な構造の理由故に，査察員リーダシップ・ゲームは常に**逆向き推論**

[*6] 訳註：　同時進行ゲーム (simultaneous game)：プレイヤーがお互いに相手の行動を知らない状態で意思決定を行うゲームのこと．各プレイヤーは相手の行動を予測しつつ，自分の行動を選択しなければならない．

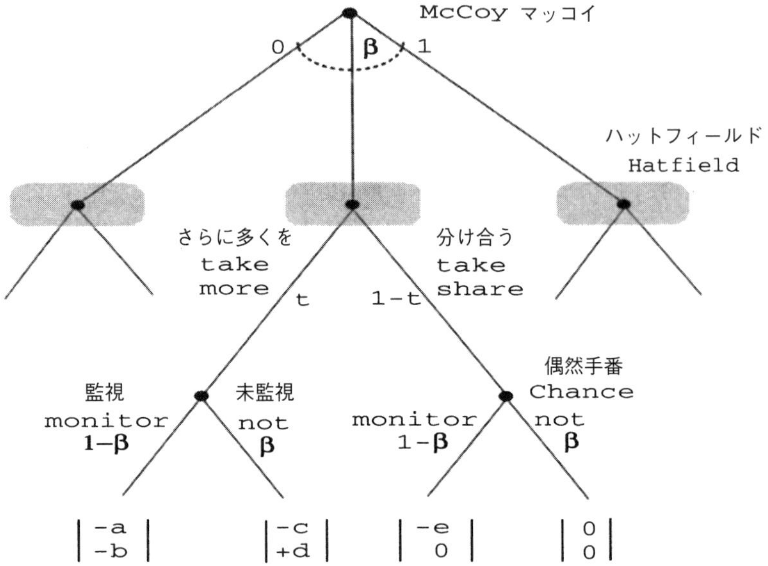

図 9.3 査察員リーダーシップ灌漑ゲームの展開形．マッコイは彼の監視確率 $1-\beta$ 選択より始める，そしてこのことをハットフィールドに通告する，後者のハットフィールドはさらに多く取水するか，分け合うかを決める．チャンス（偶然）がその時に監視を実際に行なうかを決める．各々の可能性のある結果の利得が底部に示されている．網掛けで囲んだ領域 (shaded circles) はハットフィールドの情報集合（セット）を示す．

(backward induction)[*7]によって解くことが出来る．基本的に，展開形ゲームは，各々の部分ゲームでプレイヤーの利得最大化によって底部から上部への‘ロール・バッ

[*7] 訳註： 逆向き推論/後退帰納法：展開形ゲームでは最適戦略が求めやすい．ただし，決定を時間順に考える普通の方法では将来にむかっておうぎ状に開いていくので，場合の数が爆発的に増大し——将棋で 2 手目までの場合を考えよ——効率的でない．展開形で‘こずえ’から最適に決め逆にもどれば簡単である．この方法を「ベルマンの最適性原理」あるいは「後退帰納法」「逆向き推論」という．

「最適性原理」：差異的政策は「最初の状態と最初の決定が何であっても，残りの政策は最初の決定の結果として生じた状態に関して最適政策となっていなければならない」という性質をもつ．

したがって，最終段階から推論——induction は「帰納」と訳すが内容としては「推論」と考えてよい——を行っていく手続きがとられるのである：松原望，意思決定の基礎，朝倉書店，東京，p. 150, 2001.

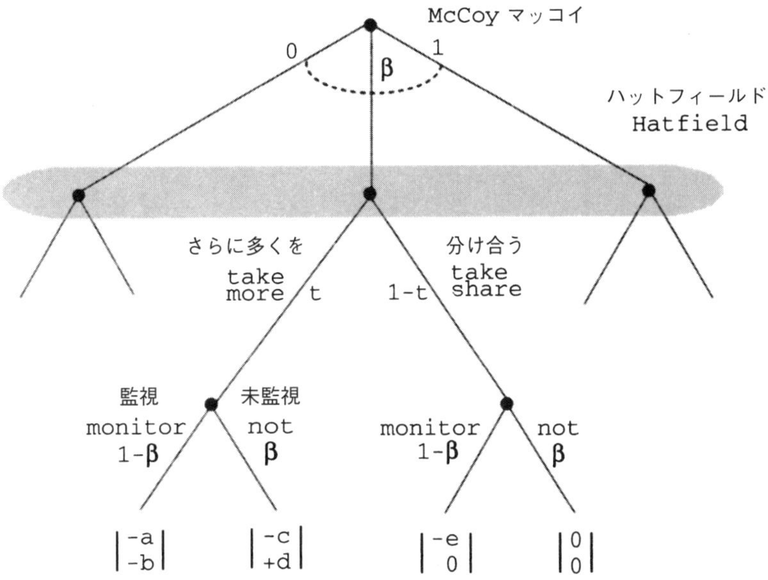

図 9.4　同時進行灌漑ゲームの展開形．その解釈は図 9.3 と同じである，唯一の違いはハットフィールドが彼の情報情報集合（セット）で示されているように監視の確率 $1-\beta$ を知らないということである．

ク（逆回転）’ (rolled back) である．もしこの過程が均衡を導くなら，その均衡は**部分ゲーム完全** (subgame perfect) であると言う，それはどの部分ゲームもまた，ナッシュ均衡であるゲームのナッシュ均衡 (Nash equilibrium) 解である．

逆向き推論の第 1 段階は，それら期待値によってその結果を置き換えることによる図 9.3 の展開形の単純化である．これを図 9.5 に示す．

その論議は以下のように進める：監視される確率 $1-\beta$ が既知のハットフィールドでは，下式を決める

$$
\begin{array}{rl}
\text{分け合うことにする} & \text{if } 0 > -b + (b+d)\beta \\
\text{どっちつかず} & \text{if } 0 = -b + (b+d)\beta \\
\text{さらに多くを取る} & \text{if } 0 < -b + (b+d)\beta
\end{array}
\tag{9.5}
$$

何故ならこの戦略が常に彼の期待利得を最大にするからである．マッコイの均衡戦略

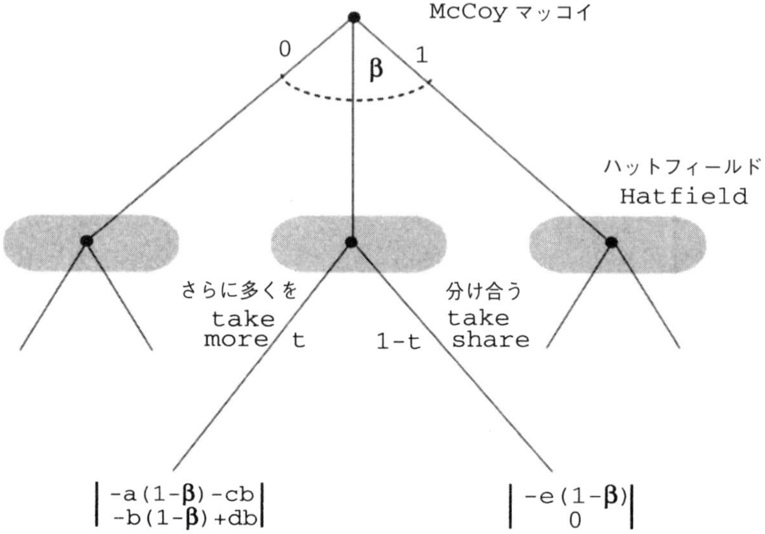

図 9.5 同時進行灌漑ゲームの展開形．その解釈は図の査察員リーダーシップ灌漑ゲームの縮約展開形

は下式で示される

$$\beta^* = \frac{b}{b+d} = \frac{1}{1+d/b}, \tag{9.6}$$

そこで (9.5) 式はハットフィールドの以下の意思決定と等価である：

$$\begin{array}{rl} \text{分け合うことにする} & \text{if } \beta < \beta^* \\ \text{どっちつかず} & \text{if } \beta = \beta^* \\ \text{さらに多くを取る} & \text{if } \beta > \beta^*. \end{array} \tag{9.7}$$

ハットフィールドの均衡戦略は何か? それを決めるため，我々は最初に彼の戦略の集合（セット）をチョットばかり注意して定義しなければならない．この集合の典型的要素は，マッコイによる非監視確率 β の値の想像し得る各々の通告に対し，彼の分け前よりも多く取るか否かのレシピ (recipe) になるだろう．それは $\beta = \beta^*$ に対してあいまいさが残るものの，レシピ (9.7) 式が正にそのものの 1 つである．そのケースで，ハットフィールドは彼の選択をランダムに決めるかもしれない，言い換えるならば混合戦略 (mixed strategy) を用いることである．一般に，そのような混合戦略は，全ての $\beta \in [0,1]$ に対し，‘さらに多くを取る’ に対する確率 $t(\beta)$ を，‘分け合うことにする’ に対するその補集合確率 $1 - t(\beta)$ によって与えられている．ハットフィールドの完全戦略集合は従って単位期間 (unit interval) を描く全ての関数の集合である, $t : [0,1] \to [0,1]$.

ハットフィールドの均衡戦略 t^* は実際に常に純粋戦略であると我々はここで主張する，言わば

$$t^*(\beta) = \begin{cases} 0 & = \text{分け合う for } \beta \le \beta^* \\ 1 & = \text{さらに多くを取る for } \beta > \beta^* \end{cases} \tag{9.8}$$

ここで β^* は (9.6) 式で与えられる．これは，後ろ向き帰納法によって $\beta = \beta^*$ のケースを除く (9.7) 式で達した結論そのものである，我々はさらに $t^*(\beta^*) = 0$ を示さねばならない，それは均衡でハットフィールドが正直を維持することである．これを行うため，我々はここでマッコイの利得を考慮しなければならない．

マッコイの期待利得は，β の関数として，(9.1) 式から

$$I_M(\beta, t^*) = \begin{cases} -e(1-\beta) & \text{if } \beta < \beta^* \\ -e(1-\beta^*)(1 - t^*(\beta^*)) + (-c\beta^* - a(1-\beta^*))\, t^*(\beta^*) & \text{if } \beta = \beta^* \\ -c\beta - a(1-\beta) & \text{if } \beta > \beta^*. \end{cases} \tag{9.9}$$

それは図 9.6 にプロットされている．マッコイもまた彼の期待利得の最大化を望む．$\beta < \beta^*$ に対し，ハットフィールドが正直に留まる時，それは少なくとも $-e$ であり，β の増加に伴い利得が増す．$\beta > \beta^*$ に対し，ハットフィールドが彼の分担分よりも多く取る時，それは $-c$ と $-a$ との間に在り，マッコイにとって本当に一層悪いものである．$\beta = \beta^*$ に対し，マッコイの利得は正に中間であり，ハットフィールドの行為に依存している．この争い (argument) は循環論法のようであるが，ちょっとの間の我慢である．

マッコイの均衡戦略，ともかく 1 つ持つならば，(9.6) 式で与えられているように：$\beta > \beta^*$ では，ハットフィールドに正直な行動を起こさせるため，マッコイがより小さな β を選択することでより改善される，さらに $\beta < \beta^*$ ではマッコイは β^* に近かづく，より近づく大きな β を選択することによってより良くなる．それで図 9.6 で観察されるように，マッコイの利得曲線の唯一の極大は $\beta = \beta^*$ の場所に在る．しかしながら (9.9) 式が示すように，その極大は**ハットフィールドの均衡戦略が** $t^*(\beta^*) = 0$ で**あるときのみに**存在する．そのユニークな部分ゲーム完全均衡は，従って (9.6) 式と (9.8) 式によって与えられる (β^*, t^*) となる．

チョット待て，と読者が叫ぶ．均衡戦略において，マッコイに提供するために，一体全体 (on earth)，何故にハットフィールドが行動しなければならないのか? ハット

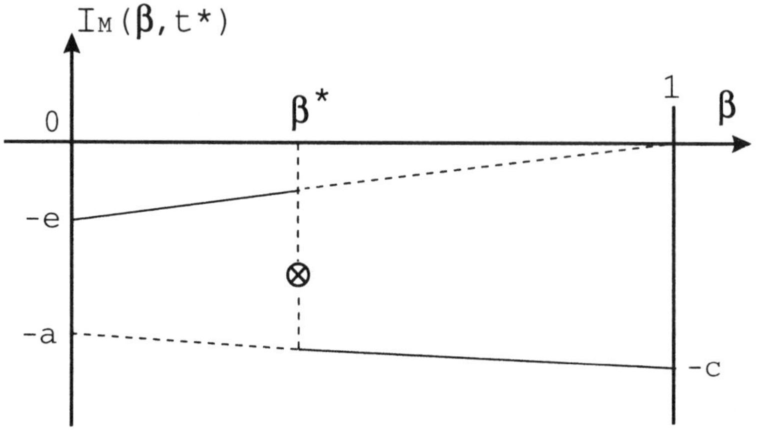

図 9.6　(9.9) 式に従う β の関数としてのマッコイの利得. ⊗ は，(9.4) 式によって与えられるものとして同時進行ゲームの均衡利得を示す.

フィールドはマッコイを本当に嫌っているではないか! このことが我々にナッシュ均衡と非協力ゲームそれ自身のエッセンスを与えてくれているのだ. その答えは，そうすることで，ハットフィールドは彼の均衡戦略をプレイしているということである. もしハットフィールドがマッコイに β^* を通告すると同時期に彼自身が合法的に行動するとの計画を通告するという理性的な行動を取るなら，すぐさまマッコイもそうするであろう，それでマッコイがこのことを予測出来て合法行動を導くためにさらに小さい β を通告するに違いないとハットフィールドは信じなければならない. ハットフィールドが均衡点にいない時にハットフィールドは何を信じているのか? Myerson (1991) がそれを与えた.

> 知性的で合理的な両プレイヤーはそのゲームの均衡戦略を使うに違いないと直接主張してはいない. あるナッシュ均衡のもとで，ゲーム中のプレイヤーがどの様な行動をとるのかとの問いが発せられた時，私の最も気に入った対応は ‘どうしていけないの?’ (Why not?) でありプレイヤーたちがすべきと考えていることを挑戦者に述べさせることだ. もしもこの特定化が均衡で無かったなら，その時それが自身の持つ，プレイヤーたちはお互いに相手の行動の精確な叙述的描写 (accurate description) によって両プレイヤーは行動するとの有効性が破壊することを我々は示すことが出来る.

この精神の下で，ハットフィールドが (9.8) 式に従った行為を行わないと，もしも読者が考えているなら，読者は今や親切にも詳しく敷衍しようと…… (she will now be kind enough to elaborate . . .).

我々が決めた均衡の証明は，(9.6) 式と (9.8) 式が均衡条件を満足するとの容易な立証である，その条件は

$$\begin{aligned} I_M(\beta^*, t^*) &\geq I_M(\beta, t^*) \quad \text{for all } \beta \in [0,1] \\ I_H(\beta^*, t^*) &\geq I_H(\beta^*, t) \quad \text{for all } t \in [0,1] \end{aligned} \tag{9.10}$$

である．図 9.6 から明らかなように下式を得る

$$I_M(\beta^*, t^*) = -e(1-\beta^*) \geq I_M(\beta, t^*) \quad \text{for all } \beta \in [0,1], \tag{9.11}$$

さらに

$$I_H(\beta^*, t^*) = 0 = I_H(\beta^*, t) \quad \text{for all } t \in [0,1], \tag{9.12}$$

それらは (9.10) 式をも満足している．これら全てを下記の通りの公式に要約出来る

定理 9.2　図 9.3 の査察員リーダーシップ・ゲームのユニークな部分ゲーム完全均衡は，均衡戦略 (9.6) 式と (9.8) 式によって与えられてる，それは均衡利得 (9.11) 式と (9.12) 式を導くものである．　□

マッコイが彼の均衡戦略でプレイする時，ハットフィールドの均衡戦略側は，その時かれの分け合う分を取るのみである，もしもハットフィールドの公平な捕獲 d/b に関してハットフィールドの不品行への誘因の良いアイデアをマッコイが持っているなら，その時マッコイは確率 β^* で監視するであろうとの確かな方法で通告することにより彼は簡単に合法行為を導くことが出来る．

合法行動はハットフィールドの均衡戦略である，ということを明記しておこう，もし彼が不法行為をしたとしても彼の利得は同じである，いわゆるゼロである．ハットフィールドの正直を維持させるというマッコイの前提とする望みと合致するように，図 9.6 から，均衡点でのマッコイの利得は，同時進行ゲーム（$\otimes$ によって示されている）に比べてリーダーシップ・ゲームのほうがさらに多い．

9.2　物質会計

7.2.1 節で取り扱ったように，最も単純な形での物質会計 (material accountancy) の様相を思い出そう．査察員の検定手順は，誤警報確率 α のある特定の値を選択することおよびこれと一緒に目標量 μ と閉じられた物質収支の標準偏差 σ_Z，決定された査察員の探知確率 $1-\beta$ によって決められていた．より大きな誤警報確率を査察員が選

べば，より大きな探知確率が得られる．しかし大きな α は査察員にとって関心が無い，何故なら彼の査察手順が低い信頼度を有することになるばかりでなく，オペレータにとっても，説明を要求される頻繁に間違った言いがかりに直面するからである．誤警報確率値の最良選択は何であるのかと質問することは合理的である．

またもや，この質問への回答は適切な非協力ゲームの解に在る，また我々は今，そのような2つについて調査しよう．

9.2.1 同時進行ゲーム……

査察員，プレイヤー1，は物質収支期間の末期で適用する検定手順で誤警報確率 $\alpha \in [0,1]$ の値を選択しなければならない．確率 t での不法行為 H_1 と確率 $1-t$ での合法行為 H_0 の間で被査察者，プレイヤー2，は決める．不法行為はその収支期間の間で目標量 μ を被査察者が転用することを意味する．これは2人プレイヤーの戦略組 $\{\alpha | \alpha \in [0,1]\}$ と $\{t | t \in [0,1]\}$ を決定する．

彼らの利得を表現するため，9.1節のように，無転用と無誤警報に対する $(0,0)$ のベンチマーク利得二重項 (benchmark payoff doublet) を我々は標準（正規）化する．もし物質が転用され，しかしその転用が探知されないなら，その利得は $(-c, d)$ であり，もし探知されるなら $(-a, -b)$ である．最後に，もし誤警報が起こるならプレイヤーたちは $(-e, -f)$ を得る．

我々は査察員の先取権 (preferences) を以下のように規定する：彼は合法行為と誤警報を伴う合法行為への誤警報が皆無であることに優先権を与える；彼は後者が不法行為の探知であることを選び，未探知不法行為を伴うのは最も不幸と思う．被査察者にとって，不法行為を行うとの有限的な誘因と，さらに捕まるというペナルティが存在する．誤警報警報に伴うペナルティも存在している，しかしこれは過酷な物では無い．そこで，

$$0 < e < a < c, \quad 0 < f < b, \quad 0 < d. \tag{9.13}$$

競技者達は彼らの戦略をお互いに独立に決定する．査察員は無限的な多くの戦略を有しているので，図9.7に示すような展開形が適切である．図9.7には，実際，前節で考察し図9.4で示された灌漑ゲームの同時進行形に非常に似ている．もしも誤警報確率よりもむしろ，探知確率の値を選択することから成る査察員の戦略ではさらに似ることになる．これは同じ可能性を有するだろうが，標準統計学の実践とは一致しない．

誤警報確率 α の関数としての未探知確率 β が以下の（全く保持力の無い）条件満足

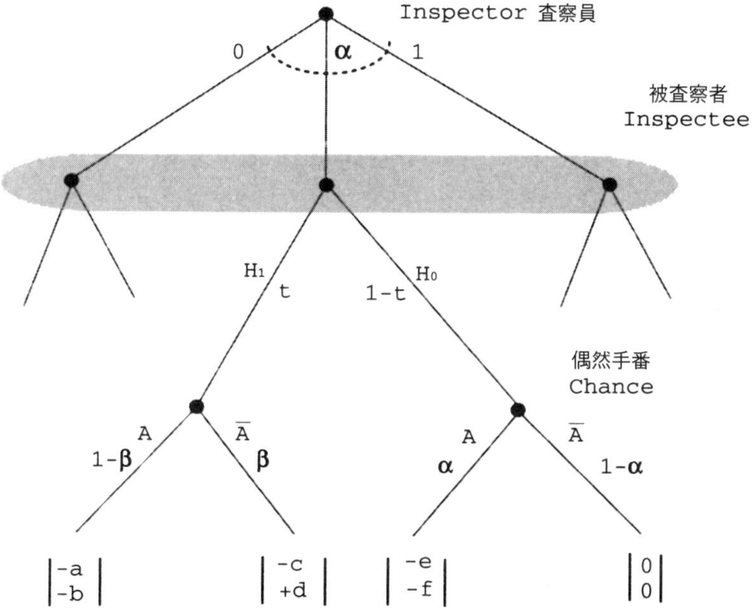

図 9.7　同時進行査察ゲームの展開形．査察員は被査察者へ告知せずに誤警報確率の値 α を選ぶ．被査察者は確率 t で H_1（不法行為）を選ぶか，確率 $1-t$ で H_0（合法行為）を選ぶ．チャンスが警報 (A) を起こすか，または起こさない $(\bar{A})$ を決める．

すると想定しよう，

$$\begin{aligned}&\beta(\alpha)\text{ は凸で微分可能である，}\\&\beta(0)=1,\quad \beta(1)=0.\end{aligned}\tag{9.14}$$

その時，ゲームの解，ナッシュ均衡，は下記の定理によって与えられる．

定理 9.3　図 9.7 および条件 (9.14) 式で与えられるゲームのユニーク均衡戦略 (α^*, t^*) は以下の方程式の解により決定される

$$f\alpha^* - b + (b+d)\beta(\alpha^*) = 0 \tag{9.15}$$

および下式によって

$$\frac{1}{t^*} = 1 - \frac{c-a}{e}\left[\frac{d}{d\alpha}\beta(\alpha)\right]_{\alpha=\alpha^*}. \tag{9.16}$$

査察員の均衡利得は

$$I_1(\alpha^*, t^*) = (-a-(c-a)\beta(\alpha^*)+e\alpha^*)\,t^* - e\alpha^* \tag{9.17}$$

であり，被査察者の利得は

$$I_2(\alpha^*, t^*) = -f\alpha^* \tag{9.18}$$

である．

証明：　証明は再びナッシュ均衡条件の実証を意味するする

$$\begin{aligned} I_1(\alpha^*, t^*) &\geq I_1(\alpha, t^*) \\ I_2(\alpha^*, t^*) &\geq I_2(\alpha^*, t) \end{aligned} \tag{9.19}$$

これらナッシュ均衡条件は全ての $\alpha \in [0,1]$ と $t \in [0,1]$ に対して満足している．実際，両プレイヤーへの利得は一般的に下式によって与えられている

$$\begin{aligned} I_1(\alpha, t) &= (-a-(c-a)\beta(\alpha)+e\alpha)\,t - e\alpha \\ I_2(\alpha, t) &= (-b+(b+d)\beta(\alpha)+f\alpha)\,t - f\alpha, \end{aligned} \tag{9.20}$$

我々は (9.17) 式と (9.18) 式によって，

$$I_2(\alpha^*, t) = -f\alpha^* = I_2(\alpha^*, t^*) \quad \text{for all } t \in [0,1]$$

を有する．さらに，与えられた t^* に対して，査察員は彼の利得を最大化する α 値を選択する．(9.15) 式で，しかしながら (9.18) 式は所謂 $\alpha^* = \arg\max_\alpha I_1(\alpha, t^*)$ の値となる α^* に対する必要十分条件である．　□

再び，査察員の均衡戦略は被査察者の利得パラメータによって決定されるように見える，逆も真なり．α^* に対する (9.15) 式は図 9.8 に示すように図式的に解くことが出来る．

このようにして α^* を決めてしまったなら，被査察者の均衡戦略 t^* は (9.16) 式によって決定される．(9.16) 式から誤警報確率 α^* の小さな均衡値と従って大きな $\beta(\alpha^*)$，それは不法行為 t^* の小さな均衡確率を意味する，を示すことが出来る．直観的に，もし利得パラメータは不法行為がありそうもないようなものであるならば，査察員は小さな探知確率を必要とするだけである．実際 $1-\beta(\alpha)$ は t^* の増加に伴い単調に増加する関数である．それでも均衡点で査察員は被査察者の行動によって影響を受けない，しかし被査察者の利得パラメータによってただ単に影響を受ける．

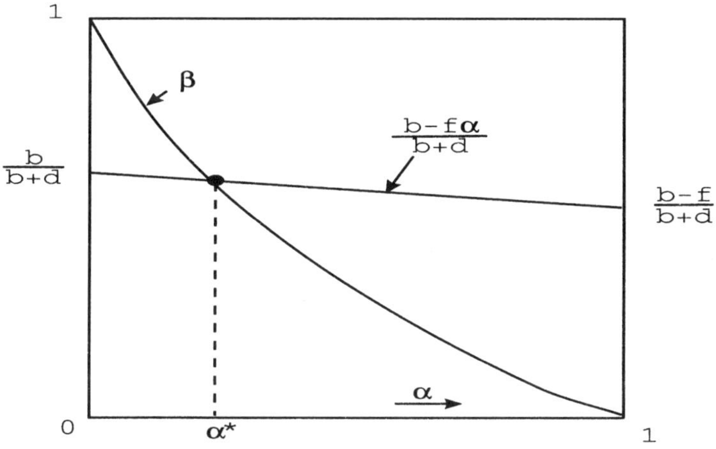

図 9.8 (9.15) 式の図式的解

9.2.2 ……そしてそのリーダーシップの相手役

9.1 節のように，我々の徹頭徹尾道徳範囲外のモデル (thoroughly amoral model) へのモラル反対理由 (moral objection) を挙げよう：(9.16) 式に従い，その理論は被査察者が正の確率 t^* で不法行為を行うことを知らせる．

これを得るために，査察員が定めようとしている誤警報確率の信用出来る値を通告するリーダシップ原理を行使する．これは図 9.9 のゲームを導く，それが図 9.3 のものと詳細に同じ構造を有することが判る．それは以前のように後ろ向き帰納によって解かれる．再び，彼らの期待値によってその利得を置換えて，図 9.10 に示されるように縮約ゲームが得られる．

α 既知の被査察者は，下記のことを決める

$$
\begin{aligned}
H_1 \text{ for} &\quad -b\cdot(1-\beta)+d\cdot\beta > -f\cdot\alpha \\
\text{どっちつかず for} &\quad -b\cdot(1-\beta)+d\cdot\beta = -f\cdot\alpha \\
H_0 \text{ for} &\quad -b\cdot(1-\beta)+d\cdot\beta < -f\cdot\alpha,
\end{aligned}
$$

または，α^* 選択は再び，等価なものとして，(9.15) 式の解になる，その被査察者は下

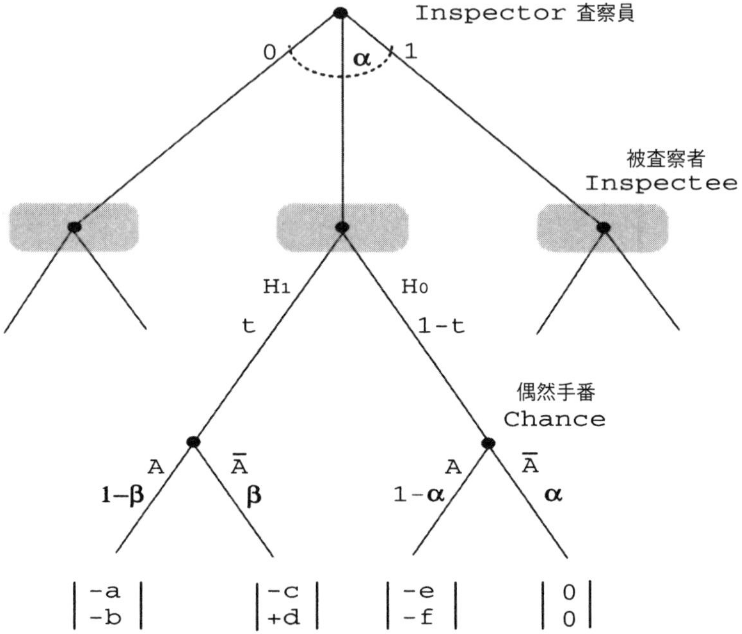

図 9.9　査察員リーダーシップ・ゲームの展開形．査察員は誤警報確率の値 α を選び，かつ被査察者に通告する．被査察者は α に依存して確率 t で H_1（不法行為）を選ぶか，確率 $1-t$ で H_0（合法行為）を選ぶ．チャンスが警報 (A) を起こすか，または起こさない $(\bar{A})$ を決める．

式を決める

$$\begin{aligned} H_1 \text{ for} \quad & \alpha < \alpha^* \\ \text{どっちつかず for} \quad & \alpha = \alpha^* \\ H_0 \text{ for} \quad & \alpha > \alpha^*. \end{aligned} \tag{9.21}$$

α の関数と被査察者の戦略 (9.21) 式に対するものとしての，査察員の期待利得は，

$$I_1(\alpha, t^*) = \begin{cases} -a(1-\beta) - c\beta & \text{for } \alpha < \alpha^* \\ -e\alpha & \text{for } \alpha > \alpha^* \end{cases} \tag{9.22}$$

である．この関数は，(9.14) 式の助けを借りて図 9.11 にプロットされている．

査察員の利得は，その時 (9.15) 式によって与えられる $\alpha = \alpha^*$ で最大化される．9.1 節のように同様の論拠を用いて，査察員の均衡戦略は正しく α^* であり，被査察者の

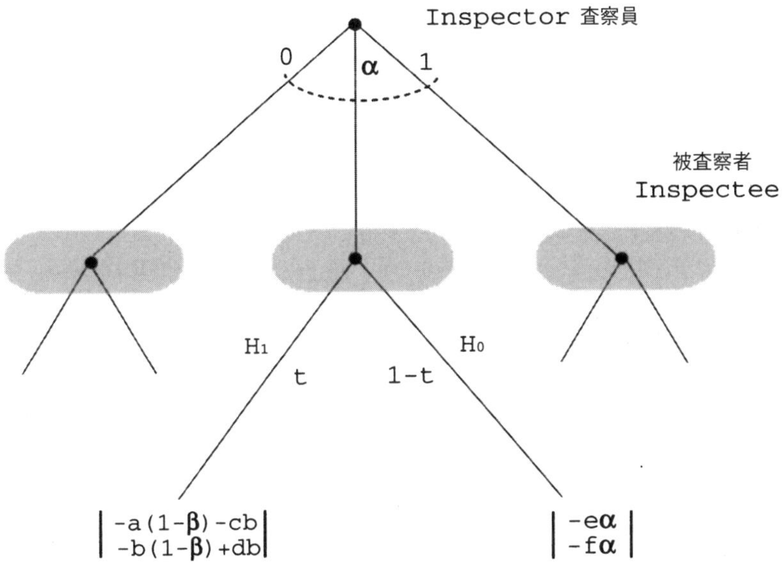

図 9.10　図 9.9 のリーダーシップ・ゲームの縮約展開形

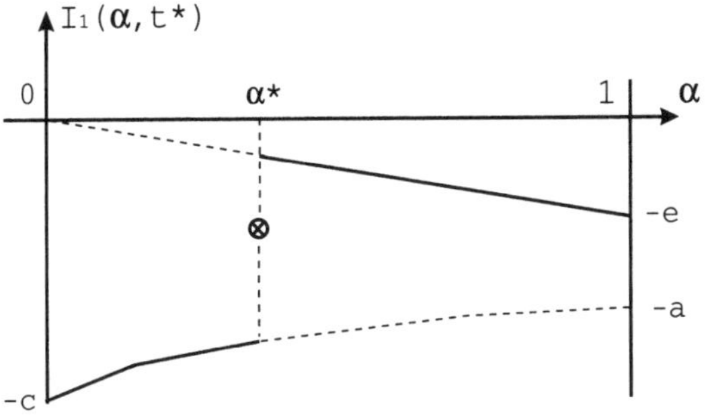

図 9.11　(9.22) 式に従う査察員の期待利得．⊗ は同時進行ゲームに対する均衡利得を示す．

均衡戦略は下式に記すことが容易に示される

$$t^*(\alpha) = \begin{cases} H_1 & \text{for } \alpha \le \alpha^* \\ H_0 & \text{for } \alpha > \alpha^*. \end{cases} \tag{9.23}$$

もう一度，要約しよう：

定理 9.4　図 9.9 の査察員リーダーシップ・ゲームのユニークな部分ゲーム完全均衡は，(9.15) 式と (9.23) 式によって決まる均衡戦略によって与えられてる．その均衡利得は

$$I_1(\alpha^*, t^*) = -e\,\alpha^*, \quad I_2(\alpha^*, t^*) = -f\,\alpha^* \tag{9.24}$$

である．□

彼が合法行為または不法行為を選ぼうが被査察者の利得がたとえ同じであろうとも，被査察者は再び均衡で合法的に行動する．物質転用から被査察者を抑止する査察者の優先権を反映させて，査察員の均衡利得は，同時進行ゲームのに比べてさらに高い．

実際上，被査察者の利得パラメータは査察員団によって推定出来ない，またはすべきでは無い，としばしば論議される．これは，例えば，その国際保障措置活動 (international safeguards activities) 内の厳格な公明正大の維持を追求するために IAEA によって採用された立脚点 (standpoint) である．(7.12) 式の目標量値 μ が与えられた場合，分離されたプルトニウムのような機微物質 (sensitive material) に対して $\alpha = 0.05$ にて $1 - \beta = 0.90$ の達成を IAEA は試みる．もしこの選択が正に検証理論の最適条件であったなら，(9.15) 式より，下式を意味する

$$d/b = 9 - 0.5f/b.$$

仮定 (9.13) 式により，$f < b$，であるから，下式を意味する

$$d/b > 8.5.$$

未探知不法活動での被査察者の利益 d は，もしも捕まった時の彼の損失 b に比べて大きな桁を有する．同一の例で，IAEA の方針 (policy) は明らかに過剰な措置 (overkill) のケースである．我々は，第 6 章の同様な結論へと達した．

9.3　計数抜取

次に，第 2 章で検討した問題のクラスへ戻ることにしよう．公式合意の枠組みの範囲の中で，参加するパーティ（被査察者）はなんらかの義務 (obligations) を負う．不法行為を妨げることは出来ないものとして，取締り当局 (controlling authority)（査察員）は被査察者が合意に違反したか否かを決定するための活動を実施する．その査察活動には，探知は不確定ではあるものの，誤警報は不可能であるとの，ランダム計数抜取 (attributes sampling) が含まれる．

共通プール資源 (common pool resources) の例と異なり，査察員は常に査察労力の有限な量を用いる．この問題のパラメータとして我々は労力 (effort) を取り扱う，それにより査察員の利得の中にそれを含ませる必要性を避けている．我々の知る限り，このアプローチの最初の提案は Bierlein (1968), (1969) によって為された．

計数抜取査察員問題をモデルにした，プレイヤー 1 としての査察員とプレイヤー 2 としての被査察者の非協力非零和ゲームは，図 9.12 に展開形で示されている．査察員が被査察者の戦略を前もって知ることが出来ないことは明白であるものの，もしもその逆が真では無いならばある種の利点が存在するかもしれないと我々は見る．しかしながら，現在，被査察者もまた査察員の戦略に気付いていないものと仮定し，そしてリーダーシップ・ゲームの取扱いをその後にしよう．被査察者戦略が未知である査察員は，選択出来る集合（セット）Φ からある戦略 φ を選ぶ．同様に査察員の選択に無知な被査察者はまず初めに違反するか違反しないかを決める．この選択を合法行為に対する確率 t, $0 \leq t \leq 1$ によって特定化することをもう一度行う．彼が違反することを決めたなら，可能な不法戦略組 Ψ の中からある不法戦略 ψ を選ぶ．その戦略対 (φ, ψ) が確率 $1 - \beta(\varphi, \psi)$ を伴う‘警報’を導く，これは違反探知の警報を意味する．

プレイヤーたちへの利得は，不法探知と不法未探知に対して $(-a, -b)$ と $(-c, d)$ でもって，合法行為に対して $(0, 0)$ でもって与えられる，ここで $0 < a < c$ と $0 < b$, $0 < d$ が彼らの優先度を反映させている．仮定 $a > 0$ は査察員の最高優先度が合法行為を導く事を意味するモデルに再びする．既に示しているように，査察労力は利得に含まれていない，しかしパラメータとしては取り扱われている．その値については後で決めることにしよう．

9.3.1 その同時進行ゲーム……

図 9.12 で与えられた同時進行ゲームの解は，下記の通り

定理 9.5 図 9.12 で示された査察ゲームは 1 つの均衡 $(\varphi^*; t^*, \phi^*)$ を持つ，それは未探知確率 $\beta(\varphi, \psi)$ に対する下記の鞍点基準を完全に満足する

$$\beta(\varphi^*, \psi) \leq \beta^* \leq \beta(\varphi, \psi^*) \quad \text{for all } \varphi \in \Phi,\ \psi \in \Psi, \tag{9.25}$$

ここで $\beta^* := \beta(\varphi^*, \psi^*)$ である，さらに，

$$t^* = \begin{cases} 0 & \text{for } \beta^* < b/(b+d) \\ \text{任意} & \text{for } \beta^* = b/(b+d) \\ 1 & \text{for } \beta^* > b/(b+d) \end{cases} \tag{9.26}$$

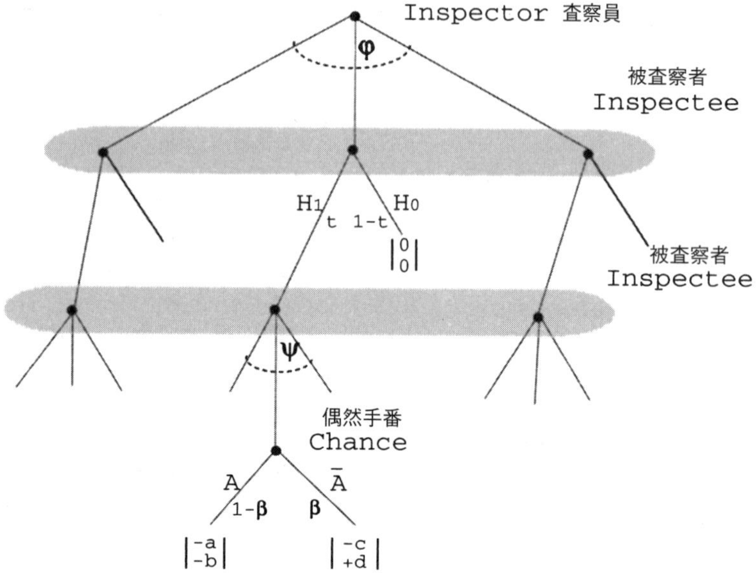

図 9.12　査察員，被査察者とチャンスを含む同時進行計数抜取査察ゲームの展開形．H_1 と H_0 は被査察者による不法行為と合法行為を表し，A と $\bar{A}$ は警報と無警報を示す．二重項 $(-a, -b)$, $(-c, d)$, $(0, 0)$ はゲームの 3 つの可能な結果に対する両プレイヤーの利得である：それぞれが違反探知，違反無探知および合法行為である．$\varphi \in \Phi$ は査察員の戦略である．被査察者は確率 t で不法活動を行うことを決める，その時，不法戦略 ψ を選ぶ．違反に対する探知確率は $1 - \beta(\varphi, \psi) = \Pr(A \mid H_1) = 1 - \Pr(\bar{A} \mid H_1)$ である．網掛けで囲んだ領域は被査察者の情報集合を示す．

も満足している．

証明：　$I_1(\varphi; t, \psi)$ と $I_2(\varphi; t, \psi)$ を与えられた戦略 φ と (t, ψ) に対する両プレイヤーの利得であるとしよう．明らかに，

$$
\begin{aligned}
I_1(\varphi; t, \psi) &= [\,(a - c)\beta(\varphi, \psi) - a]\, t \\
I_2(\varphi; t, \psi) &= [\,(b + d)\beta(\varphi, \psi) - b]\, t.
\end{aligned}
\tag{9.27}
$$

これらのナッシュ均衡条件は

$$
\begin{aligned}
I_1(\varphi^*\ t^*, \psi^*) &\le I_1(\varphi; t^*, \psi^*) \quad \text{for all } \varphi \in \Phi \\
I_2(\varphi^*\ t^*, \psi^*) &\le I_2(\varphi^*; t, \psi) \quad \text{for all } \psi \in \Psi,\ t \in [0, 1]
\end{aligned}
\tag{9.28}
$$

である．(9.27) 式によって，それらは下式と等しい，

$$[(a-c)\beta^* - a]\,t^* \geq [(a-c)\beta(\varphi, \psi^*) - a]\,t^* \tag{9.29}$$

および

$$[(b+d)\beta^* - b]\,t^* \geq [(b+d)\beta(\varphi^*, \psi) - b]\,t \tag{9.30}$$

でこれは全ての φ, ψ, t に対してである．(9.25) 式の第 2 項，$\beta^* \leq \beta(\varphi, \psi^*)$ から，(9.29) 式が維持される，何故なら $a - c < 0$ および $t^* \geq 0$ であるからだ．

第 2 番目の不等式 (9.30) 式は (9.26) 式のケース区分を使用して検証される．$\beta^* < b/(b+d)$ に対し，$t^* = 0$ を有し，(9.30) 式と等価な，

$$0 \geq [(b+d)\beta(\varphi^*, \psi) - b]\,t \quad \text{for all } t, \psi \tag{9.31}$$

となる．しかし (9.25) 式の最初の部分，$\beta(\varphi^*, \psi) \leq \beta^*$ および (9.31) 式の左辺から，正しく負である．$\beta^* = b/(b+d)$ に対して，(9.30) 式は，任意の t^* に対する (9.31) 式と等価となり，同一の推論が適用される．$\beta^* > b/(b+d)$ に対して，我々は $t^* = 1$ を有し，(9.30) 式の左辺側は正となる．右辺側では同じでは無い，何故なら $\beta^* \geq \beta(\varphi^*, \psi)$ および $1 \geq t$ であるからだ．戦略対 $(\varphi^*; t^*, \psi^*)$ がナッシュ均衡であることをこれが示している． □

定理 9.5 は，第 2 章で検討した計数抜取問題と二重の関連を有している，ここで正しく効用方面について触れよう．

まず最初に，(9.26) 式に従って，査察員の均衡利得は少なくとも下式になる

$$\begin{array}{rl} 0 & \text{for } \beta^* < b/(b+d) \\ -a(1-\beta^*) - c\beta^* & \text{for } \beta^* \geq b/(b+d). \end{array}$$

下式を保証するに充分な労力を投下することによって，彼はその最大利得，すなわちゼロ (nil)，を達成することが出来る，

$$\beta < \frac{b}{b+d} = \frac{1}{1 + d/b}, \tag{9.32}$$

それがまた被査察者を合法的にふるまうようにさせる．再び，被査察者の効用比 d/b は査察当局の知力 (ken)[*8]の及ばない所または権限委任 (mandate)[*9]を超えているかもしれない．その投下される労力は予算の制約によって単純に固定されてしまうに違いない，または他の**その場限りの** β^* が外部から約定されるかもしれない，そして労力がそれに応じて計算される．

[*8] 訳註：　ken：1. 限界，視界，2. 知力 [理解] の範囲，3.（俗）（盗賊などの）巣，隠れ家．

[*9] 訳註：　mandate：1. 選挙民から議会に発する要求，2.（統治者からの）命令，指令，3. 委任統治，4. 勅令，5. 委任契約．

第2番目に，もっと意味深長な，査察員の均衡戦略 φ^* は，**利得パラメータとは独立に**鞍点基準 (9.25) 式によって決まる．不法ゲームの検討のみを行い，かつ査察員の利得としての探知確率を伴う零和であると仮定した第2章で採ったアプローチをそれは正当化する．ある意味では，定理 9.5 により与えられた均衡と一緒に，図 9.12 のゲームが不法行為の被査察者の‘作業仮説’ (working hypothesis) を表している．第1章で述べた協力/対決二分法 (cooperation/confrontation dichotomy) の本質をそれは捕まえている：被査察者の効用は，彼が違反やリスク探知の意図が全然無いようなものであろう，さらに査察員はこのように行われることを正しく確信しているだろう．査察員の正しい（これは均衡である）行為は悩むこと無しに鞍点査察戦略 φ^* を選ぶことである．

定理 9.5 の証明で，鞍点条件 (9.25) 式の右側不等式は (9.29) 式の証明に対して使用された，ここで $t^* > 0$ もまた必要である．もしも被査察者にとり不法行動が有益である，それは $\beta^* \geq b/(b+d)$ である，ならばこれが適用される．そうでなければ被査察者は合法的に行動する，それで $t^* = 0$ および (9.29) 式がトリビアルに維持される．事実，そのケースにおいて，(9.25) 式右側不等式を満足させる必要が無い均衡戦略 φ^* が存在している．(9.31) 式に従い，我々は下式のみを要求するだけである

$$\beta(\varphi^*, \psi) < b/(b+d) \quad \text{for all } \psi,$$

または

$$\max_{\psi} \beta(\varphi^*, \psi) < b/(b+d). \tag{9.33}$$

これは査察員が任意の φ^* を選択することが出来ることを意味する，決定すると

$$\psi^*(\varphi^*) := \arg \max_{\psi}(\varphi^*, \psi)$$

であり，(9.33) 式が満足しているかを確認する．もしそうであるならば，φ^* は均衡戦略であり，被査察者は合法行為へ誘導される．しかしながら，この均衡は鞍点戦略としてより望ましいものでは無い．被査察者が不法行動するかもしれない可能性は小さい‘誤解確率’ (mistake probability) $t^* > 0$ と (9.29) 式によってモデル化することが出来る，その時鞍点では無い査察戦略に対して失敗する．*10 さらに，(9.33) 式を参照しての φ^* の選択は，明らかに定量的に特定化した利得パラメータに対する唯一最適で

*10 小さい確率で起きるだろうプレイヤーの‘誤解’の確率は定式化出来る，さらに定理 9.5 で述べられた均衡はそのような間違いに対して‘頑健’である唯一のものであると示すことが出来る．この公式主義はここで説明するには少々複雑過ぎる；van Damme (1987) を参照せよ．

ある．査察員は従って (9.25) 式の鞍点戦略 φ^* を用いるべきである．それは全ての考えられる環境に対する均衡戦略である．

今や定理 9.5 によって与えられる一般解を，第 2 章の計数抜取に関連させることが出来る．労力制限，(2.12) 式を条件としてのクラス抜取数の全ての可能な分布の (2.15) 式で与えられる査察戦略の集合 X_ϵ を思い出そう．同様に被査察者の戦略組 Y_μ，(2.16) 式は (2.14) 式を条件としてのデータ偽造の全ての可能な分布の組（集合）であった．定理 2.1 において (X_ϵ, Y_μ)– 空間での探知確率 (2.21-23) 式の鞍点を得た．X_ϵ を Φ と同じ，Y_μ を Ψ と同じとし，定理 9.5 は，そのように行うことの正当性を我々に与える：鞍点戦略はその問題を完璧にモデルとする同時進行非協力ゲームのナッシュ均衡の一部である．(2.23) 式と (9.26) 式から，被査察者は不法行為を抑止されるであろう，総労力 ϵ が下式を満足する時においては，

$$\epsilon > \frac{1}{\kappa} \cdot \ln\left(1 + \frac{d}{b}\right),$$

これは合理性が在る：不法行為に対する利権（インセンティブ）と罰金（ペナルティ）との比が大きければ大きい程，必要な査察労力は大きい．

9.3.2 ……そしてそのリーダーシップ・ゲーム

計数抜取に対して，査察員リーダーシップ原理を導入する動機付けはほとんど無い，何故なら均衡での合法行為が充分な労力投下——探知確率 $1-\beta^*$ が充分大きくなるような——による同時進行ゲームによって導入出来るからである．実際，リーダーシップの解は定理 9.5 から基本的に異なるものではない．それにもかかわらず，それは後の計量抜取ゲームとの比較において役に立つ，さらにある環境下において深遠な利点 (subtle advantage) を有する．

図 9.13 の展開形で示される，計数抜取ゲームの査察員リーダーシップ版を考えよう．図 9.12 の同時進行ゲームからの決定的差異は被査察者の情報セット（集合）の構造である．彼は相手の戦略 φ を知っている，何故なら彼に前もって信頼出来る方法で通告されているからである．被査察者の戦略は従って以下の選択に在る

(i) 各々の情報集合に対し確率 t を伴う不法行為（H_1），これは t が，無限集合 Φ を区間 [0, 1] へ，$t : \Phi \to [0, 1]$，写す φ の関数と言うことと等価である，および

(ii) その事象の下でいか様に不法をふるまうのかを精確に定義する戦略 ψ，それは次の通り，$\psi : \Phi \to \Psi$.

このゲームに対する部分ゲーム完全均衡を見つけよう．逆向き推論によって進めよ

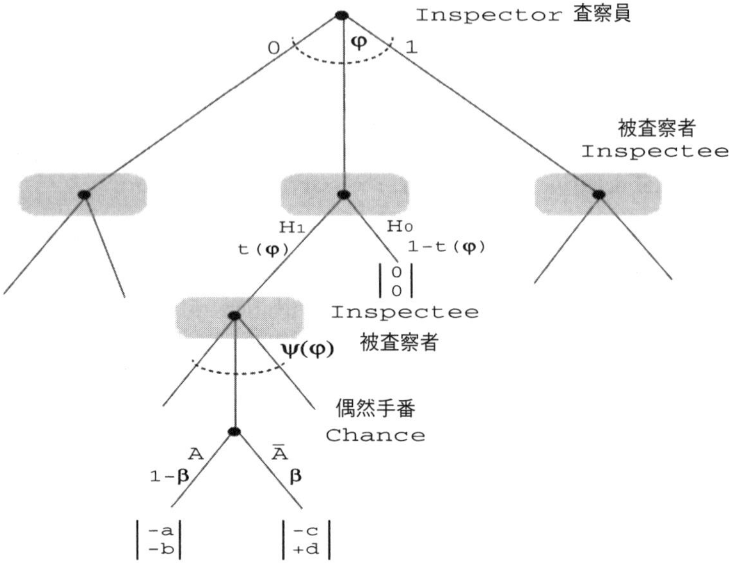

図 9.13　査察員リーダーシップ計数抜取ゲームの展開形．説明は図 9.12 のものと同じ．ここでの違いは被査察者が査察員の戦略 φ を知っている（報じられる），彼の戦略の一部は，如何にして査察員の戦略を決断 H_0 または H_1 に写像するかである，これは適切な関数 $t(\varphi)$ の選択を意味する．彼が H_1 を決めたケースで，彼は φ にも依存しているある不法戦略 ψ を必ず選択する．

う（この章の初めでの灌漑リーダーシップ・ゲームの議論を思い起こし），被査察者，図 9.13 での第 2 手番 (move)，は未探知確率 $\beta(\varphi, \psi)$ を最大化するものとしてどんな査察戦略 φ に対しても不法戦略 ψ^* を選択する，何故なら彼の利得は β と伴に厳密に増加するからである．これは下記の通り記載できる

$$\psi^*(\varphi) = \arg\max_{\psi} \beta(\varphi, \psi). \tag{9.34}$$

この最大化された未探知確率 $\beta(\varphi)$ を表示する，これは

$$\beta(\varphi) := \beta(\varphi, \psi^*(\varphi))$$

となる．被査察者の第 1 手番へとその木 (tree) を 1 段戻り，まさに H_1 に決めたなら彼は期待利得 $\beta(\varphi)b + (1 - \beta(\varphi))d$ を得るであろう，もしも合法的にふるまう (H_0) な

ら利得は 0 を得ることになろう．これは関数 t の均衡選択で決まる：

$$t^*(\varphi) = \begin{cases} 0 & \text{for } \beta(\varphi) < b/(b+d) \\ \text{任意} & \text{for } \beta(\varphi) = b/(b+d) \\ 1 & \text{for } \beta(\varphi) > b/(b+d) \end{cases} \tag{9.35}$$

ゲームの木の頂点で，査察員は彼の均衡戦略 φ^* を選択しなければならない．しかし被査察者の上記理由を査察員は予測出来る，さらに $\beta(\varphi)$ を最小化する φ^* を選択すべきである，これは

$$\varphi^* = \arg\min_{\varphi} \beta(\varphi, \psi^*(\varphi)) \tag{9.36}$$

である．これを見るに，チョット注意深くなければならない．上述の最小値を β^* で表記しよう，これは

$$\beta^* := \beta(\varphi^*, \psi^*(\varphi^*))$$

である．利用可能な査察資源が与えられて，それが以下の通りになると仮定しよう，

$$\beta^* \geq b/(b+d),$$

および結局 $t^* = 1$（または上記不等式が厳格でないなら，少なくとも $t^* > 0$ は可能である）．その時査察員期待利得は $\beta(\varphi)$ の厳格な減少関数である，これは $c < a$ であるからだ．彼は従って $\varphi = \varphi^*$ を選ぶべき，これは (9.36) 式のことである，それは $\beta(\varphi)$ を最小化する．もしも，他方 $\beta^* < b/(b+d)$ では査察員は彼が良いと思う戦略，言うなら φ' を選択するにちがいない，それは $\beta(\varphi', \psi^*(\varphi')) < b/(b+d)$ を満足させる，何故なら彼の最大達成利得のゼロを充分に保証しているからである．しかしながら同時進行ゲームにおいて，被査察者がある正の確率で H_1 を選ぶ‘間違い’をするケースでは (9.36) 式を再び選択すべきである．

その時，査察員リーダーシップ計数抜取ゲームの部分ゲーム完全均衡は (9.34), (9.35) と (9.36) 式によって与えられる．この解が定理 9.5 の解と異なるのは，査察員の通告戦略 φ に依存して被査察者は違ったふるまいが出来るという程度のみである．実際に通告される均衡戦略 φ^* に対し，しかしながらその結果としての行動は同じとなる．‘不法’零和ゲームは (9.25) 式を満足する鞍点を持っていないと仮定する．その時その鞍点は (9.34), (9.35) と (9.36) 式によって与えられる査察員リーダーシップ・ゲームの均衡の 1 部分となる．この理由はもしも鞍点が存在するならば簡単である，それはミニマックス戦略によって決められる，それらの戦略 φ と ψ はミニマックス (minmax) 問題を解く

$$\min_{\varphi} \max_{\psi} \beta(\varphi, \psi).$$

これらは，(9.34) 式と (9.36) 式によって与えられる φ^* と ψ^* 以外は皆無である．彼らが定義する鞍点の実際は等価なマックスミンも解き，そしてマックスミン＝ミニマックスである．

このリーダーシップ・ゲームが幾らかさらに一般的適用性を有することをこれは示している：**もしも不法ゲームに対する鞍点が存在しないならば**，それは何ぞや? 図 9.12 の同時進行ゲームはナッシュ均衡を持つのみであろう，もし査察員が被査察者に合法行為を起こさせるならば．その他の方法では，全く均衡を有していない．

しかし全てこれは査察員リーダーシップ・ゲームに無関係である，何故ならそこで我々はミニマックス問題を解くだけである．査察員リーダーシップ概念は単純化として見ることが出来る，他では存在しない均衡解を提供するために幾分無理に押し進めるのではあるのだが．例えば，定理 5.3 で与えられる中間査察問題の解——それは事実ミニマックス解である——は査察員リーダーシップの均衡点である．これに対応する同時進行ゲームは均衡点を持たない；Canty and Avenhaus (1991) を参照せよ．

定理 2.2 も同様に正しい，これは IAEA 計数抜取公式の理論的正当性を与えるものである．そこではミニマックス問題，(2.17) 式が解かれただけである．定理 2.2, 従って同様の IAEA 公式は一般的計数抜取問題の解**ではない**（何故ならばこれは鞍点を持たないからである），しかし査察員が確実に通告し，報告データの K クラスに亘ってサンプル数 n_i を前もって配分するリーダーシップ・ゲームのみが鞍点を持つ．もしもこの通告が行われないなら，その査察員の戦略 (2.39) 式は均衡点ではない．被査察者が不法的にふるまう時，その戦略は従って査察員問題を完全にモデル化した非協力ゲームの観点から決定的に勧告されることは出来ない．‘最悪ケース’感覚においてのみ，その戦略が査察員が実行出来る最善を意味する：先立つ通告が無い場合でさえ，査察員のミニマックス戦略が定理 2.2 で与えられる探知確率を彼へ保証することになる．

9.3.3　合法行為と不法行為の共存

論理構成によって査察員リーダーシップ・ゲームの逆向き推論解はユニークである．もしそれを発見するなら，我々の問題を解いたことになる．同様に，零和ゲームの均衡はユニークである必要性は無いものの，ゲームの全ての鞍点は同じ値を持つので，それらのどれでも合理的な行為に対するものとして満足している．一般の非零和ゲームは，それらを異ならせる異なる利得とプレイヤーの先取権を伴う多数の均衡を有するかもしれない.*[11]この節において，グローバル計数抜取モデルとして提出された解の完全性に関し第6章で生じた質問を取り上げるリーダーシップ論題を我々は止める.

基本的に，6.2.2節で考察された合法解と不法解か否かという第6章で未決定として残された質問がその全ての話であった．本章において，定理9.1と定理9.3で，合法行為と不法行為を伴う混合均衡が生じ得ることを既に確認した.

この質問に適切に対処するため，**線形補完問題** (Linear Complementarity Problem) の形体で重い論法 (heavy artillery)*[12]を持ち出さなければならない，それは少なくとも原理として双行列ゲームの均衡点**全て**の徹底的列挙を可能にさせる当惑すべき道具 (amazing tool) である.

ベクトル $\boldsymbol{q} \in \Re^n$ および行列 $\boldsymbol{M} \in \Re^{n \times n}$ が与えられなら，ベクトル $\boldsymbol{z} \in \Re^n$ は以下の式を探し求める

$$\boldsymbol{z} \geq 0 \tag{9.37}$$

$$\boldsymbol{q} + \boldsymbol{M} \cdot \boldsymbol{z} \geq 0 \tag{9.38}$$

$$\boldsymbol{z}^T \cdot (\boldsymbol{q} + \boldsymbol{M} \cdot \boldsymbol{z}) = 0. \tag{9.39}$$

対 $(\boldsymbol{q}, \boldsymbol{M})$ に対する線形補完問題 (LCP) として，このタスクを参考とする；Cottle *et al.* (1992) または Murty (1988) を参照せよ.

(9.37) 式と (9.38) 式から，スカラー積 (9.39) 式の被加数内のファクターの少なくとも1つが消えることに従う．それでLCPの解が線形方程式の適切なシステムの解をもたらす.

2人プレイヤーに対する，2つの $m \times n$ 損失行列（負の利得行列）を伴う双行列ゲームを考えよう．さらにその損失行列を正値にしよう．このことは適切な定数を加えることによって常に達成可能であり，プレイヤー同士の均衡戦略に影響を与えない．プレイヤー1の混合戦略は $\sum x_i = 1$ を有するベクトル $\boldsymbol{x} \in \Re^m$ であり，プレイヤー

---

*11 この古典的な例は‘男女の争い’と呼ばれている双行列 (bimatrix) である；例えば Jones (1980) を参照せよ.

訳註： 男女の争い (the battle of the sexes)：ゲーム理論で2人調整ゲーム (two-player coordination game) をこう呼ぶ．カップルがある夜のデートを約束したが，オペラを観に行くかフットボールの試合を観に行くかの選択肢を持っている．夫はフットボールを観戦したい，しかし妻はオペラを鑑賞したい．両人ともにそれぞれが好きなものを観るより一緒に出かけることの方が大切である．男性と女性がお互いに相談することなしに相手と独立にデートの行き先を選択しなければならない時，それぞれどのような決定をするだろうか.

*12 訳註： artillery：1. [集合的] 砲，大砲，2. 砲術，3.（議論や説得のための）有力な論法，4. [集合的] 武器，飛び道具.

2 の混合戦略は $\sum y_i = 1$ を有するベクトル $\boldsymbol{y} \in \Re^n$ である．このゲームの均衡戦略 $(\boldsymbol{x}^*, \boldsymbol{y}^*)$ は LCP の検討により見出すことが出来る．

定理 9.6 双行列ゲームのナッシュ均衡点の決定は適切な LCP の解と等価である．

証明： パート (i) として LCP を導くのに必要なナッシュ均衡点の存在を論証することから始め，パート (ii) でこの LCP の解がナッシュ均衡に対して十分であることが示される．

(i) $(\boldsymbol{x}^*, \boldsymbol{y}^*)$ を双行列ゲームのナッシュ均衡とし，それは損失行列 $\boldsymbol{A}$ と $\boldsymbol{B}$ に対して，

$$(\boldsymbol{x}^*)^T \cdot \boldsymbol{A} \cdot \boldsymbol{y}^* \le \boldsymbol{x}^T \cdot \boldsymbol{A} \cdot \boldsymbol{y}^* \tag{9.40}$$

$$(\boldsymbol{x}^*)^T \cdot \boldsymbol{B} \cdot \boldsymbol{y}^* \le (\boldsymbol{x}^*)^T \cdot \boldsymbol{A} \cdot \boldsymbol{y} \tag{9.41}$$

全ての $\boldsymbol{x}, \boldsymbol{y}$ に対して，以下の式を伴う，

$$\boldsymbol{x} \ge 0, \quad \sum_{i=1}^{m} x_i = 1 \tag{9.42}$$

$$\boldsymbol{y} \ge 0, \quad \sum_{i=1}^{n} y_i = 1. \tag{9.43}$$

以下の式を定義し，

$$\boldsymbol{y}' := \frac{\boldsymbol{y}^*}{(\boldsymbol{x}^*)^T \cdot \boldsymbol{A} \cdot \boldsymbol{y}^*} \tag{9.44}$$

$\boldsymbol{A}$ は正の元のみを有するという実体に基づいて，それは非負ベクトルである，不等式 (9.40) は次式に等しい

$$1 \le \boldsymbol{x}^T \cdot \boldsymbol{A} \cdot \boldsymbol{y}'$$

またはベクトル $\boldsymbol{e}_m^T := (1, \ldots 1)$ の導入と (9.42) 式を用いて今 $\boldsymbol{x}^T \cdot \boldsymbol{e}_m = 1$ として記載し，次式と等価，

$$\boldsymbol{x}^T \cdot \boldsymbol{e}_m \le \boldsymbol{x}^T \cdot \boldsymbol{A} \cdot \boldsymbol{y}'$$

または次式と等価，

$$0 \le \boldsymbol{x}^T \cdot (\boldsymbol{A} \cdot \boldsymbol{y}' - \boldsymbol{e}_m). \tag{9.45}$$

ここで 1 は i 番目の位置である i 番目単位ベクトル $\boldsymbol{x}_i^T = (0, \ldots 1, \ldots 0)$ を $\boldsymbol{x}$ として選ぶ，そして (9.45) 式から下式を得る

$$0 \le \boldsymbol{x}_i^T \cdot (\boldsymbol{A} \cdot \boldsymbol{y}' - \boldsymbol{e}_m)$$

または，等価なものとして

$$0 \le (a_{i,1}, \ldots, a_{i,n}) \cdot \boldsymbol{y}' - 1, \quad i = 1 \ldots m$$

ここで $a_{i,j}$ は $\boldsymbol{A}$ の元である．これは下式のごとく記載出来る

$$0 \le \boldsymbol{A} \cdot \boldsymbol{y}' - \boldsymbol{e}_m. \tag{9.46}$$

下式を定義して，同様に続けると

$$x' := \frac{x^*}{(x^*)^T \cdot B \cdot y^*} \tag{9.47}$$

我々は下式を得る，

$$0 \leq B^T \cdot x' - e_n. \tag{9.48}$$

この観察と伴に

$$\begin{aligned}(x')^T \cdot (-e_m + A \cdot y') &= -\frac{(x^*)^T \cdot e_m}{(x^*)^T \cdot B \cdot y^*} + \frac{(x^*)^T \cdot A \cdot y^*}{(x^*)^T \cdot B \cdot y^* \cdot ((x^*)^T \cdot A \cdot y^*)} \\ &= -\frac{1}{(x^*)^T \cdot B \cdot y^*} + \frac{1}{(x^*)^T \cdot B \cdot y^*} = 0\end{aligned} \tag{9.49}$$

および，同様に

$$(y')^T \cdot (-e_n + B^T \cdot x') = 0 \tag{9.50}$$

我々は正に LCP を以下の式とともに有することがわかる

$$z^T = (x'_1, \ldots, x'_m, y'_1, \ldots, y'_n) = (x'^T, y'^T), \tag{9.51}$$

$$q^T = (-1, \ldots, -1) = (-e_m^T, -e_n^T) \tag{9.52}$$

および

$$M = \begin{pmatrix} 0 & A \\ B^T & 0 \end{pmatrix}. \tag{9.53}$$

(ii)　(9.52) 式と (9.53) 式によって与えられる (q, M) を有する LCP を考えよう．(9.39) 式から，解 (x', y') は以下の条件を満たす

$$x'^T \cdot (-e_m + A \cdot y') = 0.$$

これは以下の式と等価である

$$x'^T \cdot A \cdot y' = x'^T \cdot e_m = e_m^T \cdot x',$$

または

$$\frac{x'^T \cdot A \cdot y'}{e_m^T \cdot x'} = 1. \tag{9.54}$$

ここで下式を定義する（正規化）

$$x^* = \frac{x'}{e_m^T \cdot x'}. \tag{9.55}$$

それで (9.54) 式から，以下の式に従う

$$(x^*)^T \cdot A \cdot y' = 1. \tag{9.56}$$

(9.38) 式より，$\sum_i x_i = 1$ を有する任意の $\boldsymbol{x} \geq \boldsymbol{0}$ に対して，左側から $(\boldsymbol{x}^T, \boldsymbol{0}^T)$ を掛けることで，次式を与える

$$\boldsymbol{x}^T \cdot \boldsymbol{A} \cdot \boldsymbol{y}' \geq \boldsymbol{x}^T \cdot \boldsymbol{e}_m = \sum_i x_i = 1$$

および，(9.56) 式と伴に

$$\boldsymbol{x}^T \cdot \boldsymbol{A} \cdot \boldsymbol{y}' \geq (\boldsymbol{x}^*)^T \cdot \boldsymbol{A} \cdot \boldsymbol{y}'. \tag{9.57}$$

(9.55) 式と類似の次式を定義し

$$\boldsymbol{y}^* = \frac{\boldsymbol{y}'}{\boldsymbol{e}_n^T \cdot \boldsymbol{y}'}. \tag{9.58}$$

量 $(\boldsymbol{e}_n^T \cdot \boldsymbol{y}')$ によって (9.57) 式の割り算が次式を与える

$$\boldsymbol{x}^T \cdot \boldsymbol{A} \cdot \boldsymbol{y}^* \geq (\boldsymbol{x}^*)^T \cdot \boldsymbol{A} \cdot \boldsymbol{y}^* \tag{9.59}$$

$\sum_i x_i = 1$ を有する任意の $\boldsymbol{x} \geq \boldsymbol{0}$ に対して．同様の方法で下式を得る

$$(\boldsymbol{x}^*)^T \cdot \boldsymbol{B} \cdot \boldsymbol{y} \geq (\boldsymbol{x}^*)^T \cdot \boldsymbol{B} \cdot \boldsymbol{y}^* \tag{9.60}$$

$\sum_i y_i = 1$ を有する任意の $\boldsymbol{y} \geq \boldsymbol{0}$ に対して，さらにその時，ナッシュ均衡条件である． □

双行列ゲームの解は，この方法で線形方程式の適切なシステムの解へと変形することが出来る．さらに双行列の**全ての**ナッシュ均衡が決定出来る手法による手順を LCP 法は供給する．

この議論の御しやすさを維持するため，ケース $K = 2$ を考えよう，これは被査察者が不法行為を働く場所が 2 箇所在るということ．不法行動はその場所のうちせいぜい 1 箇所で行われるであろう．査察員はその 2 箇所の 1 つを精密にコントロールする．第 6 章のように（査察員，被査察者の）利得を定義する

$$\begin{array}{rl} (0, 0) & \text{合法行為と無誤警報ならば} \\ (-a_i, -b_i) & i\ \text{番目経路で違反が探知されるならば} \\ (-c_i, d_i) & i\ \text{番目経路で違反が未探知ならば} \end{array} \tag{9.61}$$

ここで以下を仮定する

$$0 < a_i < c_i, \quad 0 < b_i, \quad 0 < d_i, \quad i = 1, 2 \tag{9.62}$$

および，一般性を失わずに，

$$d_1 > d_2. \tag{9.63}$$

(9.62) 式の関係は，査察員の最高優先権は被査察者の方の合法行為であるとの仮定を再び表現している，しかし違反のケースでは彼は未探知よりも探知を好む．8 個の

2 \ 1	l	$\bar{l}_1$	$\bar{l}_2$
K_1	0 0	d1-A1 -c1+B1	d2 -c2
K_2	0 0	d1 -c1	d2-A2 -c2+B2

図 9.14 計数抜取に対する 2 × 3 双行列査察ゲーム

利得パラメータの内，各々のプレイヤーに対して 1 つは自由に選択可能であることを触れておくべきだろう（例えば 1 にセットするとか）．明瞭性をここで発揮することを避けることにしよう．

略記法を用いて

$$\begin{aligned} A_i &:= (1-\beta_i)(b_i+d_i) > 0 \\ B_i &:= (1-\beta_i)(c_i-a_i) > 0 \\ l &: \text{被査察者の合法行為} \\ \bar{l}_i &: i\text{ 番目経路での不法行動} \\ K_i &: i\text{ 番目経路でのコントロール（査察）} \end{aligned} \tag{9.64}$$

図 9.14 に標準または双行列形体で示される非協力 2 人ゲームを得る．

第 6 章で議論したさらに一般的ケースから，合法均衡と不法均衡の両者が被査察者利得パラメータの値に依存して存在することを我々は知っている．従って合法戦略と不法戦略が正の確率でもってプレイされたなら均衡が存在するのかが我ら自身の疑問として持ち上がる．

これを行うため，図 9.14 のゲームはその関連 LCP へ変換させねばならない．最初に我々は利得行列を取り消して損失行列を与え，続いてこれらを正とする，その時我々は査察員の損失行列の各々の要素に 1 を加える，被査察者の損失行列の各々の要

素に $1 + d_1$ を加える．LCP の行列 M はその時（(9.53) 式を見よ）

$$\boldsymbol{M} = \begin{pmatrix} 0 & 0 & 1 & c_1 - B_1 + 1 & c_2 + 1 \\ 0 & 0 & 1 & c_1 + 1 & c_2 - B_2 + 1 \\ d_1 + 1 & d_1 + 1 & 0 & 0 & 0 \\ A_1 + 1 & 1 & 0 & 0 & 0 \\ -d_2 + d_1 + 1 & d_1 - d_2 + A_2 + 1 & 0 & 0 & 0 \end{pmatrix}.$$

ここで，もし全ての純粋戦略は正の確率を均衡へ賦与するとするならば，(9.37-39) 式より下式に従う

$$\begin{aligned} z_3 + (c_1 + B_1 + 1)\, z_4 + (c_2 + 1)\, z_5 &= 1 \\ z_3 + (c_1 + 1)\, z_4 + (c_2 - B_2 + 1)\, z_5 &= 1 \\ (d_1 + 1)\, z_1 + (d_1 + 1)\, z_2 &= 1 \\ (A_1 + 1)\, z_1 + z_2 &= 1 \\ (-d_2 + d_1 + 1)\, z_1 + (d_1 - d_2 + A_2 + 1)\, z_2 &= 1. \end{aligned} \tag{9.65}$$

しかし (9.65) 式の最後の 3 個の方程式は一般的に解が無い優決定システム (overdetermined system)[*13]で構成されている．

ここで，単一不法戦略が合法戦略と共存出来るか否かを確認しよう．例として $z_4 = 0,\ z_i > 0,\ i = 1, 2, 3, 5$ を仮定する．そこで，以下の式を有することになる

$$\begin{aligned} z_3 + (c_2 + 1)\, z_5 &= 1 \\ z_3 + (c_2 - B_2 + 1)\, z_5 &= 1 \\ (d_1 + 1)\, z_1 + (d_1 + 1)\, z_2 &= 1 \\ (-d_2 + d_1 + 1)\, z_1 + (d_1 - d_2 + A_2 + 1)\, z_2 &= 1. \end{aligned} \tag{9.66}$$

しかしこのシステムの最初の 2 つの方程式は，我々の仮定と相反して $z_5 = 0$ を意味する．同様に $z_5 = 0,\ z_i > 0,\ i = 1, 2, 3, 4$ もまた矛盾原理 (contradiction) を導く．

特殊なケースであるにもかかわらず，ナッシュ均衡での合法行為または不法行為は第 6 章の非零和計数抜取問題でのお互いの独占権であるという公式な例証を与える．そこでの我々の措置は，従って多分完全なものであった．しかしながらこの結果の直観的説明を見出すことが残されている：我々が既に見てきたように，最もはっきりとそのケースでは無い他の査察モデルが存在している．

[*13] 訳註：　overdetermined：[数学] 優決定の（系を一意的に決定するのに必要な以上の条件を指定する）．

9.4 計量抜取

9.2 節の物質会計モデルは，測定の不確定性と誤警報確率を包含する最も単純な想像出来る 1 つであった．誤警報確率と合法行為または不法行為を選択したなら，査察員と被査察者の両者は行動の自由度をもはや持たない．探知確率 (7.12) 式を伴う単一期間ネイマン・ピアソン検定は従ってその帰結を決定する．

第 7 章での逐次検定手順および第 3 章，第 4 章と第 8 章での計量抜取の考察より，両プレイヤーが一層複雑な戦略を有するであろうことは明白である．例えば，物質会計が幾つかの在庫期間に亘って適用されるケースにおいて，α を選択する査察員は各々の期間後の意思決定手順を特定化するであろう，さらに被査察者は彼の転用を期間に亘りどの様に分配するのかを選択しなければならない．

これをさらに一般化状況へモデル化した同時進行非協力ゲームをまず最初に解析する．しかしながら我々は同時進行ケースをスキップし，被査察者が正の確率を伴う不法行為を再び行う均衡を通過して同じ分け前を得ることについて触れよう：α 値と被査察者側の不法行為が与えられたなら，両プレイヤーの戦略はその効用パラメータとは独立となる．誤警報確率 α と不法行為の確率は，9.2 節の誤警報を伴う単純ゲームに類似する，適切に定義された‘スーパーゲーム’(supergame) の解として決定される．

直接，査察員リーダーシップへ進もう．図 9.15 は最も一般的闘争状況をモデル化した展開形の査察員リーダーシップ・ゲームを提示している．これは図 9.13 と類似する計量抜取となっている．

今後明らかになるであろう理由から，査察戦略 φ は，査察員が最初に誤警報確率 α を通告し，それから与件である α 値に対する意思決定手順 $\varphi(\alpha)$ というように，図 9.15 の中で分解されている．定義により，もしも被査察者が合法的にふるまうならば，$\varphi(\alpha)$ は誤警報確率 α を導くことになる．α を導く意思決定手順の集合を Φ_α と表す．可能性の有る意思決定手順全ての集合 Φ はその全ての集合の和集合 (union) となる：

$$\Phi = \cup_\alpha \Phi_\alpha. \tag{9.67}$$

計量抜取リーダーシプ・ゲームの解は，言わば本書の最後の定理の中身 (substance) である．

定理 9.7 図 9.15 の査察員リーダーシップ・ゲームに対し，誤警報確率 α を導く査察員戦略 $\varphi(\alpha)$ の集合 Φ_α とし，(9.67) 式で与えられた Φ を全ての可能性の有る査察

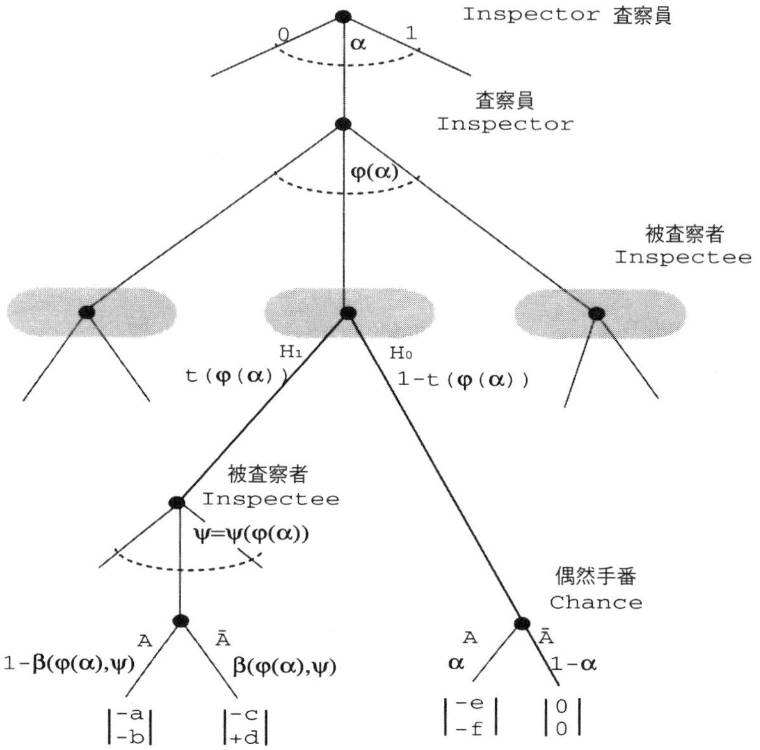

図 9.15　誤警報確率を伴う査察員リーダーシップ・ゲームの展開形．図の説明は図 9.7，図 9.9 と同じ，合法行為 (H_0) のケースでチャンスは確率 α と $1-\alpha$ を伴う警報 (A) と無警報 $(\bar{A})$ の間で決定することを除いて．

戦略の集合とする．Ψ は被査察者の全ての不法戦略集合とする．任意の戦略組合せにおいて，$\beta(\varphi(\alpha), \psi)$ を未探知随伴確率とする．$\beta(\alpha)$ を下式によって定義する，

$$\beta(\alpha) = \min_{\varphi(\alpha)\in\Phi_\alpha} \max_{\psi\in\Psi} \beta(\varphi(\alpha), \psi), \tag{9.68}$$

は $\beta(0) = 1$ と $\beta(1) = 0$ を伴う区間 (domain) $[0, 1]$ に亘り凸でかつ連続である．その時，ゲームは，$\alpha^* \in [0, 1]$, $\varphi^* : [0, 1] \to \Phi$ and $t^* : \Phi \to \Psi$ を伴う部分ゲーム完全均衡 $(\alpha^*, \varphi\,; t^*, \psi^*)$ を有する，ここで α^* は下式で一意的に決められる

$$-b + (b + d)\beta(\alpha^*) + f\alpha^* = 0 \tag{9.69}$$

および $0 < \alpha^* < 1$ を満たす，さらにここでの関数 φ^* は下式より与えられる

$$\varphi^*(\alpha) = \arg \min_{\varphi(\alpha)\in\Phi_\alpha} \max_{\psi\in\Psi} \beta(\varphi(\alpha),\psi) \quad \text{for all } \alpha \in [0,1]. \tag{9.70}$$

さらに，

$$t^*(\varphi(\alpha)) = \begin{cases} 0 & \text{for } -b+(b+d)\beta(\varphi(\alpha))+f\alpha \le 0 \\ 1 & \text{for } -b+(b+d)\beta(\varphi(\alpha))+f\alpha > 0 \end{cases} \tag{9.71}$$

および

$$\psi^*(\varphi(\alpha)) = \arg \max_{\psi} \beta(\varphi(\alpha), \psi), \tag{9.72}$$

(9.71) 式の $\beta(\varphi(\alpha))$ は下式によって与えられる

$$\beta(\varphi(\alpha)) = \max_{\psi} \beta(\varphi(\alpha), \psi).$$

用法 (Usage)：この定理は見かけ程難しく無いだろう．**ミニマックス**問題, (9.68) 式は与えられる関数 $\beta(\alpha)$ で解くことだ出来ると想定せよ（いか様にしてこれを解くことが可能であるかは，以下の証明で考察される）．その時，被査察者の採択 b, d, f が与えられると，(9.69) 式が α^* を決める．これは (9.70) 式で与えられる対応査察戦略 $\varphi^*(\alpha^*)$ に沿う査察員から通告される．その被査察者均衡戦略は従って $t^*(\varphi^*(\alpha^*)) = 0$ と成る．

証明： この証明の大部分は，後ろ向き推論の直接的適用である．被査察者が $\psi = \psi(\phi(\alpha))$ を選択した時，(9.71) 式に示すように $\beta(\phi(\alpha), \psi)$ を彼は最大にする，何故なら彼の利得が未探知確率と伴に厳密に増加するからである．これは，以下のケースを除いて，(9.71) 式に従って合法的または不法的行動を行うかの彼の意思決定を一意的に決める，

$$-b + (b+d)\beta(\phi(\alpha)) + f\alpha = 0. \tag{9.73}$$

他方，査察員にとって，(9.70) 式は $\phi(\alpha)$ の最適選択と言える，何故なら彼の利得は未探知確率に伴い減少するからである．被査察者が不法な行動をした場合でもこれは有効である．もしも $t^*(\varphi(\alpha)) = 0$，他の‘軟弱’(weaker) 査察戦略は均衡戦略として考えられる，しかし被査察者が小さな正の確率を伴う合法行為の‘間違い’(mistake) を起こす場合それら戦略が使われるべきでは無い．

誤警報確率 α の最適選択 α^* に対し，9.2.2 節の理由が使用出来る．査察員への利得は被査察者が合法的に行動するときにはいつでも間違いなくより高い，しかし α に伴い厳密に減少する．従って α は合法行為を拘束する目的において，可能な限り小さな値を選択するべきであ

る．図式的には図 9.8 に示すように，(9.70) 式の解としてこの α^* が決まる．このケースでは，(9.73) 式が $\alpha = \alpha^*$ と $\varphi(\alpha) = \varphi^*(\alpha)$ へ適用する；被査察者は合法行動と不法行動の間で無頓着だ（興味を感じない）．しかし合法行動でのみ $t^*(\varphi^*(\alpha^*)) = 0$，被査察者の均衡戦略である，何故なら査察員は α 値を僅かに高くすると通告することによって彼の利得を保証できるからである．このことは (9.71) 式と合致する．(9.73) 式の $\varphi(\alpha) \neq \varphi^*(\alpha)$ において，(9.71) 式で記述されたような合法行為もまた被査察者の可能な均衡戦略である，それが唯一のものでは無いにしろ．このケースはしかしながら均衡に達しないゲームの木の一部としてのみ引用される．□

(9.71) 式に従って，被査察者は均衡点で確信をもって合法的にふるまう，事前通告無しの同時進行ゲームと反対に．さらに，誤警報確率の値が選択されると，両プレイヤーの最適戦略 φ^* と ψ^* が (9.69) 式によって与えられた未探知確率の最適化によって決定される．その利得パラメータは誤警報確率の均衡値 α^* の決定に対してのみ用いられる．

査察員戦略の分解は，もう 1 つの大変重要な暗示 (implication) を有する．α 値が与えられると，最適査察戦略 $\varphi^*(\alpha)$ は，ネイマン・ピアソン補助定理 (Lemma) によって決定出来る統計検定手順を表す．我々は前の章々で何度もネイマン・ピアソン補助定理に頼った，しかし明確化のため繰り返すとしょう．ネイマン・ピアソン補助定理は，2 つの**単純仮説**（これは二者択一的確率分布で完全に決定できる仮説のこと）の間でどの様にして最良検定手順を決めるかを述べている，最良とは誤警報確率が与えられたもとで未探知確率を最小にすることである．定理 9.7 で，この単純仮説は合法行為 H_0 および特定戦略 ψ を伴う違法 (H_1, ψ) である．

ネイマン・ピアソン補助定理の適用はしかしながらその二者択一仮説の一部としての ψ の知識を要求する．査察員の均衡戦略，所謂 (9.70) 式の**ミニマックス**，を決める最適化の順番が前後あべこべ (the wrong way round) であることが解かる．査察員検定手順 $\varphi(\alpha)$ を知る前に $\beta(\varphi(\alpha), \psi)$ の ψ に関する最大をどの様に決めることが出来るのか? しかしながらこの困難は克服され得る，もしも零和ゲーム $(\Phi_\alpha, \Psi; 1 - \beta)$ が鞍点を有するならば．その時，その**マックスミン**最適値は

$$\varphi^*(\alpha) = \arg \max_{\psi \in \Psi} \min_{\varphi(\alpha) \in \Phi_\alpha} \beta(\varphi(\alpha), \psi) \quad \text{for all } \alpha \in [0, 1]$$

ネイマン・ピアソン補助定理で見つけ出すことが出来る，さらに (9.70) 式によって求められる**ミニマックス**と一致する．

実例として，我々は第 7 章で考察したような逐次在庫期間に対する物質会計へ定理 9.7 を適用する．与えられる誤警報確率 α に対し逐次 MUF 値の全ての検定手順の集合である Δ_α を伴う定理の $\Phi(\alpha)$ を同定する．同様に，ψ は，ここでは一般的な転用戦略 $\{\boldsymbol{\mu} \mid \boldsymbol{\mu} \cdot \boldsymbol{e} = \mu\}$ である．定理 7.1 に従って，(7.37) 式，(9.70) 式によって与えられる

ように $\varphi^*(\alpha)$ は探知確率に伴う検定によって明示的に与えられる

$$1-\beta(\alpha) := 1-\beta(\delta_\alpha^*, \mu^*) = \phi\left(\frac{\mu}{\sqrt{\boldsymbol{e}^T \cdot \boldsymbol{\Sigma} \cdot \boldsymbol{e}}} - U(1-\alpha)\right) \tag{9.74}$$

および α の均衡値は (9.69) 式によって与えられる．もしもこの値が査察員により使用され，かつ被査察者へ通告されるなら，後者（被査察者）は合法的にふるまうであろう．

定理 9.7 は同じように，第 3 章，第 4 章と第 8 章で当然と思われ，かつそれが (3.19)，(3.29)，(3.45)，(4.38)，(8.15)，(8.43) と (8.72) 式によって与えられる均衡探知確率を結果する，零和ゲームの計量抜取査察問題へのアプローチを正当化する．これら方程式の全てに現れている誤警報確率もまた上述したように決定されるだろう．

9.5 それを全て包み込もう

計量抜取査察員リーダーシップ・ゲームは被査察者が合法的にふるまうとうい均衡を持つ．選択の明示的分離によって，査察員にとっては彼の誤警報確率 α とそれに続く査察戦略 φ，それは唯一彼の均衡選択 α^* が被査察者の主観的効用 (subjective utilities) によって影響されることが示された．査察員はこれらを知らないかまたはそれらを考慮しないかもしれないが，彼の選択 α^* は**その場かぎり** (ad hoc) に出来る，それで外部からモデルが造られる．もしも彼が α^* を決定**出来る**なら，その時に彼は被査察者の違反を抑止するための信頼出来る方法である φ^* を伴いその通告を必要とするだけである．

反対に，彼の均衡査察戦略 φ^* は未探知確率 β の**ミニマックス**最適化によってどちらのケースでも完全に決定される．もしもこの最適化問題が鞍点を有するようになるなら，これは零和ゲームの値である，この**マックスミン**問題はそれと同じであり，強力なネイマン・ピアソン補助定理の助力で解くことが出来る．それでゲーム理論は，適切な検定手順を伴い，適切な関連，第 1 章で引用された便利なマリッジ (marriage) を与える．

もしも査察労力が充分な大きさで無いならば合法的ふるまいが均衡戦略では無いことが分かったものの，同様の方法で，同時進行の場合とリーダーシップの場合の両方の計数抜取査察ゲームを分解した．

それら全ては，むしろ満足してるもののように聞こえる．結局，疑問は残されているだろうか? 全くその通り，残っている．

まず最初に我々は本章の始めで時間独立ゲームのみを議論した．我々の幾つかの結論は時間様相を含むものへ拡張出来ないと，これが言っているわけでは少なくとも無い．例として，5.4 節で議論した Dresher のモデルを再び考察しよう．そのリーダーシップ改訂版は Rinderle (1995) によって研究された，彼はさらに直観的結果を得た：査察員が未使用査察を有する間は，被査察者は均衡点で合法的にふるまうだろう，他方もしもゲームが終わる前にコントロールの配分額が使い尽くされたなら，被査察者は最後の査察が行われた後に違反するであろう．これが起きるか否かにかかわらず，割当られた査察の数に依存する（簡単には決定出来ない）確率の用語のみで表現出来るだけである，9.2 節の思い出より．

総査察労力に依存して均衡点での合法行為が可能であったことを見た第 6 章で取り扱ったように，我々は未処置のさらに複雑な利得構造をも残している．さらに，均衡構造上での査察員リーダーシップの導入効果を研究することが残されている，特に誤警報が可能な時には．この種の疑問にタックルする解析者によって使用され得る強力な方法を LCP を伴い示した．

これらのラインに沿う研究は進行している，しかしこの点で 2 つの所見を言ってみるかもしれない：最初に，一層複雑な様相の研究が，さらに単純なモデルから容易に説明かつ納得出来る結果を導くであろうことは疑わしい；6.4 節の忠告を思い起こせ．第 2 に，もしも実際に，実用的な適用——例えば第 8 章で議論した物質会計の検証——が存在しているなら，特別な様相の詳細な吟味は道理にかなうだけである．

これら，楽観的かつ幾らか戒告的注釈，を統一して，第 1 章のルリタニアで始めた旅 (journey) を結論付け，それと伴に我々を検証理論へと導いた．我々が提出したその解の幾つかは直接的かつ明白な実用的適用性を有している，そのほかはあまりにも抽象的過ぎるか，または実際に有効な仮説集合としてはあまりにも制約的過ぎる．なお，そのほかはネガティブである，検証を通して達成可能な抑止と保証の限度を顕すセンスにおいて，または敏感な査察戦略が導き出される前に行っておくべき困難な主観的評価を明示的に指摘しておく．しかしながら，全ての解はゲーム理論的な均衡が有する共通の性質を持つ．それゆえ，それらおよびそれらのみで，正式検証管理体制によって意味する闘争様相の解答に対する処方箋としては厳密に擁護出来得るものである．

参考文献

ACDA (1963), *Application of Statistical Methodology to Arms Control and Disarmament,* Contract No. ACDA/ST-3 (Mathematica, Princeton, NJ).

Anscome, F.J. and Davis, M.D. (1963). Inspection Against Clandestine Rearmament, in *Applications of Statistical Methodology to Arms Control and Disarmament,* Contract No. ACDA/ST-3 (Mathematica, Princeton, NJ). 69.

Aumann, R.J. and Hart, S. (Eds.) (1992) *Handbook of Game Theory with Economic Applications,* Vol. **I** (1992), Vol. **II** (1994), Vol. **III** in preparation (Elsevier, Amsterdam).

Avenhaus, R. (1978). *Material Accountability - Theory, Verification, Applications,* Monograph No. 2 of the International Series on Applied Systems Analysis (Wiley, Chichester) ; 今野廣一訳,「物質会計：収支原理，検定理論，データ検認とその応用」，丸善プラネット，東京 (2008).

Avenhaus, R. (1986). *Safeguards System Analysis - With Applications to Nuclear Material Safeguards and Other Inspection Ploblems,* (Plenum Press, New York and London).

Avenhaus, R. (1987). On the Effect of Systematic Errors in Near Real Time Accountancy, *Journal of the INMM* **XVI**, 505.

Avenhaus, R. and Canty, M.J. (1988). Game Theoretical Analysis of Safeguards Effectiveness, Part II: Variable Sampling, KFA-Report Jül-Spez-471 (KFA Jülich).

Avenhaus, R. and Canty, M.J. (1989). Re-examination of the IAEA Formula for Stratified Attribute Sampling, *Proc. 11th ESARDA Symp., Luxembourg* (JRC Ispra), 351.

Avenhaus, R. and Canty, M.J. (1992). On the Relevance of Reported Data for Material Balance Verification, *Journal of the INMM* **XXI**, 253.

Avenhaus, R. and Jaech, J.L. (1981). On Subdividing Material Balances in Time and/or Space, *Journal of the INMM* **X**, No.3, 24.；付録 B に掲載.

Avenhaus, R. and Okada, A. (1990). Statistical Criteria for Sequential Inspection Inspector Leadership Games, *J. Operations Research Soc. of Japan* **35**, No.2, 134.

Avenhaus, R. and Piehlmeier, G. (1994). Recent Developments in and Present State of Variable Sampling, *Proc. IAEA Symp. International Nuclear Safeguards,* **I** (IAEA, Vienna), 307.

Avenhaus, R., Battenberg, H.P. and Falkowski, B.-J. (1991). Optimal Data Verification Procedures, *Operations Research* **39**, 2, 341.

Avenhaus, R., Piehlmeier, G. and Canty, M.J. (1993). Are Reported Data Relevant for Material Balance Data Verification?, *Proc. 15th ESARDA Symp., Rome* (JRC Ispra), 727.

Avenhaus, R., Stein, G. and Canty, M.J. (1992). Verification of Declared Thiodiglycol Production, *Journal of the INMM* **XXI**, 580.

Battenberg, H.P. (1983). Optimale Gegenstrategien bei Datenverifikationstests, Armed Forces University Munich, PhD Disseration.

Beedgen, R. (1983). Statistical Considerations Concerning Multiple Material Balance Models, Los Alamos Laboratory Report LA-9645-MS.

Beetz, J. (1994). Optimale Verteilung des Inspektionsaufwandes einer Internatinalen Überwachungsbehörde auf verschiedene Staaten, Armed Forces University Munich, Msc Thesis.

Bierlein, D. (1968). Direkte Überwachungssysteme, *Op. Res. Verfahren* **6**, 57.

Bierlein, D. (1969). Auf Bilanzen und Inventuren basierenden Safeguards-Systeme, *Op. Res. Verfahren* **8**, 36.

Buttler, R. *et al.* (1983). Inspection Activities Associated with Limited-Frequency Unannounced Access to Gas Centrifuge Type Enrichment Facilities, Paper presented for the Hexapartite Safeguards Project, reproduced in *Internationale Safeguards für Zentrifugenanlagen,* R. Buttler *et al.,* KFA Report Jül-Spez-216 (KFA Jülich).

Calogero, F., Goldberger, M.L. and Kapitza, S.P. (Eds.) (1992). *Verification - Monitoring Disarmament* (Westview Press, Boulder and London).

Canty, M.J. and Avenhaus, R. (1988). Inspection Randomization for Pedestrians, *ESARDA Bulletin* **15**, 9.

Canty, M.J. and Avenhaus, R. (1991). Inspection Games over Time, KFA Report Jül-2472, (KFA Jülich).

Canty, M.J. and Avenhaus, R. (1991). Random Inspection at Power Reactors, A Fable,

ESARDA Bulletin **19**, 14.

Canty, M.J. and Piehlmeier, G. (1995). When are Gross Defects Optimal? Equilibrium Strategies for Large Data Falsification, *Proc. 17th ESARDA Symp., Luxembourg* (JRC Ispra).

Chapman, D.T. and El-Shaarawi, A.H. (Eds.) (1989). *Statistical Methods for the Assessment of Point Source Pollution* (Kluwer Academic Publishers).

Cochran, W.G. (1963). *Sampling Techniques. Second Edition* (Wiley, New York) ; 鈴木達三，高橋宏一，脇本和昌 共訳，「サンプリングの理論と方法 1/2」，東京図書，東京 (1972).

Conf. Disarm. (1993). *Convention on the Prohibition of the Development, Production, Stockpiling and Use of Chemical Weapons and on their Destruction* (Conference on Disarmament, Geneva).

Cottle, R.W., Pang, J.-S. and Stone, R.E. (1992). *The Linear Complementarity Problem* (Academic Press, San Diego).

CWC (1993). The 1993 Chemical Weapons Convention, *Chemical Weapons Bulletin* **18** (Committee for National Security, Washington).

Daalder, LH. (1991). The CFE Trety, an Overview and an Assessment (The John Hopkins Policy Institute, Washington.)

Dept. Ext. Affairs (1990). *The Disarmament Bulletin* **15** (Department of External Affairs, Canada).

Diamond, H. (1982). Minimax Policies for Unobservable Inspections, *Mathematics of Operetions Research* **7**, No. 1, 139.

Dresher, M. (1962). A Sampling Inspection Problem in Arms Control Agreements: A Game Theoretical Analysis, Memorandum No. RM-2972-ARPA (RAND Corporation, Santa Monica).

Dunn, L.A. and Gordon, A.E. (1990). *Arms Control Verification and the New Role of On-Site Inspection* (Lexington Books, D.C. Heath and Company, Lexington, MA).

Encycl. (1982). *Encyclopedia of Statistics,* Vol. 2 Control Charts (Wiley, New York).

EURATOM (1976). Commission Regulation (EURATOM) No. 3227/76, *Official Journal of the European Communities, Brussels* **19**, L363.

Fichtner, J. (1985). Statistical Test for Deterring Illegal Behavior - A Mathematical Investigation of Safeguards Systems with Applications, Armed Forces University Munich, PhD Dissertation.

Fischer, W. (1991). Verification of International Treaties for the Protection of the Environment - Some Empirical Evidence, in *A Regime to Control Greenhouse Gases,* ed. J.C. di Primio and G. Stein (KFK Jülich) 47-52.

Fishbone, L.G. *et al.* (1995). Field Test of Short-Notice Random Inspections for Inventory-Change Verification at a Low-Enriched-Uranium Fuel-Fabrication Plant, *Proc. 17th ESARDA Symp., Luxembourg* (JRC Ispra).

Fryer, M.J. (1978). *An Introduction to Linear Programing and Matrix Game Theory* (Arnold, London).

Fudenberg, G.D. and Tirole, J. (1991). *Game Theory* (MIT Press, Cambridge, MA).

Geueke, K-J. (1992). Emissionsmessungen, Aufgaben, Verfahren, Durchführen, *Umwelt Technology Aktuell,* **6**/92 (GIT Verlag), 354.

Gladitz, J. and Willuhn, K. (1982). Attribute Sampling Plans for Nuclear Material Control allowing for Additional Information - The Bayes Approach, *Proc. Symp. Nucl. Safeguards Technology 1982,* **II** (IAEA, Vienna), 331.

Goldblat, J. (1982). *Agreement for Arms Control: A Critical Survey* (Taylor and Francis, London).

Graybeal, S., Lindsey, G., Macintosh, J., McFahe, P. (1991). Verification to the Year 2000, in *Arms Control Verification Studies No. 4,* The Arms Control and Disarmament Division (Department of External Affairs and International Trade, Ottawa, Canada).

Grümm, H. (1982). IAEA Safeguards - Status and Prospects, *Proc. Symp. Nucl. Safeguards Technology,* **I** (IAEA, Vienna), 3.

Gueth, W. and Kalkofen, B. (1989). *Unique Solutions for Strategic Games* (Springer, Berlin).

Hajost, S.A. and Shea, Q.J. (1990). An Overview of Enforcement and Compliance Mechanisms in International Environmental Agreements, in *International Enforcement Workshop Proceedings, Utrecht 1990* (VROM, The Netherlands), 249.

Hakkila, E.A., Weh, R., Canty, M.J. and Picard, R.R. (1992). The 3rd US-German Workshop on Near Real Time Accounting for Reprocessing Plants, *Journal of the INMM* **XX**, No. 2, 11.

Herby, R. (1992). *The Chemical Weapons Convention and Arms Control in the Middle East* (PRIO - International Peace Reserch Institute, Oslo).

IAEA (1972). The Structure and Content of Agreements Between the Agency and States Required in Connection with the Treaty on the Non-proliferation of Nuclear Weapons, INFCIRC/153 (corrected) (IAEA, Vienna).

IAEA (1980). IAEA Safeguards Tecnical Manual, Part F, Statistical Concepts and Techniques, Second Revised Edition (IAEA, Vienna).

IAEA (1981a). IAEA Safeguards: An Introduction, IAEA/SG/INF/3 (IAEA, Vienna).

IAEA (1981b). Evaluation of Different Approaches to Advanced Systems for Safeguarding Reprocessing Facilities, Report of Sub-Group IV to the International Working Group - Reprocessing Plant Safeguards (IAEA, Vienna).

IAEA (1982). TASTEX, Tokai Advanced Safeguards Technology Exercise, IAEA Publication No. 213, Techinical Report Series (IAEA, Vienna).

IAEA (1985a). IAEA Safeguards: Implementation at Nuclear Fuel Cycle Facilities, IAEA/SG/INF/6 (IAEA, Vienna).

IAEA (1985b). International Safeguards and the Non-Proliferation of Nuclear Weapons (IAEA, Vienna).

IAEA (1987). IAEA Safeguards Glossary, 1987 Edition, IAEA/SG/INF/1 (Rev.1) (IAEA, Vienna)；核物質管理センターでは左記資料が出版される都度，「IAEA 保障措置用語集（対訳）」を発行している．本書の翻訳で利用したのは手元にある「IAEA 保障措置用語集 2001 年版対訳」核物質管理センター，東京 (2005) である．これは IAEA Safeguards Glossary 2001 Edition, IAEA/NVS/3, Vienna, 2002 の対訳書である．両開きの左側に英語原文，右側に日本語訳が記載されており，両方を比較して確認できる．

IAEA (1989). Safeguards - Statistical Concepts and Techniques, Fourth Revised Edition (IAEA, Vienna)；核物質管理センター情報管理部情報解析課訳，「IAEA 保障措置マニュアル パート F　統計概念と技術 第 3 巻（ドラフト版翻訳)」，核物質管理センター，東京 (1989)：IAEA-TECD-261, IAEA, Vienna, 1982 の改訂版を IAEA の D. Perricos からの許可を得て翻訳，頒布された．この改定版は将来の改定，検討用として，ルーズリーフ方式（the fourth revised edition, IAEA/SG/SCT/4, Vienna, 1989）に整えられた．その後，1995 年より再び改定作業を開始し，現在の姿となって発行された：IAEA, *Statistical Concepts and Techniques for IAEA Safeguards*. Fifth Edition, IAEA/SG/SCT/5, IAEA, Vienna, 1998.

IAEA (1992). Report of the LASCAR Forum: Large Scale Reprocessing Plant Safeguards (IAEA, Vienna).

INMM (1988). Issue devoted to 2nd FRG-US Workshop on NRTA for Reprocessing Plants, *Journal of the INMM* **XVII**, No. 1.

Jaech, J.L. (1980). Effects of Inspection Design Variables on Inspection Sample Size and on Detection Probabilities, *Proc. 2nd ESARDA Symp.* (JRC Ispra), 163.

Jones, A.J. (1980). *Game Theory, Mathematical Models of Conflict* (Ellis Horwood, Chichester).

Jones, B.J. (1988). Near Real Time Material Accountancy: Calculation of the Parameters used in Page's Test, *ESARDA Bulletin* **7**, 19.

Kilgour, D.M. (1992). Site Selection for On-Site Inspectioin in Arms Control, *Arms Control* **13**, No.3, 439.

Kilgour, D.M. and Avenhaus, R. (1994). The Optimal Distribution of IAEA Inspection Effort, Report to the Verification Reserch Unit, Foreign Affairs and International Trade Canada, Ottawa, Canada, 1994.

Kokoski, R. and Koulik, S. (Eds.) (1990). *Verification of Conventional Arms Control in Europe* (Westview Press, Boulder and London).

Kowalsky, H.-J. (1979). *Lineare Algebra* (Walter de Gruyter, Berlin).

Krass, A.S. (1985). *Verification: How Much is Enough?* (Taylor and Francis, London and Philadelphia).

Kuhn, H. (1953). Extensive Games and the Problem of Information, *Annals of Math. Statistics* **28**, 193.

Leitner, E., Weh, R., Avenhaus, R. and Canty, M.J. (1987). What is the Price of Timelines?, *Proc. 9th ESARDA Symp., London* (JRC Ispra), 235.

Lundin, S.J. (Ed.) (1991). Verification of Dual-use Chemicals under the Chemical Weapons Convention: The Case of Thiodiglycol, *SIPRI Chemical and Biological Warfare Studies* **13** (Oxford University Press, Oxford).

Maschler, M. (1967). A Price Leadership Method for Solving the Inspector's Non-Constant-Sum Game, *Nav. Res. Logistics* Q.14, 275.

Mathews, R.J. (1993). Verification of Chemical Industry under the Chemical Weapons Convention, and Guthrie, R., The Chemical Weapons Convention: a Guide, in *Verfication 1993*, ed. J.B. Poole and R. Guthrie (Brassey's/Vertic, London).

Mizrotsky, E. (1993). Game Theoretical Approch to Data Verification (in Hebrew), Departoment of Statistics, the Hebrew University, Jerusalem, MSc Thesis.

Murty, K.G. (1988). *Linear Complementarity, Linear and Non-Linear Programing* (Heldemann, Berlin).

Myerson, R.B. (1991). *Game Theory - Analysis of Conflict* (Harvard University Press, Boston MA).

Nash, J.F. (1951). Non-cooperative Games, *Ann. of Math.* **54**, 286. ；落合卓四郎・松島斉 訳,「ナッシュは何を見たか　純粋数学とゲーム理論」, シュプリンガーフェ

アラーク東京，東京 (2005). の pp. 107-120 に本論文の翻訳が掲載されている（ed. H.W. Kuhn and S. Nasar, (2002). *THE ESSENTIAL JOHN NASH* (Princeton University Press)）.

Ostrom, E., Gardner, R. and Walker, J. (1994). *Rules, Game and Common Pool Resources* (University of Michigan Press, Ann Arbor).

Owen, G. (1968). *Game Theory* (Saunders, Philadelphia)；宮沢光一訳，「ゲーム理論」，東洋経済新報，東京 (1972).

Page, E.S. (1955). Continuous Inspection Schemes, *Biometrika* **41**, 523.

Piehlmeier, G. (1995). Spieltheoretische Behandlung von Problemen der Datenvertifikation, Armed Forces University Munich, PhD Dissertation.

Pike, D.H. and Morrison, G.W. (1979). Enhancement of Loss Detection Capability Using a Combination of the Kalman Filter/Linear Smoother and Controllable Unit Accounting Approach, *Journal of the INMM* **VIII**, 553.

Pike, D.J., Woods, A.J. and Rose, D.M. (1979). A Critical Appraisal of the Use of Estimates for the Detection of Loss in Material Accountancy, Technical Report No. I/80/07, University of Reading, UK.

Potter, W.S. (Ed.) (1985). *Verification and Arms Control* (Lexington Books).

Rinderle, K. (1995). Mehrstufige sequentielle Inspektionsspiele mit Fehlern 1. und 2. Art, Armed Forces University Munich, PhD Dissertation.

Rohatgi, V.K. (1976). *An Introduction to Probability Theory and Mathematical Statistics* (Wiley, New York).

Russel, C.S. (1990). Monitoring and Enforcement in *Public Policies for Environmental Protection,* ed. P.R. Portney (Resources for the Future, Washington, DC).

Seifert, R. (1986). The GEMUF Test: A New Sequential Test for Detecting Loss of Material in a Sequence of Accounting Periods, *Nuclear Safeguards and Technology,* **I** (IAEA, Vienna), 377.

Sellinschegg, D. (1982). A Statistic Sensitive to Deviations from the Zero-Loss Condition in a Sequence of Material Balances, *Journal of the INMM* **XI**, No. 4, 48.

Stewart, K.B. (1970). A New Weighted Average, *Technometrics* **12**, 247.

Stewart, K.B. (1971). A Cost-Effectiveness Approach to Inventory Verification, *Proc. Symp. Safeguard Techniques, Karlsuruhe,* **II** (IAEA Vienna), 387.

Thomas, L.C. (1984). *Games, Theory and Applications* (Ellis Horwood, Chichester).

Trapp, R. (1993). Verification Under the Chemical Weapons Convention: On-Site Inspection in Chemical Industry Facilities, *SIPRI Chemical and Biological Warefare*

Studies **14** (Oxford University Press, Oxford).

Umwelt (1989). *Umweltökonomie - Eine praxisorientierte Einführung* (Verlang Franz Vahlen, München), 214-221.

Ungerer, W. (1975). Problems of the Peaceful Use of Nuclear Energy and the Role of International Organization, in *Kernenergie und Internationale Politik,* ed. K. Kaiser and B. Lindemann (R. Oldenbourg Verlag, Munich).

UN Secretary-General (1955). Verification in All its Aspects - Study on the Role of the United Nations in the Field of Verification, Document A/45/372 of the General Assembly, New York.

US Gov. (1957). *Sampling Procedures and Tables for Inspection by Variables for Percent Defectives,* MIL-STD-414 (US Government Printing Office, Washington).

US Gov. (1963). *Sampling Procedures and Tables for Inspection by Attributes,* MIL-STD-105D (US Government Printing Office, Washington)；規格部会 MIL 分科会訳，「計数抜取検査手順と抜取表　解説増補版」，日本規格協会，東京 (1975).

van Damme, E. (1987). *Stability and Perfection of Nash Equilibria* (Springer, Berlin).

von Neumann, J. and Morgenstern, O. (1947). *Theory of Games and Economic Behavior* (Princeton University Press)；銀林浩・橋本和美・宮本敏雄 監訳，「ゲームの理論と経済行動　1/2/3/4/5」，東京図書，東京 (1972-73).

von Stengel, B. (1991). Recursive Inspection Games, Report No. S 9106, Fakultät für Informatik, Armed Forces University Munich.

Weh, R., Hakkila, E.A. and Canty, M.J. (1987). The FRG-US Workshop on Near Real Time Accounting for Reprocessing Plants, *Journal of the INMM* **XV**, No. 2, 12.

Weissing, F. and Ostrom, E. (1991). Irrigation Institutions and the Games Irrigators Play: Rule Enforcement without Guards, in *Game Equilibrium Model II: Methods, Morals and Markets,* ed. R. Selten (Springer, Berlin), 188-262.

Weish, H. (1992). Comments to the Contribution by C.S. Russel, in *Conflict and Cooperation in Managing Environmental Resources,* ed. R. Petring (Springer, Berlin).

Woods, A.J. and Pike, D.J. (1983). Use of the Standardized ITMUF for Choosing Parameters of Sequential Test for Protoracted and Abrupt Diversions, *Proc. 5th ESARDA Symp., Versailles* (JRC Ispra), 369.

付録 A

NPT 保障措置の正式モデル

Avenhaus, R. and Canty, M.J. (2007).
Formal Models for NPT Safeguards,
Journal of the INMM **XXXV**, No.4, 69-76.

要旨

NPT（核不拡散条約）の始めから現在までに開発された，国際原子力機関 (IAEA) 保障措置検証の意思決定およびゲーム理論的モデルの適用に関する測度のレビューを行う．2 種類の正式モデル (formal models) が定義される：INFCIRC/153 下での査察計画，査察履行，査察の効力評価に対する**実用モデル** (practical models) と新議定書 (protocol) 下で統合保障措置測度の解析に対する**基礎モデル** (basic models) の 2 つである．保障措置問題の解への定量的アプローチのパワーと長所を事例を用いて考察する．

A.1　正式モデルとは何か?

核兵器の不拡散に関する条約（核不拡散条約）が始まって以来の原子力保障措置分野における正式モデルの役割の概要を本文で示してみよう．正式モデルは，我々のセンスで，保障措置活動へ確立した解析手法（例えば，統計学，品質管理，信頼性理論，意思決定論またはゲーム理論）を適用することである，さらに査察手順とその有効性に関する**定量的**声明を導くものとしてそのモデルが使用される．この定義ではヒューリスティック・アプローチ，良く知られた査察サンプル数を計算する“IAEA 公式”(IAEA formula) の例，下記を見よ，を除外しない．しかしそれは，定性的転用経路解析，例えば“燃料サイクル・アプローチ”，多年に亘り提案されてきた多くの保障措置有効性評価手法，国際原子力機関 (IAEA)“物理的モデル”(physical model) など，の異なる表明 (manifestations) を我々は議論しないことを意味する，しかしながらこれらアプローチは有益かつ重要である．

常に方法論ツールの適用において，最も適用可能な問題のクラスをも明白にしなければならない．我々はここで方法論の2つの異なる水準が同一であることの確認を行う．

- **実用モデル**は，NPT 下でそれを付託した国家の法令遵守 (compliance) として査察員団によって引き出された最終結論のために必要とされる実際の査察データの過程と評価を取り扱う．例については，本論文で後に与えられる．
- **基礎モデル**は問題の基礎性質への我々の理解を明確にするために供される，具体的検証業務 (concrete verification task) を特徴付けるパラメータはどれか? これらパラメータ間に関連は在るのか? どの様にして制御システムは合法行為を導くことが出来るのか? この種のモデルを本論文の中で後に議論しよう．

続いて，我々はNPTの始めから現在までの正式保障措置モデルの発展を追い，かつそれらの重要性と意義を発達中の検証管理体制 (ongoing verification regime) へ運ぶことを試みる．ここで示される参考文献は数百の出版された論文の代表に過ぎない，それらを引用した専門書，専門分野のジャーナル，ESARDA，INMM およびIAEA会議の予稿集の中に見つけ得る．

A.2　交渉時代：1968-1972

1968年にNPT[*1]が署名のために開放された時に，合衆国は国内保障措置の25年を超える経験を有しており，IAEA もまた特別な状況下での（例えばトラテロルコ条約

[*1] 訳註：　NPT：核兵器の不拡散に関する条約（核不拡散条約）．この条約は1968年に署名のために開放され，1970年に発効した．第3条4は，NPT 締約国である非核兵器国に対して，その国がこの条約への批准書または加入書を寄託した日から18箇月以内に，個々にまたは他の国と共同して，IAEA と保障措置協定を締結することを求めている．

(Tlatelolco Treaty) *2のような）国際保障措置を執行する経験を積んでいた．それにもかかわらずINFCIRC/153 型モデル検証協定 [1]*3の交渉を通じて，NPT 保障措置が新たな問題を完全に提起することになったと見える：メンバー国が“早期探知リスク”により違反行為を抑止するシステムを保有することに関心を持った，しかし同時にNPTに従う (in compliance with the NPT) 国々は間違った罪状 (false accusations) に対して防御しなければならない，それと特に公的に承認された彼らの法令遵守 (compliance) を保持しなければならない．核保障措置検証手順制度は最終的に折衷案で設立された，言い換えれば閉じ込めと監視 (containment and surveillance) に従う**申告された核物質** (declared nuclear material) の物質会計である INFCIRC/153 の要求が，NPT 検証での基礎的役割を演じるべきであるということである．見かたによれば，これは保障措置が測定の不確定性の下での質量保存を検認することと同義である：明らかに良く定義され数量化出来る仕事．しかしながら，未申告物質と未申告施設は通常検認手順 (routine verification procedures) の対象では無い．もちろん，この目的のために用いることの出来る“特別査察”の手段は利用出来たものの，事実上 (de facto) 決して実施されなかった．INFCIRC/153 システムは，イラクと北朝鮮での事件の後，最も深刻な疑問を呼び起こすことになった．

INFCIRC/153 の下で設定されたコントロール・システムの解析およびそれに伴う詳細な査察活動の開発に対し，それを使いこなす知識の思慮深い基礎が存在していた．一方，物質収支を確立し測定精度を推定する測定技法に関して原子力技術分野では多大な経験を有していた [2,3,4]．Stewart は物質収支問題の基礎的な統計学研究を既に済ませ，$MUF - D$ 統計量を非転用仮説検定に用いることを提案した [5,6]．こ

---

*2 訳註：　Tlatelolco Treaty：ラテンアメリカ及びカリブ諸島における核兵器禁止に関する条約．最初の地域的な非核兵器地帯を設立する条約．この条約は 1967 年に署名のために開放され，1969 年に発効した．

*3 訳註：　INFCIRC/153 型保障措置協定：INFCIRC/153 を基礎として締結された協定．こうした協定にはあらゆるタイプの包括的保障措置協定および自発的提供協定が含まれている．

包括的保障措置協定 (CSA)：ある国のすべての原子力活動に係わるすべての核物質に対して保障措置を適用する協定．CSA は次のように区分できる；(a)NPT 第 3 条 1 で求められる IAEA と締約国である非核兵器国との間で締結される NPT に基づく保障措置協定，(b) トラテルコ条約またはその他いくつかの非核兵器地帯 (NWFZ) 条約に基づく保障措置協定，(c) アルバニアと IAEA との間の独自の保障措置協定，並びにアルゼンチン，ブラジル，ABACC および IAEA との間の 4 者保障措置協定．

自発的提供協定 (Voluntary offer agreement)：IAEA と核兵器国との間で締結される協定．核兵器国は NPT の下では保障措置の受入は求められていないが，特に IAEA 保障措置の適用は非核兵器国の原子力産業にとって商業的な不利益をもたらすのではないかという懸念を鎮めるために保障措置の受入を自発的に申し出た．VOA は普通 INFCIRC/153 の様式に従うが，その対象範囲は包括的ではない．

れらのアプローチは，基本的に非敵対関係環境下の品質管理の方法に基づくものであった．他方で，検認問題の非常に一般的であるゲーム理論モデルが存在していた [7-10]，誤差モデルと統計学的抜取理論の開発中に，これらのゲーム理論が見出され使用された，例えば文献 11 を参照せよ，とりわけ有名なナッシュ均衡解概念 [12] を考慮すべきである．

A.3　履行時代：1972-1993(+2)

特定核施設（INFCIRC/153 型合意書中の施設附属書によって取り決められたもの）への保障措置検証活動の設計と計画の基本は，統計学的抜取計画の決定であった．この手順は IAEA 保障措置技術マニュアルで大変詳しく説明されている [13]．再度指摘するが，これらの手順は品質管理の方向を向いていたこと，および闘争状況下——データ偽造が，少なくとも理論的には生じ得る——の文脈でそれらの有効性は明示的に取り扱われてなかった．2 冊の専門書がゲーム理論の観点から物質会計検認に取り組み，IAEA によって実際に行われている基本ヒューリスティック検認手順の最適性を吟味した [14,15]．

システム解析の観点から，IAEA 保障措置システムの構築物ブロックは，(1) 物質会計 (material accountancy)，(2) データ検認手順 (data verification procedures) と (3) 合法行為または不法行為に関する最終決定に至る 2 つの演繹的推論 (synthesis) から成る．これら様相の全てが多大なモデル化の労力を要請した，我々はそれらを次に詳細に考察しよう．

A.3.1　物質会計 (Material Accountancy)

1977 年 4 月，Jimmy Cartter 合衆国大統領は，彼の早期施政決議書 (the early acts of his administration) の 1 つとして，商業用再処理とプルトニウムのリサイクルを無期限に延期するとの公約 (commitment) を開始するとの原子力政策声明を発布した．非核兵器国内での商業用再処理の政治的機微性を強調し，大規模バルク取扱施設 (bulk handling facilities) での物質会計手順を改善するためには強大な研究労力が必要になることを告知した．

再処理施設の物質会計の方法は，与えられた期間間隔に亘ってプラント（またはその一部）に対する物質収支を定量的に評価され得るためのデータの処理と評価に関係している．このことは数千のデータとはならなくとも数百のデータを取り扱うことを意味する．もし測定の不確定さを考慮するなら，これは測定分散の推定と伝播を行うことであるが，その時古典的統計量の巨大なからくりが必要とされる．再処理に対する物質会計の先駆的研究は Los Alamos で行われた [17]，精確な計量タンク (accountability tank) 校正と特に “近実時間” (near realtime) 計量——これは多頻度で物質収支を閉じた工程内中間在庫の測定である——は途方も無く大きな注目を浴びた [18-24].

正式保障措置モデルの最初の例示として，単一の物質収支区域および逐次在庫期間に焦点を当てたものを用いて，次の質問でまごつかせよう：“近実時間計量（物質会計）は通常の会計手順の探知感度を改善出来るのか?”，参考文献 25 および 16 を見よ．

第 1 番目の物質収支期間の初めで，保障措置コントロールを受ける物質の量 I_0 が収支区域内で測定される．その時，i 番目の期間中に，$i = 1 \ldots n$, 正味の測定量 S_i がその区域に入る．その期間の終わりにその物質の量は再び測定されて I_i となる．その量

$$Z_i = I_{i-1} + S_i - I_i, \quad i = 1 \ldots n. \tag{A.1}$$

は i 番目在庫期間における**物質収支検定統計量** (material balance test statistic) と呼ばれる．個別事例の実現である Z_i は一般に**物質不明量** (material unaccounted for) または MUF として引用されている．転用された物質は無いとの**帰無仮説** (null hypothesis) 下において，その期待値はゼロである，それは物質の保存の法則の故である：

$$E_0(Z_i) = 0, \quad i = 1 \ldots n. \tag{A.2}$$

対立仮説 (alternative hypothesis) は，ある特定のパターンに従って収支区域から物質が転用されることである．従って

$$E_1(Z_i) = \mu_i, \quad i = 1 \ldots n, \quad \sum_{i=1}^{n} \mu_i = \mu > 0, \tag{A.3}$$

ここで第 i 番目期間に転用された量 μ_i は正，負またはゼロであろう，一方紛失物質の総量 μ は正であると仮説化される．

ここで，最適検定手順を決定する目的で，2 人零和ゲームを定義する，ここでの査察員の戦略集合は可能な検定手順全ての集合（セット）である δ_α，それは固定した誤警報確率 α に対する有意な閾値である．オペレータの戦略集合は転用パターンの集合 $\mu = (\mu_1 \ldots \mu_n)$, $\sum \mu_i = \mu$ である．査察員の利得は探知確率 $1 - \beta(\delta_\alpha, \mu)$ と成る．ゲームの解は戦略対 (δ_α^*, μ^*) である，この戦略対は**鞍点** (saddle point) 条件を満足しなければならない（ナッシュ条件の特別ケース）

$$\beta(\delta_\alpha^*, \boldsymbol{\mu}) \le \beta(\delta_\alpha^*, \boldsymbol{\mu}^*) \le \beta(\delta_\alpha, \boldsymbol{\mu}^*) \quad \text{for any } \delta_\alpha, \boldsymbol{\mu} \tag{A.4}$$

ネイマン・ピアソン補助定理 (Lemma of Neyman and Peason)，統計学的決定理論の中で最も基礎的な定理の 1 つである，の助けによって，我々は査察員の解を以下のように導くことが出来る．彼の最適検定統計量は

$$\sum_{i=1}^{n} Z_i = I_0 + \sum_{i=1}^{n} S_i - I_n, \tag{A.5}$$

であり，これは係わりの有る全体期間に対する端から端までの物質収支そのものである．中間在庫の全て I_i, $i = 1 \ldots n-1$ は**無視されている**．このことは近実時間物質会計は物質収支システムの感度を改善することが出来るかとの我々の質問に大変明確な答えを与えている．答えは「否」である．

決定理論の観点からこれは満足するかもしれないが，この結果は探知時間の見地を無視している．全体に亘る物質評価の前に 1 年または完全な製造キャンペーン完了を待つことは適時性の観点からはあまりにも長すぎる，そのため 1 年を幾つかの在庫期間に分割することの検定手順の議論（丁度ここで説明したように，低下した全体の探知感度のコストについて）が行われた．今日までのところ，決定理論的モデル——その重大な時間見地 (critical time aspect) を取り入れた——を納得のいくような定義または解くことが可能とはなっていない．“納得のいくように解く” によって，勿論最良検定手順を見つけ出すことを我々は意味している．むしろ，既に触れているように，幾つかのヒューリスティック手順が近実時間物質会計のラベルの下，そしてそれらの種々の調査された転用戦略——ほとんどがモンテカルロ・シミュレーションを介して——に関しての有効性が一括して取り上げられた．これら検定の幾つかを同時に使用することさえも提案された．これは大変懐疑的政策と言える，何故なら誤警報確率を直ちに取出し，——それだけでなく保障措置の信頼性に寄与しない，誤警報率の上昇によって単純に探知確率を高めるだけだから，それは合法的にふるまうオペレータに対し公平では無い．

A.3.2　データ検証 (Data Verification)

データ検証を例示するため，最初に**計数抜取** (attribute sampling) 問題を考えよう，ここでは測定誤差は支配的なふるまいをしない，統計学的誤差はランダム抜取 (random sampling) によってのみ起きる．ランダム・ベースでの封印検認 (seal verification) は，そのような問題の古典的保障措置の例である．

報告データの単一クラスに対し，例えば N 個の似たアイテムの中から r 個が偽造されているとしよう，我々は質問する；ある望まれる確率 $1-\beta$ を伴い r 個の偽造か

ら少なくとも 1 個が探知されるためには，査察員のランダム試料 n はどの様な大きさでなければならないのか（通例，β は統計学用語において未探知確率または**第 2 種過誤の確率** (error of the second kind probability) として使われる）.

もしもアイテムの総数 N に比べて偽造アイテムの数 r が極めて少ないなら，$1-\beta$ は所謂**超幾何分布** (hypergeometrical distribution) から近似出来る [16], *4

$$1-\beta \approx 1-\left(1-\frac{n}{N}\right)^r, \tag{A.6}$$

これより，査察員のサンプル数を決めることが出来る.

ここで K クラスの報告データが存在し，被査察者は彼の報告書を総量 μ によって偽造することを望んでいるものと仮定する．i 番目のクラスの各々のアイテムは大きさ μ_i を有する．そこで被査察者は，彼の偽造をその単一クラスに絞るための i 番目のクラスでは $r_i = \mu/\mu_i$ 個データを偽造しなければならない．もし査察員が今，各々のクラスに対して，クラスのサンプル数 n_i を決めたなら，その総量が実際に単一クラスのみから偽造されると仮定した下でも，その未探知確率 β は保証される，もしもその偽造が K **クラスに亘り任意の方法で実際に分散され**てしまったとしてさえも，依然としてその未探知確率が保証されていることが容易に示されている [16]．**IAEA 公式**として引用したこのレシピは通常保障措置査察 (routine safeguards inspections) で大規模に適用されている．正式モデルが今，答えることの出来る質問は："それが本当に最適査察戦略なのか? または査察員は本当により良いことを行えるのか?" である．実際，抜取計画を導く IAEA 公式の使用が**査察員リーダーシップ・ゲーム**の均衡戦略であることを示すことが出来る，例として参考文献 16 を参照せよ．査察抜取計画の**事前通告** (prior announcement) 下で IAEA 手順が本当に最適であることをこれは実証している [26].

次に，**計量抜取** (variables sampling) を考えよう，ここでは統計学的測定誤差をもはや除くことが出来ない．報告データと独立に検証されたデータ間との差異が測定誤差に依るものなのか，事実としておよび意図的な差異の生成（データ偽造）に依るものかのいずれによって生じることが出来るが故に，意思決定問題が起きる．Stewart は保障措置に使用するための所謂 $D-$ 統計量の提案を最初に行った [6]．n 個のアイテムから成る単一クラスのデータにおいて，そのうちの n 個が検認されている，その $D-$ 統計量は報告データ X_j と独立に測定されたデータ Y_j の差の合計をクラス集合の

---

*4 訳註：　式の導出は，p.40 を参照せよ.

全てに外挿するものである，これは

$$D_1 = \frac{N}{n} \sum_{j=1}^{n} (X_j - Y_j) \tag{A.7}$$

である．データの K クラスに対して（例えば，1 つのクラスは閉じた物質収支の各々のコンポーネントを 1 クラス，とする），D– 統計量は下式により与えられる

$$D_K = \sum_{i=1}^{K} \frac{N_i}{n_i} \sum_{j=1}^{n_i} (X_{ij} - Y_{ij}). \tag{A.8}$$

これらの量は査察員の検定手順のための基礎を成すものである，それは従って前の概要と同様な線に沿って進む：2 つの仮説が公式で表されなければならない，それは固定された誤警報確率に対する有意閾値の決定およびそれらから随伴探知確率を許容するものである．

その後に，再び鞍点基準とネイマン・ピアソン補助定理を用い，D– 統計量の使用は，データ偽造戦略の“合理的な”クラスに対して最適である，と証明された，さらに総査察労力の与件に対する与えられた総偽造量の全体探知確率を最大化する抜取数を決めることが出来ることが示された [14-16].

A.3.3 物質収支の検証 (Verification of the Material Balance)

NPT 条約下での IAEA 保障措置の基礎的手順は以下の通り：施設オペレータは——彼の国内または多国間コントロール当局を介して——物質収支を確立するために必要とする全てのデータを IAEA へ報告する，査察員はその報告データを独立測定の助けを借りて検証する，そしてその時に彼はオペレータのデータにより物質収支を確立させる．文字通りに取ると，そのような手順が，MUF および D と名付けられている，2 つの異成る統計検定を要求する．それは，当初ヒューリスティックな基礎から提案された，後にゲーム理論的論拠により証明された [14-16]，そこでは物質不明量の推定をオペレータ・バイアスの査察員の推定 D に調節することがベターである，と示されていた．それが，下記統計量に基づき単一検定を行うべきである，との論拠である

$$MUF - D. \tag{A.9}$$

これは 1 在庫期間に対して保持される．逐次在庫期間に対して，下記統計量の使用で最適へと替わる

$$\mathrm{var}(MUF) \left(\frac{MUF}{\mathrm{var}(MUF)} - \frac{D}{\mathrm{var}(D)} \right) \tag{A.10}$$

これは MUF と D コンポーネントがそれらに対応する分散に従い重み付けされた統計量である．Jaech が初めてこの手順を提案した [27]，ここでもヒューリスティックに，その最適性について後にゲーム理論モデルで厳密な証明が為された [15,16].

A.3.4　未申告の活動 (Undeclared Activities)

湾岸戦争 (Gulf War) 後におけるイラク国内の隠密兵器プログラム (clandestine weapons program) に関する摘発，取分け 1995 年 NPT レビュー国際会議に関連して，INFCIRC/153 に記載されているように国家の申告された核物質在庫量に基づく検証制度，その適切性についての本気な懐疑が呼び起こされた．保障措置の有効性と効率性を強化するための “93+2 計画” において，IAEA 提案は NPT 下でのアクセス権をかなり大きく拡張し，関係各国を介して情報量の一層の増加を可能なものとする，取り組みを行うことである．この計画は結局新しい NPT 議定書と成る [31][*5]，この議定書の下で各国に対する両方の義務は，査察の範囲が相当拡大してしまったことと同じように，保障措置・検索能力情報 (safrguard-relevant information) の提供である．我々がこれから見るように，正式モデルの新型は，この計画の伴立 (implication) を定量的に評価するために設計されなければならない．

A.4　統合保障措置：1995-現在

物質会計の “古典” 検認手順と閉込/監視の結合された，新議定書 (new protocol) 下で導入された測度は，通常 “統合保障措置” (integrated safeguards)[*6] として引用され

[*5] 訳註：　保障措置の適用のための各国及び国際原子力機関との間の協定に追加されるモデル議定書：モデル追加議定書として知られている文書で，保障措置協定の法的権限の下では実施できなかった IAEA 保障措置の有効性強化及び効率性向上のための手段を規定する文書．この文書は 1997 年 IAEA 理事会において承認された．IAEA はこのモデル追加議定書を，追加議定書及びその他の法的拘束力のある協定の交渉及び締結のために次のように用いる：(a) 包括的保障措置協定を締結している国及びその他の機関との間では，この文書に規定されている手段のすべてを標準として含めるように用いる，(b) 核兵器国との間では当該国に対して実施した場合にモデル追加議定書の不拡散及び効率化目的に貢献でき，かつ NPT 第 1 条の下における当該国の義務に合致していると各国が認めたこの文書に規定する手段を取りこむように用いら，(c) 保障措置の有効性及び効率化目的を追求するためこの文書内に規定されている手段を受け入れる用意のあるその他の国との間で用いる．

[*6] 訳註：　統合保障措置保障措置：利用可能な資源の中で IAEA 保障措置義務を遂行するに当たって最大の有効性及び効率を達成するために，包括的保障措置協定及び追加議定書に基づいて IAEA が利用できるすべての保障措置手段の最適な組み合わせ．統合保障措置は，IAEA がその国には未申告核物質及び活動が存在しないとの結論を導出した場合にのみ，その国内で実施される．統合保障措置の下では，この結論がない場合に適用されてきたはずの手段と比較して，特定の施設においては，レベルを下げてそれら手段を適用することができる．

ている．次のことは明らかだ，もし任意の新検認システムが有効性と効率の改善をもたらすとしても，その状況拡大を導びくことは無い；それら付託に違反しようとする極めて小さな動機を持つ大規模核燃料サイクルを有する国は厳しくコントロールされる，一方，明白な動機を有する他の国ではその保障措置システムを成功裏に欺くことが出来る．ここで，正式な処置は，幾分複雑で議論の的となる状況の分析と明確化で相当に用いることが出来る．これをもっと進んだ 2 つの例で説明しよう [28,29]．先に示した**実用モデル**と異なり，これら例証は導入節で引用したように**基礎モデル**のカテゴリィに入る．

詳細へ入る前に，抑止 (deterrence) のテーマへの一般的注釈をしておくことは有益であろう．いかなる管理制度でも，その主要な目的は，不法行為から被管理パーティを抑止しなければならないことである．A.3.2 節で見た単一クラスを有するアイテムの単純な計数抜取問題にしばらくの間戻ろう．未探知違反に対する国の誘因（認識された利得：percived gain）は d であり，探知された場合のコスト（制裁：sanctions）を b と仮定しよう．もしも査察員の抜取計画の探知確率は $1-\beta$ なら，その時不法にふるまう国の**期待**利得は明らかに下式の通り

$$-b\cdot(1-\beta)+d\cdot\beta=-b+(b+d)\cdot\beta. \tag{A.11}$$

パラメータ b と d はもしも国が合法的に行動した場合の国の利得に関して計測され得る，そこで我々は便宜的にその値をゼロと置くことが出来る．それで国の意思決定は単純となる：下式より決定されるであろう[*7]

$$-b+(b+d)\cdot\beta<0 \quad \text{or when} \quad \beta<\frac{1}{1+d/b}. \tag{A.12}$$

IAEA は長期間に亘り，通常査察測度の設計と計画のために主観的パラメータの明示的使用に関する考察を躊躇していた．むしろそれは単純に，必須である未探知確率 β，典型的には $\beta<0.05$，を要求する基準に押し込めることを好んだ．しかしながら，上述の単純な論争において，その要求は言うならば $d/b>19$ と同等の価値があることを意味する．間違った行為をする国の誘因は探知された結果のそれ自身の直観に比べて約 20 倍も大きいということである! とはいえ，これは幾つかの状況に対して正しいかもしれない，それは確かに一般化するには合理的仮説では無い——有効仮説でも無い．

先へ進む前に，初期に記された INFCIRC/153 型検証手順に伴うその無解析が主観的パラメータとして用いられたことが観察される．それらパラメータはもっぱら誤警

[*7] 訳註： 式の導出は，p.24 を参照せよ．

報と探知確率を考察する基礎であった．これは古い保障措置システムには適切であった，かつその抑止様相は丁度今述べた方法で回避されていた主観性の明示的取扱いを新しい問題が要求する．

A.4.1 無通告中間査察 (Unannounced Interim Inspections)

統合保障措置の文脈の中で，査察制度の適時性を維持しながら，通常査察労力を減らすために，しばしば討論される提案は，スケジュールされた査察からランダム選択されたより少ない数を伴う無通告査察に替えることである．そのような測度の予想不可の様相をアピールしている，不確定性の不変状態 (permanent state of uncertainty) 内に潜在的違犯者を置くがのごとく見えるとして．Sanborn は，無通告，ランダム査察の直観的魅力を，それを改善する本質的な実用的困難性，さらにそれらを適用させようとしている査察を受けるパーティへの負担とを対比させた [30].

そのような問題点を正す正式モデルに達するために，NPT 検認の対象である単一の核施設と 1 つの時間単位（例えば 1 暦年）の参照期間を考えよう．不法活動を探知するとの全体的な目標から通常査察の適時性の面を切り離すために，参照期間の末期に徹底的で明確な査察が行われると仮定する，その査察は，もし起きたならば確実にその不法行為を探知する．徹底度が落ち，かつ戦略的に置かれた“中間”査察の数が加えられる，その査察は参照期間の長さ以下で探知時間を短くする意図によるものである．中間査察は先行した不法活動または同時不法活動を探知する，しかしさらに幾らか低目の確率 $1-\beta<1$ を伴いながら．不法活動が先に起きていない各々の中間査察に伴うのは誤警報確率 α である．

参照期間内に k 回の中間査察が存在すると想定しよう．便利なように査察時期を後ろ向き時間で識別する：時刻 t_k に先立つ査察が k 未使用中間査察が利用出来る，時刻 t_1 に先立つ査察では 1 回の中間査察が残っているなどなど．参照期間の初めを t_{k+1} で識別し，参照期間末を t_0 で識別すると都合が良い，そこで我々は図 A.1 に描写したように $0=t_{k+1}<t_k<\cdots<t_1<t_0=1$ を有することになる．闘士（査察員，被査察者）の効用は以下の通り：

$(0, 0)$：参照期間に亘る合法行為に対して，さらに誤警報無し，

$(-l\,e, -l\,f)$：合法行為，および 1 回の誤警報に対し，$l=1\dots k$,

$(-a\Delta t, d\Delta t-b)$：経過時間 $\Delta t\ge 0$ 後の不法行為探知に対して，

$$0<e<a,\quad 0<f<b<d. \tag{A.13}$$

このように効用は，誤警報無しの合法行為に対して標準化してゼロとしている，さら

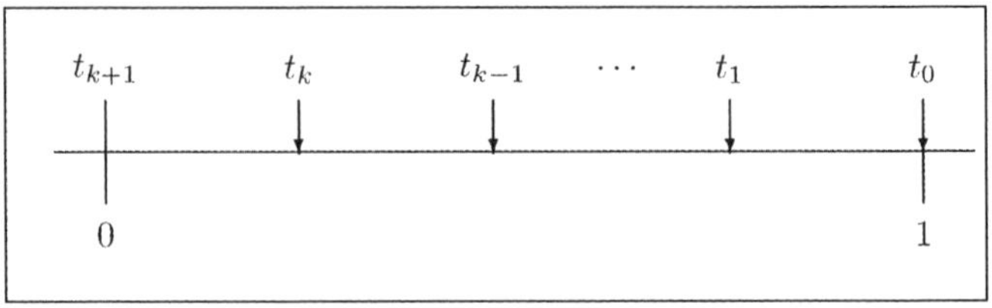

図 A.1　査察のシーケンス

に査察員（被査察者）の損失（利益）は不法行為探知経過時間と伴に比例的に成長する．誤警報は査察員への時間独立コスト $-e$ と被査察者へのコスト $-f$ を用いて明確に説明されている，査察は継続する．量 b は被査察者の即時探知のコストである．もしも $b > d$ なら，中間査察が全く無かったとしても被査察者は合法的にふるまう．中間査察で起きる誤警報は両者に費用を負担させるので，それらを遂行することはポイント無しである．査察員の観点から優先される結果は合法行為であることを明記しておく：彼の優先的意図は被査察者の不法行為抑止である．

我々はここで連続戦略集合を伴う逐次 2 人ゲームを取り扱っている，この完全な取扱いは参考文献 28 で与えられている．ここで被査察者の利得パラメータが下式の時，査察員の解を与える，

$$\frac{b}{d} < A_{k+1} - \frac{f\alpha}{d}(B_{k+1} - k), \tag{A.14}$$

ここで A_j と B_j は下式によって与えられる

$$A_j = \frac{1}{1 + (j-1)(1-\beta)}, \quad B_j = \frac{j}{2}(1 - A_j). \tag{A.15}$$

そのケースでは，査察員に対する均衡戦略は下式によって回帰的に与えられる

$$t_j^* - t_{j+1}^* = (1-\beta)A_{j+1}(1 - t_{j+1}^*) - \frac{f\alpha}{d}\Big((1-\beta)\,B_{j+1} + \beta\Big) \tag{A.16}$$

$j = 1 \ldots k$ および $t_{k+1}^* = 0$ に対して．もしも，他方で

$$\frac{b}{d} \geq A_{k+1} - \frac{f\alpha_i}{d}(B_{k+1} - k) \tag{A.17}$$

被査察者は合法的にふるまう，しかし査察員の上記戦略は依然としてナッシュ均衡である．この解は複雑に見え，その通りである．どの様にして中間査察を実行すべきなのかという質問への厳密な定量的回答は，トリビアルを意味しない．しかし 1 つの様

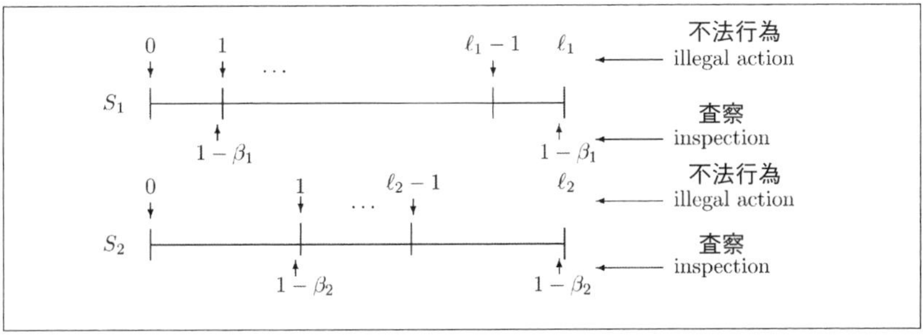

図 A.2　各国が単一施設を有する 2 国．参照期間内の臨界時間数は l_i, $i = 1, 2$ である．査察は任意の臨界期間の末に行うことが出来る．少なくとも臨界時間間隔の初めで 1 つの不法活動が起きる．

相を直ちに観察出来る：査察員の均衡戦略は**混合戦略**でない，それはいかなる不確定性にも関係しない．それで中間査察のランダム化は利益を及ぼさない．査察員の戦略はナッシュ均衡であるため，通告もまた利益を及ぼさない．推奨される査察戦略は，決定論的かつ共通の知識である!

A.4.2　国家間での査察資源配分

査察資源の配置の機微な問題に関して，我々は再び参照期間隔を検討しよう，例えば 1 暦年として，核物質の転用のような不法活動が起こり得るとし．それが起きたなら，**臨界時間** (critical time) 以内に違反が行われる，それは適時的方法での通常査察により探知される—— IAEA 保障措置基準のセンスでの適時性，例えば参考文献 32 を参照せよ．IAEA は N 独立国，お互いが非友好国で，単純化のために単一申告施設を有するものを取り扱うものとしよう．それら施設は臨界時間の異なる数を有する，参照期間当たり $l_i > 1$, $i = 1 \ldots N$．さらに IAEA は参照期間内で正確に k 回査察が行われると仮定する．もしも国 i で臨界時間内に査察が行われるなら，査察員は確率 $1 - \beta_i$ で違反が探知されるだろう．これを 2 国に対するものとしてして図 A.2 に示す．

その闘士ら，機関と国家，に対する戦略的状況は，限定的多純粋戦略，機関は“プレイヤー” 0 を，“プレイヤーズ” $1, 2 \ldots N$ とする $N+1$ 人非協力ゲームとして定式化出来る．可能性の有る結果の利得は以下の通り表現出来る（機関，国家 i）：

$(0, 0)$：国家部分の合法行為に対して

$(-a_i, -b_i)$：不法活動の適時探知に対して

$(-c_i, d_i)$：不法活動の非適時探知に対して

ここで $0 < a_i < c_i$, $0 < b_i$, $0 < d_i$, $i = 1 \ldots N$ である．被査察者の全体利得は各々の段階での利得の和である，例えば段階 1 と段階 2 で未探知不法行為，残りの段階が合法行為に対して $-c_1 - c_2$ である．

臨界時間 $\tau_i = 1/l_i$, $i = 1 \ldots N$ を導入しよう，それは参照時間の比率として測られる．その時，全ての国が合法行為を選択するゲームのナッシュ均衡に対する必要条件を下式の通り示すことが出来る

$$\sum_{i=1}^{N} \frac{1}{\tau_i} \cdot \frac{1}{1-\beta_i} \cdot \frac{1}{1+b_i/d_i} < k. \tag{A.18}$$

この不等式は **全体のコントロール保持期間以内での不法行為の抑止に対する必要条件**と理解してさしつかえない．それは下記の用語により表現される

- 各国が未探知不法行為の最初の利益を取る技術的能力，τ_i,
- 査察の技術的能力（探知確率），$1 - \beta_i$,
- 被査察者に供給出来る人的資源，k，および
- 各国の協定に従って行動する政治的誘因，b_i/d_i.

この条件下で，このパラメータの全ては一緒にほどけないように編まれている，さらに通常査察の合理的な計画の中で（要求される探知確率，査察頻度および探知時間の決定），不法行為国の誘因評価と探知結果の認識が省かれることは出来ない．正確に，この種の評価追加議定書の中に含まれている：可能な限り透明性の有る，国の公開性とそれら活動を行う協力の程度は，それらに費やす通常検証労力の強さに影響を及ぼすべきである．

A.5 将　来

NPT は可変的である：NPT 保障措置の数量化システム解析は従って将来に亘って必然的に続くものである．逐次物質収支検定最適性，計数モードでの計量抜取に対する適切な層別化 (stratification) などのような，取り組むべき興味深くかつ未解決な型にはまった問題が在る．環境監視 (enviromental monitoring) またはサテライト遠隔センシング (satellite remoto sensing) を意味する新技法は定量解析の新たな質問を生む．

もう 1 つの面は，他の軍備管理・軍縮条約からの検証システムに依る“異花受粉”

(cross-pollination) である．疑い無く，IAEA 保障措置システムはこの種の最も古くかつ最も明確に記された定義を有する査察制度を表している．それはモデルとして，少なくとも部分的に，化学兵器禁止条約および欧州通常戦力条約のような他の条約に対して提供されている．その間に新協定が交渉されてしまうか交渉中であり，異なる環境下でのモデル化と解析の経験，例えば包括的核実験禁止条約 (Comprehensive Test Ban Treaty) のような，が NPT 検証へ引き入られるかもしれない．

しかしながら，最も重要なことは，NPT 保障措置制度のさらなる開発と健全性が IAEA の部分として公認されることである，その公的，解析的モデルは，明確に定義される用語で，困難さおよび矛盾する境界条件を直ちに理解し明確化を助けることの出来る多くの引用された，しかし決して統合保障措置の定義された“効率性と有効性”では無いものの測定と最適化に対する合理的な基礎を提供している．このことは相当量の労力を要求するだろう，彼または彼女が時々行う実際家に理解可能な，尤もらしいトリビアルで無い説明を行う解析と同じように，査察員団は両方の部分を進んで学びかつシステム解析の強力な方法を使用しようとする．NPT 保障措置の正式モデルの我々のレビューが，この努力に寄与するものと我々は信じている．

参考文献

[1] The Structure and Content of Agreements between the Agency and States Required in Connection with the Treaty on the Nonproliferation of Nuclear Weapons, INFCIRC/153 (Rev 2), IAEA, Vienna (1972).

[2] Bennet, C.A., C.G. Hough, O. Lendvai, and A. Pushkov. 1969. Report to the Director General of the IAEA by the Consultants on Criteria for Safeguards Procedures (Topic 3), IAEA, Vienna.

[3] Frederiksen, P., D.B.B. Janish, and J.M. Jennekens. 1969. Report to the Director General of the IAEA by the Consultants on Criteria for Safeguards Procedures (Topic 2), IAEA, Vienna.

[4] Jaech, J.L. 1973. *Statistical Method in Nuclear Material Control,* United States Atomic Energy Commission.

[5] Stewart, K.B. 1958. A New Weighted Average, *Technometrics* 12, 247-258.

[6] Stewart, K.B. 1971. A Cost-Effectiveness Approach to Inventory Verification, *Proceeding of the IAEA Symposium on Safeguards Techniques,* Karlsruhe, Vol II, IAEA, Vienna, 387-409.

[7] 1963 and 1965. Application of Statistical Methodology to Arms Control and Dis-

armament, Final reports, submitted to ACDA under Contract No. ACDA/ST-3 and ACDA/ST-37.

[8] Saaty, Th. 1968. *Mathematical Models of Arms Control and Disarmament,* John Wiley and Sons, New York.

[9] Bierlein, D. 1969. Auf Bilanzen und Inventuren basierende safeguards-Systeme, *Operations Reserch Verfahren* 8, 36-43.

[10] Höpfinger, E. 1974. *Zuveriässige Inspektionsstrategien, Zeitschrift für Wahrscheinlichkeits-theorie und Verwandte Gebiete,* 31, 35-46.

[11] Myerson, R.B. 1991. *game Theory - Analysis of Conflict,* Harvard University Press, Boston.

[12] Nash, J.F. 1951. Non-cooperation Games, *Annals of Mathematics,* 54, 286-295.；落合卓四郎・松島斉 訳,「ナッシュは何を見たか　純粋数学とゲーム理論」, シュプリンガーフェアラーク東京, 東京 (2005). の pp. 107-120 に本論文の翻訳が掲載されている（ed. H.W. Kuhn and S. Nasar, (2002). *THE ESSENTIAL JOHN NASH* (Princeton University Press)）.

[13] 1980. *IAEA Safeguards Technical Manual* Part F, Statistical Concepts and Techniques, Second Revised Edition, IAEA, Vienna.

[14] Avenhaus, R. 1977. *Material Accountability: Theory, Verification, Applications,* Wiley and Sons, New York.；今野廣一訳,「物質会計：収支原理, 検定理論, データ検認とその応用」, 丸善プラネット, 東京 (2008).

[15] Avenhaus, R. 1986. *Safeguards System Analysis,* Plenum Press, New York.

[16] Avenhaus, R. and M.J. Canty. 1996. *Compliance Quantified: An Introduction to Data Verification,* Cambridge University Press, Cambriridge.; 本書の本文.

[17] Hakkila, E.A., E.A. Kern, D.D. Cobb, J.T. Markin, H.A. Dayem, J.P. Shipley, R.J. Dietz, J.W. Barnes, and L. Scheinman. 1980. Materials Management in an Internationally Safeguards Fuel Reprocessing Plant, *Report of the Los Alamos Scientific Laboratory, Vols. I, II, and III, LA-8042.*

[18] Beyrich, W., and G. Spannagel. 1979. The A7-76 Interlaboratory Experiment IDA-72 on Mass Spectrometric Isotope Dilution Analusis, *Report KFK 2860 Nuclear Reserch Center Karlsruhe.*

[19] Sellinschegg, D., G. Naegele, and F. Franssen. 1981. Evaluation of Tank Calibration in RITCEX, *Proceeding of the 6th Annual ESARDA Symposium,* Venice, C.C.R. Ispra, 223-230.

[20] Page, E.S. 1955. Continuous Inspection Schemes, *Biometrika,* 41, 100-115.

[21] Page, E.S. 1955. A Test for a Change in a Parameter at an Unknown Point, *Biometrika,* 42, 523-527.

[22] Pike, D.H., and G.W. Morrison. 1979. Enhancement of Loss Detection Capability Using a Combination of the Kalman Filter/Linear Smoother and Controllable Unit Accounting Approach, *Proceeding of the 20th Annual Meeting of the INMM,* Albuquerque, 553-563.

[23] Pike, D.J., A.J. Woods, and D.M. Rose. 1980. A Critical Appraisal of the Use of Estimates for the Detection of Loss in Material Accountancy, Technical Report I/80/07, University of Reading.

[24] Sellinschegg, D. 1982. A Statistic Sensitive to Deviations from the Zero-Loss Condition in a Sequence of Material Balances, *Journal of the Institute of Nuclear Materials Management* 8, 48-59.

[25] Avenhaus, R., and J.L. Jaech. 1981. On Subdividing Material Balances in Time and/or Space, *Journal of the Institute of Nuclear Materials Management* X(3), 24-33.；付録 B に掲載.

[26] Avenhaus, R., and M.J. Canty. 1989. Re-examination of the IAEA Formula for Stratified Attribute Sampling, *Proceeding of the 11th ESARDA Symposium,* JRC Ispra, 351-356.

[27] Jaech, J.L. 1980. Effects of Inspection Design Variables on Inspection Sample Sizes and on Detection Probabilities, *Proceeding of the Second ESARDA Symposium,* JRC Ispra, 163-166.

[28] Avenhaus, R., and M.J. Canty. 2005. Playing for Time: A Sequential Inspection Game, *European Journal of Operational Research,* 167(2), 475-492.

[29] Avenhaus, R., and M.J. Canty. Deterrence, Technology and the Sensible Distribution of Inspection Resources, in preparation.

[30] Sanborn, J. 2001. Considerations Regarding the Scheduling of Unannounced Random Inspections, *Proceedings of the IAEA Symposium on International Safeguards,* Vienna, IAEA-SM-367/12/07, CD.

[31] 1997. Model Protocol Additional to the Agreement(s) Between State(s) and the International Atomic EnergyAgency for the Application of Safeguards, INF/CIRC 540, IAEA, Vienna.

[32] 1985. IAEA safeguards implementation at nuclear fuel cycle facilities, IAEA/SG/INF/6, IAEA, Vienna.

付録 B

物質収支の時間 and/or 空間分割

Avenhaus, R. and Jaech, J.L. (1981).
On Subdividing Material Balances in Time and/or Space,
Journal of the INMM **X**, No.3, 24-33.

B.1 はじめに

物質会計概念は核物質保障措置の基礎である．与えられた空間，物質収支区域 (material balance area：MBA) と呼ばれる，と与えられた時間間隔，物質収支期間 (material balance period：MBP) と呼ばれる，に対する物質会計 (material accountability) は，物質不明量 (material unaccounted fot：MUF) か在庫差 (inventry difference：ID) のいずれか一方で呼ばれる，計算された性能指標を意味する．（本論文内での収支には用語 MUF を使用している．）保障措置の環境下において，MUF は物質転用の信号として用いられている．

MUF の決定は以下の通り進行する．MBP の初めで，期首在庫 I_0 が測定される．（この量は真の初期在庫の推定値に過ぎない，何故ならば測定誤差が在るから．同じことは他の MUF 構成物でも同様に言える．）同様に，MBP の終わりで，期末在庫 I_1 が測定される．MBP の初めから終わりまでの期間中に，正味の流れ（フロー）または移転 (transfers)，受入 (inputs) から払出 (outputs) を引く，T_1 が測定される．合計，$I_0 + T_1$ は帳簿在庫 (book inventry) と引用される，そして期末実在庫 (physical inventry)，I_1 と比較され，MUF を形作る

$$MUF_1 = X_1 = I_0 + T_1 - I_1$$

損失 (losses) または転用を局在化するため，施設は幾つかの MBA に分割されるかもしれない，ある与えられた MBA 内での“有意な”MUF（これは測定誤差に依るものであると説明出来ないものを意味する）はその特定 MBA で損失または転用が起きたことの証拠となる．施設全体が単一 MBA からなる場合，有意な MUF は施設内のどこかで損失または転用された信号であるものの，それがどこで起きたのかを精確に決定することは不可能であろう．同様に，もし時間の局在化が望まれるなら，全体の MBP をさらに頻繁な在庫実施と各在庫時点で物質収支の算出を行うことによって，さらに短い時間間隔に分割しなければならないだろう．結局，期間内の与えられたポイントにおける一括転用 (abrupt diversion) は，明らかに，一層容易に探知され得る．

施設の区画割りをさらに小さな MBA へ分割，期間をさらに短い MBP へ分割することは，それぞれ空間と時間下での損失または転用の局在化を達成することと認められる，これは，会計システム (accountability system) の全体の探知能力がこの努力の結果として強められることを必ずしも意味するものでは無い．その理由は，物質収支をより小さな空間 and/or より小さい時間間隔によって含まれる物質量は明らかにより少なくなり，従って MUF の不確定性は，絶対値ベースで，さらに小さくなる．より小さな不確定性は，MUF 検定の探知能力（統計学の用語では検定力）を向上させる，そして探知感度がこの行動によって増進されるとクレームが出る．[*1]

この議論は与えられた物質収支に対して妥当であるとはいえ，特定化された期間，例えば 1 年間，に亘って，そして与えられた MBA に対してよりもむしろ施設全体に対して，損失または転用が為されたと意思決定される時，探知感度に何が起きるのか言及出来ない．MUF データを結合するには基本的に 2 つの方法が在る：(1) 統計検定が各々の MBA/MBP に対して行われる，“探知” はそのような検定の 1 つまたはそ

[*1] 訳註：　「物質会計」の p. 17 に次のことが記載されている：

1. 損失（または転用）の推定量 M の増加に伴い，探知確率は上昇する．この性質は，どのような検知システムにおいても自然な要求項目である．
2. 標準偏差 σ の減少に伴い，探知確率は上昇する．これもまた，合理的な理由となる．もしこの定常な標準偏差を労力（金額または人工数）の増加により減少させるならば，労力の増加に伴い探知確率が上昇することを意味する．
3. 誤警報確率の増加に伴い探知確率は上昇する．これは，どのような探知システム（例えば，火災警報システム）でも良く知られている性質である：感度を高くするほど，誤警報率も高くなる．

これと同じ理由である．また p.19 に式 $1 - \beta = \Phi(M/\sigma - U_{1-\alpha})$ の計算図表が表示されているので参照せよ．

れ以上に対する有意な MUF よりなる；(2) 個々の MUF は算術的に加算され，単一の有意統計検定が行われる．後者の例では，勿論，その正味結果は空間/時間の分割が為されなかった場合と同じである．(他の解析が MUF データで行われたかも知れない，例えば MUF の特別な線形結合が形成されるかもしれない．この可能性についてここで詳細にはカバーしない，しかしこの点に関連する重要な結果を後で示す．)*2

本論文の目的は，この問題に関係する幾つかの重要定理を説明すること，多くの MBA に亘る多頻度物質収支の実行によって如何にして全体に亘る探知感度が低下するかを例証事例で示し，相関を伴う探知確率の計算を許す最近開発された計算機コードの応用を例証することである．

B.2 定 理

Avenhaus and Frick [1] および Frick [2] の初期研究の拡張である 3 定理について述べる，その証明を **B.4 付録**に記す．これら定理を意思決定下問題への適用において，3 つの重要含意 (implications) が以下の通り明言されるかもしれない：

(1) 全体に亘る参照期間，1 年間のような，に関して，もしもこの年をある数の MBP に分割されたとしたなら，最高検定力——このことは**全体の大きさが与えられているものからのいかなる損失または転用をも探知する確率**の最大値を有することを意味する——を有する統計検定を適用するとのセンスにおいて，最良検定は中間在庫を無視する検定である．言い換えると，個々の MBP に対する MUF の算術合計を検定統計量として用いる，単一統計検定が行われることである．(検定の疑問は，**いかなる** (any) 損失または転用パターンでの探知を行う“最良”(best) であるが故に，それは明らかに最適転用戦略に対抗する最良となり得る.)

(2) 第 2 番目の定理はこの重要な結果を力説する．しかしながら，それは第 1 番目の定理に既に含まれている，中間 MUF がある最適な線形結合とされたとしても，与えられた MBP の期首在庫を重み付き平均を用いて推定するように（例えば Stewart [3] を見よ)，検定の結合結果は，単純な全体検定に比べてその全体探知確率は依然として小さい，そのことが全体の MBP に対して期首実在庫と期末実在庫と正味流れ（フロー）のみを使用させる．

(3) もしもその認められた検定統計量を個々の MBP に対する MUF の線形結合へ

---

*2 訳註： 適時性については，本文 p.99 の脚注に示した「転換時間」を参照せよ．

限定するなら，以前表明された結果が再び自然に維持される．（これについて，ここで明示的に述べられる，何故ならこれら統計量は，例えば Jaech [4] に見られるように，文献の中で重要な役割を演じる．）

これら定理のさらなる幾つかのコメントが助けとなる．最初に，定理は空間分割よりむしろ時間分割に関して明言されているものの，その証明の方法は連続 MUF 間での相関に関する仮定を作らないことと明記しておく．その時，その結果を同じように空間の再分割に適用する，さらに，それについては，時間および空間に分布している MUF 行列に適用する．第 2 番目に，もしもその目的が空間または時間の中で損失を隔離することなら，より小さな空間に亘りより頻繁な物質収支がこの目的に合致する．これに従う例をここで例証する．損失を隔離するこの能力は，しかしながら，低下する探知感度を犠牲にして，その損失またはその転用を一括では無しに空間 and/or 時間に分散するべきである．明記すべき第 3 番目のポイントはその MUF “最適” 線形結合である，それは単純な算術和の活用で，**特定化された**損失または転用のパターンへの反応を得ることが出来る．単純 MUF は，**未特定化**損失または転用パターンのケースへ適用の最適である，転用者の最適戦略に対する防御をしなければならない．それは保障措置の立場上，実際，最も現実的であることは極めて明確である．事実，第 3 番目の定理はゲーム理論的アプローチから導かれた．

種々の検定統計量およびそれについての組合せの評価において，全体有意水準の値，それは我々のケースでは**誤警報率** (false alarm rate) の具体的意味を持つ，をコントロールしなければならない．上で与えられた 3 定理はこの要求を完全に満たす．多くの統計検定が適用された時，これは特別重要である；もしも誤警報率の値が制御出来ないなら，1 つまたはそれ以上の検定はチャンスのみに依る正の応答を生じがちである．我々の意見は，誤警報率の制御は常に考慮すべきものでは無い，ということである．

多数の例証が，ここで議論される結論の説明として与えられる．

B.3 例　証

以下の例証では，単純な誤差構造を仮定する．例証で示されるように，このことは決して結果の一般性を低下させない．明らかに，この例証が状況の全ての種類をカバーすると望むことは出来ないが，単純性は完全性より好まれる．

はじめにで与えた基本的 MUF 方程式は

$$X_1 = I_0 + T_1 - I_1 \tag{B.1}$$

である，ここで X_1 は MBP 1 の MUF である，I_0 は期首実在庫，I_1 は期末実在庫，T_1 は正味の流れ（フロー）または移転 (transfers) である．連続する MBP に対し，その方程式は

$$\begin{aligned} X_2 &= I_1 + T_2 - I_2 \\ X_3 &= I_2 + T_3 - I_3 \\ &\text{etc.} \end{aligned} \tag{B.2}$$

である．N 個の MBP に亘りその累積 (cumulative) MUF は，これは中間在庫を取らない総合 MUF と同じである，

$$\sum_{i=1}^{N} X_i = I_1 + \sum_{i=1}^{N} T_i - I_N \tag{B.3}$$

である．これら例証で仮定した単純化した誤差構造に対し，

σ_I = 在庫の標準偏差

σ_T = 単一 MBP に対する移転量の標準偏差

としよう．これらは偶然誤差標準偏差 (random error standard deviation) と仮定する；系統誤差 (systematic errors) は存在しないと仮定する．X_i の分散は，全ての i に対して，

$$\sigma_X^2 = 2\sigma_I^2 + \sigma_T^2 \tag{B.4}$$

である．kX_i の和の分散は

$$\mathrm{var}\left(\sum_{i=1}^{k} X_i\right) = \sigma_{\sum X_i}^2 = 2\sigma_I^2 + k\,\sigma_T^2 \tag{B.5}$$

である．X_i と X_j 間の共分散は

$$\mathrm{cov}(X_i, X_j) = \sigma_{X_i X_j} = \begin{cases} -\sigma_I^2 & \text{for } j = i + 1 \\ 0 & \text{そうでなければ} \end{cases} \tag{B.6}$$

この基礎モデルは，以下のような条件の様々な組合せから成る，多数のケースで研

究されている：

σ_I = 全てのケースに対して 1 単位
σ_T = 0.1, 0.5, 1 単位
M = 損失または転用された量
　= 0, 4, 6, 10 単位
　（0 単位は誤警報に相応する）
n = 物質収支数または計算された MUF の数
　= 12, 6, 4
N = 興味有る期間中の MBP の数
　= 12
μ_i = MBP i 中の転用または損失量，このケースでの合計は M と成る．

探知確率計算は，以下に定義する 39 ケース（場合）で実行した．

上述の表に関する幾つかのコメントが助けになるだろう．最初の 36 ケースは 12 件毎のグループに分けられ，さらに 4 件毎のサブグループに分けられる．12 件のグループ内では σ_T が一定であり，かつ損失量または転用量 M は 0（誤警報のケースに対して）または一定値のいずれかである．各々 4 件毎のサブグループにおいて，MBP の数は一定である．1 年という参照期間の枠内で，$n = 12$ は月次 (monthly) MBP に対応，$n = 6$ は 2 月次 (bi-monthly) MBP に対応，$n = 4$ は四半期 (quarterly) MBP に対応している．4 ケースのサブグループ内において，3 種類の損失または転用のパターンが在る．第 1 番目のパターンは一様損失 (uniform loss) または一様転用を示し；最後のパターンは一括損失または一括転用 (abrupt diversion) を示す；中間のパターンでは各々の MBP 間で一様損失または一様転用が起き，残りの MBP では無損失または無転用であることを示している．

最後の 3 ケースは，単一物質収支が貫かれた時の結果を与える．それらは，損失または転用パターンとは独立の探知確率の，統計検定での単一計算 MUF を用いた保証探知確率を示す．

表形式の 39 ケースに対する結果を示す前に，幾つかのケースでの計算を例示することは役に立つだろう．全てのケースで，望まれる全体の α 値は 0.05 に固定している．[*3]

[*3] 訳註：　全体の $\alpha = 0.05$ と小さな値を設定したのは，$M = 0$ の場合，これが誤警報確率となるからである．また探知の有意水準として $Z > 1.645$ としたいためである．$M > 0$ の場合，これが探知確率となる．

場合	σ_T	M	n	μ_i	場合	σ_T	M	n	μ_i
1	0.1	0	12	全 i で 0	25	1	0	12	全 i で 0
2	0.1	4	12	全 i で 1/3	26	1	10	12	全 i で 5/6
3	0.1	4	12	奇 i で 2/3；遇で 0	27	1	10	12	奇 i で 5/3；偶で 0
4	0.1	4	12	$i = 6$ で 4，他 0	28	1	10	12	$i = 6$ で 10，他 0
5	0.1	0	6	全 i で 0	29	1	0	6	全 i で 0
6	0.1	4	6	全 i で 2/3	30	1	10	6	全 i で 5/3
7	0.1	4	6	奇 i で 4/3; 偶で 0	31	1	10	6	奇 i で 10/3; 偶で 0
8	0.1	4	6	$i = 3$ で 4，他 0	32	1	10	6	$i = 3$ で 10，他 0
9	0.1	0	4	全 i で 0	33	1	0	4	全 i で 0
10	0.1	4	4	全 i で 1	34	1	10	4	全 i で 2.5
11	0.1	4	4	奇 i で 2；偶で 0	35	1	10	4	奇 i で 5；偶で 0
12	0.1	4	4	$i = 2$ で 4，他 0	36	1	10	4	$i = 2$ で 10，他 0
13	0.5	0	12	全 i で 0	37	0.1	4	1	$\sum \mu_i = 4$
14	0.5	6	12	全 i で 0.5	38	0.5	6	1	$\sum \mu_i = 6$
15	0.5	6	12	奇 i で 1；偶で 0	39	1	10	1	$\sum \mu_i = 10$
16	0.5	6	12	$i = 6$ で 6，他 0					
17	0.5	0	6	全 i で 0					
18	0.5	6	6	全 i で 1					
19	0.5	6	6	奇 i で 2；偶で 0					
20	0.5	6	6	$i = 3$ で 6，他 0					
21	0.5	0	4	全 i で 0					
22	0.5	6	4	全 i で 1.5					
23	0.5	6	4	奇 i で 3；偶で 0					
24	0.5	6	4	$i = 2$ で 6，他 0					

ケース 38

(B.5) 式より，

$$\sigma_{\sum X_i} = \sqrt{2(1) + 12(0.25)} = \sqrt{5}$$

である．確率は，

$$\Pr\left(\sum X_i > 1.645\sqrt{5} \;\middle|\; \sum \mu_i = 6\right) = \Pr\left(Z > 1.645 - 6/\sqrt{5}\right)$$
$$= \Pr(Z > -1.038070) = 0.8504$$

ここで Z は標準正規分布 $N(0, 1)$ の標準正規変数である．

ケース 13

2 組の結果が観察される，1 つは‘近似’(approximate) と標示する，もう 1 つは‘正確’(exact) と標示する．近似ケースに対して，連続 MUF 間の相関は無視される，これはそれらの独立性を仮定することである．この場合，全体探知確率は 0.05 に固定する．12 の統計検定の任意の 1 つに対する α 値は

$$1-(0.095)^{1/12}=0.004265$$

となる．

‘正確’の結果に対して，連続 MUF 間の相関を考慮する．(B.6) 式より，

$$\sigma_{X_i,X_{i+1}}=-1$$

および

$$\rho_{X_i,X_{i+1}}=-1/\sigma^2_{X_i}$$

である．(B.4) 式より，

$$\sigma^2_{X_i}=2+0.25=2.25=2\cdot 1/4$$

これより

$$\rho_{X_i,X_{i+1}}=-1/2.25=-4/9$$

探知の‘正確’な確率を見出すために（これは全体 α 値である），A. Kraft によって書かれたコンピュータ・プログラムを使い，Rice ら [5] によって報告された近似多変量正規分布が用いられる．近似ケースでは $\alpha=0.004265$ と定義される，この確率は，上記相関係数を考慮しての，全 12 検定に対する標準正規分布ランダム変数が 2.63071（確率 0.004265 に対応する）より小さい値を取ることで見出される．その探知確率は 1 から問題の確率を引いたものである．

ケース 15

近似計算に対して，さらに奇数の MBP に対して，棄却値 (critical value) を超えない確率は

$$\Pr\left(Z<2.63071-1\sqrt{2.25}\right)=\Pr\left(Z<1.964043\right)=0.975238$$

偶数の MBP に対し，この確率は 1 − 0.004265 または 0.995735 である．従って全体近似探知確率は

$$1-(0.975238)^6(0.995735)^6=0.1615$$

である．正確計算に対し，ケース 13 のようにコンピュータ・プログラムを用いる．

表 B.1 $M = 4$ と $M = 0$ に対する探知確率；$\sigma_T = 0.1$

	$M = 0$	$M = 4$		
n		S_1	S_2	S_3
12	1/ 0.05 0.0442	2/ 0.0951 0.0809	3/ 0.1118 0.0947	4/ 0.5951 0.5963
6	5/ 0.05 0.0476	6/ 0.1545 0.1463	7/ 0.2254 0.2110	8/ 0.6796 0.6890
4	9/ 0.05 0.0496	10/ 0.2281 0.2366	11/ 0.3810 0.3816	12/ 0.7274 0.7413
1	0.05	37/ 0.8648	37/ 0.8648	37/ 0.8648

探知確率を表にしておこう．以下に示す 3 表において，S_1, S_2, S_3 は損失または転用の 3 種類のシナリオについて言及しているものである．各々の欄の上段は検定統計量の独立性を仮定した近似探知確率であり，下段は連続 MUF 間の相関を考慮した正確探知確率である．$n = 1$ において，正確確率および近似確率は同じである．

表 B.1 はケース 1-12 とケース 37 をカバーしている；表 B.2 はケース 13-24 とケース 38 を含み；一方，表 B.3 においてはケース 25-36 とケース 39 を表示している．ケース番号は各々の欄の入口の角に表示している．$M = 0$ に対する探知確率は誤警報率 α と等しいことを頭に入れておくこと．

以下のコメントが勧告される；[*4]

(1) 近似結果と正確結果との比較より，これら事例に対し結果が極めて類似していることを指摘しておく．この結果をもって一般化すべきでは無い；しかしながら仮定した誤差構造の差異，例えば系統誤差が支配している時，検定統計量のペア間の相関を考慮した失敗によって極めて不正確な結果を得ることになって

[*4] 訳註： 近似結果と正確結果の比閣から在庫の相関関係を無視した近似結果との差は小さいことから，個々の MUF を独立に検定しても差は無い．ただしコメントで指摘しているように，系統誤差が支配的であれば，この結論は変わる．転用パターン比較 S_1, S_2, S_3 では 1 回の一括転用よりも均等分割転用 (uniform loss) のほうが探知確率が低くなる．

表 B.2　$M = 6$ と $M = 0$ に対する探知確率；$\sigma_T = 0.5$

	$M = 0$	$M = 6$		
n		S_1	S_2	S_3
12	13/ 0.05 0.0454	14/ 0.1222 0.1061	15/ 0.1615 0.1397	16/ 0.9185 0.9230
6	17/ 0.05 0.0486	18/ 0.2158 0.2117	19/ 0.3604 0.3493	20/ 0.9238 0.9286
4	21/ 0.05 0.0500	22/ 0.3196 0.3371	23/ 0.5693 0.5755	24/ 0.9199 0.9251
1	0.05	38/ 0.8504	38/ 0.8504	38/ 0.8504

しまう．

(2) おびただしい数の物質収支が，均一性 (uniformity) に達する任意の損失または転用シナリオ中の探知確率を大きく減少させる．物質収支数が増加するほど，探知感度下で損失が増加する．表 B.1 から，一括損失または一括転用の出来ごとがイーブン (even) である条件下で，単一で閉めたものに比べて多数回閉めのほうが探知能力はさらに小さい．

(3) 単一 MBP の場合を除き，与えられた MBP 数において一括転用・損失のシナリオ・アプローチでは探知確率が増加している．*5

この考察を通じて，もしも空間 and/or 時間での損失の局在化が要請されるならば，空間 and/or 時間分割は本当に必要であることを認識すべきである．しかしながら，誤警報率が固定されたものとして与えられているなら，一括転用を局在化する能力とは探知確率の削減 (reduction) という犠牲を払うことである，事例で例証したごとく，削減は極めて大切 (significant) なのかもしれない．このことが，個々の MBP's に対して個々の MBA's での検定のシリーズ，および MBA's と MBP's に亘る MUF's を仮定しての 1 つの総括検定 (global test) を行った両タイプの解であることを示唆する．ここでは事例として例証しなかったものの，この解もまた均一特性に達する損失また

*5 訳註：　転用パターン比較 S_1, S_2, S_3 から 1 回の一括転用よりも均等分割転用のほうが探知確率が低くなることを，反対側から説明している．

表 B.3 $M = 10$ と $M = 0$ に対する探知確率；$\sigma_T = 1$

	$M = 0$	$M = 10$		
n		S_1	S_2	S_3
12	25/ 0.05 0.0474	26/ 0.1739 0.1601	27/ 0.2726 0.2508	28/ 0.9992 0.9993
6	29/ 0.05 0.0497	30/ 0.3109 0.3159	31/ 0.5650 0.5638	32/ 0.9957 0.9960
4	33/ 0.05 0.0503	34/ 0.4327 0.4515	35/ 0.7570 0.7615	36/ 0.9870 0.9884
1	0.05	39/ 0.8479	39/ 0.8479	39/ 0.8479

は転用の出来ごとへの検定感度を低下させる，誤警報率を制御する必要との理由によって．

B.4 付 録

我々の問題の解のアイディアは固定された対立仮説に対するネイマン・ピアソン (NP) 検定と全ての許された対立仮説に関する検定力も最小化から構成されている．以下でランダム・ベクトル $\boldsymbol{X}$ の要素 X_i; $i = 1, 2, \ldots, N$ は本文の (B.1) 式と (B.2) 式で与えられた MUF's であると説明されるかもしれない．本文の (B.6) 式によって与えられたさらに一般的な共分散構造に対して，それら定理はしかしながら妥当である．

定理 1

ここで $\boldsymbol{X}$ を既知の正則共分散行列 $\underline{\boldsymbol{\Sigma}}$ を伴う正規分布しているランダムベクトルとしよう．δ を 2 つの仮説 H_0 と H_1 に対する検定とする，

$$
\begin{aligned}
H_0 &: E(\boldsymbol{X}) = 0 \\
H_1 &: E(\boldsymbol{X}) = \boldsymbol{\mu} \ : \ \boldsymbol{e}' \cdot \boldsymbol{\mu} = M > 0
\end{aligned}
$$

ここで（$\boldsymbol{e}$ は単位ベクトル，それは観測 MUF's，$\boldsymbol{X}$ の要素を形成している）固定した有意水準 α と検定力 $1 - \beta_\delta(\boldsymbol{\mu})$ を伴っている．

下式で定義される検定 δ^{**} の検定力 $1-\beta_{\delta^{**}}$ は

$$\delta^{**} = \begin{cases} 1 & \text{for } \boldsymbol{e}' \cdot \boldsymbol{X} > k_\alpha \\ 0 & \text{for その他} \end{cases}$$

（ここで k_α は有意な閾値である）下記の関係式を満足する．

$$1-\beta_{\delta^{**}} = \min_{\{\mu\}} \sup_{\{\delta\}} (1-\beta_\delta(\mu)) = \sup_{\{\delta\}} \min_{\{\mu\}} (1-\beta_\delta(\mu))$$
$$= \Phi\left(\frac{M}{\sqrt{e' \cdot \underline{\boldsymbol{\Sigma}} \cdot e}} - U_{1-\alpha} \right)$$

ここで $\{\mu\}$ が明示的に $\{\mu : e' \cdot \mu = M\}$ を意味し，Φ は正規またはガウス分布関数であり，U はその逆関数である．

証明

所与の対立仮説 $E(\boldsymbol{X}) = \boldsymbol{\mu}$ に対し，最良検定 δ^* の棄却域 K_{δ^*} は下式で与えられるネイマン・ピアソンの補助定理 (Lemma) に従う，

$$K_{\delta^*} = \left\{ \boldsymbol{x} : \frac{\exp\left(-\frac{1}{2} \cdot (\boldsymbol{x}-\boldsymbol{\mu})' \cdot \underline{\boldsymbol{\Sigma}}^{-1} \cdot (\boldsymbol{x}-\boldsymbol{\mu})\right)}{\exp(-\frac{1}{2} \cdot \boldsymbol{x}' \cdot \underline{\boldsymbol{\Sigma}}^{-1} \cdot \boldsymbol{x})} > k \right\}$$

さらに，この式は検定統計量が下式で与えられることを意味する

$$\boldsymbol{X}' \cdot \underline{\boldsymbol{\Sigma}}^{-1} \cdot \boldsymbol{\mu}.$$

多変量正規分布でのランダム変数のこの線形体では期待値を伴い正規分布している，

$$E(\boldsymbol{X}' \cdot \underline{\boldsymbol{\Sigma}}^{-1} \cdot \boldsymbol{\mu}) = 0 \quad H_0\text{下において}$$
$$E(\boldsymbol{X}' \cdot \underline{\boldsymbol{\Sigma}}^{-1} \cdot \boldsymbol{\mu}) = \boldsymbol{\mu}' \cdot \underline{\boldsymbol{\Sigma}}^{-1} \cdot \boldsymbol{\mu} \quad H_1\text{下において}$$

その分散は

$$\mathrm{var}(\boldsymbol{X}' \cdot \underline{\boldsymbol{\Sigma}}^{-1} \cdot \boldsymbol{\mu}) = \boldsymbol{\mu}' \cdot \underline{\boldsymbol{\Sigma}}^{-1} \cdot \boldsymbol{\mu},$$

であり，この検定力は下式で与えられる

$$\sup_{\{\delta\}} (1-\beta_\delta(\boldsymbol{\mu})) = 1-\beta_{\delta^*}(\boldsymbol{\mu}) = \Phi\left(\sqrt{\boldsymbol{\mu}' \cdot \underline{\boldsymbol{\Sigma}}^{-1} \cdot \boldsymbol{\mu}} - U_{1-\alpha} \right)$$

ここで α は検定の有意水準である．

関数 $\Phi(\cdot)$ は単調であるので，検定力の最小は $\boldsymbol{\mu}' \cdot \underline{\boldsymbol{\Sigma}}^{-1} \cdot \boldsymbol{\mu}$ のスカラー形体の最小によって与えられる．ラグランジュ規則を用いて，$e' \cdot \mu = M$ を条件として最小化したベクトル $\boldsymbol{\mu}^*$ は下式で与えられる

$$\boldsymbol{\mu}^* = \frac{M}{\boldsymbol{e}' \cdot \underline{\boldsymbol{\Sigma}} \cdot \boldsymbol{e}} \cdot \underline{\boldsymbol{\Sigma}} \cdot \boldsymbol{e}$$

従って，検定力の最小は次の通り

$$\begin{aligned}\min_{\{\mu\}}(1 - \beta_\delta(\boldsymbol{\mu})) &= \min_{\{\mu\}} \sup_{\{\delta\}}(1 - \beta_\delta(\boldsymbol{\mu})) \\ &= \Phi\left(\frac{M}{\sqrt{\boldsymbol{e}' \cdot \underline{\boldsymbol{\Sigma}} \cdot \boldsymbol{e}}} - U_{1-\alpha}\right).\end{aligned}$$

ここで，我々は直ちに下式を得る

$$\boldsymbol{e}' \cdot \underline{\boldsymbol{\Sigma}} \cdot \boldsymbol{e} = \mathrm{var}(\boldsymbol{e}' \cdot \boldsymbol{X}).$$

仮説 H_1 下で $E(\boldsymbol{e}' \cdot \boldsymbol{X})$ を有するから，$1 - \beta_{\delta^*}(\boldsymbol{\mu})$ の最小が統計量 $\boldsymbol{e}' \cdot \boldsymbol{X}$ に基づく検定力に成る．もしも我々が最適転用戦略 $\boldsymbol{\mu}^*$ をネイマン・ピアソン検定統計量に導入させるなら，

$$\boldsymbol{X}^{-1} \cdot \underline{\boldsymbol{\Sigma}} \cdot \boldsymbol{\mu}^* = \frac{M}{\boldsymbol{e}' \cdot \underline{\boldsymbol{\Sigma}} \cdot \boldsymbol{e}} \cdot \boldsymbol{X}^{-1} \cdot \boldsymbol{e}$$

を得る．その式は無意味なファクターまで集計される，その統計量は

$$\boldsymbol{X}^{-1} \cdot \boldsymbol{e} = \boldsymbol{e}' \cdot \boldsymbol{X} = \sum_{i=1}^{N} X_i$$

を意味する．

δ_0 を検定統計量 $\boldsymbol{e}' \cdot \boldsymbol{X}$ によって特徴付けられた検定とする．この検定は $\boldsymbol{e}' \cdot \boldsymbol{\mu} = M$ の条件を満足している全ての $\boldsymbol{\mu}$ に対し同じ検定力を有するので，下式を有する

$$\min_{\{\mu\}}(1 - \beta_\delta(\boldsymbol{\mu})) = \min_{\{\mu\}} \sup_{\{\delta\}}(1 - \beta_\delta(\boldsymbol{\mu})),$$

ここで，一般的に

$$\sup_{\{\delta\}} \min_{\{\mu\}}(1 - \beta_\delta(\boldsymbol{\mu})) \geq \min_{\{\mu\}}(1 - \beta_\delta(\boldsymbol{\mu})),$$

従って，

$$\sup_{\{\delta\}} \min_{\{\mu\}}(1 - \beta_\delta(\boldsymbol{\mu})) \geq \min_{\{\mu\}} \sup_{\{\delta\}}(1 - \beta_\delta(\boldsymbol{\mu})), \tag{B.7}$$

さらに，一般的に下式を得る

$$\min_{\{\mu\}} \sup_{\{\delta\}} (1 - \beta_\delta(\mu)) \geq \sup_{\{\delta\}} \min_{\{\mu\}} (1 - \beta_\delta(\mu)). \tag{B.8}$$

(B.7) 式と (B.8) 式から，両側が等価であることを得た，これで証明は完全である．□

以下の定理は，もしもオリジナルのランダム・ベクトル $\boldsymbol{X}$ の替わりに線形変換ベクトルを考えたとしても，同じ結果が得られることを示す．

定理 2

ここで $\boldsymbol{X}$ を既知の正則共分散行列 $\underline{\boldsymbol{\Sigma}}$ を伴う正規分布するランダムベクトルとしよう，さらに $\boldsymbol{Y} = \underline{\boldsymbol{A}} \cdot \boldsymbol{X}$ を正則変換行列 $\underline{\boldsymbol{A}}$ を伴う線形変換ベクトルとする．その時，もしも検定手順がオリジナルのベクトル $\boldsymbol{X}$ に替わって変換ベクトル $\boldsymbol{Y}$ に基づくとも，**定理 1** は維持される．

証明

期待ベクトル $\boldsymbol{Y}$ は

$$\begin{aligned} H_0 &: E(\boldsymbol{Y}) = \boldsymbol{0} \\ H_1 &: E(\boldsymbol{Y}) = \underline{\boldsymbol{A}} \cdot \boldsymbol{\mu} \end{aligned}$$

であり，$\boldsymbol{Y}$ の共分散行列は

$$\underline{\boldsymbol{\Lambda}} = \mathrm{var}(\boldsymbol{Y}, \boldsymbol{Y}') = \underline{\boldsymbol{A}} \cdot \underline{\boldsymbol{\Sigma}} \cdot \underline{\boldsymbol{A}}',$$

である．固定された $\boldsymbol{\mu}$ に対する検定のネイマン・ピアソン検定統計量は下式で与えられる

$$\boldsymbol{Y}' \cdot \underline{\boldsymbol{\Lambda}}^{-1} \cdot \underline{\boldsymbol{A}} \cdot \boldsymbol{\mu},$$

そしてこの検定力は下式で与えられる

$$\Phi\left(\sqrt{(\underline{\boldsymbol{A}} \cdot \boldsymbol{\mu}') \cdot \underline{\boldsymbol{\Lambda}}^{-1} \cdot (\underline{\boldsymbol{A}} \cdot \boldsymbol{\mu})} - U_{1-\alpha} \right)$$

直ちに解かるように，下式を得る

$$\boldsymbol{\mu}' \cdot \underline{\boldsymbol{A}}' \cdot \underline{\boldsymbol{\Lambda}}^{-1} \cdot \underline{\boldsymbol{A}} \cdot \boldsymbol{\mu} = \boldsymbol{\mu}' \cdot \boldsymbol{\Sigma}^{-1} \cdot \boldsymbol{\mu}$$

オリジナルなランダム・ベクトル $\boldsymbol{X}$ で用いられた検定と同じ表現を得た． □

Frick (1979) は，単一観察 x_i, $i = 1 \ldots N$ の線形結合である検定統計量を取り扱った [2]．彼の結果は**定理 1** の特別ケースではあるものの，それをここで示そう，何故ならこの統計量が本論文で主要なふるまいを示しているからである．

定理 3

ここで $\boldsymbol{X}$ を既知の正則共分散行列 $\underline{\boldsymbol{\Sigma}}$ を伴う正規分布するランダムベクトルとしよう．δ を 2 つの仮説 H_0 と H_1 に対する検定とする，

$$\begin{aligned} H_0 &: E(\boldsymbol{X}) = 0 \\ H_1 &: E(\boldsymbol{X}) = \boldsymbol{\mu} : \mathbf{e}' \cdot \boldsymbol{\mu} = M > 0 \end{aligned}$$

固定された有意水準と下式で定義された検定力 $1 - \beta_\delta(\boldsymbol{\mu})$ を伴い，

$$\delta = \begin{cases} 1 & \text{for } \boldsymbol{a}' \cdot \boldsymbol{X},\ c > 0 \\ 0 & \text{for その他} \end{cases}$$

ここで $\boldsymbol{a}' = (a_1 \ldots a_N)$ は任意の実数である．その時，検定 δ^{**} の検定力 $1 - \beta_{\delta^{**}}$ は下式で定義される，

$$\delta^{**} = \begin{cases} 1 & \text{for } c \cdot \boldsymbol{e}' \cdot \boldsymbol{X},\ c > 0 \\ 0 & \text{for その他}, \end{cases}$$

は下式の関係を満足する統計量である

$$1 - \beta_{\delta^{**}} = \min_{\{\mu\}} \max_{\{\delta\}} (1 - \beta_\delta(\mu)) = \max_{\{\delta\}} \min_{\{\mu\}} (1 - \beta_\delta(\mu)).$$

最小化された対立仮説は

$$\mu^* = \frac{M}{\mathbf{e}' \cdot \underline{\boldsymbol{\Sigma}} \cdot \boldsymbol{e}} \cdot \underline{\boldsymbol{\Sigma}} \cdot \boldsymbol{e}$$

である．

証明

多変量正規分布するランダム変数の線形形態 $\boldsymbol{a}' \cdot \boldsymbol{X}$ は下記の期待値を伴い正規分布する

$$\begin{aligned} H_0 &: E(\boldsymbol{a}' \cdot \boldsymbol{X}) = 0 \\ H_1 &: E(\boldsymbol{a}' \cdot \boldsymbol{X}) = \boldsymbol{a}' \cdot \boldsymbol{\mu} \end{aligned}$$

その分散は

$$\mathrm{var}(\boldsymbol{a}' \cdot \boldsymbol{X}) = \boldsymbol{a}' \cdot \underline{\boldsymbol{\Sigma}} \cdot \boldsymbol{a}$$

である．この検定力は

$$1 - \beta_\delta = \Phi\left(\frac{\boldsymbol{a}' \cdot \boldsymbol{\mu}}{\sqrt{\boldsymbol{a}' \cdot \underline{\boldsymbol{\Sigma}} \cdot \boldsymbol{a}}} - U_{1-\alpha} \right)$$

である．Φ の単調性の理由から，以下を証明するだけである

$$\frac{\boldsymbol{a}^{*'} \cdot \boldsymbol{\mu}^*}{\sqrt{\boldsymbol{a}^{*'} \cdot \underline{\boldsymbol{\Sigma}} \cdot \boldsymbol{a}^*}} = \min_{\mu} \max_{a} \frac{\boldsymbol{a}' \cdot \boldsymbol{\mu}}{\sqrt{\boldsymbol{a}' \cdot \underline{\boldsymbol{\Sigma}} \cdot \boldsymbol{a}}} = \max_{a} \min_{\mu} \frac{\boldsymbol{a}' \cdot \boldsymbol{\mu}}{\sqrt{\boldsymbol{a}' \cdot \underline{\boldsymbol{\Sigma}} \cdot \boldsymbol{a}}}.$$

我々は**鞍点基準**を満たしていることを示すことでこれを行う，

$$\frac{\boldsymbol{a}^{*'} \cdot \boldsymbol{\mu}}{\sqrt{\boldsymbol{a}^{*'} \cdot \underline{\boldsymbol{\Sigma}} \cdot \boldsymbol{a}^*}} \geq \frac{\boldsymbol{a}^{*'} \cdot \boldsymbol{\mu}^*}{\sqrt{\boldsymbol{a}^{*'} \cdot \underline{\boldsymbol{\Sigma}} \cdot \boldsymbol{a}^*}} \geq \frac{\boldsymbol{a}' \cdot \boldsymbol{\mu}^*}{\sqrt{\boldsymbol{a}' \cdot \underline{\boldsymbol{\Sigma}} \cdot \boldsymbol{a}}}.$$

ここで，これら 2 不等式が下式と等しい

$$\frac{M}{\sqrt{\boldsymbol{e}' \cdot \underline{\boldsymbol{\Sigma}} \cdot \boldsymbol{e}}} \cdot \frac{M}{\sqrt{\boldsymbol{e}' \cdot \underline{\boldsymbol{\Sigma}} \cdot \boldsymbol{e}}} \geq \frac{M}{\sqrt{\boldsymbol{e}' \cdot \underline{\boldsymbol{\Sigma}} \cdot \boldsymbol{e}}} \cdot \frac{\boldsymbol{a}' \cdot \underline{\boldsymbol{\Sigma}} \cdot \boldsymbol{e}}{\sqrt{\boldsymbol{a}' \cdot \underline{\boldsymbol{\Sigma}} \cdot \boldsymbol{a}}}.$$

この式は下式が充分であると示すことを意味する

$$(\boldsymbol{e}' \cdot \underline{\boldsymbol{\Sigma}} \cdot \boldsymbol{e}) \cdot (\boldsymbol{a}' \cdot \underline{\boldsymbol{\Sigma}} \cdot \boldsymbol{a}) \geq (\boldsymbol{a}' \cdot \underline{\boldsymbol{\Sigma}} \cdot \boldsymbol{e})^2.$$

対称かつ正則行列 $\underline{\boldsymbol{\Sigma}}$ は正則行列 $\underline{\boldsymbol{D}}$ とその変換行列 $\underline{\boldsymbol{D}}'$ の積として表現出来る，

$$\underline{\boldsymbol{\Sigma}} = \underline{\boldsymbol{D}}' \cdot \underline{\boldsymbol{D}}$$

この不等式は下式と等しい，

$$(\tilde{\boldsymbol{a}}' \cdot \tilde{\boldsymbol{a}}) \cdot (\tilde{\boldsymbol{e}}' \cdot \tilde{\boldsymbol{e}}) \geq (\tilde{\boldsymbol{a}} \cdot \tilde{\boldsymbol{e}})^2.$$

ここで $\tilde{\boldsymbol{a}}$ と $\tilde{\boldsymbol{e}}$ は下式として定義される，

$$\tilde{\boldsymbol{a}} = \underline{\boldsymbol{D}} \cdot \boldsymbol{a}, \quad \tilde{\boldsymbol{e}} = \underline{\boldsymbol{D}} \cdot \boldsymbol{e};$$

これは，シュワルツの不等式[*6]そのものであり，これにて証明は完結．□

本文で考察した問題へのこれら定理の適用は回りくどく無い．$X_i = I_{i-1} + T_i - I_i$ において，

$$\underline{\Sigma} = \left(\mathrm{cov}\,(X_i,\, X_j)\right) = \begin{cases} \sigma_x^2 & \text{for } i = j \\ -\sigma_I^2 & \text{for } j = i + 1 \\ 0 & \text{for その他} \end{cases}$$

と，さらに下式を有する，

$$H_0 \quad : \; E(X_i) = 0$$
$$H_1 \quad : \; E(X_i) = \mu_i$$

ここで μ_i は MBP 中の損失または転用の物質量である．

定理 1 は探知の全体確率の観点で最適検定が下式であると言っている

$$\boldsymbol{e}' \cdot \boldsymbol{X} = \sum_i X_i.$$

定理 2 はもしも X_i's の線形結合をとるならば，これは真のままであることを言っている．事実，i 番目の在庫期間に対する期首在庫に対する Stewart の重み付き平均 (1970) が，

$$S_i = c_i \cdot B_{i-1} + (1 - c_i) \cdot I_{i-1},$$

ここで B_{i-1} は先の在庫期間の期末帳簿在庫である，下式の補正帳簿実在庫差を導く，

$$Y_i = c_i \cdot B_{i-1} + (1 - c_i) \cdot I_{i-1} + T_i - I_i = c_i \cdot Y_{i-1} + X_i,$$

これはオリジナル S_i's の線形結合である．

参考文献

[1] Avenhaus, R. and H. Frick, "Eine Ungleiechung fur Normalverteilte Zufallsvariables und Ihre Anwendung bei Material-bilanzierungsproblemen" (An Ineqality for Normally Distributed Random Variables and Its Application to Material Accountability Problems), *Op. Res. Verfahren* (F.R.G.) Vol 30, pp 187-191, 1979.

[*6] 訳註：　Schwarz inequality：内積空間における 2 つのベクトルの内積がとりうる値をそれぞれのベクトルのノルム（長さ）によって評価する不等式である．

[2] Frick, H., "On an Application of Game Theory to a Problem of Testing Statistical Hypotheses", *Int. Journ. of Game Theory*, Vol. 8, Issue 3, pp 175-192, 1979.

[3] Stewart, K.B., "A New Weighted Average", *Technometrics*, Vol. 12, pp. 247-258, 1970.

[4] Jaech, J.L., "On Forming Linear Combinations of Accounting Data to Detect Constant Small Losses", *INMM Journal*, Vol. VI, No. 4, pp. 37-42, 1978.

[5] Rice, J., Reich, T., Cloninger, C.R., and Wette, R., "An Approximation to the Multivariate Normal Integral; Its Application to Multifractional Qualitative Traits", *Biometrics*, Vol. 35, pp. 451-460, 1979.

訳者あとがき

R. Avenhaus 著「物質会計：収支原理，検定理論，データ検認とその応用」の「訳者あとがき」冒頭は以下の通り [1]：

核燃料物性研究と核燃料物質会計（計量管理）に携わってきた技術者として，物質会計評価，検定理論およびこれらの検定の際に用いられる測定誤差分散の推計に関する文献を調査し，その適用・評価の実践経験を積んできた [2-3]．この測定誤差分散推計および偶然誤差（精度）分散成分と系統誤差（正確さ）分散成分に分け，その大きさを推定する方法については，Jaech との約束も有り彼の著書「測定誤差の統計解析」を翻訳し上梓した [4].

一方，「物質収支原理」に基づく「物質会計手法とその検定方法」に関し Avenhaus の著書：*Safeguards System Analysis* 第 3 章物質会計 (Material Accountancy) [5] を翻訳し六ヶ所保障措置センター保障措置検査員の教育に使用した．しかし大分冊で専門すぎるため他に適当な入門書はないかと探した．著者の最初の専門書である本書 [1] を入手し，要求に合致する物質収支原理に基づく検定理論とデータ検認の解説書であることを確認できた．さらに応用として，核物質計量管理，化学工業の工程管理，環境会計および軍備管理と広範囲な事例を紹介している．したがって核物質会計実務者，工程管理技術者，化学工学技術者，物理学者，環境学者およびこれら管理に関係する行政官にとり最適な入門書あるいは自己学習書と思われた．そこで早速翻訳を開始した．しかし数学者が書いただけに数式展開に飛躍があり，また核燃料計量管理担当者以外の者が物質収支原理と物質会計入門書として読むにはまだ専門的すぎると思われる．私自身，数式の展開に飛躍や省略があると前に進めないタイプであることから，翻訳をしながらその式の展開を確認する作業を行った．同類者の便宜のためにその式展開確認結果を脚注に加えた．また計量管理担当者以外の読者のために冗長すぎるとも思われたが，その用語の意味や実際の査察検認活動の解説を加えた．なお，本書は，Oce-van-der-Grinten Award を受賞している．

原書が活字印刷のため誤植が多く，上梓する際，その正誤表を送付し，かつ「日本語版まえがき」を著者に依頼した．その返事 (2008 年 7 月 18 日) の中で著者は 1996 年の検証に関する専門書発行後，「データ検証」に関する総合専門書は出版されていないからと本書の日本語翻訳を勧めてくれた：

> 1996 年の Morton John Canty と共著 *Compliance Quantified* は 1986 年の *Safeguards System Analysis* よりも短くなっているものの，さらに更新されている．勿論スタイルが異なるので，1986 年の書に含まれている全ての事例を取り扱ってはいないが，1986 年以降に得られた重要な事と結果が含まれている．

この推奨に対し，以下の返書を送った：

> 「物質会計」の入門書として著者の最初の専門書を翻訳した．「データ検認・検証」について，*Compliance Quantified* 以降に出版された総合専門図書が無いことから「物質会計」が売りつくされた後に翻訳を考える．

残念ながら，その「物質会計」は売りつくされていない．

その後，「フランス原子力庁　加圧水型炉，高速中性子炉の核燃料工学」[6] を翻訳中の 2011 年 3 月 11 日に東日本沖大地震が起き大津波により多くの犠牲者を出した．それにも増して，東京電力福島第 1 原子力発電所事故は原子炉の多重防護の包蔵性が破れ，放射性物質を大気中に放散させ住民の避難を余儀なくさせてしまい，原子力技術者として痛恨の極みである．管直人首相（当時）は福島第 1 原子力発電所事故の衝撃から閣議に諮らず「脱原発路線」を記者会見で表明し，その後の原子力政策・エネルギー政策について国論を 2 分させる役割を演じた．ドイツのメルケル首相は，福島事故直後に「原発推進路線」から「脱原発路線」へと大きく舵を切った．その決断の背景とドイツの政治環境について詳細な分析を行った熊谷徹の著書を参考にしてほしい [7].

本書を上梓した理由の 1 つは上述の通り Avenhaus 教授に勧められたからだが，メルケル首相の「脱原発路線」への転向を考慮したためでもある．これまで，保障措置検証および物質会計（計量管理）の発展に寄与してきたのは米国の統計学者やドイツの研究者たちであった．特に「近実時間物質会計」(NRTA) においてドイツの研究者・技術者たちの果たしてきた役割は米国の研究者たちの貢献に匹敵する．Avenhaus 教授もその中の 1 人である．またウイーンに在る IAEA 本部保障措置局技術支援部にも同じドイツ語圏であることから多数のドイツ系研究者たちが参画した．しかし，ドイツでの「脱原発路線」の採用，それ以前からの「高速増殖炉開発計画中止」，「核燃料サイクル路線放棄による再処理工場建設中止」によって，これら「核燃料サイクル」の平和利用を担保し，核不拡散の分野に進むドイツ系研究者の人材供給の将来が懸念される．核兵器保有国で「核燃料サイクル路線」を放棄している米国と異なり，非核兵器保有国であるドイツからの人材供給が途絶えるなら，唯一，非核兵器保有国で「核燃料サイクル路線」を国際社会から認められ，ウラン濃縮，再処理事業を行っている日本が，この分野でも人材を育成し，核拡散抵抗性を有する第 IV 世代の原子炉，核燃料サイクル施設の設計等に寄与する責務が，「世界一安全な原子力発電所」の確立と同様，最重要の「世界に対する責務」と感じたからである．原子力発電所の輸出先のほとんどの国は非核兵器保有国であろう；したがって原子力技術開発において「安全と保障措置は車の両輪」[8] の言葉通り，日本の若者が，保障措置の分野にも積極的に進出し，「核不拡散」の確立と「原子力の平和利用」促進に貢献してほしいと願うからである．

日本語版まえがきで著者より原子力に関する日本人への称賛の言葉を頂いたが，その水準に達しているか否かは我々自身の認識の通りであろう．しかし「それに応じての科学者，技術者および労働者の教育と訓練に一層労力を傾注すべきということを日本の人々は知っている」との指摘の通り，本書が原子力分野に進もうとする若人たちも含めて，その一助になることを望む．

最初はざっと数式を気にせずに読み，その後に数式の意味を理解しながら読み進めると良い．著者らが言うように証明の部分を最初は読み飛ばしても良い．

東日本沖大地震による大津波で起きた福島第 1 原子力発電所事故によって日本の「電力エネルギー政策」が揺らいだものの，「核燃料サイクル路線」を堅持することが安倍晋三政権下で決定された．核兵器非保有国のなかで原子力発電容量がトップで，核燃料サイクルを堅実に進めている日本にとり，原子力基本法第 2 条：「平和の目的に限り，安全の確保を旨として，民主的な運営の下に，自主的にこれを行うものとし，その成果を公開し，進んで国際協力に資するものとする」，に定めた平和利用のみに限定し，核燃料を核兵器に転用していない accountability を世界に示すことが要求されている．また京都議定書に端を発する環境物質会計でも物質収支に基づく accountability が要求される．この基礎となるのが，物質会計理論，有意性検定法およびその応用事例である．本書は，そのゲーム理論に基づく「データ検証」と「抜取理論」の総合専門書である．

その理論適用の前提となる「物質会計（計量管理）」の概要について触れておく（詳細は「物質会計」の前半部を参照せよ [1]）：

物質会計のなかで主に解説している $E(MUF)$ 検定は原則的に施設側が，自らの計量管理に問題が無かったか否かを検証する手段である．一方，査察側は $E(D)$ 検定，$E(MUF-D)$ 検定を通じて検認することが基本となる．施設の核燃料計量担当者は本書の解析方法を充分に理解し，自らの施設に適用されることを望む．環境や化学工業等で，物質収支を基礎とした物質会計を行う担当者も，本書の解析方法を有効に活用されたい．

各々の測定結果において，測定偶然誤差成分に比べて測定系統誤差成分が無視できる程小さくとも，物質会計においてその系統誤差分散が無視できず逆に重要となることを再度，要約し下表に示す：

	化学分析測定評価		核物質会計
評価サンプル数	$n = 3 \sim 10$		$n = 100 \sim 1,000$
誤差成分の評価	偶然誤差成分		系統誤差成分
絶対誤差標準偏差	σ_r	$\gg$	σ_s
相対誤差標準偏差	δ_r	$\gg$	δ_s
誤差分散の伝播			
絶対誤差分散	$n \cdot \sigma_r^2$	$\leq$	$(n_i \pm n_j)^2 \cdot \sigma_s^2$
相対誤差分散	$\sum R_i^2 \cdot \delta_r^2$	$\leq$	$(\sum_i R_i \pm \sum_j R_j)^2 \cdot \delta_s^2$

ここで系統誤差の符号が ± となるのは，在庫と出荷のサンプルを同一の測定器で分析し，確定した場合に共分散の関係から出荷分をマイナスにしなければならないからである．R_i は核物質メタル重量である．化学分析室で上記表の関係なら，系統誤差を無視しても良い．しかし物質会計で扱う数が多大であることからその系統誤差分散を無視することは許されない．むしろ，非常に大きなバッチ数では，系統誤差分散がその大部分を占める．

査察収去試料を IAEA 分析所で測定した結果と施設側申告値の $N = 2$ ペアデータが形成される．査察では，施設の申告値と実際に施設現場から収去したサンプルを IAEA 分析所に送り濃度等の分析測定を行う．この施設申告値と IAEA 測定値とのペアデータについて施設毎の確認を行い，ペアデータ間差異が大きい場合には，第 2 段階行動として，その原因調査活動または追加の査察を行い，核燃料物質転用の有無の確認を行う．このような査察活動を通じ膨大な量のペアデータが集積されてる．これらのデータを測定対象物と測定手法毎に分類し，$N = 2$ モデルを用い [4] 測定誤差成分を評価した計量の国際目標値 (international target value: ITV) と呼ばれる相対誤差 (%) が公開された．この評価の際，ペアデータ間差異が大きいものは排除してる（ペアデータ間差異も正規分布を仮定し，アウトライヤーテスト (Outliers test) を行ってはずれ値を排除)．それらを除いた比較的良好なデータから測定誤差成分を評価し，実際の査察状況において達成可能である目標値として ITV と名づけた．*7 各施設および IAEA 分析所の各々では独立に機器校正が行われ，校正式が値づけされる．従って，その校正後の系統誤差は理論上，偶然誤差に比べて無視できる程小さな値となる．しかし，各々の分析所で測定された値としてのペアデータにおいて系統誤差は偶然誤差の値とほぼ同じ大きさとなっている．前述したように，核物質会計ではサンプル数の大きさからこの系統誤差が大きな影響を与える．1979 年に ESARDA target value として初めて公開され，その後何度か改定された．2000 年 ITV の抜粋を下表に示す [9].

方法	被測定物	U 濃度 δ_r (%)	U 濃度 δ_s (%)	Pu 濃度 δ_r (%)	Pu 濃度 δ_s (%)	備考
重量分析 GRAV gravimetry	U 酸化物,UF_6 Pu 酸化物	0.05	0.05	 0.05	 0.05	
滴定法 TITR titration	U 酸化物,UF_6 Pu 酸化物, Pu 硝酸溶液 MOX, U/Pu 硝酸溶液	0.1	0.1	 0.15 0.2	 0.15 0.2	 混合酸化物
同位体希釈法 isotope dilution mass spectrometry	U/Pu 混合物	0.2 0.15	0.2 0.1	0.2 0.15	0.2 0.1	ホットセル グローブ ボックス
K 吸収端密度計 KED: K-edge densitometry	溶液中の U 溶液中の Pu FBR MOX	0.2	0.15	 0.2 0.3	 0.15 0.2	 混合酸化物
HK 吸収端密度計 HKED	使用済燃料 溶液	0.2	0.15	0.6	0.3	X 線蛍光分析 + Hybrid 型
同時計数計 INVD: inventory sample CC	Pu 酸化物, MOX MOX スク ラップ			2 10	1.5 2.5	 混合酸化物 coincidence counter

*7 訳註： International Target Value: ITV の前身は ESARDA target value と称された，ヨーロッパ保障措置研究開発協会 (ESARDA) の破壊分析・基準に関するワーキング・グループ (WGDA) が事務局となって設定した破壊分析法における不確かさ成分の目標値が基礎となった．

この ESARDA 目標値は，1979 年に WGDA が EURATOM と IAEA に提出し，この道の先鞭をつけた．その後，施設者および保障措置機関とで検討が行われ，その改訂版として 1983 年目標値が発表された．1988 年版では，サンプリングの不確かさを取りこんだ偶然誤差が発表された．その後計量の国際目標値 (ITV) に受け継がれ 1993 年に ITV として発表された．その後定期的に更新する予定となっている．

一方，非破壊測定法 (Non Destructive Assay: NDA) の発達により，保障措置用機器としても広く採用されてきた．NDA の長所は，現場で測定結果が得られることから，施設側申告値との即時検認が行えることにある．破壊測定法 (DA) の場合，試料採取後の試料安定化処理（硝酸溶液のような場合に蒸発乾固処理等が必要），輸送および分析所での廃棄物の発生等，結果が出るまでに長時間を要するのが欠点である．ESARDA の WGNDA (ESARDA working group for standard and non destractive assay techniques) は DA と同様，NDA 測定精度評価のための共同分析を行い，ITV と同様に偶然誤差と系統誤差成分に分けて 1993 年に ESARDA Performance Values (EPVs) を発行した．その後，2002 年に改定版を発行している [10]．NDA の測定精度に興味を有する読者は参照のこと．上表に表示した K-edge densitometry, HKED および INVS は NDA の範疇にも入っている．

査察の効率化および査察業務量の削減を目途とした統合保障措置 (integrated safeguards) が 1995 年以降に IAEA から提案された．従来の MBA を基本とした施設単位での査察活動を階層化し，似た施設や同一サイト施設を一緒にした統合保障措置サイトアプローチおよび国への保障措置アプローチである．統合保障措置原理は，2-3 時間前の短時間通告ランダム査察 (short notice random inspection: SNRI) を基礎とし査察回数の削減 (small number of inspection) を図っている．しかし Avenhaus らは，ゲーム理論の解析結果から適時性のクライテリアを変えずに，査察回数の削減は理論上の探知確率保証を与えないこと，従来の計画査察に対する SNRI の理論的根拠も見出せなかったと報告している [11]．この提案に対するサンプリング理論は田口玄一博士らが作成した JIS Z 9011-1963「計数調整型一回抜取検査」の応用で理論化できるのではないかと考えられる．この抜取検査法は現時点まで継続されていないが，納入業者（査察の場合，施設者）の実績の評価による差別待遇のシステムであり，平均不良率が要求品質水準 AQL の半分以下であれば，緩い検査で受け入れるとの発想法に基づいている．若い読者が，IAEA 提案を真摯に受け止め，施設側にとっても合理化，効率化につながる理論構築をされんことを望む．

翻訳で苦労するのは，日本語と英語の用語の意味集合の積事象が非常に小さな時および適切な翻訳語が無い場合である．安易にカタカナ語を氾濫させることだけは避けるように心がけた．核燃料の国際保障措置に関する用語は，「IAEA 保障措置用語集 2001 年版 対訳」を参照した [12]．しかしながら，本書で使用された頻度の高い用語 material accountancy と material accountability の訳について頭を悩ました．material accountancy を核燃料保障措置分野では「物質計量管理」と訳してる．一方環境の分野では「物質会計」を使用している． accountability は「アカンタビリティー」とカタカナで記載されることも多い．物質収支を基本原理とした応用例および理論の解説の範囲は，核燃料の分野から環境や工業界での工程管理および軍備管理までと広い．これらのことより用語として「物質会計」および「物質会計説明責任」を採用した．

本書は「ゲーム理論」を基礎としていることから，その用語等については鈴木光男「ゲーム理論入門」[13] と岡田章「ゲーム理論」[14] を参照した．この 2 書は，ゲーム理論の初学者にとっても良好な教科書なので充分活用願いたい．**緒言**で Calogero 教授が述べているように「魅力的な記述」とエスプリのきいた表現を訳すことは訳者にはとうてい不可能であり，記述の正確性のみに注意したため「硬い言い回し」となっている．多義語を多用した言い回しについては冗長とも思ったが脚注に訳語を並べてみた，参考になれば幸いである．しかしながら，エスプリのきいた言い回しは原書を参照して頂きたい．幸い，ペーパーバックで再版されている．各章の題辞の翻訳も苦労した；西洋知識人の教養の高さを垣間見る思いであった．「面白くなければ翻訳しない」の言葉通り，「楽しみながら翻訳」してみたが……，いかがでしょうか．1 番勉強になったのは，翻訳者自身なのかもしれない．なお Avenhaus 教授から**日本語版まえがき**の原稿に同封して正誤表を頂いた．数式の添え字のミスプリントが大部分で訳者自身で修正出来たと思っていたが，気がつかなかった所が数か所あり，教授には大変感謝している．ペーパーバックでの再版ではミスプリントの修正を行わなかったとの教授の釈明があり，従って本書が一番正確な本となっている，ただし私自身がミスを犯していなければ，との話だが……．R.P. ファインマンの「科学の価値とはなにか」で第 3 番目の価値：着実に進歩を重ねていくためには，**自分の無知を認め，疑問の余地を残すということ**．(……) 懐疑や議論は未知の世界への一歩を踏み出すために，なくてはならないものだということがはっきりわかっていたのです，と記載されている [15]．疑問に思った箇所はぜひ検算等で確かめてほしい．

1 冊目 [4] を上梓する起因となった丸善出版事業部編集部（現在：丸善出版）角田一康さんは，TEX の呼び方さえ解らなかった訳者に，これからの理工図書は TEX や LATEX でなければならないと解説してくれた．その言葉で TEX の本 [16-20] を勉強し，数式の複雑な本書を翻訳することができた．また丸善プラネット白石好男部長には 1 冊目から変わらぬご協力・ご指導を頂き，編集の戸辺幸美さんには懇切丁寧な支援を受けた．版権取得は営業・総務の水越真一さんにしていただいた．**付録 A** と**付録 B** の論文翻訳については，著者らから直接了解を得た．**付録 A** と**付録 B** を本書に加えることに対し，当初版元の CUP より異を唱えられたが Canty 博士が調整して下さった．その支援に感謝申し上げる．

付録 A は 2007 年の IAEA 設立 50 周年記念論文集に掲載された両著者の国際保障措置のレビューである．本書以降の IAEA 保障措置の動向と保障措置検証に関するレビューという観点から参考となる．**付録 B** を本書に追加したい旨の了解要請に対し Avenhaus 教授は「それが出版されてから 30 年以上にもなるが，新しい論文にも未だに引用され続けている」として賛成してくれた．私にとっても「近実時間物質会計（計量管理）」や「MBA の統合化」の概念を理解する上で，当時，大変参考となった．本書を理解する上での副読本として付録に加えた．国際保障措置の理論化に貢献大の巨匠：米国の J.L. Jaech とドイツの R. Avenhaus の共同論文という点でも意義深い．若い時分，在米中の 2 次出張で 1983 年 3 月に INMM 主催のワークショップ「核物質管理における統計手法の適用」に参加した．J.L. Jaech が講師で統計学が数学の 1 分野のみではなく，実用上の有益な学問であることを知った，その後に IAEA 本部での彼との討議を通じて数々の助言を受け，彼の著書の翻訳をも依頼された [4]，また Avenhaus 教授には正誤表等の確認や疑問点について詳しく返答していただくという恩恵を受け，彼らの著書を翻訳できたことを幸せに思う（[1] および本書）．

前述したように若手の核燃料物質会計（計量管理）担当者，核不拡散抵抗性を原子炉設計に取り入れようとしている設計者，核不拡散に対応している行政官が本書をきっかけとして興味を持ち，本分野の進捗に寄与されることを念願する．「物質会計」でも用いたが，シュハート博士からの引用の「統計学」を「統計学およびゲーム理論」と読み替えて終わりの言葉とする [21]：

> 大量生産に統計家が将来どのくらい寄与するかということは，今日統計家にはありふれたものとなっている問題を解くことにあるというよりは，仕様，生産および検査の諸段階を調整統合することに協力するということにかかっている．統計学の長期間にわたる寄与は，高度に訓練された沢山の統計家を産業の中に送りこむことにかかっているというより，何らかの方法で明日の生産工程を開発し指導してゆくことに関係するであろう物理学者，化学者，工業技術者およびその他の統計学に関心を持った世代をつくりあげてゆくことにかかっているのである．

2014 年 7 月　青森県六ケ所村にて

今野 廣一

参考文献

[1] Avenhaus, R., 物質会計：収支原理，検定理論，データ検認とその応用，今野廣一訳，丸善プラネット，東京，2008.

[2] IAEA., IAEA 保障措置技術マニュアル パート F 統計概念と技術 第 3 巻（ドラフト版翻訳），情報管理部情報解析課訳，核物質管理センター，東京，1989：IAEA Safeguards Technical Manual Part F *STATISTICAL CONCEPTS AND TECHNIQUES Volume 3,* IAEA-TECD-261, IAEA, Vienna, 1982 の改定ドラフト版を情報解析課員が中心となった輪講形式で翻訳，発表および討議を進めた. IAEA の D. Perricos から許可を得て 100 部印刷し関係者に 6,000 円で頒布した. A4 版, p. 327. しかし, この改定版は将来の改定, 検討用とし, ルーズリーフ方式 (the fourth revised edition, IAEA/SG/SCT/4, Vienna, 1989) に整えられ，パート F の専門書 (TECD) としての製本出版はなされなかった．その後，1995 年より再び改定作業を開始し，現在の姿となって発行された：IAEA, *Statistical Concepts & Techniques for IAEA Safeguards.* Fifth Edition, IAEA/SG/SCT/5, IAEA,Vienna, 1998．この第 5 版は 1993 年に IAEA と契約を結んだ J.L. Jaech が作成した．しかし，それ以前の改定作業から統計手法の開発のほとんどが，IAEA の cost free expert である彼に依存したことは言うまでもない.
第 1 巻は 1977 年に出版され，基礎的な確率概念，統計推測，測定誤差が論じられている．第 2 巻は査察計画，査察データに基づく解析法が記載されている．第 3 巻は第 1 巻と第 2 巻とほぼ同一の題材を使用して，首尾一貫した統一した論理で記述されている．この第 3 巻パート F（ドラフト版翻訳）は，第 1 章はじめに，第 2 章測定誤差，第 3 章誤差伝播，第 4 章査察計画のデザイン，第 5 章査察計画の実施，第 6 章核物質計量管理の開発の現状，と大分冊であるが，計算方法，その根拠および計算事例の組み合わせで解説しており，特に第 4 章のサンプルサイズ理論は，この間の発展を基に大幅な改定，追加が行われた．理解が容易な教科書となっている上，査察活動に実際に使用されている事例が紹介され

ているため大変参考となる．核物質会計の解析評価者およびバルク取扱施設の計量担当者の必読書といえる．なお，この翻訳書には「今後の検討のためにとりあえず少部数印刷，頒布して，コメントをいただき，IAEA で出版された後に完訳翻訳版として出版する予定」との趣旨を記載した．短時間で完成させたため誤植や日本語訳に不適切な言い回し等が若干残ってしまった．しかし数式等の吟味は充分にしておいたのでぜひ活用していただきたい．英語が得意な読者は，IAEA/SG/SCT/5 を参照されたい．

[3] 今野廣一，統計手法と保障措置，PNC PN9100 95-009, 動力炉・核燃料開発事業団大洗工学センター，1995：1995 年 6 月-7 月に東海事業所で行ったバルク取扱施設の核物質計量担当者を対象とした講義録である．第 1 章統計の基礎，第 2 章測定誤差について，第 3 章誤差伝播，第 4 章 *MUF* 分散計算手法，第 5 章サンプリング理論からなり，実際の査察で行われている手法と物質会計での誤差伝播による分散計算手法の解説を行っている．A4 版，p. 257.

[4] Jaech, J.L., 測定誤差の統計解析，今野廣一訳，丸善プラネット，東京，2007.

[5] Avenhaus, R., *Safeguards System Analysis, With Applications to Nuclear Material Safeguards and Other Inspection Problems*, Plenum, New York, 1986.

[6] フランス原子力庁, 加圧水型炉，高速中性子炉の核燃料工学，今野廣一訳，丸善プラネット，東京，2012：2011 年 3 月 11 日東日本沖大地震の大津波により多大な被災者・犠牲者を出した．福島第 1 原子力発電所事故の深刻な影響は，国民に大きな衝撃を与え，世論は脱原発に大きく傾いている．しかし第 1 次オイルショックの残る 1976 年，米国地質研究所の Hubber は，人類が長い歴史の中のほんの数百年で化石燃料を使い尽くすデルタ関数状の曲線を示し，「長い夜の 1 本のマッチの輝き」と呼んだ．今後，新エネルギーを含む再生可能エネルギーの利用拡大が進むと期待されるが，枯渇に向かう化石エネルギーの全てを代替できるわけではない．その点から，特に基幹電源用大規模発電手段としての原子力の役割を決して軽視すべきではない．本書が，核燃料サイクルの分野を志す若者の励みとなり，核燃料取扱主任者および原子炉主任技術者の受験参考書として利用されるならば翻訳者冥利に尽きる．

[7] 熊谷徹，なぜメルケルは「転向」したのか，日経 BP 社，東京，2012：「ローマは 1 日にして成らず」と言われるが，ドイツの原発廃止も突然決まったわけではない．そこには約 40 年に及ぶ推進派と反対派の戦いがあった．ドイツの脱原発政策を生んだのは緑の党で，その脱原子力政策を初めて実行したのは，首相のゲアハルト・シュナイダーが率いた SPD と緑の党の左派連立政権 (1998-2005) である．キリスト教民主同盟 (CDU) 党首が CSU と FDP との連立政権の首相となっ

たアンゲラ・メルケル首相である．理論物理学を専攻したメルケル首相は前政権の「脱原発政策」を推進政策に戻す対策を進めていたが，福島の事故がドイツ国民の座標軸の変化をもたらすことをいち早く察知し，純粋に市民の健康や財産に対するリスクを減らすためだけでなく，政治的な生き残りのためにも，彼女は心の中で原子力発電所を廃止することを固く決意した，と著者は述べている．

[8] 池田勝也核物質管理部長代理, 人事部月報，動力炉・核燃料開発事業団，186 (1994.6.20).

[9] Aigner, H., R. Binner, E. Kuhn *et. al.* "International Target Values 2000 for Measurement Uncertainties in Safeguarding Nuclear Materials." *J. Inst. Nucl. Mater. Manage.* Vol. 30, No. 2, 2002：INMM ホームページから Publications のファイルにアクセスすると，本論文をダウンロードできる．

[10] Guardini, S. (ed.) "Performance values for non destructive assay (NDA) techniques applied to safeguards: The 2002 evaluation by the Esarda NDA working group." Proc. of 24th Annual ESARDA Symp., Luxembourg, May 28-30, 2002：文献はインターネットから入手可能である．

[11] Avenhaus, R. and M. J. Canty, "Formal Models for NPT Safeguards." *J. Inst. Nucl. Mater. Manage.* Vol. 35, No. 4, pp. 69-76, 2007：IAEA 設立 50 周年記念特集号で，この他にも NDA 開発の歴史，IAEA 保障措置の歴史や査察効率化等の歴史をレビューしている．実際に使用されている査察機器の紹介もある．歴史を知る上で役に立つ：本書の**付録 A** に掲載している．

[12] 核物質管理センター，IAEA 保障措置用語集 2001 年版 対訳，核物質管理センター, 東京, 2005: IAEA Safeguards Glossary 2001 Edition, IAEA/NVS/3, Vienna, 2002. の対訳書である．両開きの左側に英語原文，右側に日本語訳が記載されており，両方を比較して確認できる．用語集と記載されているが，IAEA の保障措置で使用される概念および関連する法的文書についても記載されており，保障措置および核物質会計担当者の座右の書とすべきものの 1 つである．

[13] 鈴木光男，ゲーム理論入門 [新装版], 共立出版，東京，2003：はしがきで「ゲーム理論は人間の社会的行動の相互依存関係を厳密に表現し分析しようとする数学的な科学である．ゲーム理論が問いかけた問題はきわめて根源的なものであったために，諸科学に大きな影響を与えた．それだけに，既成の学問からの反発も少なくなかった」と述べている．日本におけるゲーム理論の草分けの 1 人者．

[14] 岡田章，ゲーム理論，有斐閣，東京，1996：東京工業大学で鈴木光男先生の門下生であった．京都大学経済研究所教授であり，Avenhaus との共著研究論文もある．現在は一橋大学大学院経済学研究科教授である．

[15] R.P. ファインマン，聞かせてよ，ファインマンさん，大貫昌子・江沢洋訳，岩波現代文庫，東京，pp. 147-165, 2009.

[16] 奥村晴彦，LATEX 2ε 美文書作成入門 改定第 4 版，技術評論社，東京，2007：版を重ねているだけに，初心者にも解るよう懇切丁寧な解説を行っている．著者の「美文書」サポートページも大変役だつ．

[17] Goossens, M., F. Mittelbach, A. Samarlin, The LATEX コンパニオン，アスキー出版局，東京，1998：「美文書入門」の補足用図書．

[18] 中橋一朗，解決!! LATEX 2ε，秀和システム，東京，2005：「美文書入門」の補足用図書．逆引きも便利で，かつ事例が豊富．

[19] 生田誠三，LATEX 文典，朝倉書店，東京，1996：著者自身が作成した具体的例文が記載されており，「美文書入門」と併用すると応用力が増す．

[20] 今井豊，LATEX エラーマニュアル，カットシステム，東京，1994：エラーをなおし，エラーから学ぶ本格的解説書．役立ち重宝した．

[21] Shewhart, W.A., *STATISTICAL METHOD FROM THE VIEWPOINT OF QUALITY CONTROL*, The Graduate School, The Department of Agriculture, Washington, USA, p. 79, 1939：品質管理の基礎概念—品質管理の観点からみた統計的方法—，坂元平八監訳，岩波書店，東京，pp. 79-80, 1960；1938 年春に「管理図」の創始者である著者が招かれて米国農務省大学院で行った講演の内容をデミング (W.E. Deming) 博士が編集の労をとり，これを公刊したものである．統計的管理操作と統計的管理状態の概念，公差限界の設定方法，測定の表示，正確度と精度の規定の 4 つからなり，内容はいわゆる「シュハートの哲学」で貫かれている．品質管理担当者にとり必読書の 1 つである．

索　引

β_1, 21
β_2, 22
2 項係数, 21
2 変量正規分布, 176
3 ヵ月適時性目標, 100

a gas ultracentrifuge enrichment plant, 121
abrupt diversion, 175, 182
adaptive Kalman filters, 185
adjacent MUF-values, 185
alternative hypothesis, 48
arms control agreements, 2
attributes, 15
attributes sampling, 240
authenticated process instrumentation, 169
authenticity, 67

backward induction, 229
behavioral strategies, 126
bimatrix, 224
binominal coefficients, 21
bivariate normal distribution, 176
book inventory, 168

calibration error, 74
common-pool resources, 222
containment/surveillance, 101
covariance matrix, 68, 180

decision tree, 122
deliberate falsification, 169
detection probability, 22, 50, 103
deterrence, 150
drawing with replacement, 22

effectiveness, 100
efficiency, 100
equilibrium detection probability, 7
equilibrium detection time, 102
error of the first kind, 171
error of the second kind, 171
errors of the first kind, 49
errors of the second kind, 49
extensive form, 122, 227

false alarm probability, 16, 50, 136
false alarms, 46
fertilizer plant, 4
fuel cycle approach, 219

global sampling, 128
goal quantity, 25
gross defects, 46, 48

identity matrix, 68
inference problem, 26
insecticide plant, 4
inspectee, 15
inspector, 15
inspector leadership game, 120
inspector's optimal strategy, 7

joint pdf, 69

leadership game, 227

mass conservation principle, 203
materaal accountancy situation, 203
material accountancy, 138, 165
material balance, 138
material balance area, 167
material flow, 168
MBA, 167
misuse, 6
mixed strategies, 225
mixed strategy, 230
muitivariate normal distribution, 180
multivariate normally distributed, 69, 79

Nash equilibrium, 229
Nash equilibrium conditions, 147
near real time accountancy, 191
Neyman-Pearson Lemma, 50
non-cooperative game, 144
non-cooperative games, 3, 221

non-detection probability, 21, 136
NPT, 100
NRTA, 191
Nucler Wepons Non-Proliferation Treaty, 100
null hypothesis, 48

partial defects, 46
perfect recall, 126
permanent disposal, 166
physical inventory, 168
planning problem, 26
pollutant emission problem, 203
pollutants, 45
probability density functions, 48
protracted diversion, 175, 182

random error, 74
random sampling, 15
random variables, 48
residual realizations, 185
runs, 60

saddle point, 7
saddle point criteria, 30
safeguards, 165
SALT II Treaty, 2
sensitivity, 180
sequential test procedures, 182
short notice indication of a possible violation, 99
simultaneous game, 227
standard normal distribution function, 49, 172
statistical testing, 46
stratification, 73
subjectivity, 142
systematic error, 74

tamper-proof, 204
test statistic, 51, 170
the battle of the sexes, 249
thiodiglycol, 129
thoroughly amoral model, 237
three-month timely detection goal, 100
timeliness, 99, 121, 180, 220
timeliness goal period, 162
trans-uranium elements, 166
transposed row vector, 68
tridiagonal matrix, 185
two-person, zero-sum game, 7

unbiased estimate, 26
uncertainties, 48
union, 255

variables, 15
variables defects, 46
variables sampling procedures, 45
variances, 48
verification, 1
violator's optimal strategy, 7

鞍点, 7
鞍点基準, 30

一括転用, 175, 182
違反者の最適戦略, 7
違反の短時間通告兆候, 99

永久処分, 166

汚染物質, 45
汚染物質放出問題, 203

化学肥料工場, 4
核不拡散条約, 100
確率密度関数, 48
ガス超遠心分離機濃縮工場, 121
完全記憶, 126
感度, 180

帰無仮説, 48
逆向き推論, 229
共通プール資源, 222
共分散行列, 68, 180
均衡探知確率, 7
均衡探知時間, 102
近実時間物質会計, 191

グローバル抜取, 128
軍備管理協定, 2

計画的虚偽, 169
計画問題, 26
計数抜取, 15, 240
系統誤差, 74
計量欠損, 46
計量抜取, 15
計量抜取手順, 45
結合確率密度関数, 69
決定木, 122
検証, 1
検定統計量, 51, 170

校正誤差, 74
行動戦略, 126
効率性, 100
誤警報, 46

誤警報確率, 16, 50, 136
混合戦略, 225, 230

査察員, 15
査察員の最適戦略, 7
査察員リーダシップ・ゲーム, 120
殺虫剤工場, 4
三重対角行列, 185
残余現実化, 185

実在庫, 168
質量保存の原理, 203
主観主義, 142
少量分割転用, 175, 182
真証性, 67
真証性工程機器, 169

推計問題, 26

全量欠損, 46

双行列, 224
層別, 73

第 1 種過誤, 49, 171
第 2 種過誤, 49, 171
第 2 次戦略兵器削減交渉条約, 2
対立仮説, 48
多変量正規分布, 69, 79, 180
単位行列, 68
男女の争い, 249
探知確率, 22, 50, 103

チオジグリコール, 129
逐次検定手順, 182
超ウラン元素, 166
帳簿在庫, 168

適応カルマン・フィルター, 185
適時性, 99, 121, 180, 220
適時性目標時間, 162
徹頭徹尾道徳範囲外のモデル, 237
展開形, 122, 227
転置行ベクトル, 68

統計検定, 46
同時進行ゲーム, 227
閉じ込め/監視, 101

ナッシュ均衡, 229
ナッシュ均衡条件, 147

ネイマン・ピアソン補助定理, 50, 182, 201, 258

燃料サイクル・アプローチ, 219

バイアス欠損, 46

非協力ゲーム, 3, 144, 221
被査察者, 15
標準正規分布関数, 49, 172

不確定さ, 48
復元抜取, 22
物質会計, 138, 165
物質会計（計量管理）状況, 203
物質収支, 138
物質収支区域, 167
物質の流れ, 168
不正使用, 6
不正変更証明, 204
部分欠損, 46
不偏推定値, 26
分散, 48

保障措置, 165

未探知確率, 21, 136

目標量, 25

有効性, 100

抑止, 150

ランダム誤差, 74
ランダム・サンプリング, 15
ランダム変数, 48

リーダーシップ・ゲーム, 227
隣接 MUF 値, 185

零和 2 人ゲーム, 7
連, 60

労力, 288

和集合, 255

訳者略歴

今野(こんの) 廣一(こういち)

1950年3月　岩手県釜石市生まれ.
1972年3月　茨城大学工学部金属工学科卒業.
1974年3月　北海道大学大学院修士課程（金属工学）修了.
1974年4月　動力炉・核燃料開発事業団入社．大洗工学センター燃料材料試験部・高速増殖炉開発本部にて核燃料・炉心材料，事故模擬照射試験，制御棒材料，核燃料輸送容器の開発，核物質会計（計量管理）．その後，大洗工学センター燃料材料開発部および核燃料サイクル開発機構プルトニウム燃料センターにて燃料物性，燃料体検査，物質会計，輸送容器許認可申請に従事．この間，
1987年4月～1990年3月：(財）核物質管理センター情報管理部にて，測定誤差分散伝播コード，測定誤差評価プログラム開発と統計解析評価に従事.
2002年4月～2005年3月：宇宙開発事業団（NASDA/JAXA）安全・信頼性管理部招聘開発部員として非破壊検査装置開発・ロケットエンジン等の工場監督・検査に従事.
2005年4月～2007年3月：(財）核物質管理センター六ヶ所保障措置センターにて再処理保障措置，物質会計査察に従事.
2007年4月～2008年7月：日本原子力研究開発機構高速実験炉部にて保障措置査察対応および核物質計量管理業務に従事.
2008年8月より日本原燃濃縮事業部，10月より核燃料取扱主任者としてウラン濃縮工場の安全管理に従事.
工学博士（原子力)，核燃料取扱主任者，第1種放射線取扱主任者，原子炉主任技術者筆記試験合格，一般計量士合格者，非破壊試験技術者（RT, UT, PT: Level 3)，中小企業診断士
専門分野；核燃料物性，統計解析，核物質会計，保障措置，品質管理，品質工学

データ検証序説：法令遵守数量化

2014年11月3日　初版発行

著作者　Rudolf Avenhaus
Morton John Canty

訳者　今野廣一

発行所　丸善プラネット株式会社
〒101-0051　東京都千代田区神田神保町2-17
電話（03)3512-8516
http://planet.maruzen.co.jp/

発売所　丸善出版株式会社
〒101-0051　東京都千代田区神田神保町2-17
電話（03)3512-3256
http://pub.maruzen.co.jp/

印刷／三美印刷株式会社・製本／株式会社 星共社

ISBN978-4-86345-219-0 C3041